메카로 가는 길

메카로 가는 길

지은이 : 무함마드 아사드
옮긴이 : 하연희

1판 1쇄 발행일 : 2014. 11. 5.

펴낸이 : 원형준
펴낸곳 : 루비박스
기획 · 편집 : 허문선 · 신동화
마케팅 : 홍수아
등록 : 2002. 3. 28(22-2136)
주소 : (137-860) 서울시 서초구 서초 2동 1338-21 코리아 비즈니스센터 1101
전화 : 02-6677-9593(마케팅) 02-6447-9593(편집부)
팩스 : 02-6677-9594
이메일 : rubybox@rubybox.co.kr
블로그 : www.rubybox.kr 또는 '루비박스'
트위터 : @rubybox_books
페이스북 : www.facebook.com/rubyboxbooks

THE ROAD TO MECCA

메카로 가는 길

이슬람의 진정한 아름다움과 영적 가르침

무함마드 아사드 지음 | 하연희 옮김

루비박스

나와 이 책을 함께 썼다 해도 과언이 아닐 정도로
날카로운 비판과 유용한 조언을 아끼지 않았던
아내 폴라 하미다에게 이 책을 바친다.

차례

어떤 이야기에 관한 이야기

기자로서 역사의 현장을 누볐던 내 삶의 편린들을 풀어놓으려고 이 책을 쓰기 시작하지는 않았다. 그간 기묘한 사건을 수없이 겪었지만, 그에 대한 모험담도 아니다. 그런 모험은 내 안에서 일어난 변화의 부산물에 불과했다. 신앙 고백은 더더욱 아니다. 신앙을 갖게 되긴 했지만 일부러 찾아 헤매지는 않았고, 몇 해에 걸쳐 자연스럽게 나를 찾아왔다고 하는 편이 맞을 것이다. 내 이야기는 그저 한 유럽인이 이슬람을 알게 되고 그들의 사회에 동화되는 과정에 대한 묘사다.

이 이야기를 글로 쓰게 되리라고 생각해 본 적은 없다. 나 말고 누가 내 삶에 특별한 흥미를 느끼겠는가. 서구 사회를 떠난 지 25년 만인 1952년 초, 파리에 왔다가 곧이어 뉴욕으로 갔을 때 이 생각이 바뀌게 되었다. 파키스탄의 전권공사로 유엔에 파견된 나에게 자연스레 여론의 관심이 쏠렸고 유럽과 미국의 지인들도 엄청난 호기심을 보였다. 처음엔 다들 나를 특별히 고용된 유럽인 '전문가' 정도로 여기면서 내가 고용된 국가의 관습에 편의상 맞춰 주고 있다고 생각했다. 그러나 도저히 '직무상'이라고는 볼 수 없을 만큼, 감성적으로나 이성적으로나 이슬람 세계의 정치 · 문화에 동화돼 있는 듯한 내 모습에 이내 당혹스러워 하는 눈치였다. 과거에 무슨 일을 겪었냐는 질문이 갈수록 잦아졌다. 젊은 시절 일간지 해외 특파원이었던 나는 수년간 중동 지역을 두루 여행한 뒤 1926년 이슬람으로 개종했다. 개종 뒤 약 6년 동안 아라비아 반도에 거주하며 이븐 사우드 사우디아라비아 국왕과 친분을 쌓았다.

이후 인도로 갔고, 거기서 위대한 이슬람 시인이자 철학자이며 파키스탄 건국 운동의 정신적 지주인 무함마드 이크발을 만났다. 동부 투르케스탄과 중국, 인도네시아로 다시 여행을 떠나려던 나를 인도에 주저앉힌 이가 바로 이크발이었다. 그는 이슬람 국가 건설이란 원대한 꿈을 품고 있었고, 나는 그 이론적 근거를 구체화하는 작업을 돕게 됐다. 이크발과 마찬가지로 나도 인도 내 이슬람교도들의 유일한 희망은 혈통 대신 사상으로 결속된 독립국가 건설이라 믿게 되었다. 나는 몇 년 동안 이 이상 실현을 위한 연구와 저술, 강연에 몰두했고 이슬람 율법과 문화의 해석자로서 일종의 명성을 쌓았다. 1947년 파키스탄 정부 출범과 함께 나는 이슬람재건부部 조직 및 운영이란 임무를 맡았다. 새롭게 태어난 정치 조직의 기반이 될 이슬람식 국가관과 사회관을 이념적으로 정비하는 일이었다. 2년간 이 자리에 머물다 외무부 중동국장직으로 옮겨 파키스탄과 여타 이슬람 국가의 유대 관계를 강화하는 데 노력을 기울였다. 그리고 마침내 파키스탄 정부의 유엔 주재 전권공사로 뉴욕에 파견되었다.

우연히 이슬람 세계에 발을 들여놓은 서구인이 겉으로만 순응하며 살았다고 보기에는 무리가 있는 이야기다. 전혀 다른 문화권으로 삶의 터전을 옮기면서 진정한 내면의 변화가 더불어 일어났음을 알 수 있다. 서구인들에게는 바로 그 점이 낯설었던 모양이다. 서양에서 나고 자랐는데 어떻게 이슬람 사회에 동화될 수 있었는지, (서구에서는 당연히) 유럽보다 열등하다고 여겨지는 이슬람의 종교적 · 사회적 이념을 어떻게 수용하게 되었는지 이해하지 못하는 사람이 많았다.

나 자신에게 질문을 던져 봤다. 서구인들은 왜 이슬람이 열등하다고 단정 지을까? 이슬람을 직접 탐구하려는 시도라도 해봤을까? 그저 과거로부터 이어진 이슬람에 대한 선입견을 비판 없이 받아들인 것일까? 아니면 세계를 그리스 · 로마 문화가 대표하는 문명권과 나머지 야만권으로 양분했던 그리스 · 로마 시대 사고방식이 여전히 깊이 각인되어 있어 다른 문화권을 도저히 긍정적으로 바라보지 못하는 것일까?

그리스 · 로마 시대 이래로 유럽의 사상가, 역사가들은 세계사를 유럽 문화의 관점에서 조명했다. 비서구 문명은 유럽에 직접적인 영향을 미친 경우에만 소개된다. 그러니 서구인의 눈에 비친 세계사는 조금 확장된 서구의 역사와 다름없다.

그렇게 편협한 시선은 자연히 왜곡된 시각을 만들어 낸다. 자국 문화는 더없이 생생하게 상세히 기술하면서 나머지 문화권은 곁눈질 정도로 끝내니, 유럽이나 미국의 일반인들은 서구 문화가 단순히 우월한 정도를 넘어 비교조차 할 수 없을 정도라는 착각에 빠진다. 서구의 라이프스타일은 현대 라이프스타일의 척도가 되어 버렸다. 즉, 서구의 기준에 어긋나는 개념, 제도 등을 모두 열등하다고 치부한다. 고대 그리스와 로마 사람들의 선례를 좇아 서구인들은 '다른' 문명을 서구에서 추구하는 진보의 장애물 혹은 결국은 서구화될 수밖에 없는 대상으로 여긴다. 세계사를 인류의 진보에 관한 한 권의 책이라 생각할 때 서구 문명은 그 마지막 장章에 해당한다고 보는 것이다.

내가 한 미국인 친구에게 이런 의견을 밝히자, 식견이 상당히 높은 친구였음에도 처음에는 약간 회의적인 반응을 보였다.

"고대 그리스 · 로마인들이 다른 문명과의 접촉이 제한돼 있어 그렇지 않았을까. 당시 소통이 자유롭지 않았으니 이런 제약은 불가피했겠지. 하지만 지금은 그런 제약이 거의 없지 않은가? 우리 서구인들도 요즘 서구 문화권 밖에서 무슨 일이 벌어지는지 촉각을 곤두세우게 됐어. 지난 수십 년간 동양의 예술과 철학, 동양의 정치 이념을 다룬 책이 서구에서 얼마나 많이 출간되었나? 이를 간과한다면 공정하다고 할 수 없지."

"자네 말도 어느 정도 일리가 있어." 내가 답했다. "고대 그리스 · 로마의 세계관이 오늘날 전적으로 통용되진 않지. 그 환상에서 벗어나 회의를 품게 된 서구 사상가들이 문화적 영감을 얻기 위해 다른 문화권으로 눈을 돌리기 시작하면서 순화되기도 했지. 인류의 문명을 한 권의 책, 하나의 이야기로만 정리할 수 없고, 다양한 관점에서 이해해야 한다는 사실을 알게 된 거지. 역사적으로 인류는 동종집단이라고 보기 어려워. 삶의 의미, 목적에 관해 저마다 다른 생각을 품고 있는 다양한 집단의 집합체에 가깝지. 현대 서구 사회가 그리스 · 로마 시대보다 다른 문화를 더 존중하게 되었다고 느끼지는 않아. 그저 조금 더 관용적인 태도를 취하는 정도이고, 그나마도 정신의 정화에 대한 서구의 갈증을 어느 정도 풀어 주면서 서구의 가치관을 위협하진 않는 문화에 대해서만 그렇지."

"무슨 뜻인가?"

"예를 들면, 서구인들은 힌두교나 불교가 서양 사상과는 근본적으로 다르다고 생각하네. 즉, 일부 개념에 대해 경외심을 품기는 하지만, 결코 서양 사상을 대체할 수 있다고 생각하진 않아. 이런 전제가 바탕에 깔려 있기에 생경하지만 가까이 다가가 동조하기도 하는 것이지. 그러나 이슬람은 힌두교나 불교만큼 가치관에 있어 큰 차이를 보이지 않는 데다, 선입견이 강하게 자리하고 있어. 이슬람의 가치관이 잠재적 위협으로 작용할 만큼 서구의 가치관과 비슷해서 그렇지 않을까?"

이어서 나는 서구의 문학 및 현대 사상에서 자주 발견되는 뿌리 깊은 편견에 대한 내 생각을 펼쳐나갔다.

"이런 편견에 대해 납득할 만한 설명을 찾으려면 아주 오래전 서구와 이슬람 세계의 관계가 처음 정립되기 시작했던 시기의 심리적 배경을 이해해야 하네. 오늘날 이슬람에 대한 서구인들의 인식과 정서는 과거 십자군 전쟁에 그 뿌리를 두고 있어."

"십자군 전쟁! 설마 거의 천 년 전에 벌어진 사건이 20세기에도 유효하다는 얘기인가?"

"미안하지만 그렇다네. 자네도 초기 정신분석학자들이 밝혀낸 연구 결과를 기억할 거야. 성인이 특이한 취향이나 편견을 갖게 되는 원인을 추적해 들어갔더니 결국 유년기의 경험에서 기인하더라는 거지. 국가와 문명도 결국은 개인들의 집합체고, 따라서 유년기의 경험에 의해 좌우된다고 볼 수 있지. 유년기가 즐거울 수도 있고 불쾌할 수도 있고, 특정 사건을 합리적으로 이해하고 있을 수도 있고 순진하게 오해하고 있을 수도 있어. 각 경험이 성장 과정에 미치는 영향도 다르지. 십자군 전쟁 직전의 백 년, 즉 기원 후 첫 밀레니엄이 끝나가던 무렵인 이 시기는 서구 문명의 유년기에 해당한다고 볼 수 있어."

나는 역사학자인 그 친구에게 이 시기가 갖는 의미를 다시 상기시켰다. 로마 제국 붕괴 이후 수백 년 암흑시대를 거친 유럽은 이 무렵 비로소 스스로의 문화를 자각하기 시작했다. 로마의 그늘에서 벗어나 라틴어 대신 자국어로 쓴 새로운 문학이 등장했고, 고트족, 훈족, 아바르족의 침략을 겪으며 침체에 빠져들었던 미술 분야 역시 기독교로부터 영감을 얻어 서서히 깨어나고 있었다. 이처럼 민감한 시기에 유럽은 십자군 운동을 통해 요즘 말로 '트라우마'라 할 만한 거대한 충격을 받는다.

이제 막 자의식이 발달하기 시작한 유럽 문명은 십자군을 계기로 스스로를 문화적 공동체로 인식하게 되었다. 제1차 십자군 원정만큼 유럽인들이 합심해 열정을 보였던 경우는 전무후무하다. 극도의 흥분 상태가 사상 처음 국가, 종족, 계급의 장벽을 넘어 유럽 대륙 전역을 휩쓸었다. 이전까지는 프랑크족, 색슨족, 게르만족, 부르군트족과 시칠리아인, 노르만족, 롬바르드족 등 다양한 종족과 인종이 뒤섞여 있어 공통점이 거의 없었다. 로마제국에서 갈라져 나왔으며 모두 기독교를 믿는다는 점뿐이었다. 하지만 십자군 운동을 통해 종교적 결속이 전례 없이 강력해졌고, 이는 유럽을 하나로 묶는 '기독교 국가'란 정치 · 종교적 개념을 낳았으며, 다시 '유럽'이라는 문화적 개념으로 발전했다. 1095년 11월 교황 우르반 2세는 유명한 클레르몽 연설에서 기독교인들에게 성지를 장악한 '사악한 인종'을 상대로 전쟁에 나서자고 촉구했다. 아마 교황 자신은 미처 인식하지 못했겠지만, 이 연설은 서구 문명의 권리를 천명한 선언문 같은 것이었다.

십자군 운동의 충격적 경험은 유럽인들에게 문화적 자의식과 동질감을 심어 준 반면, 이슬람에 대한 선입견 또한 발전시켰다. 이는 단순히 전쟁과 학살 때문이 아니다. 역사적으로 국가 간에 벌어졌던 많은 전쟁이 나중엔 다 잊혀졌고, 회복 불능으로 보이던 적대 관계도 시간이 흐르면 우호 관계로 바뀌곤 했다. 하지만 십자군이 남긴 상처는 무력 충돌에 국한되지 않았다. 지적 영역이 가장 큰 피해를 입었다. 십자군 전쟁을 통해 유럽인들에게 전달된 이슬람의 교리와 이상은 의도적으로 왜곡됐고, 십자군 원정의 명분을 유지하기 위해 무슬림 선지자 무함마드(이슬람교 창시자, 마호메트의 바른 아랍식 표기는 무함마드이다-옮긴이)는 적그리스도로 낙인 찍혔으며 그의 종교는 부도덕의 근원으로 매도당했다. 이슬람이 상스러운 육욕과 잔인한 폭력의 종교이며 마음을 정화하기보다 예배 의식에 집착한다는 터무니없는 인식이 바로 이때 서구인의 마음속에 자리 잡게 되었다. 이 시기 유럽인들은 다른 종교의 예언자들도 존중하라고 가르쳤던 무함마드의 이름을 '머하운드(악마, 마왕이란 뜻의 고어-옮긴이)'로 바꿔 불렀다. 당시 권력자들이 서구와 상이한 종교나 문명에 대한 증오를 불러일으키기란 어렵지 않았다. 남프랑스 기독교 왕국이 무슬림 '이교도'들을 상대로 승리를 거두었다는 내용의 서사시 '롤랑의 노래'가 전투가 끝난 지 300년도 더 지난 시점인 제1차 십자군 원정 직전에 발표되었던 이유도 바로 이 때문이다. '롤랑의 노래'는 나오자마자 유럽의 국가國歌처럼 불리게 되었고, 국지적이었던 이전 문학과 뚜렷하게 구별되는 '유럽 문학'의 시작을 알렸다. 즉, 유럽 문명의 근간에는 이슬람에 대한 적대감이 자리하고 있었던 것이다.

이토록 오래전에 형성된 적대감이 오늘날까지 서구인의 잠재의식에 남아 있다는 사실은 역사의 아이러니처럼 보이나, 놀랍지는 않다. 앞서 언급했듯이 유년기에 형성된 종교적 신념을 성인이 되어 다 버렸다 해도 그와 연관된 감정적 자취는 평생 사라지지 않기 때문이다.

"서구 문명도 마찬가지야. 십자군의 그늘은 오늘도 서구 사회 전반에 드리워져 있어. 이슬람과 무슬림에 대한 서구의 시각은 십자군이라는 유령에 의해 좌우되고 있는 거야."라고 결론을 지었다.

친구는 한동안 혼란스럽다는 듯 고개를 저으며 방안을 서성이더니 마침내 입을 열었다.

"사실 난 자네 '이론'을 이 자리에서 평가할 위치는 아니지만, 어쨌든 자네의 삶 자체가 서구인들에겐 매우 신기하고 독특해 보이지 않겠나? 자네의 경험을 자서전으로 공유하면 어때? 굉장한 이야기가 될 거야!"

나는 웃으며 답했다. "글쎄, 아마 파키스탄 외무부를 그만두고 나면 그런 책을 쓸 수도 있겠지. 원래 내 직업이 글쟁이니까….”

농담처럼 던졌던 이 말이 몇 달 뒤 진담이 되어 버렸다. 나는 이슬람과 서구 사이에 높이 쌓인 장벽을 조금이라도 낮추기 위해 내 삶의 궤적을 책으로 엮어 봐야겠다는 생각을 하게 되었다. 내가 이슬람으로 개종하게 된 과정은 여러 면에서 독특하다. 그저 무슬림 사회에 오래 머물다 보니 무슬림이 되지는 않았다. 오히려 이슬람을 받아들이면서 그들과 함께 살기로 결심한 경우다. 이슬람과 서구 세계의 상호 이해를 효과적으로 증진하자면 이런 책을 쓰기보다 외교관 활동을 계속하는 편이 나을 수도 있다. 그러나 파키스탄의 유엔 전권공사는 능력만 뒷받침된다면 누구나 할 수 있지만, 나 같은 경험을 한 사람이 과연 몇이나 되겠느냐는 생각이 들었다. 나는 서구 출신 무슬림이다. 따라서 서구인과 무슬림의 사고방식을 모두 이해할 수 있었다.

1952년 말 나는 파키스탄 외무부를 사직하고 이 책을 쓰기 시작했다. 친구의 기대에 부응하는 ‘굉장한 이야기’가 될지는 자신할 수 없다. 오래된 메모, 여기저기 휘갈겨 놓은 일기, 신문에 기고했던 글의 일부를 토대로 아스라한 기억 속 광활한 시간과 공간을 되짚으려 노력했다.

그리하여 실체를 드러낸 이 책은 인도로 가기 위해 아랍을 떠나기 전까지 리비아 사막과 눈 덮인 파미르 고원, 보스포루스 해협과 아랍 해 사이에 있는 거의 모든 국가를 여행하며 보냈던 시간을 기록하고 있으며, 1932년 여름이 끝나가던 무렵 메카로 향했던 마지막 사막 여행의 시점을 기준으로 하고 있다.

이 책에 묘사된 아랍은 더 이상 존재하지 않는다. 원유 수출로 막대한 부가 쏟아져 들어오면서 예전과 같은 단순한 아름다움, 인간미 넘치는 독특한 문화는 사라져 버렸다. 이제는 돌이킬 수 없는 과거를 되새기려니,

아릿한 고통 사이로 내 마지막 사막 여행의 한 장면이 떠오른다. 이글거리는 태양 아래 두 남자가 낙타 등에 올라 터덜터덜 나아가고 있다. 앞으로, 앞으로….

1

목마름

1

낙타 두 마리가 저마다 한 사람씩 태운 채 터덜터덜 앞으로 나아간다. 이글거리는 태양 아래 타오르는 듯한 붉은빛 모래언덕이 끝도 없이 이어지고, 숨 막히는 침묵이 주위를 감싼다. 휘청휘청 걷는 낙타 등에 올라타고 있노라면 최면에 걸린 듯 정신이 몽롱해지면서 태양도, 뜨거운 바람도, 사막도 모두 뇌리에서 사라진다. 모래언덕 언저리에 누런 풀이 몇 가닥 자라고 있고, 덤불 가지가 마치 구렁이처럼 똬리를 틀고 있다. 낙타 발굽 아래 모래 밟히는 소리, 오금에 안장이 맞비벼지는 소리 외에는 아무 소리도 들리지 않는다. 태양과 바람을 막기 위해 머리에는 수건을 칭칭 둘렀다. 외로움을 마치 짐짝처럼 어깨에 걸머진 느낌이다. 그렇게 타는 목마름을 달래줄 물이 있는 타이마(사우디아라비아 북서부 오아시스-옮긴이)를 향해 전진한다.

"…네푸드(아라비아 반도 북부의 사막-옮긴이)를 지나서 타이마로…."

누군가의 목소리가 귓가에 맴도는데 꿈인지 생시인지 바로 분간이 가지 않는다.

"뭐라고 했나, 자이드?"

동행이 답한다. "타이마를 보겠다고 네푸드를 지나는 사람은 찾기 힘들 거라고 했어."

자이드와 나는 이븐 사우드 국왕의 요청으로 나즈드(아라비아 반도 고원 지대에 있던 왕국. 1932년 사우디아라비아에 통합되었다-옮긴이)와 이라크 사이 국경 지대에 위치한 카스르 아타이민에 다녀가는 길이었다. 임무를 완수하고도 시간이 많이 남아서 남서쪽으로 320킬로미터나 떨어진 고대 오아시스 타이마에 들러 보기로 한 것이다.

타이마는 구약성서에 등장하는 '데마'다(이사야서에 '데마 땅의 주민들아 물을 가져다가 목마른 자에게 주고…'라는 구절이 나온다-옮긴이). 아라비아 반도에서 타이마만큼 물이 풍족한 곳은 없다. 그 때문에 이슬람교가 전파되기 훨씬 전부터 카라반 무역의 중심지 역할을 했고 초기 아랍 문명의 발상지가 되었다. 꼭 한번 가보고 싶었던 곳이라 카라반의 경로를 따라 빙 돌아가는 대신 중앙 아라비아 고원과 시리아 사막 사이에 위치한 검붉은 사막 네푸드를 가로지르기로 결심했다. 이 광대한 사막에 길은 없다. 바람이 앞서 지나간 여행자의 발자국을 모래로 덮어버리고, 모래언덕의 형태도 끊임없이 바뀐다. 푹 파인 계곡이 높이 솟은 언덕이 되고 언덕은 파여 계곡이 된다. 이곳에 나는 메마른 풀은 너무 씁쓸해서 낙타조차 먹지 않는다.

이 사막을 각기 다른 경로로 여러 차례 가로지른 경험이 있기는 했지만 홀로 가기는 역부족이었다. 자이드가 함께 있어 얼마나 다행인지 모른다. 자이드는 샤마르족 출신이다. 샤마르족은 모래언덕이 잠시 초지로 변하는 겨울 우기에 네푸드 사막 남동부 끝자락에 머물며 낙타를 먹여 키운다. 사막의 정기가 자이드의 핏줄에 면면히 이어져 흐르고 있다.

자이드는 남달리 외모도 수려하다. 넓은 이마, 중키에 날렵하면서도 단단한 몸매가 인상적이다. 높은 광대뼈와 육감적인 입술이 도드라지는 갸름한 얼굴은 척박한 사막 출신답게 진중하면서도 사람 좋아 보인다. 유목민 특유의 자유분방한 기질은 잃지 않았으되 제멋대로는 아니고, 나즈드에 살며 도회지의 삶을 익히기는 했으되 세속적 쾌락에 물들지는 않았다. 아주 어렸을 적부터 그는 우여곡절이 많았다고 했다. 제1차 세계대전 중 터키 정부가 조직한 비정규 낙타 부대에 소년 병사로 합류하여 시나이 반도 전투에 참가했으며, 샤마르족의 고향 땅을 지키기 위해 사우디아라비아를 상대로 싸우기도 했다. 또한 페르시아 만에서 무기 밀매상을 하다가, 아랍 전역을 떠돌며 수많은 여인들과 격정적인 사랑을 나누기도 했다(매번 합법적으로 부부의 연을 맺었다 헤어지기를 반복했다고 한다). 이집트에서는 말 장수였고 이라크에서 용병으로 복무했으며 5년 전부터는 아라비아 반도에 머물면서 내 안내원 노릇을 하는 중이었다.

그리고 1932년 여름, 그는 나와 함께 모래언덕 사이로 낙타를 몰다 오아시스가 나타나면 여장을 풀고 별빛 가득한 밤하늘을 이불 삼아 잠을 청하는 나날을 이어가고 있다. 끝없이 반복되는 낙타 발굽 소리, 야영하며 끓여 마시는 커피, 자려고 모래 위에 누우면 몸을 부드럽게 쓸고 지나가는 바람, 모래언덕 너머에서 솟아오르는 불꽃같은 태양이 여정을 채운다.

한번은 정오 기도를 올리기 위해 멈춰 서서 가죽부대에 담긴 물을 덜어 얼굴과 발을 씻다가 발치에 난 풀에 몇 방울을 흘렸다. 무자비한 태양열에 누렇게 시든 풀은 물이 닿자 잎을 살며시 떨더니 천천히 기지개를 켰다. 몇 방울을 더 떨어뜨렸더니 가녀린 풀잎이 살짝 말렸다가 다시 천천히 몸을 뻗었다. 나는 숨죽인 채 물을 더 부어 보았다. 이번에는 더 빠르고 격렬한 움직임이 포착되었다. 마치 불가사리처럼 수축과 팽창을 거듭하는 모습이 신비로웠다. 조금 전까지 죽은 줄 알았던 풀이 마치 마술처럼 생명의 숨결을 내쉬는 광경은 경이로웠다.

사막은 그런 경이가 곳곳에서 발견된다. 사막에서 생명을 이어가기란 쉽지 않기에 경외심이 그만큼 더 깊어진다. 사막은 발을 들여놓을 때마다 허를 찌르듯 놀라움을 안겨 주는 곳이다. 척박하고 공허한 땅이라는 생각이 고착되려는 찰나, 모래를 뚫고 비죽 고개를 내민 연약하고 창백한 풀잎과 마주하게 된다. 간혹 새 떼가 공중으로 날아오르거나 메뚜기 떼가 굶주린 전사와 같은 기세로 하늘을 덮기도 한다.

사람을 압도하는 너른 공간에는 아라비아 사막에만 존재하는 정체 모를 향기가 떠돈다. 가다보면 검은빛 용암석이 나오기도 하고 모래언덕이 꼬리를 잇기도 하고 자갈 언덕 사이로 와디(우기 중 호우로 인해 일시적으로 하천이 흐르면서 계곡처럼 파인 하상-옮긴이)가 나타나기도 한다. 와디를 빽빽하게 덮은 가시덤불 틈에서 놀란 토끼가 풀쩍 뛰어나오거나 모래 위에 가젤의 발자국이 찍혀 있기도 하고 아득한 옛날 불을 피우는 데 사용되었던 듯 검게 그을린 돌멩이가 발견되기도 한다. 우거진 야자수 그늘 아래 웅크리고 앉은 작은 마을, 우물에 드리운 나무 두레박이 과객을 향해 노래를 하는 것 같다. 간혹 계곡 한가운데 자리한 오아시스로 양과 낙타를 몰고 와 물을 먹이는 베두인족을 맞닥뜨릴 때도 있다. 이들은 가죽 부대로 물을 퍼 가죽 구유에 담으면서 노랫가락을 뽑는다. 다시 스텝 지대로 들어서면 누렇게 마른 풀이 뱀처럼 땅을 휘감아 돌고, 홀로 선 아카시아 나무가 청명한 하늘을 배경으로 가지를 한껏 뻗고 있다. 그때 둔덕과 바위 사이에서 눈 두 개가 나타나 사방을 살피더니 순식간에 사라진다. 물을 마시지 않고도 살 수 있다는 황금색 도마뱀이다. 오후가 되면 베두인 목부들이 안장도 얹지 않은 어린 낙타에 올라타고 낙타 떼를 몰아 귀가한다. 목부들이 가축 모는 소리는 광활한 사막의 침묵에 이내 흡수되어 메아리도 없이 사라져 버린다.

때때로 지평선 너머에서 어른어른 일렁이는 그림자가 포착된다. 시시각각 색깔과 위치를 바꾸며 낮게 떠 있는 모양새가 구름 같기도 하다가 산 같기도 하다가 꼭대기가 우산처럼 생긴 지중해 소나무같이 보이기도 한다. 그러다 이내 정체가 드러난다. 오랜 세월 여행자들에게 거짓 희망을 안겨주었던 지니(아랍 신화에 나오는 정령-옮긴이)의 눈속임, 즉 신기루다.

간혹 사막에 사는 부족들 간 유혈 사태가 벌어질 때가 있다. 그럴 때면 눈에 띄지 않도록 모닥불도 피우지 않고 총을 무릎 사이에 끼우고 앉아 뜬눈으로 밤을 지새워야 한다. 혼자 여정을 이어가다 카라반 무리를 만나면 삶과 죽음, 갈망과 만족, 사랑과 증오, 육욕을 다스리는 법, 고향땅의 야자수 숲 등 단순하면서도 심오한 주제를 놓고 쉴 새 없이 대화가 오간다. 쓰잘머리 없는 수다는 떨지 않는다. 사막에서는 그러려야 그럴 수가 없다.

사뭄(아프리카 사막지대에서 지중해로 부는 열풍. 시로코라고도 하는 이 바람이 불면 피부에서 수분 증발이 심해져 어린이들은 열병으로 사망하기도 한다-옮긴이)이라도 불라치면 입천장에 혀가 마른 나뭇가지처럼 들러붙으면서 죽을 듯한 갈증이 찾아온다. 그런가 하면 베두인 천막에 초대되어 이른 봄 암컷 낙타에서 짜낸 진한 낙타 젖을 대접 받는 호사를 누릴 때도 있다. 눈앞에는 파릇파릇해진 스텝 지대가 정원처럼 펼쳐져 있고, 천막 밖에서는 손님을 위해 양을 잡아 요리하는 아낙네들의 웃음소리가 연신 울려 퍼진다.

태양이 언덕 너머로 떨어지면 밤이 찾아온다. 사막의 밤하늘은 유난히 드높다. 별이 총총 박힌 사막의 밤하늘 아래 누우면 잠이 그렇게 달콤할 수 없다. 물론 살을 에는 듯한 한풍이 휘몰아치는 겨울밤은 이야기가 다르다. 여름은 또 어떤가. 이글거리는 열기 속에 머리는 수건으로 둘둘 감싸고 타박거리는 낙타 등에 몸을 맡기고 있으면 최면에 걸린 듯 나른해진다. 머리 위로는 맹금 떼가 언제라도 시체에 달려들 태세를 갖추고 원을 그리며 따라붙는다.

2

적막과 고독 속에 모래언덕을 하나씩 넘으며 더딘 오후를 흘려보낸다.

그때 나타난 베두인 무리가 외로움을 날려준다. 남자 네댓, 여자 둘이 각각 단봉낙타를 나눠 타고 이동 중인데, 천막, 솥, 식기 등 살림살이를 잔뜩 실은 낙타에는 아이 두엇도 올라앉아 있다. 베두인 무리가 멈춰 서서 인사를 건넨다.

"평화가 함께하기를."

우리도 답한다. "평화와 신의 은총이 함께하기를."

"여행자들이여, 어디로 향하고 계시오?"

"타이마요. 인샬라."

"어디서 출발했소?"

"카스르 아타이민이요, 형제들이여." 잠시 침묵이 흐른다. 턱도, 턱수염도 뾰족한 빼빼 마른 노인이 수장인가 보다. 그가 미심쩍어 하는 눈길로 나를 살핀다. 길도 없는 황야에서 난데없이 나타난 벽안의 이방인. 더욱이 영국이 점령한 이라크 쪽에서 오는 길이라고 하니 아랍 땅에 몰래 침입한 이단자로 보일 수밖에 없을 것이다. 노인이 안장 머리를 만지작거리며 생각을 정리하는 동안 나머지 베두인 일행은 우리를 둘러싼 채 그가 입을 열기를 기다린다. 침묵이 버거운 듯 노인이 다시 묻는다.

“어느 아랍인인가?” 내가 속한 종족 또는 지역을 묻는 것이다. 미처 답하기도 전에 그의 얼굴에 미소가 번진다.

“오, 이제야 알아보겠네! 압둘 아지즈와 함께 있었지! 오래전, 4년쯤 전이었는데….”

그가 나를 향해 반갑게 손을 내밀면서, 샤마르 족장의 수행단 일원으로 리야드 왕궁에 갔을 때 나를 보았다고 설명한다. 베두인족은 국왕을 가리킬 때 호칭도 붙이지 않고 이름만 부른다. 경의를 표하지 않는다는 의미가 아니라, 왕도 결국 인간이라는 베두인식 인도주의에서 비롯된 관습이다. 그렇게 노인과 나는 한동안 리야드 왕궁의 추억을 되짚으며 이야기를 나눈다. 리야드 왕궁 방문객은 하루에도 천 명이 넘는다. 이들은 인심 좋기로 소문난 왕으로부터 융숭한 대접을 받으며 머물다 떠날 때는 신분의 고저에 따라 은화 한 줌, 금화 주머니, 말, 낙타 등 다양한 선물을 받는다.

그러나 왕의 인심이 물질적 차원에 그친다고 생각하면 오산이다. 나를 포함하여 수많은 사람들이 그를 진심으로 경애하는 까닭은 무엇보다 그가 마음이 따뜻하기 때문이다. 이븐 사우드 국왕의 우정은 내가 아라비아에서 보낸 세월에 훈훈한 온기를 더해 주는 빛과 같다. 그는 일개 기자인 나를 친구라 부르고 나 역시 그를 친구라 부른다. 단순히 함께 보낸 시간이 많기 때문이 아니라 그가 내게 내밀한 속내까지 꺼내 보여줬기 때문이다. 그도 단점이 없지는 않지만 진실로 훌륭한 사람이다. 속이 깊고, 어떤 경우에도 자신만의 신념을 잃지 않는다.

나는 1927년 초 메카에서 압둘 아지즈 이븐 사우드 국왕을 처음 만났다. 이슬람으로 개종한 지 두세 달밖에 지나지 않은 무렵이었다. 메카까지 동행했던 아내가 그즈음 급작스레 세상을 떠났던 터라 나는 그야말로 절망 속에 허덕이고 있었다. 숙소에 틀어박혀 사람도 거의 만나지 않았고, 국왕을 알현하고 인사를 올리는 예도 몇 주째 미루고 있었다. 그러던 어느 날 국왕의 손님으로 아라비아까지 온 인도네시아의 하지 아고스 살림이란 자로부터 왕명에 따라 내 이름이 내빈 명단에 올랐다는 소식을 듣게 되었다. 국왕은 내가 두문불출했던 이유를 진작부터 알고 기다려 주었던 듯했다.

그래도 여전히 국왕 알현은 내키지 않던 차였는데, 마침 그때 국왕의 차남인 아미르('권한이 있는 자'란 뜻으로 총독, 사령관 등에게 주어지는 호칭이다-옮긴이) 파이잘과 대大모스크 회랑 아래 서고에서 마주치게 되었다. 아라비아, 페르시아, 터키 고서가 빽빽이 꽂힌 어둡고 고요한 서고에 앉아 있노라면 안정과 평화가 절로 찾아왔다. 그런데 경호원이며 수행원을 잔뜩 거느린 한 남자가 들이닥치면서 고요가 깨졌다. 아미르 파이잘이 카바(이슬람 세계에서 가장 신성한 곳으로 일컬어지는 메카의 중앙 신전-옮긴이)로 향하는 길에 잠시 들른 것이었다. 22세에 불과한 호리호리한 젊은이가 무척이나 근엄한 분위기를 풍기고 있었다. 부왕은 이미 2년 전 약관의 나이였던 아미르 파이잘에게 히자즈(사우디아라비아 서부 지역으로 메카와 메디나가 모두 이곳에 있다. 1925년 이븐 사우드 왕이 점령했다-옮긴이) 총독 자리를 맡긴 바 있었다(형인 왕세자 사우드는 나즈드 총독이다. 왕은 1년 중 반은 히자즈 수도 메카에, 나머지 반은 나즈드 수도 리야드에 머물렀다).

서고를 드나들며 안면을 익힌 메카 출신 사서 겸 학자가 나를 파이잘에게 소개했다. 고개 숙여 절하자 그는 내 머리를 손가락으로 살짝 들어 올리면서 따뜻하게 미소를 지었다.

"나즈드에서는 사람이 사람 앞에 고개 숙여서는 안 된다고 믿습니다.

오직 신께 기도를 올릴 때만 고개를 숙일 수 있습니다."

그는 자상하면서도 약간 내성적인 듯 보였다. 이후 계속해서 친분을 쌓으며 이 첫인상이 틀리지 않았음을 확인할 수 있었다. 그에게서는 타고난 고결함이 엿보였다. 그날 서고에서 나는 이런 아들을 둔 아버지라면 꼭 만나 보고 싶다는 생각을 하게 되었다.

"국왕께서 그대를 꼭 보고 싶어 하십니다. 왜 피하십니까?" 파이잘이 물었다.

다음 날 아침 나는 파이잘의 비서가 보낸 자동차를 타고 왕궁으로 향했다. 시끄럽게 울어대는 낙타 떼, 낙타 안장, 아바야(아랍인들이 옷 위에 두르는 천-옮긴이), 카펫, 검, 천막, 놋쇠 주전자 등 각종 베두인 물품을 팔고 있는 경매인들로 시끌벅적한 바자르(시장-옮긴이)를 지나 한적한 대로로 들어서서 얼마간 더 달리자 마침내 왕궁이 모습을 드러냈다. 왕궁 앞 광장에는 안장 없은 낙타와 무장한 노예, 수행원 등이 줄줄이 늘어서 있었다. 나는 그다지 비싸 보이지 않는 카펫이 깔린 큰 대기실로 안내되었다. 창밖으로 푸릇푸릇한 잎사귀가 보였다. 척박한 메카 땅에서 엄청난 비용과 노력을 쏟아부어 가꾸는 왕의 정원이었다. 그때 흑인 노예가 들어와서 왕의 부름을 알렸다.

이번에는 정원이 훤히 내다보이는 조금 작고 더 환한 방으로 옮겨 갔다. 바닥에는 호사스러운 페르시아 카펫이 깔려 있었다. 왕은 퇴창 앞 디반(낮고 긴 의자-옮긴이)에 앉아서 발치에 무릎을 꿇은 비서를 향해 구술을 하고 있었다. 내가 들어서자 왕이 일어나더니 양손을 내밀며 인사했다.

"알란 와살란." 이제 가족의 품으로 돌아왔으니 평지를 평안히 걷게 되리라는 뜻이다. 아랍에서 전통적으로 최고의 격식을 차릴 때 쓰는 환영인사다.

자이드

이븐 사우드 국왕은 키가 장대 같았다. 180센티미터가 넘는 나조차 나즈드 관습에 따라 왕의 코끝과 이마에 가볍게 입을 맞추려니 까치발을 하고도 모자라서 왕이 머리를 낮춰 주어야 했다. 왕은 다시 디반에 앉으면서 나를 옆에 앉혔다.

"편지를 쓰던 참인데 거의 끝났소."

그는 구술을 이어가는 틈틈이 나와 대화를 나누면서도 전혀 헷갈려 하지 않았다. 내가 소개장을 건네자 왕은 꼼꼼히 읽으면서(즉, 한 번에 세 가지 일을 했다는 말이다) 커피를 가져오라 지시했다.

이븐 사우드 국왕은 워낙 몸매의 균형이 잘 잡혀 있어서 앉아 있을 때는 2미터가 조금 못되는 어마어마한 신장이 그렇게 눈에 띄지 않았다. 황금빛 이갈(쿠피야를 고정하기 위해 두르는 끈-옮긴이)과 적색 체크무늬 쿠피야(아랍 남자들이 머리에 쓰는 천-옮긴이) 밑으로 보이는 얼굴에서는 남성미가 흘러넘쳤다. 나즈드식으로 짧게 다듬은 턱수염과 콧수염, 시원한 이마, 매부리코에 섬세하고 도톰한 입술을 지녔다. 말을 이어나갈 때는 활기에 넘치다가 입을 굳게 다물고 있을 때는 뭔가 고독이 배어나는 듯 쓸쓸해 보였다. 눈이 깊어 더 그렇게 보였을 수도 있다. 한데 왼쪽 눈에 흰 막이 얇게 덮여 있었다. 여기에 얽힌 가슴 아픈 사연은 나중에 전해 들었다.

몇 년 전 아내 중 하나가 정적이었던 이븐 라시드 왕가의 사주를 받아 향로에 독을 넣었다고 했다(나즈드에서는 중요한 의식이 있을 때마다 향을 피운다). 언제나처럼 왕이 가장 먼저 향로를 건네받아서 나머지 참석자들에게 차례로 돌리기 전 향을 깊이 들이마셨는데, 뭔가 심상치 않았다. 즉시 향로를 내던진 덕에 목숨에는 지장이 없었으나 왼쪽 눈의 시력을 잃고 말았다. 왕은 배신한 아내를 벌하는 대신 용서를 베풀었다. 이븐 라시드 왕가의 친족인 친정 식구들에 의해 그녀 역시 희생당했다고 생각했기 때문이다. 왕은 아내를 폐서인 시키고 황금을 두둑이 주어 고향으로 돌려보냈다.

....

첫 알현 뒤 왕은 나를 거의 하루도 빼놓지 않고 불러들였다. 그러던 어느 날 내륙 깊숙이 여행을 해도 좋겠는지 허락을 구하러 갔다. 외국인은 나즈드 출입이 금지되어 있다. 막 말을 꺼내려는 찰나 왕이 속을 꿰뚫어 보는 듯한 시선을 내게 던지더니 웃으며 말했다.

"무함마드여, 우리와 함께 나즈드로 가서 리야드에 몇 달 묵지 않겠소?"

나는 물론이고 주변 사람들도 모두 얼떨떨해졌다. 이방인이 그런 제안을 받다니, 전무후무한 일이었다.

"다음 달 자동차 여행에 동행해 주면 좋겠소만."

나는 심호흡을 한 뒤 대답했다. "부디 신의 은총으로 만수를 누리시기를, 지도자시여. 그렇지만 자동차로 메카에서 리야드까지 가게 되면 대엿새 내내 사막의 모래밖에 더 보겠습니까? 허락해 주신다면 저는 낙타로 이동하겠습니다."

왕이 크게 웃었다. "베두인들의 눈을 들여다보고 싶다는 얘긴가? 미리 경고해 두겠소만, 베두인들은 낙후한 삶을 살고 있고, 나즈드도 그저 거친 사막에 불과하오. 낙타 안장에 몸은 배기고 음식은 형편없을 것이오. 그래도 가고 싶다면 가야지요. 이 나라 백성들과 가까워지기 위해 투자한 시간이 후회스럽지는 않을 것입니다. 가난하고 무지할지는 모르되 정이 깊은 사람들입니다."

몇 주 뒤 나는 왕으로부터 낙타, 식량, 천막에 안내원까지 하사받아 리야드로 출발했고, 두 달 뒤 목적지에 도착했다. 내 생애 최초의 아라비아 내륙 여행이었다. 애초에는 왕의 권유대로 그저 '몇 달' 머물다 가려 했으나 정신을 차리고 보니 몇 년이 훌쩍 지나 있었다. 그 사이 나는 아라비아 반도 구석구석 안 다녀 본 곳이 없게 되었고, 안장도 더 이상 불편하지 않았다.

"부디 신께서 압둘 아지즈에게 만수를 허락하시기를…." 턱이 뾰족한 남자가 말한다. "우리 베두인은 그를 사랑하고, 그는 우리 베두인을 사랑한다네."

하기사 왕이 나즈드 베두인들에게 그토록 선심을 베푸는데 사랑하지 않을 이유가 어디에 있겠는가? 다만 무상으로 금전 지원을 계속 받다 보니 경제적 자립 능력이나 의지가 점차 사라지고 있어 문제였다. 노력을 하지 않아도 생계가 저절로 해결되니 무지와 나태를 벗어나지 못했다.

한데 자이드가 초조해 하는 눈치다. 자꾸 내 쪽을 바라보는 품새가, 한가로이 과거를 회상하고 있을 시간이 없다고 말하는 듯하다. 우리는 드디어 작별을 고한다. 샤마르 베두인들은 순식간에 동쪽 모래언덕 뒤로 자취를 감추고, 이들이 낙타몰이의 단조로움을 이겨내고자 읊조리는 노랫소리만 공기를 타고 들려온다. 자이드와 내가 타이마를 향해 서쪽으로 한 걸음 한 걸음 내딛을 때마다 노랫소리가 점점 작아지더니 이내 다시 정적이 무겁게 내려앉는다.

3

"저기 봐!" 자이드의 외침이 정적을 가른다. "토끼야!"

고개를 돌리는 순간 관목 덤불에서 회색 털 뭉치가 튀어나온다. 자이드는 순식간에 안장에서 뛰어내리더니 안장머리에 매달려 있던 나무 지팡이를 뽑아 든다. 그러나 지팡이를 휘두르며 토끼를 쫓아가던 중 무언가에 발이 걸려 철퍼덕 넘어지고, 토끼는 사라진다.

"저녁거리가 날아가 버렸네." 나는 웃고 그는 아쉽다는 듯 지팡이만 내려다본다. "실망하지 말게, 자이드. 그 토끼는 우리 몫이 아니었어."

"그래, 그런 모양이야." 자이드의 목소리가 심상치 않다. 자세히 보니 다리를 절고 있다.

"다쳤나, 자이드?"

"아, 별것 아냐. 발목을 조금 삐었어. 괜찮아지겠지."

한데 나아질 기미가 보이지 않는다. 한 시간쯤 지나자 얼굴은 구슬땀에 젖고 발목은 눈에 띄게 부어올랐다.

"이대로는 안 되겠어, 자이드. 여기에 천막을 치도록 하지. 하룻밤 쉬고 나면 회복될 거야."

자이드는 밤새 통증에 시달린 듯하다. 우리 둘 다 자는 둥 마는 둥 하다

날이 밝기 한참 전에 자리를 털고 일어난다.

"낙타 한 마리가 없어졌어." 자이드의 말에 주위를 둘러보니 정말 한 마리가 보이지 않는다. 자이드는 없어진 놈을 찾아 나서겠다고 하지만 다친 발목 때문에 서 있기도 힘들 지경이다.

"여기 있어, 자이드. 내가 찾아볼게. 발자국을 따라 돌아오면 되니까 길을 잃지는 않을 거야."

나는 낙타 발자국을 따라 어슴새벽에 길을 나선다. 시간은 흐르는데 발자국만 이어질 뿐 낙타는 보이지 않는다. 해가 중천에 떠오르고 나서야 잠시 멈춰 서서 대추야자 몇 알을 먹고 물을 마신다. 평소처럼 태양이 이글거리지 않는다. 하늘에는 이맘때 보기 힘든 회갈색 구름이 떠 있다. 사막을 휘감은 공기가 요상하게 무겁고 모래언덕 윤곽이 두루뭉술해 보인다.

눈앞에 있는 높은 모래언덕 꼭대기에서 이상한 움직임이 포착된다. 혹시 잃어버린 낙타인가? 자세히 보니 언덕 전체가 조금씩 잔물결을 일으키며 나를 향해 다가오고 있다. 마치 파도가 일 때처럼 경사면으로는 모래가 계속 흘러내린다. 언덕 뒤편으로는 모래 먼지가 붉게 피어올라 뿌연 베일을 드리운 듯하다. 황혼 녘과 같은 불그스레한 기운이 사막 전체에 퍼진다. 모래가 소용돌이치며 내 얼굴을 때리는가 싶더니 갑자기 사방에서 강풍이 불어와 주위를 온통 할퀴어댄다. 불과 몇 분 만에 하늘은 녹슨 쇳덩이처럼 시뻘겋게 물들고, 붉은 안개 같은 모래 먼지가 태양을 가린다. 모래 폭풍이다.

웅크리고 앉았던 낙타가 겁에 질려 일어서려 한다. 나는 고삐를 잡아당겨 녀석을 주저앉힌다. 쉴 새 없이 불어오는 돌풍에 똑바로 서 있기도 힘들지만 낙타가 달아나지 못하게 끈으로 앞다리를 묶고 나서 마음이 놓이지 않아 뒷다리도 묶는다. 그런 뒤 땅에 납작 엎드린 채 아바야를 머리까지 끌어올려서 뒤집어쓴다. 날아오는 모래에 숨통이 막히지 않도록 얼굴은 낙타 겨드랑이에 묻는다. 낙타가 주둥이로 내 어깨를 쿡쿡 찌른다. 녀석도 얼굴 묻을 곳을 찾고 있음이 분명하다. 모래가 내 몸 주위에 빠르게 쌓인다. 파묻히지 않도록 때때로 몸을 이리저리 흔들어야 한다.

모래 폭풍의 기습은 이전에도 몇 차례 겪었다. 이럴 땐 땅에 엎드려 아바야를 뒤집어쓴 채 폭풍이 잦아들기를 기다리는 수밖에 없다. 거센 바람에 겉옷 자락 펄럭이는 소리를 듣고 있으니, 베두인 군대와 행군하던 시절이 생각난다. 5년 전 나즈드 베두인 낙타 부대가 아라파트(무함마드의 최후의 설교 무대였던 메카 동쪽 언덕과 평원-옮긴이) 성지 순례를 마치고 메카로 돌아갈 때도 깃발이 그렇게 사납게 펄럭였다. 그 틈에 나도 끼어 있었다. 내 생애 두 번째 성지 순례였다. 아라비아 반도 내륙에 머문 지 1년이 다 되어가던 무렵 간신히 때를 맞추어 메카로 가서 아라파트 평원으로 향하는 행렬에 동참할 수 있었다. 순례를 마치고 돌아오는 길에 먼지를 일으키며 전속력으로 평원을 누비는 나즈드 베두인 낙타 부대를 만나 합류하게 됐다. 낙타 수천 마리가 지축을 흔들며 질주하는 모습은 거스를 수 없는 거대한 파도 같았다. 편대마다 부족 고유의 깃발을 휘날리면서 독특한 함성을 질러대기도 했다. 아라비아 반도 중부 고지대 출신인 나즈드 베두인들에게 전쟁과 순례는 동의어다. 이런 광경을 난생 처음 본 이집트, 북아프리카, 인도네시아 자바 섬 등지 출신 순례자들은 기겁을 하며 달아나곤 했다. 하기는 그토록 난폭한 무리의 앞길을 함부로 막아섰다가 무슨 변을 당했을지 모른다.

제정신이었다고 보기는 힘들겠지만, 당시 나는 그 시간, 그 굉음, 그 질주에 나 자신을 송두리째 내맡기고 큰 희열을 느꼈다. 얼굴을 때리는 바람이 이렇게 외치는 듯했다. "너는 이제 결코 이방인이 아니야…. 절대로,

다시는!"

펄럭이는 아바야를 쓰고 모래에 묻혀 있는 지금, 이 모래 폭풍도 같은 말을 한다. "너는 이제 결코 이방인이 아니야…."

나는 더 이상 이방인이 아니다. 아라비아는 고향이 됐다. 서구에서 보낸 과거는 꿈인 듯 아련하다. 기억에서 사라질 만큼 비현실적이지도 않지만, 현재의 일부라고 할 만큼 현실적이지는 않은 꿈. 그렇다고 내가 현실과 동떨어진 몽상가는 아니다. 도시에 몇 달만 머물라치면(심지어 아내와 갓난쟁이 아들이 살고 있는 메디나에 가 있어도) 몸이 들썩거리면서 모험으로 가득 찬 사막으로 떠나고 싶어 안달이 난다. 32세 조금 넘은 나이로 생애 대부분을 여행길에서 보낸 탓에 온갖 위험에 빠지기도 하고 뜻하지 않은 경험을 쌓기도 했다. 모순이지만 이런 방랑벽은 모험심보다는 나만의 안식처를 찾겠다는 갈망에서 비롯되었다. 유럽에서 나고 자란 자에게 주어지는 전형적 운명을 거부하고 관점과 외형 모두 판이하게 다른 세계를 찾아 떠나도록 만든 동력은 바로 이 내적 발견에 대한 갈망이었다.

마침내 폭풍이 잦아들기 시작한다. 나는 몸에 쌓인 모래 먼지를 털어낸다. 낙타도 모래에 반쯤 파묻혔지만 한두 번 겪은 일이 아닐 테니 문제없을 것이다. 눈, 코, 귀마다 모래가 가득하고, 안장 위에 씌워 놓은 양가죽이 날아갔지만 심각한 피해는 입지 않은 듯하다. 그리고 다음 순간 내가 속단했음이 밝혀진다.

주위 모래언덕 형체가 전부 바뀌어 있다. 사람 발자국이고 낙타 발자국이고, 흔적도 없이 사라졌다. 아무도 밟고 지나지 않은 낯선 땅이 된 것이다.

이제 태양의 위치와 과거 사막 횡단에서 체득한 방향감각에 의지해 길을 찾는 수밖에 없다. 그러나 곳곳에 솟은 모래언덕으로 인해 일직선으로 이동하기란 쉽지 않다. 애초 의도했던 방향으로 나아가고 있는지 확신이 들지 않는다.

모래폭풍을 겪고 나니 갈증이 밀려온다. 물을 담은 가죽부대는 오래전에 비었다. 그러나 캠프까지 그리 먼 거리는 아니다. 낙타도 이틀 전 마지막으로 물을 먹였지만 사막 여행에 익숙한 놈이라 충분히 버틸 것이다.

한 시간, 두 시간, 세 시간이 지나도록 자이드도 캠프의 흔적도 나타나지 않는다. 모래언덕은 하나같이 낯설다. 그러다 오후 느지막이, 땅 위로 삐져나온 화강암이 눈에 띈다. 자이드와 내가 어제 오후 지나쳤던 바로 그 바위다. 이 지점에서 얼마 가지 않아 천막을 치고 여장을 풀었다. 그제야 마음이 놓인다. 자이드가 있는 곳을 3~5킬로미터쯤 지나친 듯하지만, 어제처럼 남서쪽을 향해 계속 가다 보면 만나게 될 것이다.

어제 이 바위에서 캠프까지 세 시간 정도 걸린 것 같은데, 세 시간은 족히 넘었는데도 자이드는 보이지 않는다. 또 지나쳤나? 태양의 움직임을 계산하며 남서쪽으로 두 시간을 더 달렸지만 역시 성과는 없다. 어느새 날이 저문다. 휴식을 취하고 날이 밝은 뒤 다시 떠나야겠다. 낙타를 주저앉혀 다리를 묶는다. 목이 너무 말라서 대추야자가 안 넘어간다. 대추야자는 낙타에게 줘 버리고 낙타의 몸을 베고 눕는다.

극심한 피로 때문인지 뒤숭숭한 꿈이 이어지는 데다 갈수록 심해지는 갈증 탓에 졸다 깨다를 반복한다. 애써 모른 척하려 해봐도 저 깊숙한 곳으로부터 두려움이 스멀스멀 올라온다. 만약 자이드를 찾지 못하면? 지금 내가 있는 곳에서 어느 방향으로 이동하더라도 앞으로 며칠간 물을 구할 도리는 없다.

새벽녘에 다시 출발한다. 밤사이 계산해 보니 남쪽으로 너무 멀리 와 있는 듯하다. 자이드는 여기서 북북동 방향 어딘가에 있을 것이다. 갈증과 허기와 피로에 지쳐 북북동 쪽을 향해 모래언덕을 에둘러 가며 구불구불 이동하다 정오에 다시 휴식을 취한다. 입천장에 달라붙은 혀는 오래되어 갈라진 가죽 같다. 목은 따갑고, 눈은 타는 듯하다. 낙타의 배에 머리를 기대고 아바야를 덮고 잠시라도 눈을 붙이려 했지만 잠이 오지 않는다. 오후에도 이동을 계속한다. 이번엔 너무 서쪽으로 치우친 듯해서 동쪽으로 방향을 튼다. 여전히 자이드의 흔적은 보이지 않는다.

다시 밤이 찾아온다. 갈증은 고문에 가깝고, 머리는 온통 물 생각뿐이다. 날이 밝자마자 길을 나선다. 오전에도, 정오를 지나 오후에도 계속 움직인다. 모래언덕 너머 또 모래언덕, 끝은 보이지 않는다. 내 삶의 마지막을 이렇게 맞게 되는 것인가? 겨우 아라비아의 일원이 되었다고 생각했는데? 나는 기도한다. "신이시여, 이렇게 죽을 수는 없습니다."

오후에 주변 지형을 살펴보려고 높은 언덕 위로 올라간다. 동쪽 멀리 검은 점이 눈에 들어온다. 힘만 남아 있었다면 기쁨의 함성을 질렀을 것이다. 자이드의 캠프가 분명하다. 물이 있는 곳이다. 다시 낙타에 오르려 하니 무릎이 심하게 떨린다. 천천히, 조심스럽게 검은 점이 있는 쪽으로 향한다. 이번엔 절대 지나치지 않으려고 신경을 곤두세운다. 언덕이 나타나도 에두르지 않고, 계곡이 가로막고 있어도 그냥 관통한다. 두 배, 세 배 더 고통스럽지만 길어야 두 시간이면 목표에 도달하리라는 희망이 있다. 마침내 마지막 모래언덕 정상에 오르자 목표물이 선명하게 보인다. 심장이 멎는 것 같다. 땅 위로 삐져나온 화강암이다. 사흘 전 자이드와 함께 지나쳤고, 이틀 전에는 혼자 지나쳤던….

꼬박 이틀 동안 죽을힘을 다해 제자리걸음을 했던 것이다.

4

나는 탈진한 상태로 안장에서 미끄러져 내린다. 낙타 다리를 묶을 기력 따위는 없다. 어차피 낙타도 지쳐 달아나려야 달아날 수가 없다. 울고 싶은데 잔뜩 말라 부어오른 두 눈에선 눈물이 나오지 않는다.

언제 마지막으로 울었더라… 언제였든 이미 지난 과거다. 과거만 있을 뿐 현재는 없다.

벌써 사흘째 물을 한 방울도 못 마셨다. 낙타는 닷새째다. 낙타는 하루 이틀 더 버틸 수도 있겠지만 나는 불가능하다. 죽음이 찾아오기 전에 미쳐 버릴지도 모른다. 육체적 고통과 정신적 공포가 뒤엉켜 서로를 점점 증폭시킨다.

드러눕고 싶지만, 지금 누우면 다시는 일어서지 못할 것이다. 나는 억지로 안장에 오른 뒤 낙타를 발로 차 일으킨다. 낙타가 뒷다리를 펴느라 앞쪽으로 휘청할 때, 이어 앞다리를 펴면서 뒤쪽으로 휘청할 때 안장에서 떨어질 뻔한다. 우리는 천천히 고통스럽게 서쪽으로 움직인다. 서쪽이라니… 우습지 않은가! 이렇게 기만적인 모래언덕의 바다에서 '서쪽'이 무슨 의미가 있을까? 그래도 나는 살아야겠다. 그래서 계속 나아간다.

있는 힘을 다 짜내며 밤새 걸음을 멈추지 않는다. 아침 무렵 결국 나는 안장에서 떨어지고 만다. 모래가 부드러워 큰 충격은 없다. 낙타는 잠시 꼼짝 않고 서 있더니 앞다리 무릎을 접으며 주저앉는다. 이어 뒷다리마저 속절없이 구부러지더니 모래 위에 목을 길게 늘어뜨리고 뻗어 버린다.

나는 낙타 몸통이 만든 좁은 그늘에 몸을 구겨 넣고 뜨거운 열기와 고통과 갈증과 공포를 어떻게든 막아 보려고 아바야를 뒤집어쓴다. 아무 생각도 할 수 없다. 눈을 감을 수도 없다. 눈꺼풀을 움직일 때마다 눈동자를 뜨거운 쇠로 지지는 것 같다. 갈증과 열기. 참담한 적막. 메마른 적막에 귓속 혈관을 따라 피가 흐르는 소리와 낙타 숨소리가 도드라진다. 이 세상 마지막 소리인 것 같다. 낙타와 나는 지구상에 남은 최후의 생명체다.

머리 위에서는 독수리 한 마리가 천천히 원을 그리며 날고 있다. 지평선을 떨치고 창백한 하늘 한가운데로 솟아오른 검은 점이다.

목이 잔뜩 부어오르고, 숨 쉴 때마다 바늘 수천 개로 혀를 찌르는 듯하다. 혀를 움직이면 말라버린 입안을 줄로 가는 듯한 고통이 찾아온다. 몇 초 동안 하늘이 캄캄해 보이기도 한다.

손이 저절로 움직여 낙타 안장에 매달려 있던 카빈총 밑동을 잡는다. 손은 그대로 얼어붙은 듯 멈추고, 머릿속에선 방아쇠만 당기면 이 고통에서 벗어날 수 있다는 생각이 맴돈다. 내 안의 목소리가 속삭인다. 힘이 조금이라도 남아 있을 때 총을 잡아!

그때 내 입술이 달싹거린다. 소리는 나지 않지만 마음 깊은 곳에서 말 한마디가 올라온다. "너희를 시험할 것이다… 반드시 너희를 시험할 것이다…." 코란의 한 구절이다. "공포와 굶주림, 궁핍과 실패로 반드시 너희를 시험할 것이다. 그래도 굴하지 않는 이들에게는, 고난 앞에 '보라, 우리는 신께 돌아가야 한다'고 말하는 이들에게는 기쁜 소식이 기다리고 있을 것이다."

주변이 온통 뜨겁고 어둡다. 하지만 그 속에서 서늘한 바람이 느껴진다. 바람이 나뭇잎을 흔드는 듯 혹은 물 위를 스치는 듯 바스락거리는 소리도 들린다. 그 물은 어린 시절 집 근처에 흐르던 개울이다. 아홉 살인가 열 살로 돌아간 나는 개울가 잔디밭에 누워 하얀 젖소가 만족스럽게 풀 뜯는 모습을 바라보고 있다. 멀리 들판에서 김을 매는 아낙네들도 보인다. 개울가 버드나무 위로는 흰 오리가 날아오른다. 다음 순간 부드러운 바람이 짐승의 콧김처럼 내 얼굴을 간질인다. 아, 바람이 아니라 정말 짐승의 콧김이다. 젖소가 나를 쿡쿡 찌르며 킁킁거리고 있다. 발을 구르는 움직임도 느껴진다….

눈을 뜬다. 낙타가 콧김 뿜는 소리가 들린다. 낙타는 머리를 치켜들고 반쯤 일어서 있다. 무언가 좋은 냄새를 맡았는지 킁킁거린다. 녀석이 잔뜩 흥분하고 있는 듯하다. 오랜 사막 여행 뒤 물 냄새를 맡았을 때 이런 반응을 보인다. 하지만 여기는 물이 없는데… 아니, 있나? 나는 머리를 들고 낙타의 시선을 따라간다. 모래언덕이 보인다. 가만, 소리가 들린다! 낡은 하프의 울림처럼 희미한 고음이 들려온다. 행군할 때 낙타의 발걸음에 박자를 맞춰 내지르는 베두인족의 함성 같다. 그리 멀지는 않지만, 일어설 힘도 없는 내가 그쪽으로 갈 수는 없다. 소리를 질러 보려 했지만 잔뜩 쉰 목에선 바람 소리만 나온다. 나는 카빈총을 향해 손을 뻗어 온 힘을 다해 안장 핀에 묶인 총을 풀고 장전 손잡이를 당긴다. 산이라도 들어올리는 듯 힘겹지만 결국 해내고 만다. 하늘을 향해 방아쇠를 당긴다. 허공을 향해 발사한 탄환 소리는 이내 가늘어져 애를 태운다. 다시 장전한 뒤 탄환을 발사하고 귀를 기울인다. 하프 소리 같은 고음이 멈춘다. 잠시 적막이 흐르더니 갑자기 남자 하나가 모래언덕 꼭대기 위로 모습을 드러낸다. 곁에는 남자 하나가 더 있다. 둘은 한동안 나를 내려다보더니 고개를 돌려 동료들을 향해 뭔가 외친다. 곧이어 반은 뛰고 반은 미끄럼을 타며 나를 향해 언덕을 내달린다.

나를 에워싸고 한바탕 소동이 벌어진다. 남자 둘, 아니 셋이다…. 처절한 고독에 몸부림치던 내게는 군중과도 같다! 이들이 팔다리를 분주하게 움직여 나를 들어올린다. 입술에 얼음 같기도 하고 불 같기도 한 타는 듯한 차가움이 느껴진다. 턱수염을 기른 베두인 남자가 언뜻 보기에도 지저분한 헝겊을 물에 적셔 내 입술에 갖다 대고 있다. 다른 손으로는 뚜껑이 열린 물주머니를 들고 있다. 내가 본능적으로 물주머니를 향해 손을 뻗자 그가 조심스럽게 내 손을 밀치고는 다시 헝겊을 물에 적셔 내 입술에 몇 방울 떨어뜨린다. 나는 화끈거리는 목구멍에 물이 닿지 않도록 이를 악문다. 베두인 남자가 내 입을 벌려 다시 몇 방울을 떨어뜨린다. 물이 아니라 마치 녹인 납 같다. 왜 저들은 내게 이런 짓을 하고 있나? 이 고문에서 벗어나고 싶은데 저 악마들이 놓아주질 않는다. 피부가 타들어가고 몸 전체가 불덩이 같다. 나를 죽이려고 하나? 아, 힘이 남아 있다면 총을 들어 저항해 볼 텐데! 저들은 다시 내 입을 벌리고 물을 떨어뜨린다. 삼킬 수밖에 없다. 그런데, 신기하게도 조금 전처럼 목구멍이 심하게 화끈거리지 않는다. 머리 위에 얹어 놓은 젖은 헝겊의 감촉도 꽤 좋다. 베두인들이 내 몸에 물을 부어 옷을 적시자 전율에 가까운 쾌감이 찾아온다. 그러고는 온 세상이 캄캄해진다. 나는 깊은 우물 속으로 떨어지고 있다. 내 몸이 공기를 가르는 소리가 굉음이 되어 귓전을 때리고 암흑은 점점 짙어진다….

5

짙은 암흑은 여전한데 굉음은 멈췄고 몸 전체가 따뜻한 담요에 덮인 듯 포근하다. 노곤하고 나른한 느낌이다. 굳이 눈을 뜨거나 팔을 움직일 필요는 없을 듯한데 그래도 눈을 떠 본다. 검은 염소가죽으로 만든 베두인 천막 안에 누워 있다. 정면 살짝 열린 틈새로 별이 총총 박힌 밤하늘이 내다보인다. 그때 한 남자가 틈새를 통해 안으로 들어온다. "깨어났어, 깨어났어!" 자이드의 목소리다. 다음 순간 그가 얼굴을 내 눈앞으로 들이밀더니 손으로는 내 어깨를 부여잡는다. 누군가가 천막으로 들어온다. 잘 보이지는 않지만 어조로 보아 샤마르 베두인이다.

다시 참을 수 없는 갈증이 밀려와 자이드가 내민 낙타 젖을 허겁지겁 들이킨다. 더 이상 고통은 느껴지지 않는다. 자이드는 베두인들이 마침 근처에서 야영을 하고 있었고, 나를 태웠던 낙타가 홀로 터벅터벅 돌아오자 모두 함께 수색에 나섰으며, 거의 사흘이 지나 희망을 접으려 했을 때 모래언덕 뒤에서 총소리를 들었다는 얘기를 늘어놓는다.

꼬박 하루는 더 자리에 누워 몸조리를 하라고 한다. 베두인들은 물이 넉넉하다면서 내 낙타에게도 벌써 세 양동이째 물을 먹이고 있다. 어차피 남쪽으로 하루만 더 가면 오아시스가 나오니 괜찮다.

잠시 후 나는 자이드의 부축을 받아서 천막 밖으로 나온다. 그리고 모래 위에 담요를 펴고 쏟아질 듯한 별빛 아래 몸을 눕힌다.

두세 시간 지났을까, 나는 자이드의 커피 주전자가 댕그랑거리는 소리에 잠에서 깬다. 새로 끓인 커피 향기가 여인의 포옹 같다.

"자이드!" 갈라졌던 목소리도 원상태로 돌아와 있다. "커피 좀 주겠나?"

"기꺼이 드리지." 자이드가 대답한다. "드시고 싶은 만큼 마음껏 드시오."

나는 커피를 마시며 자이드를 향해 미소를 보낸다.

"대체 우리는 왜 집구석에 가만히 틀어박혀 있지 못하고 이렇게 사서 고생을 할까?"

자이드가 웃으며 대꾸한다. "왜냐하면 우리는 나이가 들고 사지가 뻣뻣해지기를 앉아서 기다리는 사람들과는 다르니까. 집에 틀어박혀 있어도 죽을 사람은 죽게 되어 있어. 어디에 있든 운명은 각자의 목에 감겨 있으니까."

자이드가 '운명'을 표현하기 위해 고른 아랍 단어는 '할당된 것'이란 뜻의 쿠이스마quisma다. 커피 한 잔을 더 청해 마시는 동안 쿠이스마에 내포된 보다 심오한 의미에 생각이 가 닿는다. '세상사 속 저마다 감당해야 할 몫'.

세상사 속 저마다 감당해야 할 몫이라…. 이 한마디가 잊고 있던 기억 하나를 일깨운다. 웃음도 함께 떠오른다. 누구의 웃음이었더라? 뭉게뭉게 피어오르는 매캐한 대마초 연기, 그 사이로 이제껏 만나 본 중 가장 기괴했던 남자가 웃음 짓고 있다. 내 생애 다시없을 기묘한 사건을 겪은 직후 만났던 남자다. 당시 나는 위험에 빠졌다고 속단하여 필사적으로 도망치다가 훨씬 심각한 위험과 맞닥뜨리고 말았다.

8년 전 겨울, 나는 이브라힘이란 타타르족 시종과 함께 말을 타고 이란 남서부의 시라즈에서 케르만으로 여행 중이었다. 니리스 호수와 인접한 케르만은 인구가 희박하고 길도 제대로 닦이지 않은 황무지다. 땅은 온통 진흙탕이고, 마을도 보이지 않았다. 남쪽으로는 '배고픈 이들의 산맥' 쿠히구시네간이 뻗어 있고, 니리스 호수와 맞닿은 북쪽에는 습지가 있다. 오후에 외롭게 서 있는 언덕 하나를 에둘러 가니 호수가 펼쳐졌다. 소금기가 너무 많아 물고기가 살지 못하는 호수의 녹색 수면은 잔물결조차 없었다. 호숫가의 토양도 염도가 높아 사막지대에 사는 관목 몇 그루 말고는 식물이라고는 찾아볼 수 없었다. 땅에는 질척한 눈이 얇게 덮여 있고, 호숫가에서 약 200미터쯤 떨어진 곳에 희미하게 길이 나 있었다.

저녁 어스름이 깔리는데 카라반 숙소 카니켓은 나타날 줄을 몰랐고, 가까이에 달리 묵을 만한 곳도 없었다. 어두컴컴한 늪지대에서 말을 계속 몰고 가기란 위험천만했다. 더구나 우리 말들은 하루 종일 진흙탕을 헤치고 나아가느라 지칠 대로 지쳐 있었다.

밤이 되자 비가 억수같이 쏟아지기 시작했다. 우리는 아무 말 없이 이동을 계속했다. 어차피 한 치 앞도 보이지 않았던 터라 말이 가는 대로 내버려 두었다. 그렇게 몇 시간이 흐르도록 카라반 숙소는 나타나지 않았다. 너무 어두워 그냥 지나쳤을지도 몰랐다. 이 폭우에 야외에서 밤을 지새워야 할 위기에 처했다. 말이 발을 옮길 때마다 첨벙첨벙 물이 튀었다. 흠뻑 젖은 옷은 천근만근 무겁게 몸을 내리눌렀고, 시꺼먼 하늘은 물줄기를 계속 퍼부어댔다. 안 그래도 뼛속까지 시린데, 늪지대 한가운데를 지나고 있다고 생각하니 소름이 끼쳤다. 말이 한 발자국만 헛디뎌도 아침에 출발하기 전 받은 경고대로 '신의 자비가 함께하기를' 바랄 수밖에 없게 된다.

이브라힘은 나보다 열 발자국쯤 뒤에서 좇아오고 있었다. 끔찍한 생각이 자꾸 머릿속을 맴돌았다. 어두워서 카니켓을 지나치지나 않았나? 이 얼음장 같은 빗속에서 야영을 할 수 있을까? 늪에 빠지기라도 하면 어쩌나?

갑자기 내가 탄 말의 발굽 소리가 달라졌다. 부드러운 흙을 밟는가 싶더니 한쪽 앞발이 푹 빠지는 느낌이 들었다. 늪이다! 나는 고삐를 있는 힘껏 당기고 뒤꿈치로 말 옆구리를 찼다. 말은 머리를 한껏 치켜들며 네 다리를 미친 듯이 놀리기 시작했다. 식은땀이 흘렀다. 칠흑 같은 어둠 속에 당장 내 손도 보이지 않았지만 사력을 다하는 말의 몸부림은 적나라하게 전달되었다. 나는 평소 절대 쓰지 않는 채찍을 거머쥐고 말 엉덩이를 사정없이 내리쳤다. 몸부림을 멈추는 즉시 수렁 속으로 빨려 들어갈 것이기 때문이었다. 힘과 속력이 유달리 뛰어난 카시가이(이란 남부에 주로 머무는 반유목민족-옮긴이) 종마로 그토록 사납게 매질을 당해 본 적이 없었던 내 말은 미친 듯이 날뛰며 뒷발로 서기를 반복하더니 몸이 앞으로 고꾸라질 뻔했다. 발굽은 처절하게 진흙탕 속을 허우적댔다.

그때 내 머리 위로 무언가가 휙 소리를 내며 지나갔다. 반사적으로 손을 들어 올리자 강한 충격이 가해졌다. 대체 뭘까? 거센 빗소리와 말이 헐떡이는 소리 사이로 끈질기게 먹잇감을 빨아들이는 늪의 소리가 들렸다. 한계에 다다랐다. 나는 등자에서 발을 빼고 안장에서 뛰어내릴 준비를 했다. 혼자라도 살아 나가는 수밖에 없다. 그때 말발굽이 딱딱한 땅을 또각또각 밟기 시작했다. 안도감에 거의 흐느끼며 고삐를 당겨 떨고 있는 말을 진정시켰다. 살았다.

그제야 일행 생각이 났다. 잔뜩 겁에 질린 목소리로 "이브라힘!" 하고 불러봤지만 대답이 없다. 오싹해졌다.

"이브라힘…!" 빠져나오지 못했나? 잔뜩 쉰 목소리로 나는 한 번 더 소리쳤다. "이브라힘!"

그러자 멀리서 희미한 외침이 들렸다. "여기… 여기 있어요!"

어떻게 저토록 멀리 가 있지?

"이브라힘!"

"여기… 여기!" 말고삐를 단단히 쥐고 소리가 들려오는 쪽을 향해 조심조심 걸어갔다. 이브라힘은 평온하게 안장에 앉아 있었다.

"어떻게 된 거야, 이브라힘? 늪에 빠지지 않았어?"

"늪…? 아뇨. 갑자기 전속력으로 달려가시기에 전 그냥 여기 가만히 있었어요."

전속력으로 내달렸다고… 수수께끼가 풀렸다. 늪과의 사투는 착각이었다. 물 고인 바퀴자국을 밟았을 뿐인데 내가 흥분해서 채찍질을 해대자 말이 놀라 전속력으로 질주했던 것이다. 그 질주를 늪에 빠지지 않으려 발버둥 친다고 착각했다. 곳곳에 나무가 막아선 밤길을 눈감고 달린 것이었다. 진짜 위험은 늪이 아니라 나무였는데… 손에 느껴졌던 충격은 나뭇가지였다. 굵은 가지에 부딪혔다면 머리가 깨졌을 수도 있었고, 만약 그랬다면 이란 남부 아무도 모르는 곳에 묻히고 말았을 것이다.

스스로에 대한 화가 치밀어 올랐다. 무엇보다 방향감각을 완전히 잃은 데다 도로도 찾을 수 없어 낭패였다. 카라반 숙소는 포기해야 하나….

그러나 역시 내 기우였다.

이브라힘이 말에서 내리더니 양손을 땅에 대고 지형을 가늠하며 길을 찾기 시작했다. 그렇게 땅바닥을 기어 다니다가 갑자기 벽에 머리를 부딪쳤다. 카라반 숙소 카니켓의 시커먼 벽이었다.

내가 늪에 빠졌다고 착각만 안 했어도 무작정 앞으로 나아가다 숙소를 지나쳤을지 몰랐다. 그랬다면 정말 늪에 빠졌을 수 있다. 알고 보니 늪은 우리가 있던 곳에서 불과 200미터 앞에 도사리고 있었다.

카라반 숙소는 샤 아바스 대왕 시대 석조 건물이다. 기거할 만한 방이 몇 개 안 되는데 그마저 언제 깔았는지 모를 짚과 말똥투성이였다. 이브라힘과 함께 홀에 들어서자 맨바닥에 불을 피워 놓고 앉아 있는 관리인이 눈에 띄었다. 옆에는 맨발에 누더기 차림의 왜소한 남자가 하나 있었다. 우리를 보자 두 사람 다 일어섰다. 왜소한 남자가 오른손을 왼쪽 가슴에 대고 머리를 숙이며 공연 무대에서나 볼 수 있을 법한 과장된 몸짓으로 인사했다. 입고 있는 망토는 각양각색 천 조각으로 기웠다. 꾀죄죄했지만 눈은 반짝거리고 얼굴은 평화로웠다.

관리인은 말을 보살피러 나갔다. 나는 흠뻑 젖은 튜닉을 벗어던졌고, 이브라힘은 곧장 불 옆에 쭈그리고 앉아 차를 끓이기 시작했다. 왜소한 남자는 우아한 몸짓으로 이브라힘이 건넨 차를 받아 들었다.

대저택의 거실에 앉아 아랫것에게 말을 거는 귀족처럼 그가 내게 물었다. "영국인인가요?"

"아니요, 오스트리아인입니다."

"무슨 일로 여기까지 오셨는지 물어도 실례가 되지 않을까요?"

"저는 신문에 글을 씁니다." 내가 답했다. "유럽인들에게 당신 나라를 알리기 위해 여행 중입니다. 유럽인들은 다른 지역 사람들이 어떻게 살고 무슨 생각을 하는지 관심이 많습니다."

그는 만족스러운 미소와 함께 고개를 끄덕이곤 침묵에 빠졌다. 잠시 후 그가 망토 주머니에서 흙으로 만든 작은 물파이프와 대나무 관을 꺼냈다. 대나무를 파이프에 연결하더니 담배처럼 생긴 무언가를 양 손바닥 사이에 놓고 비벼서 마치 금가루라도 되는 양 조심스럽게 파이프에 채워 넣었다. 그는 대나무 관을 통해 연기를 빨아들이다 격렬하게 기침을 했다. 파이프 안에 들어 있던 물이 거품을 일으키며 코를 찌르는 향내가 방 안에 퍼지기 시작했다. 그제야 그가 인도 대마초 해시시를 피우고 있음을 알아챘다. 이상한 행동도 이해가 갔다. 그는 해시샤시, 즉 해시시 중독자였다. 아편 중독자와 달리 빛을 뿜는 그의 눈은 어딘가를 계속 응시하고 있었다.

나는 말없이 그를 주시했다. 그가 파이프를 내려놓더니 물었다.

"피워 보시겠어요?"

나는 정중히 사양했다. 아편은 한두 번 해봤지만(별로 즐겁지 않았다), 이 해시시는 시험 삼아 피워 보고 싶지도 않았다. 그는 소리 없이 웃었다.

"친구, 무슨 생각을 하고 있는지 잘 압니다. 해시시는 악마의 산물이란 생각에 두려워하고 있죠. 얼토당토않습니다. 해시시는 신의 선물이에요. 특히 마음에 위안이 되죠. 아편은 두말할 필요 없이 해로워요. 사람들의 욕구에 불을 당겨서 미치게 만듭니다. 짐승처럼 탐욕스런 꿈을 꾸게 해요. 하지만 해시시를 피우면 모든 탐욕이 잦아들어 세상에 무관심해집니다. 만족감을 줘요. 해시샤시 앞에 금덩이를 쌓아둬 보세요. 건드릴 생각도 않을 겁니다. 아편은 사람을 심약하고 비겁하게 만들지만, 해시시는 모든 두려움을 없애서 사자처럼 용맹하게 만들어 주죠. 해시샤시에게 한겨울에 얼음처럼 차가운 강물로 뛰어들라고 하면 곧장 크게 웃으며 뛰어들 거예요. 탐욕이 없으니 두려움도 없고, 두려움을 넘어서고 나면 세상에 이겨내지 못할 위험이 없음을 알죠. 무슨 일이 벌어지든 세상사 속 그가 감당해야 할 몫일 뿐이니까요…."

그는 다시 웃었다. 조롱과 자비의 중간쯤인 짧게 떨리는 웃음이었다. 잠시 후 그는 웃음을 멈추고 대마초 연기를 뿜으며 소리 없이 미소만 지었다. 반짝이던 눈은 다시 먼 곳에 고정되었다.

‘세상사 속 내가 감당해야 할 몫일 뿐이라…’. 나는 자리에 누워 생각에 잠긴다. ‘살과 뼈와 감정과 인식의 묶음인 나는 존재의 궤도를 따라 움직였고, 지금 벌어지고 있는 모든 일 가운데 한 부분을 차지하고 있다…. 위험은 환상일 뿐이다. 결코 나를 넘어설 수 없다. 나에게 일어나는 일도, 나도 훨씬 거대한 흐름의 일부에 지나지 않기 때문이다. 위험과 안전, 죽음과 기쁨, 운명과 성취는 나란 존재를 구성하는 다양한 측면 아닐까? 신이시여, 당신은 인간에게 정말 무한한 자유를 주셨습니다….’

나는 눈을 감아야 한다. 이런 생각 끝에 따르는 희열은 예리한 통증을 수반한다. 내 얼굴을 스쳐 지나가는 바람의 숨결과 함께 자유의 날개가 조용히 나를 쓰다듬는다.

6

나는 충분히 일어나 앉을 수 있을 만큼 기운을 회복한 상태다. 자이드는 내가 기댈 수 있도록 낙타 안장 하나를 가져다준다.

"편히 쉬게. 이제 못 볼 줄 알았는데 다시 보니 정말 반갑군."

"자이드, 자네는 언제나 좋은 친구였어. 지난 몇 년간 자네가 없었다면 난 꼼짝도 못했을 거야."

"자네와 보낸 시간을 한 번도 후회해 본 적이 없어. 지금도 메카로 오라는 자네 편지를 받았던 날이 생생하게 기억나. 5년도 더 되었지. 다시 만난다는 생각에 뛸 듯이 기뻤다네. 특히 자네가 이슬람으로 개종하는 축복을 받았다는 소식이 반가웠지. 하지만 그때 나는 문타피크(이라크 중남부의 아랍 부족 연합체-옮긴이) 여인과 결혼한 상태였어. 그 처녀는 나를 무척 사랑했고. 문타피크 여자들은 허리가 잘록하고 가슴이 단단하지. 이 정도로…." 그러더니 웃으면서 안장 머리를 손가락으로 누른다. "그런 가슴을 두고 떠나려니 발이 떨어지지 않았다네…. 그래서 생각했지. '가긴 가겠지만 지금은 아니다. 몇 주만 시간을 갖자.' 그런데 몇 주가 지나고, 몇 달이 지나도, 그 여자가 자기 사촌과 눈이 맞아서 나와 이혼한 뒤에도 이라크 아가일(아랍 사회의 최정예 전사 계급-옮긴이)로서의 의무를 다하느라, 혹은 바그다드와 바스라에서의 생활을 즐기느라 '조금만 더 있다가…'라고 되뇌곤 했지. 그러다 어느 날 캠프에 가서 봉급을 수령한 다음 다시 낙타를 타고 길을 나서는데, 갑자기 자네 생각이 나더군. 라피카(친구, 동료란 뜻의 아랍어. 여기서는 아내를 뜻한다)가 세상을 떠났다는 자네 편지가 떠올랐거든. 신이시여, 그녀에게 자비를 베푸소서. 그녀를 잃고 자네가 얼마나 낙심했을까 하는 생각에 나는 짐을 챙길 겨를도 없이 즉각 낙타를 몰아 나즈드 지역으로 향했다네. 중간에 딱 한 번 물주머니와 식량을 샀을 때 외에는 4주 동안 쉬지 않고 메카로 달려갔지…."

"자이드, 우리가 아라비아 반도 내륙을 처음으로 함께 여행했던 때를 기억하나? 남쪽으로 이동하면서 야자수 과수원을 지나고 와디 비샤의 밀밭을 거쳐서 아랍인이 아닌 이방인은 한 번도 밟아 본 적이 없는 라냐의 사막으로 들어갔지."

"그럼, 당연히 기억하지! 자네는 지니들이 뜨거운 태양 아래 모래를 노래하게 만드는 룹알할리('비어 있는 땅'이란 뜻으로 아라비아 반도의 4분의 1을 차지하는 광활한 사막)에 가보고 싶어 했잖아. 바두족(룹알할리 주변부에 사는 유목민족-옮긴이)은 기억나나? 평생 유리를 본 적이 없어서 자네 안경을 보곤 얼음으로 만들었다고 생각했잖은가. 그들은 마치 지니 같았어. 책 대신 모래에 난 흔적을 읽는 사람들이니까. 하늘과 공기의 흐름만 보고도 몇 시간 뒤에 찾아올 모래 폭풍을 예견했지. 우리가 라냐에서 고용했던 안내원은 기억해? 자네 카메라를 보고 사막 한복판에 우리를 버리려 해서 자네가 총으로 쏴 버리고 싶어 했지."

우리는 지난날을 떠올리며 웃는다. 하지만 당시에는 이렇게 웃을 수 없었다. 리야드 남쪽을 여행한 지 이레쯤 됐을 때, 아르라인(리야드 남쪽 소도시-옮긴이)에 있는 이크완(형제라는 뜻으로, 여기서는 베두인족 정주민을 가리킨다-옮긴이) 정착촌 출신이었던 그 안내원은 카메라의 용도를 알고는 분노를 터뜨렸다. 불경스런 카메라 촬영이 자신의 영혼을 해한다며 혼자 가 버리려 했던 것이다. 처음 가본 낯선 지역만 아니었다면 그를 붙잡지 않았을 것이다. 아무리 이성적으로 설득해도 그는 고집을 꺾지 않고 라냐를 향해 낙타를 돌렸다. 나는 그대로 가 버릴 경우 가만두지 않겠다고 분명히 경고한 바 있었다. 나는 낙타 머리를 돌리는 그를 향해 총을 겨눴다. 여차하면 쏴 버릴 마음도 있었다. 그제야 그는 영혼을 해하는 카메라보다 총이 걱정되기 시작하는 모양이었다. 잠시 실랑이를 벌인 끝에 그는 사흘 거리에 있는 마을까지 함께 가기로 했다. 그곳에 카디(이슬람 율법에 따라 판결을 내리는 재판관-옮긴이)가 있으니 분쟁의 중재를 맡기자는 것이다.

자이드와 나는 안내원의 무기를 빼앗고 몰래 달아나지 못하게 밤마다 번갈아 불침번을 섰다. 쿠와이야 마을의 카디는 처음엔 안내원에게 유리한 판결을 내렸다. '사진 촬영은 살아 있는 존재에게 수치를 안기는 행위이기 때문'이라고 했다(이는 무함마드의 말을 잘못 해석한 것이다. 살아 있는 존재를 그림으로 남겨서는 안 된다는 잘못된 믿음이 오늘날까지도 무슬림 사이에 널리 퍼져 있지만, 이슬람 율법에는 그렇게 해석될 만한 구절이 전혀 없다). 나는 카디에게 이븐 사우드 국왕의 서한을 보여 줬다. '아미르와 이 글을 읽는 이 모두에게'로 시작하는 서한을 읽어 내려가는 카디의 얼굴이 점점 어두워졌다. 편지에는 '무함마드 아사드는 우리에게 매우 소중한 손님이자 친구입니다. 누구든 그에게 친절을 베풀면 우리에게 친절을 베푸는 것이고, 적의를 보이면 우리를 적대시하는 것과 같습니다.' 왕의 글과 봉인은 완고한 카디에게도 마법과 같은 효과를 발휘했다. 그는 결국 '특별한 상황에서는' 사진 촬영을 허용할 수 있다고 판결했다. 그럼에도 안내원은 떠났고 우리는 리야드까지 동행할 새 안내원을 고용해야 했다.

"리야드에서 보낸 날들도 기억하나? 우린 왕의 손님이었는데, 자네는 궁내 마구간을 가득 채운 번쩍이는 새 자동차를 보고 굉장히 못마땅해 했지. 왕은 자네를 정말 극진하게 대접해 줬어."

"자이드, 왕으로부터 베두인 반군 배후를 캐 보라는 밀명을 받고 여러 밤을 여행해 쿠웨이트로 밀입국했던 때가 생각나나? 우리가 결국 반군이 밀반입하던 리얄(사우디아라비아 화폐-옮긴이)과 총기에 대한 진실을 밝혀 냈잖아."

"다른 임무도 있었지. 키레나이카(북아프리카 리비아 동부 지방-옮긴이)로 가기 위해 다우(삼각돛을 단 아랍 배-옮긴이)를 타고 바다 건너 이집트로 잠입했지. 거기서 다시 이탈리아인들의 감시망을 뚫고 자발 아크다르(오만의 산악 지대-옮긴이)로 가서 우마르 알무크타르가 지휘하는 무자헤딘에 가담했지. 신명 나는 시절이었어."

그렇게 우리는 서로의 기억을 되살려 가며 과거를 회고한다. '기억하나?'란 말이 밤늦도록 이어지는 통에 모닥불은 사그라지고, 자이드의 얼굴도 점점 어둠에 묻혀 간다.

쏟아지는 별빛 아래 사막의 침묵 속에서 부드럽고 미지근한 바람이 모래에 잔물결을 일으키는 동안 과거와 현재의 이미지가 뒤엉켰다 떨어지기를 반복하고, 나는 그 이미지를 따라 기억의 여행을 계속한다. 사랑했던 여인의 죽음은 그 시절을 집어삼킨 어두운 기억이다. 이후로 다시 사랑을 찾지 못했다. 그녀는 메카에 묻혀 있다. 아무런 비문도 새기지 않은 묘비 하나가 그녀의 여정이 끝났으며, 동시에 나의 여정이 시작됐음을 알려 준다. 끝과 시작, 부름과 응답이 메카의 바위투성이 계곡에 공존한다.

"자이드, 커피 남았나?"

"당연하지." 자이드가 답한다. 그는 왼손에 기다란 놋쇠 커피 주전자를 들고 일어서더니 2분 뒤 손잡이 없는 컵 두 개를 오른손에 들고 다가와 하나를 내게 내밀며 커피를 따라 준다. 붉은색과 흰색 줄무늬 쿠피야(아랍인이 머리에 두르는 천-옮긴이)가 드리우는 그림자 안에서 그의 두 눈은 커피 따위는 별로 중요하지 않다는 듯 나만 뚫어지게 바라보고 있다. 속눈썹이 길고 그윽한 그의 눈은 소박하고 어딘가 슬퍼 보이지만 기쁠 때는 반짝반짝 빛이 난다. 대대로 스텝 지대에서 긴 세월 자유를 만끽하며 산 조상으로부터 물려받은 눈이다. 그러나 그의 몸짓은 눈보다 더 아름답다. 평화롭고 리듬감이 있으며, 결코 서둘지도 주저하지도 않는다. 그 정확성과 효율성은 호흡이 잘 맞는 교향악단의 연주를 연상시킨다. 사막의 '척박함'을 온몸으로 느끼고 사는 베두인의 몸짓이다. 일부 도시와 마을을 제외하면 아라비아 반도는 사람 손을 거의 타지 않았다. 이런 곳에 살면 불필요한 행동이나 욕구를 최소화할 수밖에 없다. 수많은 세월이 흘렀음에도 아랍인들은 이런 특성을 고스란히 지니고 있다. 대대로 이어진 단순한 삶의 미학이 몸짓마다 배어 있다.

"자이드, 내일은 어디로 가지?"

자이드가 웃으며 나를 쳐다봤다. "어디긴, 타이마지."

"아니, 타이마로 갈까 했는데 마음이 바뀌었어. 우리는 메카로 간다."

2

길의 시작

1

죽을 뻔한 고비를 넘긴 뒤 사나흘이 지나고, 자이드와 나는 초저녁 무렵 하룻밤 묵어갈 작고 인적 드문 오아시스에 도착한다. 저무는 햇살에 모래언덕이 총천연색으로 물든다. 색이 너무 섬세하고 고와서 바라보기만 해도 망가질 것 같다. 땅거미가 지고 있지만 깃털 같은 야자수 잎과 그 뒤에 옹색하게 웅크린 회색 집들이 보이고, 물 긷는 소리도 들린다.

우리는 마을에서 좀 떨어진 곳에 낙타를 주저앉히고 안장을 벗긴다. 부랑아들이 모여든다. 그중 누더기를 걸친 눈이 큰 소년 하나가 자이드에게 땔감 있는 곳을 알려주겠다고 한다. 그사이 나는 낙타들을 우물가로 데려간다. 대야며 주전자를 머리에 이고 온 마을 아낙네들이 모여 있다.

"평화가 함께하시기를, 나그네시여." 아낙네들이 말을 건넨다.

내가 답한다. "평화와 신의 은총이 함께하시기를…."

여인들은 머리끝부터 발끝까지 검은 천을 둘렀으나 얼굴은 가리지 않아 크고 검은 눈이 드러나 있다(아라비아 반도에서도 이쪽 부근에 사는 여인들과 베두인 여인들은 얼굴을 가리지 않는다). 이 오아시스에 정주한 지도 몇 세대가 지났지만 머뭇거림 없는 시원시원한 몸짓에서 유목민의 후예다운 기질이 엿보인다. 내 손에서 밧줄을 빼앗아 대신 물을 길어 낙타에게 부어줄 때도 수줍음이라고는 찾아볼 수 없다. 4천 년 전 아브라함의 종이 주인의 아들 이삭의 신붓감을 찾고자 가나안에서 씨족들이 정주하는 밧단 아람으로 갔을 때도 우물가에서 이렇게 물을 얻어 마셨을 것이다.

> 그 낙타를 성 밖 우물곁에 꿇렸으니 저녁때라. 여인들이 물을 길으러 나올 때였더라.
> 그가 이르되 우리 주인 아브라함의 하나님이신 주여 원하건대 오늘 나에게 순조롭게 만나게 하사 내 주인 아브라함에게 은혜를 베푸시옵소서. 성 중 사람의 딸들이 물 길으러 나오겠사오니 내가 우물곁에 서 있다가 한 소녀에게 이르기를 청하건대 너는 물동이를 기울여 나로 마시게 하라 하리니 그의 대답이 '마시라 내가 당신의 낙타에게도 마시게 하리라' 하면 그는 주께서 주의 종 이삭을 위하여 정하신 자라 이로 말미암아 주께서 내 주인에게 은혜 베푸심을 내가 알겠나이다.
> 말을 마치기도 전에 리브가가 물동이를 어깨에 메고 나오니, 그 소녀는 보기에 심히 아리땁고 지금까지 남자가 가까이하지 아니한 처녀더라. 그가 우물로 내려가서 물을 그 물동이에 채워가지고 올라오는지라.
> 종이 마주 달려가서 이르되 청하건대 '네 물동이의 물을 내게 조금 마시게 하라' 그가 이르되 '내 주여 마시소서' 하며 급히 그 물동이를 손에 내려 마시게 하고 마시게 하기를 다하고 이르되 '당신의 낙타를 위하여서도 물을 길어 그것들도 배불리 마시게 하리이다' 하고 급히 물동이의 물을 구유에 붓고 다시 길으려고 우물로 달려가서 모든 낙타를 위하여 긷는지라….

모래벌판 한가운데 오아시스에서 내 낙타들에게 물을 먹여 주는 여인들을 바라보고 있으니 저절로 이 성경 일화가 떠오른다. 고대 아브라함과 나 사이 어마어마한 시간과 공간의 간극을 이 여인들이 메우고 있다.

"신께서 그대들의 손에 축복을 내리시고 그대들을 안전하게 지켜 주시기를…."

"나그네께서도 신의 보호 아래 머물러 계시기를…."

내 인사에 여인들이 답하며 각자 주전자에 물을 채워서 집으로 돌아간다.

천막으로 돌아온 뒤 나는 낙타가 밤사이 도망가지 못하도록 꿇어앉히고 앞다리를 묶는다. 자이드가 그새 불을 피우고 커피를 끓이고 있다. 주둥이가 길게 구부러진 놋쇠주전자에서 물이 끓는다. 모양은 비슷한데 크기는 훨씬 작은 주전자가 그 옆에 놓여 있다. 자이드는 손잡이가 족히 60센티미터는 되는 커다란 쇠숟가락에 커피 원두를 한 줌 올리고 열을 가한다. 아라비아에서는 커피를 마실 때마다 원두를 새로 볶는다. 원두 색상이 짙어지자 놋쇠 절구에 넣고 곱게 빻는다. 이어서 작은 주전자에 끓는 물을 옮겨 붓고 빻은 커피 가루를 섞은 뒤 불 가까이에 놓고 천천히 끓도록 내버려 둔다. 커피가 거의 완성됐을 때 자이드는 쌉싸래한 맛을 더하기 위해 카다몬(카르다몸이라고도 하며, 생강 비슷한 향이 난다-옮긴이) 씨 몇 알을 넣어 우린다. 아라비아에는 커피가 '죽음처럼 쓰고 사랑처럼 뜨거워야 한다'는 말이 있다.

그러나 나는 여유롭게 커피를 즐길 수 있는 상태가 아니다. 오랜 시간 낙타를 몰았더니 몸은 땀투성이에 젖은 솜처럼 무겁다. 목욕 생각이 간절하다. 나는 야자수 아래 우물가로 되돌아간다.

어느새 주위는 어둑어둑하다. 우물가에는 인적이 끊겼고, 저 멀리 인가에서 개 짖는 소리가 희미하게 들린다. 나는 옷을 벗어던진 뒤 밧줄을 잡고 우물 벽 튀어나온 바위를 차례로 밟으면서 우물 안으로 내려간다. 차가운 물이 가슴까지 차오른다. 발바닥으로는 땅속에서 끊임없이 퐁퐁 솟아오르는 물줄기가 느껴진다.

우물 입구 가장자리를 휘감아 도는 바람 소리가 희미하게 아래쪽까지 울려 퍼진다. 고둥에 귀를 갖다 대면 나는 소리와 비슷하다. 아주 오래전, 꼬마였을 때 집에 있던 고둥에서 이런 소리가 났다. 원래 그 안에 들어있는 소리인지, 아니면 내가 귀를 댔을 때만 들리는 소리인지 궁금해 하던 기억이 난다. 그 비밀을 밝혀 보려고 멀찍이 들고 있다가 기습적으로 귀에 대보기도 했지만 끝내 알아내지 못했다.

물론 당시에는 수많은 세월 위대한 철학자들이 풀기 위해 씨름했던 수수께끼와 이 의문이 맞닿아 있음을 눈치채지 못했다. 의식과 별개인 '현실'이란 것이 과연 존재하는가, 아니면 현실은 그저 의식이 만들어낸 산물인가? 이제 와 생각해 보니 이 거대한 수수께끼가 어린 시절뿐만 아니라 성인이 된 후에도 나를 괴롭혔던 것 같다. 객관적 진실이 무엇이든 인간에게 있어 이 세상은 겉으로 드러난 형태, 그리고 그 형태가 의식에 새긴 잔상으로만 이해되니까. 따라서 일반적으로 말하는 '현실'은 사람마다 다를 수밖에 없다. 아마도 이러한 이유로, 인간 의식이 맨 처음 형성되었을 때부터 내세에 대한 믿음이 끈질기게 이어져 내려온 듯하다. 동서고금을 막론하고 어떤 민족에게서나 찾아볼 수 있었던 이 뿌리 깊은 믿음을 단순히 '헛된 희망'으로 치부하기에는 무리가 있다. 내세에 대한 믿음은 인간 의식의 구조 때문에 생겨난 필연적 결과라 해도 과언이 아닐 것이다. 죽음을 궁극적 절멸이라는 추상적 개념으로 떠올리기는 쉬워도 구체적으로 머릿속에 그리기란 불가능하다. 이는 현실의 절멸, 즉 무無의 상태를 상상할 수 있게 된다는 뜻인데 인간으로서는 도달할 수 없는 차원이다.

철학자나 예언자들이 내세에 대한 믿음을 처음 만들어냈다고는 볼 수 없다. 그들은 그저 인류가 생겨나면서부터 존재했던 본능적 의식에 형태와 내용을 부여했을 뿐이다.

때와 땀에 절어 있는 몸을 씻으면서 그런 심오한 주제에 대해 고민하자니 그 부조화에 절로 헛웃음이 나온다. 그러나 따분함과 심오함 사이 경계가 어디 늘 뚜렷하던가? 없어진 낙타를 찾아 헤매는 것만큼 따분하고, 그러다 미칠 듯한 갈증으로 쓰러져 죽을 지경이 되는 것만큼 난해한 일이 또 있겠는가?

바로 그 경험으로 인해 지나온 삶을 돌아보고 의미를 찾으려 애쓰게 된 것 같다. 그러나 살아 있는 동안 삶의 의미를 온전히 찾는 사람이 과연 몇이나 되겠는가? 무슨 사건이 언제, 어떻게 벌어졌는지를 기억하기란 어렵지 않고, 그 사건을 촉발시킨 원인이 무엇인지 알아낼 수도 있으나, 운명은 쉽게 가늠할 수 없다. 운명은 과거, 현재, 미래에 걸쳐 우리 안에 일어나는 변화이며, 또한 그 변화를 가능하게 만드는 힘이다. 따라서 삶이란 여정을 계속하는 동안에는 인간이 이해할 수 있는 영역 바깥에 있다가 삶이 종말에 다다른 뒤에야 전말이 드러나게 된다.

고작 32세의 나이에 내가 내 운명을 어찌 알 수 있었겠는가?

나는 고개를 들어 우물 입구를 통해 동그란 하늘과 반짝이는 별을 가만히 올려다본다. 천천히 위치를 옮기는 별들의 미세한 움직임이 감지되는 것만 같다. 수백만 년 이어진 그 움직임을 보고 있자니 나도 모르게 지난 과거가 차례로 떠오른다. 구석구석 모르는 곳이 없었던 유년 시절의 익숙한 그 동네부터 젊은 날 치기 어린 욕망과 희망, 흥분을 경험하게 해주었던 여러 도시들, 처음에는 낯설고 이국적이었지만 점차 제2의 고향으로 자리 잡게 된 새로운 세계까지…. 이후 인류의 역사만큼이나 오래된 고도들과 끝을 알 수 없는 스텝 지대, 태고의 모습을 그대로 간직한 듯한 산과 사막, 눈 덮인 힌두쿠시 산맥까지 발길이 이어졌다. 힌두쿠시 산맥을 함께 올랐던 아프가니스탄인 친구는 긴 대화 끝에 놀랍다는 듯 이렇게 말했다. "자네는 분명 무슬림이야. 미처 깨닫지 못한 모양이지만…." 그로부터 불과 몇 달 뒤 과연 나는 스스로 무슬림임을 깨닫고 메카로 생애 최초의 순례를 떠났다. 이어 아내의 죽음을 맞았고 깊은 절망에 빠졌다. 그때부터 아랍 세계를 떠난 적이 없다. 위대한 왕과 진한 우정을 쌓았고, 사막과 스텝 지대를 정처 없이 헤매기도 했으며, 베두인들의 전투에도 참가했다. 메디나 '예언자의 모스크(무함마드가 메디나에 직접 세웠다는 모스크로 이슬람 3대 성지 중 하나다-옮긴이)'에 머물며 수련을 하기도 했고, 메카로 성지 순례를 여러 차례 다녀왔으며, 베두인 여인들과 혼인했다 이혼하기를 반복했다. 세계 각 곳에서 모여든 학식 깊은 무슬림들과 격론을 벌이기도 했고, 알려지지 않은 미개척지로 탐험을 떠나기도 했다. 서구의 사상과 관점으로부터 벗어난 세월이었다.

참으로 길고 길었다.

그 과거가 갑작스레 고개를 들고 나를 소리쳐 부른다. 지난 여정이 얼마나 길고 고됐는지 깨닫자 가슴이 먹먹해진다. 나 자신에게 말을 건넨다. '이제껏 그저 앞으로만 나아갔지. 인생은 늘 뜬구름 같았고 바로 다음 목적지가 어디인지조차 답할 수 없었어. 이곳저곳 헤매는 방랑자, 길 위의 나그네로 살았지만 열망은 잦아들지 않았지. 더 이상 이방인은 아니지만 뿌리를 내리지도 못했어.'

나와 동일한 신념을 공유하는 사람들 틈에 섞여 있는데도 뿌리를 내리지 못한 이유는 무엇이었을까?

2년 전 메디나에 도착했을 때 아내는 임신 중이었다. 나는 아기가 아들이기를 바랐다. 2~3개월 뒤 나는 아들을 얻었고 이름을 탈랄이라 지었다. 아들을 통해 비로소 아랍인들이 단순한 동료 신도가 아닌 살붙이로 느껴지기 시작했다. 나는 아들이 아랍인으로서의 혈통과 문화를 자랑스럽게 여기며 이 땅에 굳건히 뿌리내리기를 바란다. 한데 나의 방랑벽은 왜 그칠 줄을 모르는가? 나는 왜 스스로 선택한 삶에 완벽히 만족하지 못하는가? 나는 대체 무엇을 갈구하고 있는가? 유럽의 식자층 문화는 결단코 아니다. 그것만은 그립지 않다. 너무 오랜 세월 떨어져 살아서 밥벌이를 위해 유럽 일간지에 가끔 기고하는 칼럼을 쓸 때 난감할 지경이다. 원고를 송고할 때마다 마치 바닥없는 우물에 돌을 던지는 듯한 기분이다. 어두컴컴한 구멍이 돌을 삼키고 나면 메아리조차 들려오지 않는다.

그렇게 우물 바닥에서 물에 반쯤 잠긴 채 불안과 혼돈에 사로잡혀 있는데 갑자기 기억 저편에 가라앉아 있던 목소리 하나가 들린다. 한 쿠르드인의 목소리다. "물이 고여 있으면 탁하고 더러워지지만, 흐를 때는 맑고 깨끗하다. 방랑하는 사람은 그래서 깨끗하다." 그 순간 불안이 눈 녹듯 사라진다. 나 자신을 마치 책을 읽듯 한 발짝 떨어져 바라보기 시작하니, 다시 과거로 돌아간다 해도 같은 선택을 했을 것임이 자명해진다. '이제껏 살며 무엇이 남았을까'란 질문을 스스로 던지자 '이전 세계를 버리고 새로운 세계로 들어가기 위한 작업에 착수했다'는 답이 돌아온다. 이 작업이 평생에 걸쳐 지속될 것임을 잘 안다.

나는 우물에서 빠져나와 아까 가져온 깨끗한 튜닉을 걸치고 자이드가 있는 곳으로 돌아간다. 그리고 자이드가 건네는 쓰디쓴 커피를 마신 뒤 불가에 몸을 눕힌다.

2

팔을 괴고 누워 별이 촘촘히 박힌 사막의 밤하늘을 올려다본다. 별똥별이 꼬리에 꼬리를 물고 아치를 그리며 떨어진다. 검은 하늘에 아치형 구멍이 난 듯하다. 별똥별은 그저 우주를 떠도는 행성 조각에 불과하다고? 자이드에 따르면 절대 그렇지 않다. 별똥별은 천국에 몰래 침투한 악마를 쫓기 위해 천사들이 불 붙여 던지는 창이다. 방금 날아간 창은 에블리스(이슬람 신화에 등장하는 마왕. 사악한 정령들의 왕이다-옮긴이)가 맞았으려나?

아라비아 사막의 하늘과 별에 얽힌 전설은 내게 있어 어린 시절 들었던 옛날이야기보다 친숙하다. 왜 아니겠는가? 아라비아 반도에 발을 들여놓았던 바로 그 순간부터 나는 아랍인처럼 살았다. 아랍 옷만 입고, 아랍어로만 말하고, 꿈도 아랍어로 꿨다. 아무리 현지 문화에 익숙하고 현지어를 능숙하게 구사해도 진정한 구성원이 될 수는 없도록 가로막는 심리적 장애 따위는 내게 처음부터 없었다.

갑자기 행복감이 차올라 웃음이 터져 나온다. 놀란 자이드와 낙타가 내 쪽을 돌아본다. 내가 지나온 길이 짧지는 않지만 단순하고 곧게 뻗은 직선 도로였다는 생각이 든다. 소속감을 느낄 수 없었던 이전 세계에서 나와 아귀가 완벽히 들어맞는 새 세계로 이어진 길.

이 새로운 세계로의 입문이 나에게는 결국 귀향이었다. 그 어느 곳의 밤하늘보다 까맣고, 높고, 별도 훨씬 많은 아라비아 사막의 밤하늘은 수천 년 이어진 유목민 전사들, 즉 내 조상들의 역사를 품고 있다. 수천 년 전 비옥한 땅과 전리품을 찾아 히브리 유목민 전사들이 칼데아(바빌로니아 남부의 고대 왕국-옮긴이) 땅으로 출정했고, 이들이 바로 칼데아의 우르(구약성서에 나오는 아브라함의 고지. 수메르의 도시 국가-옮긴이)에서 태어난 아브라함의 선조가 된 것이다.

우르에서 태어났으되 아브라함은 우르 사람이었다고 할 수 없다. 그의 부족은 젖과 꿀이 흐른다는 환상의 세계를 찾아 척박한 반도에서 북쪽으로 이주했던 수많은 유목민족 중 하나에 불과했다. 환상의 세계란 시리아와 메소포타미아가 있는 '비옥한 초승달 지대'였다. 이렇게 외부에서 침입한 유목민족들이 정주민들을 누르고 지배계층이 되어 서서히 피지배계층과 섞이면서 새로운 나라와 민족을 만들어내기도 했다. 수메르 문명의 폐허 위에 생겨난 아시리아와 바빌로니아, 신바빌로니아를 건설한 칼데아족, 팔레스타인의 가나안 족속과 시리아의 페니키아족으로 알려지게 된 아므르인이 좋은 예다. 전력이 약한 유목민족은 자연스레 정주민들에게 흡수되거나 다시 사막으로 쫓겨났다. 아브라함(구약 창세기에는 아브람Ab-Ram이라 표기되어 있는데, 아랍어로 '욕망이 강한 자'란 뜻이다)의 씨족은 전력이 약한 편에 속했다. 사막 가장자리에 위치한 우르에 일시 정주하던 시절 이들은 티그리스와 유프라테스 사이 땅(즉, 메소포타미아-옮긴이)에 정착촌을 건설할 가능성이 희박함을 깨닫고 유프라테스를 따라 하란(시리아와 경계를 이루는 터키 남동부 국경 마을로, 기원전 2000년부터 문명이 탄생한 고대 도시-옮긴이)을 향해 북서쪽으로 전진하여 시리아까지 갈 계획을 세운다.

신의 계시를 받들어 미개척지로 향했던 '욕망이 강한 자'라면 내가 왜 이곳에 있는지 충분히 이해할 것이다. 그 역시 뿌리를 내릴 곳을 찾을 때까지 방랑을 거듭했고, 이방인 취급을 받지 않았던가? 인생의 본질과 현실에 대해 전혀 다른 관점을 제시하는 세상 속으로 뛰어듦으로써 새로운 나를 발견하고자 했던 욕망을 그라면 꿰뚫어 보지 않았을까?

3

유년기와 청소년기를 보낸 유럽에서 아라비아로 오기까지 얼마나 긴 여정을 거쳤던지… 그러나 돌이킬수록 아름다운 추억이다.

아주 어렸을 때 나는 당시 오스트리아령이었던 폴란드의 르보프(지금은 우크라이나령이다-옮긴이)에 살았다. 우리 집은 밤나무가 줄지어 늘어선 조용하고 우아한 동네에 있었다. 나는 그 동네가 정말 좋았다. 단순히 우리 집이 있는 곳이었기 때문은 아니다. 북적거리는 시내에서 고요한 변두리 숲과 그 안에 위치한 공동묘지에 이르기까지 뭔가 안정적인 분위기가 흘러넘쳤기 때문인 것 같다. 평소에는 경쾌하게 내달리는 말과 화려한 마차가 오가던 거리에 겨울이 오고 발이 푹푹 빠질 정도로 눈이 쌓이면 찬 공기를 가르는 방울 소리와 함께 썰매가 미끄러져 지나갔다. 그 썰매에 올라 앉아 뺨이 얼얼해질 정도로 차가운 바람을 맞노라면 또각또각 달리는 말들이 시작도 끝도 없는 행복한 세상으로 나를 데려다 줄 것만 같았다.

여름은 늘 외조부의 별장에서 났다. 부유한 은행가였던 외조부는 시골에 너른 땅을 소유하고 있었다. 개울가에는 버드나무 가지가 길게 드리워져 있고, 외양간마다 온순한 소들이 가득했으며, 저녁이면 젖을 짜는 루테니아(우크라이나 서부를 가리키던 옛 지명-옮긴이) 농가 소녀들의 웃음소리가

아미르 파이잘(1927년), 훗날 사우디아라비아의 국왕

울려퍼졌다. 갓 짜내어 온기가 가시지 않은 우유를 양동이에서 바로 마실 수도 있었다. 밭에서는 일꾼들이 밀을 수확하면, 여자들이 다발로 묶었다. 이곳 여자들은 몸집이 튼실하고 가슴은 봉긋했다. 장난으로 나를 밀단 사이에 쓰러뜨리고는 함께 구르기도 했지만 장난을 더 발전시키기에는 당시 내가 너무 어렸다.

부모님과 함께 놀러갔던 빈, 베를린, 알프스, 북해, 발트 해 등도 어린 내게는 신세계나 다름없었다. 여행이 막 시작되는 순간 기차가 출발하며 울리는 기적 소리와 바퀴가 철커덕거리는 소리에 내 심장은 터질 듯 설레곤 했다. 한 주 내내 지루한 학교 수업을 참아내고 나면 찾아오던 자유로운 일요일, 시골에서 즐기던 하이킹, 처음으로 남의 눈을 피해 몰래 만났던 동갑내기 여자아이들….

다시 생각해 봐도 꽤 행복한 유년기였다. 우리 집은 유복한 편이었고, 어머니와 아버지는 자식들에게 헌신적이었다. 늘 한결같고 침착했던 어머니의 영향으로 성인이 된 후 어떤 환경에도 유연하게 대처할 수 있었던 것 같다. 방랑벽은 아버지에게 물려받았음이 분명하다.

아버지는 중키에 마르고 피부가 가무잡잡했는데, 달래지지 않는 열정이 엿보이는 두 눈은 늘 평범한 일상과 어긋나 있었다. 아버지는 어린 시절 물리학자를 꿈꿨지만 결국 그 꿈을 이루지 못하고 대신 변호사가 되었고, 그런대로 성공을 일구기는 했으나 이에 완전히 만족할 수는 없었던 모양이다. 늘 이루지 못한 꿈에 대한 아쉬움이 남아 고독해 보였다.

친조부는 예전 오스트리아령이었던 부코비나(루마니아 북동부 2개 주와 우크라이나 1개 주를 아울렀던 옛 지명-옮긴이)의 주도 체르노비츠 출신 랍비였다. 섬세한 손과 길게 다듬은 흰 턱수염이 인상적인 우아한 분이었다.

수학과 천문학에 대한 관심이 깊었을 뿐만 아니라 그 구역 최고의 체스 선수로 유명했다. 역시 체스 실력이 뛰어나기로는 둘째가라면 서러웠던 그리스 정교회 대주교와 오랜 친분을 쌓았기 때문인 것 같다. 할아버지와 대주교는 저녁이면 체스판을 사이에 두고 마주 앉아 대국을 펼치다가 종교적 토론으로 끝을 맺곤 했다. 그런 할아버지였으니 물리학에 대한 아버지의 열정을 뒷받침해 주었을 법도 한데, 장남은 집안 전통에 따라 반드시 랍비가 되어야만 한다는 고집을 꺾지 않았다. 할아버지의 큰아버지가 그 전통을 거부하고 마침내 종교마저 등졌던 아픈 기억이 있었기 때문일 것이다.

집안에서 언급조차 할 수 없었던 할아버지의 큰아버지, 즉 내 증종조부는 엄격한 가풍에 따라 훈육되다가 어린 나이에 랍비가 된 뒤 사랑하지도 않는 여자와 정략결혼을 했다. 당시에는 랍비 보수만으로 생계를 유지할 수 없었기 때문에 모피 사업을 병행했는데, 이에 따라 매년 유럽 모피 무역의 중심지인 라이프치히로 출장을 떠나야 했다. 25세 되던 해(19세기 전반기였다) 말이 끄는 수레를 몰고 라이프치히로 간 증종조부는 여느 해와 마찬가지로 모피를 팔고 나서 수레와 말까지 팔고는 수염을 깎았다. 그리고 영국으로 건너가 버렸다. 낮에는 허드렛일로 돈을 벌고 저녁에는 수학과 천문학을 공부하는 나날이 계속되었다. 그러다 그의 재능을 알아본 한 후원자의 도움으로 옥스퍼드에서 공부하게 되었다. 몇 년 뒤 촉망 받는 학자로 떠오른 증종조부는 기독교로 개종하고 고향에 있는 아내와 이혼했다. 그리고 기독교도 여인과 재혼했다. 이후 그가 천문학자이자 교수로서 높은 명망을 쌓았으며, 기사 작위를 받았다는 사실 외에는 알려진 바가 없다.

할아버지는 집안에 이런 비극은 한 번으로 족하다고 생각하여 아버지의 공부를 막았다. 랍비가 되라면 되어야 했다. 그러나 아버지도 순순히 포기하지는 않았다. 낮에는 탈무드를 읽다가 밤이면 몰래 김나지움(독일 중등 교육기관-옮긴이) 인문학 교과 과정을 독학했다. 할머니는 이 사실을 알고 있었지만 눈감아 주었다. 22세에 김나지움 8년 과정을 4년 만에 마친 아버지는 대학 입학시험에 응시하여 우수한 성적으로 통과했다. 이 소식을 처음 접하고 노발대발했던 할아버지는 놀랍게도 결국 뜻을 접고 아버지의 대학 입학을 허락했다. 다만 집안 사정이 좋지 않아 애초 원하던 물리학을 전공할 수는 없었고 높은 보수가 보장되는 법학으로 방향을 틀어 변호사가 되었다. 몇 년 뒤 아버지는 갈리시아(폴란드 남부의 옛 지명-옮긴이) 르보프에 자리를 잡고 현지 은행가의 네 딸 중 하나였던 어머니를 만나 결혼했다. 그리고 1900년 여름 삼 남매 중 둘째로 내가 태어났다.

아버지는 과학 서적이라면 닥치는 대로 읽었고, 금전적 성공이나 명예에는 도통 관심이 없어 보이는 나를 당신만의 방식으로 편애했다. 그러나 나를 과학자로 키우려던 아버지의 욕심은 채워지지 않았다. 나는 공부, 특히 수학이나 자연과학에 별 흥미를 느끼지 못했다. 그보다는 헨리크 시엔키비치(노벨 문학상을 수상한 폴란드의 소설가-옮긴이), 쥘 베른의 소설이나 릴케의 시가 더 좋았다. 라틴어 문법이나 중력의 법칙이나 나에게는 알 수 없는 수수께끼에 불과했다. 아버지에게는 분명 실망스러웠겠지만, 문학 및 역사에 대한 열정이 남다르다는 선생들의 평가가 조금 위로가 되었을 것이다.

나는 집안 대대로 그랬듯 가정교사에게 따로 유대교 수업을 받았다. 부모님이 유달리 독실했기 때문은 아니었다. 부모님은 유대교 전통을 존중하기는 하되 굳이 일상에 종교적 가르침을 적용하지는 않았던 세대였다. 이 세대 사람들은 보통 두 부류로 나뉜다. 각종 종교적 의식과 절차를 기계적으로 따를 뿐인 부류와 겉으로는 따르는 척하면서 속으로는 구시대의 유물이라 냉소를 보내는 부류. 부모님은 전자였던 것 같다. 한데 아버지는 후자에 가까웠을지도 모른다는 의혹이 고개를 들 때도 있었다. 어쨌거나 아버지는 조부와 외조부의 기대에 부응하기 위하여 나에게 유대교 경전 공부를 시켰다. 그 덕분에 13세의 나이에 나는 히브리어를 능숙하게 읽고 말할 수 있게 되었다. 또한 아람어에도 꽤 익숙해졌다(그래서 아랍어를 비교적 쉽게 배울 수 있었는지도 모르겠다). 마치 랍비가 되기 위해 준비라도 하듯 구약을 원어로 익혔고, 바빌로니아 탈무드와 예루살렘 탈무드의 차이점에 대해 분석했으며, 타르굼(히브리어 성서를 주석과 함께 아람어로 번역한 성경-옮긴이)을 공부했다.

이러한 종교 지식 때문이었는지(혹은 이러한 종교 지식에도 불구하고) 유대교에 대한 불만이 싹트기 시작했다. 경전 전반에 걸쳐 강조되는 도덕적이고 올바른 삶, 예언자들의 신심 등에는 물론 경의를 표했지만, 구약이나 탈무드에서 말하는 신은 너무 과도하게 의례에 집착한다는 생각이 들었다. 게다가 히브리인 외에 다른 민족에는 도통 관심이 없어 보였다. 구약이 아브라함과 그 후예들의 역사만을 서술한다는 점 때문에 신이 인류 전체의 조물주가 아니라 '선택받은 백성'을 위해 존재하는 부족 신으로 보이기도 했다. 이 신은 가르침대로 살면 다른 부족을 점령하게 해주고, 가르침을 벗어나면 이교도들 밑에서 고난을 겪게 만든다.

어린 시절 유대교 수업이 애초 목적과 완전히 어긋난 결과를 낳기는 했지만 성인이 된 후 종교라는 개념 자체를 이해하는 데 큰 도움이 된 것은 사실이다. 당시 유대교에 실망을 느끼고 나서 다른 방향으로 영적 진리를 찾으려는 시도는 하지 않았다. 내 또래 청소년들과 마찬가지로 불가지론의 영향을 받아 제도화된 종교를 모두 거부했다. 어차피 내게 있어 유대교는 금기의 상징일 뿐이었기에 별로 아쉬움이 느껴지지는 않았다. 그때는 철학 사상 등에 관심이 생기기도 전이었다. 여느 사내아이들처럼 그저 모험과 흥미진진한 사건을 찾아 헤매던 시기였다.

14세였던 1914년 말 1차 세계대전이 터지면서 모험을 찾아 떠날 첫 번째 기회가 생겼다. 나는 학교를 뛰쳐나와 가명으로 오스트리아군에 입대했다. 입대 자격 요건은 18세였으나 키가 큰 편이었던 터라 거짓말이 통했다. 그러나 아버지가 경찰에 신고하여 고작 일주일 만에 발각됐고, 즉시 빈으로 송환되었다. 4년이 지나고 나서 나는 정식으로 군에 재입대했다. 그러나 전장의 영웅이 되겠다는 꿈은 사그라진 지 오래였다. 입대한 지 채 2~3주가 되지 않아 이번에는 혁명이 일어났다. 오스트리아-헝가리 제국은 역사의 뒤안길로 사라졌고 전쟁은 끝났다.

종전 후 약 2년간 나는 미로를 헤매는 심정으로 빈 대학에서 예술사와 철학을 공부했다. 당연히 진실로 마음 둘 곳은 찾을 수 없었다. 나는 책상머리에 매달려 있을 체질이 아니었다. 경계심 강한 사람들은 보통 주변에 방어막을 몇 겹씩 둘러치지만, 나는 그런 방어막을 모두 제거한 채 진짜 세상 속으로 뛰어들어 보고 싶었다. 또한 분명 실재하지만 아직 나의 능력으로 그 실재가 인식되지는 않는 모든 것들의 영적 질서를 파악해 보고 싶었다.

당시 내가 생각했던 '영적 질서'가 무엇인지 말로 설명하려니 쉽지 않다. 굳이 변명을 하자면 이런 불확실성은 내 탓이 아니었다. 우리 세대 전체가 겪고 있었던 문제였다.

20세기 초반은 영적 진공 상태나 다름없었다. 1914년부터 1918년까지 이어졌던 전쟁으로 인해 수 세기 동안 면면히 계승된 윤리적 가치가 와르르 무너졌고, 새로운 가치관은 채 확립되지 않았다. 불안정한 기운이 유럽 전역을 짓누르고 있었다. 인간사에 과연 영속성이란 것이 다시 생겨날 수 있을까 의심할 수밖에 없었던 시절이었다. 영적으로 결핍되고 불안정한 젊은 세대를 받쳐줄 지지대는 전무했다. 그렇게 윤리 규범이 사라진 가운데 누구도 젊은 세대가 느끼는 혼돈에 대한 해결책을 제시하지 못했다. '인지가 모든 것을 결정한다'고 주장했던 과학 분야에서는 윤리가 결여된 인지가 혼란을 야기할 뿐임을 간과했다. 사회 혁신론자, 혁명가, 공산주의자(모두 더 나은 세상을 건설하겠다는 목적을 지니고 있었음이 분명하다) 등은 외적 상황에만 치중했다. 그 결함을 메우기 위해 자신들의 유물 사관을 새로운 반형이상학적 형이상학으로 끌어올리기도 했다. 반면 종교와 관련된 이들은 모든 것을 그저 신의 뜻으로 돌렸다. 여기서 '신의 뜻'은 인간의 독단적 판단에 불과하다. 우리 젊은 세대는 소위 '신의 뜻'이 현실과 극명한 대립을 이루는 상황을 목도하고 "신이 뜻했다는 바와 세상 돌아가는 원리는 확연히 다르다. 따라서 신은 없다."고 말할 수밖에 없었다. 스스로 신을 '정의'할 권한이 있다고 여기는 독선적인 종교의 수호자들의 자의적 해석으로 인해 이런 혼돈이 생겨났음을 깨달은 사람은 극소수였다.

이러한 깨달음으로 인해 대학에서 예술사를 전공으로 선택했던 것 같다. 예술은 우리의 기억 속에 내재된 단편적인 사건들을 다시 불러일으키는 역할을 수행한다. 그러나 강의 내용은 그다지 만족스럽지 않았다. 내가 사사했던 교수들은(그중에는 안토닌 드보르자크도 있었다) 모두 각자의 영역에서 일가를 이룬 대가들이었지만 예술적 창조 행위 기저에 깔린 영적 충동을 밝혀내기보다 그 행위를 통제하는 미학적 법칙을 발견하는 데 더 치중하는 듯했다. 즉, 그들의 접근 방식은 형식이라는 문제에 지나치게 얽매여 있었다.

그 질풍노도의 시기에 처음 접했던 정신분석학 역시 여러 가지 이유로 내 기대에는 못 미쳤다. 물론 당시 기준으로 전대미문의 혁신적인 학문이었음은 분명했고, 인지라는 분야로 통하는 새로운 문을 열어젖힘으로써 사람들의 사고방식을 완전히 바꿔 버리는 역할을 했음은 부인할 수 없다.

프로이트의 학설은 젊은 내게 치명적으로 작용했다. 나는 빈 각 곳 카페에서 알프레트 아들러(오스트리아 정신의학자. 프로이트와 함께 '빈 정신분석학회'를 결성한 바 있다-옮긴이), 헤르만 스테클, 오토 그로스(오스트리아 정신분석학자. 프로이트의 초기 제자였다-옮긴이)와 같은 정신분석학의 선구자들이 벌이는 격론에 귀를 기울이곤 했다. 새로이 각광받기 시작한 이 학문의 원칙에는 나도 물론 공감했지만, 인간 자아의 신비를 그저 신경유전적 반응으로 치부하는 오만함은 거슬렸다. 프로이트와 그 추종자들이 도출한 철학적 '결론'은 내 눈에 너무 독단적일 뿐만 아니라 궁극적 진실이 되기에는 지나치게 단순화된 감이 없지 않았다. 무엇보다 '바람직한 삶'의 방향을 새로이 제시해 준다고는 할 수 없었다.

그렇다고 내가 그런 문제들로 인해 골치를 썩이고 있었다는 말은 아니다. 나는 형이상학적 고찰이나 추상적 '진실' 추구보다는 실제 사람들을 만나고 어울리는 데 훨씬 관심이 많았다. 바로 그 무렵 다양한 여자들과 관계를 맺었다.

당시 1차 세계대전 발발과 함께 기존 관습이 무너지면서 남녀관계의 제약도 많이 사라졌던 터였다. 19세기의 사회적 속박에 대한 배격이라기보다는, 영속적일 줄로만 알았던 도덕적 규범이 일순간 무너져버린 데 대한 소극적 반발이었다. 인간은 끝없이 진보할 것이란 어제의 믿음이 슈펭글러(오스발트 슈펭글러. 서양 문명의 몰락을 예언했다-옮긴이)의 환멸, 니체의 윤리적 상대주의, 정신분석학에서 발전한 영적 허무주의로 탈바꿈한 것이다. 초기 전후 시절을 이제 와 돌이켜 보니 걸핏하면 목양신 판(그리스 신화 속 목축의 신 헤르메스와 물의 정령 님프의 아들-옮긴이)의 패기를 들먹이며 '육신의 자유'를 부르짖었던 젊은 남녀들 모두 패기와는 거리가 멀었던 것 같다. 감정이 배제된 밋밋하고 무미건조한 이들의 육체관계는 종종 난교로 이어지곤 했다.

내 안에 남아 있는 전통적 윤리관의 잔재가 뒷덜미를 잡는 느낌이 들었다고 해도 이런 대세에 휩쓸리지 않을 도리는 없었다. 내가 속한 세대에 있어 이는 '공허한 인습을 향한 반란'이었다. 추파는 불장난으로, 불장난은 뜨거운 사랑으로 쉽게 번졌다. 그러나 나는 내가 바람둥이였다고 생각하지 않는다. 얄팍했을 수는 있지만 내 젊은 시절의 사랑은 모두 여인과의 결합이 끔찍한 외로움을 채워 줄 것이란 실낱같은 희망에서 솟아났으니까.

마침내 나는 공부를 그만두고 저널리즘에 운을 걸어 보기로 했다. 아버지는 글로 먹고살려면 적어도 글재주가 있는지 검증을 해본 뒤 결정하라며 강력하게 반대하셨다. "박사 학위가 있다고 훌륭한 작가가 되지 말란 법은 없다."던 아버지 말씀이 옳았지만 당시 나는 너무 어렸고 세상이 장밋빛으로만 보였고 어서 그 세상 속으로 뛰어들고 싶어 안달이 나 있었다. 아버지와의 의견 차이를 좁힐 수 없음을 깨닫고 나는 독립을 결심했다. 그리고 아무에게도 말하지 않은 채 1920년 여름 프라하로 가는 기차에 몸을 실었다.

수중에 값나가는 물건이라고는 1년 전 돌아가신 어머니로부터 물려받은 다이아몬드 반지뿐이었다. 나는 프라하의 한 유명 문학 카페 웨이터의 알선으로 이 반지를 팔았다. 분명 값을 터무니없이 후려쳤겠지만 그 정도

액수도 감지덕지할 수밖에 없는 처지였다. 나는 반지 판 돈을 챙겨 베를린으로 갔다. 이곳에서 빈 시절 친구 몇몇이 나를 베스텐스 카페를 본거지로 하는 문인 및 화가들에게 소개시켜 주었다.

그때부터 철저한 홀로서기가 시작되었음을 감지했다. 이제 다시는 가족의 도움을 기대할 수도, 받을 수도 없었다. 몇 주 뒤 진노한 아버지의 편지가 도착했다. "그렇게 살다가 부랑자처럼 길바닥에서 죽은 채 발견되겠구나." 나는 "절대 그렇게는 안 됩니다. 저는 꼭 성공할 겁니다."라고 답장을 보냈다. 어떻게 성공할 것인지는 아직 몰랐지만 글쟁이가 되고 싶다는 생각은 확고했다. 펜만 들면 문단에서 두 팔 벌려 환영해 주리라 믿어 의심치 않았다.

두세 달 뒤 현금이 동이 났고, 나는 다시 일자리를 찾아 헤맸다. 중앙 일간지에 들어가고 싶은 생각이 굴뚝같았지만 나는 그들이 선호할 만한 후보가 아니었다. 물론 이 사실을 단번에 깨닫지는 못했다. 몇 주 동안 발이 부르트도록 베를린 시내를 누비며(무일푼이니 대중교통은 그림의 떡이었다) 온갖 신문사에서 굴욕적인 면접을 거친 결과, 기사 한 줄 써본 적 없는 나 같은 애송이가 일간지 기자가 되기란 낙타가 바늘구멍 통과하기보다 더 어렵다는 사실을 알게 되었다. 바라던 기적은 일어나지 않았고, 하숙집 주인이 아침마다 주는 차 한 잔과 작은 빵 두 개로 연명하는 날이 계속되었다. 베스텐스 카페의 예술가 친구들도 형편은 나와 비슷했다. 간혹 칼럼을 기고하거나 그림을 팔아서 돈이 생긴 누군가가 맥주와 소시지 파티를 열기도 하고, 예술 애호가연하는 돈 많은 속물이 캐비어 카나페와 와인을 잔뜩 차려 놓고 우리 보헤미안들을 집으로 초대하는 일도 있었지만 극히 드물었다. 날마다 배를 곯았고, 밤이면 꿈에 고기와 빵이 나왔다. 아버지에게 손을 내밀 수도 있었지만 자존심이 허락하지 않았다. 안부를 전하는 편지에는 늘 좋은 직장을 구해서 편히 지내고 있으니 걱정 마시라고만 적었다.

그러다 마침내 숨통이 트였다. 당시 신예 감독으로 주목 받던 무르나우(독일 영화감독 프리드리히 빌헬름 무르나우. 〈파우스트〉, 〈선라이즈〉 등 무성 영화의 걸작을 남겼으며 자동차 사고로 요절했다-옮긴이)를 만날 기회가 생긴 것이다(할리우드로 초청 받기 전이었다). 엉뚱하고 충동적이기로 유명했던 그는 나에게 흥미를 느꼈는지 새 영화에 크랭크인하려고 하는데 보조로 일해 보겠느냐고 물었다. 한시적이긴 했지만 나에게는 구원과 같았다.

두 달간 무르나우의 보조로 일하며 나는 돈 걱정 따위는 완전히 내려놓고 촬영장의 화려한 분위기를 즐겼다. 자신감이 무한히 샘솟았다. 여주인공을 맡은 배우와 은근한 추파를 주고받다 보니 더 그랬다. 촬영이 끝난 뒤 무르나우는 다음 영화를 찍기 위해 출국했고, 나는 최악의 상황은 벗어났다고 확신하며 그와 헤어졌다.

그 직후 빈에서 기자를 하다 베를린에서 공연 비평으로 이름을 알린 안톤 쿠라는 친구가 영화사의 제안으로 시나리오를 쓰게 되었다며 공동 작업을 제안했다. 나는 그야말로 열정을 다해 집필했고, 제작사는 만족해 하며 원고료를 지급했다. 안톤과 나는 원고료를 반씩 나누고 베를린에서 가장 비싸다는 식당에서 가재와 캐비어로 '영화계 입문'을 자축했다. 영수증에는 둘의 원고료 전부에 육박하는 금액이 찍혔다. 행운은 연이어 찾아왔다. 바로 다음 시나리오 작업에 돌입하였고, 탈고하던 날 제작사를 찾을 수 있었던 것이다. 이번에는 원고료를 자축연에 탕진하는 대신 바바리아 호숫가에서 휴가를 보내는 데 썼다.

이후 한 해 동안 중유럽을 떠돌며 이 직업 저 직업을 전전했다. 그러다 마침내 언론계로 통하는 문이 열렸다.

··

돌파구는 1921년 가을 찾아왔다. 한창 금전적 어려움을 겪고 있던 무렵이었는데 암담한 심정으로 카페에 앉아 있다 친구를 만났다. 내가 고충을 토로하자 그가 제안했다. "담머트가 미국 UP(유나이티드 프레스)와 손잡고 〈유나이티드 텔레그라프〉라는 새 통신사를 차렸다는군. 기자가 많이 필요할 거야. 소개해 줄까?"

담머트 박사는 1920년대 베를린 정계에서 꽤 유명한 인물이었다. 가톨릭센터라는 정당의 고위급 인사이자 재력가인 그의 밑에서 일하게 된다면 여러모로 도움이 될 것이다.

다음 날 친구가 나를 담머트 박사의 사무실로 데려갔다. 세련된 중년 남성이 쾌활하게 맞아 주었다.

"핑걸 씨(친구의 이름이다)로부터 얘기 들었습니다. 기자 경력이 있으신가요?"

"아니요, 그렇지만 경험은 풍부합니다. 동유럽 지역에 관한 한 전문가 수준이고, 동유럽 언어도 다양하게 구사합니다."(사실 내가 아는 동유럽 언어라고는 폴란드어가 전부였고, 그 지역 사정에도 그다지 밝지 않았다. 그러나 허심탄회하게 굴 여유가 없었다.)

"대단하시네요." 담머트 박사가 희미하게 웃으며 말했다. "한데 안타깝게도 지금 당장 동유럽 전문가가 필요하지는 않습니다."

내가 실망한 기색이 너무 역력했는지 그가 곧이어 덧붙였다. "빈자리가 있긴 한데 성에 안 차실지도 모르겠습니다."

"어떤 자립니까?" 밀린 월세가 생각나 더 다급해졌다.

"지방지에 전화로 기사를 송고하는 일입니다."

자존심이 무너지는 소리가 들렸다. 담머트 박사와 잠시 시선을 교환하며 나는 더 이상 협상의 여지가 없음을 깨달았다.

"하겠습니다." 내가 살짝 한숨을 내쉰 뒤 웃으며 대답했다.

한 주 뒤부터 나는 새 직장으로 출근했다. 기사가 나오면 〈유나이티드 텔레그라프〉의 뉴스를 받는 지방지에 전화로 송고하는 단순하고 지루한 작업이었지만 보수는 꽤 괜찮았다.

그렇게 한 달을 채웠을 즈음 상상하지도 못했던 기회를 잡게 되었다.

1921년 소비에트연방에 전례 없는 기근이 찾아왔다. 굶주림으로 고통받는 사람은 수백만 명, 그중 아사한 사람만 수만에 달했다. 유럽 전역 신문에서 연일 참혹한 상황을 보도했고, 해외에서 구호의 손길이 이어졌다. 1차 세계대전 이후 중유럽 재건을 위해 애썼던 허버트 후버(미국 31대 대통령-옮긴이)도 나섰다. 소련 내에서는 막심 고리키(사회주의 리얼리즘 문학의 창시자이자 정치운동가-옮긴이)가 대대적인 기아 대책 활동을 이끌었다. 이 문호의 호소에 국제사회가 들썩이기 시작했고, 여기에 더해 그의 부인이 보다 적극적인 참여를 이끌어내고자 중유럽 및 서유럽 각국 수도를 직접 방문한다는 소문이 돌았다.

그저 기사나 송고하던 나는 우연히 알게 된 한 친구가 무심코 흘린 말에 눈이 번쩍 뜨였다. 그 친구는 베를린에서도 최고급으로 꼽히는 에스플라나드 호텔 야간 도어맨이었다. "그 고리키 부인이라는 사람 참 멋지던데. 도저히 소련에서 왔다고는…."

"뭐? 고리키 부인을 어디서 봤는데?"

내 취재원이 은밀히 속삭였다. "우리 호텔에 묵고 있어. 어제 왔는데 가명으로 체크인했지. 지배인밖에 몰라. 기자들을 따돌리고 싶었나 봐."

"당신은 어떻게 아는데?"

"도어맨이 그런 걸 모르면 쓰나." 그가 씩 웃으며 대답했다.

고리키 부인과 단독으로 인터뷰를 할 수만 있다면 그야말로 특종 중의 특종이다. 그녀가 지금 베를린에 있다는 사실은 나밖에 모른다. 애간장이 타기 시작했다.

"부인을 좀 만날 방법이 없을까?"

"글쎄. 워낙 정체를 드러내지 않으려고 하는 분이라…. 그렇지만 오늘 저녁 로비로 오면 누가 고리키 부인인지 알려줄 수는 있어."

나는 곧장 〈유나이티드 텔레그라프〉 사무실로 달려갔다. 대부분 퇴근한 뒤였는데, 다행히 데스크는 남아 있었다. 다짜고짜 그를 옥죄기 시작했다.

"기자증을 발급해 주시면 엄청난 특종을 물어 오겠습니다. 실패하면 바로 압수하세요."

못 미더워하는 데스크를 거의 윽박지르다시피 하여 결국 기자증을 받아냈다.

그때부터 에스플라나드 로비에서 진을 치고 기다렸다. 아홉 시에 도어맨이 출근을 했다. 그는 나를 향해 눈을 찡긋하더니 리셉션 뒤로 사라졌다가 몇 분 뒤 다시 나타나서 고리키 부인이 외출 중이라고 알려줬다.

"계속 기다리면 만날 수는 있을 거야."

11시쯤 친구가 내게 신호를 보냈다. 돌아보니 40대 중반쯤 된 가냘픈 여인이 회전문을 통과하고 있었다. 고급스러워 보이는 검은 드레스에 바닥까지 길게 드리워진 검은 실크 케이프를 걸친 귀족적인 분위기에서 그녀가 '민중 작가'의 아내이며 소련 출신이라는 사실을 유추하기는 힘들었다. 나는 그녀 앞으로 달려가 꾸벅 절하고 최대한 공손한 어투로 물었다.

"고리키 부인이십니까?"

그녀는 당황한 기색을 서둘러 감추고 부드러운 미소를 띤 채 희미한 슬라브 억양이 섞인 독일어로 대답했다. "저는 고리키 부인이 아닙니다. 잘못 보셨습니다. 제 이름은…." 그러면서 도저히 알아들을 수 없는 복잡한 러시아 이름을 댔다.

"아닙니다. 제가 잘못 봤을 리 없습니다. 부담스러우시겠지만 잠시만 시간을 내서 인터뷰를 해주실 수 없겠습니까? 기자로서 흔치 않은 기회인데 제발 그 기회를 앗아 가지 말아주십시오." 나는 기자증을 보여 주었다. "오늘 겨우 기자증을 받았는데 부인과의 인터뷰에 성공하지 못하면 반납해야 합니다."

귀부인은 미소를 잃지 않고 답했다. "제가 고리키 부인이 아니라고 명예를 걸고 맹세한다면 그때는 믿으시겠어요?"

"명예를 건다고 하시면 무슨 말씀을 하셔도 믿어야죠."

그녀가 웃음을 터뜨렸다. "나쁜 사람 같지는 않네요. 내가 졌어요. 저녁 내내 로비에서 이러고 있을 수는 없으니 방으로 가서 차나 마시죠."

그래서 나는 고리키 부인의 방으로 가서 함께 차를 마시며 한 시간가량 인터뷰를 진행했고, 부인은 소련 상황에 관해 생생한 묘사를 들려주었다. 자정이 지나 나는 인터뷰 내용이 빽빽이 적힌 기자 수첩을 한 아름 안고 사무실로 직행했다.

〈유나이티드 텔레그라프〉의 야근 기자들은 그 시간에 등장한 나를 보고 적잖이 놀라는 눈치였다. 그러나 한가로이 설명을 늘어놓을 시간이 없었다. 나는 곧장 기사를 작성하는 한편 '데스킹(취재기자들의 원고를 신문의 편집 방향에 맞게 수정하고 검토하는 일-옮긴이)을 거치지도 않고 우리 기사를 공급받는 신문사마다 긴급 전화를 돌렸다.

다음 날 아침 베를린이 발칵 뒤집혔다. 주요 일간지에는 고리키 부인에 관한 언급이 한 줄도 실리지 않은 반면, 우리 고객사인 지방지에는 일제히 고리키 부인 인터뷰가 대서특필된 것이다. 일개 송고 담당이던 나의 첫 특종이었다.

나는 그날 오후 담머트 박사 사무실에서 열린 편집 회의에 소환되어 그처럼 비중 있는 기삿거리를 다룰 때는 반드시 제대로 절차를 거쳐야 한다는 일장 연설을 듣고 난 뒤 정식 기자로 채용되었다.

그렇게 기자의 길로 들어섰다.

4

부드럽게 모래를 밟는 소리가 들린다. 자이드다. 물을 가득 채운 가죽 부대를 불 옆에 털썩 내려놓고는 다시 저녁 준비를 시작한다. 초저녁에 마을에서 산 양고기와 쌀밥이다. 그는 국자로 냄비를 휘젓더니 소리친다. "지금 먹겠나?" 그리고 대답을 기다리지도 않고 접시에 음식을 꾹꾹 눌러 담아서 내 앞에 놓는다. 놋쇠 컵에 손 씻을 물도 부어준다.

"비스밀라('신의 이름으로'란 뜻으로 무슬림이 식사 전에 하는 말-옮긴이). 신께서 우리를 보호해 주시기를…."

우리는 양반 다리를 한 채 마주 보고 앉아서 오른손으로 음식을 떠먹는다.

식사는 침묵 속에 이어진다. 우리 둘 다 말하기를 그다지 즐기지 않는 편인 데다가 나는 자이드를 만나기 전, 그러니까 아라비아에 오기 전 과거의 기억으로 빠져드는 참이다. 나 자신과 대화를 나누느라 소리 내어 말을 할 여유가 없다.

식사를 끝낸 뒤 나는 안장에 기대어 고요한 사막의 별을 올려다본다. 그 오래전 추억을 함께 나눌 누군가가 곁에 있으면 좋겠다는 생각이 든다. 자이드는 기민하고 세상만사에 능한 훌륭한 동행이다. 그러나 커피 물

끓이는 데 온 신경을 집중하다가 별안간 휙 돌아서 낙타를 돌보러 가는 그를 곁눈질로 보고 있으려니 지금 내가 원하는 상대는 아닌 것 같다. 아라비아에 오기 전 내 삶과 아무런 연관이 없어야 함은 물론이요, 내가 처한 현재로부터 멀리 떨어진 사람이 필요하다. 그러면 그의 시각을 빌려 내 과거를 새로이 조명해 볼 수 있지 않을까?

한데 여기는 자이드밖에 없다. 자이드가 바로 현재다.

3

바람

1

낙타에 올라 계속 앞으로 나아간다. 아침이 훌쩍 지나간다.

"이상해. 정말 이상해." 자이드의 목소리가 침묵을 깬다.

"뭐가?"

"이상하지 않아? 며칠 전만 해도 타이마로 가고 있었는데, 지금은 메카를 향해 달리고 있잖아. 그날 밤 전까지는 자네도 이렇게 될 줄 몰랐을 거야. 자네도 파도만큼, 나만큼 변덕스러워…. 스스로 뭘 원하는지 몰라서 이렇게 바람 부는 대로 자신을 맡겨 버리지 않았을까?"

"아냐, 자이드. 뭘 원하는지 알기 때문에 바람을 따르는 거야. 우리 가슴은 알아. 머리는 가끔 따라오지 못할 때가 있지만, 결국 가슴이 원하는 대로 쫓아오게 돼 있어."

아마 내 가슴은 10년 전 첫 중동 여행길에 올라 흑해를 거쳐 보스포루스 해협으로 가는 배의 갑판에 섰던 그날 이미 원하는 바를 알았을 것이다. 밤낮으로 뿌연 안개가 자욱한 날이 계속되었다. 바다는 탁한 회색이었고, 가끔 갑판으로 물보라가 튀었다. 엔진 돌아가는 소리가 심장 박동 같았다.

나는 갑판 난간에 기대어 뿌연 바다를 바라봤다. 만약 누군가 내게 무슨 생각을 하고 있느냐고, 어떤 기대를 갖고 이 여행에 나섰느냐고 물었다면, 대답하지 못했을 것이다. 호기심 때문이었을까? 그럴 수도 있겠다. 그러나 호기심은 보통 소소하고 하찮은 것들을 대상으로 하게 마련이다. 바다 위로 피어오르는 안개 같은 내 불안감은 가까운 시일 안에 맞닥뜨리게 될 외국 땅과 그곳에 사는 사람들 때문은 아니었다. 낯선 도시, 낯선 얼굴, 낯선 의복과 관습 등은 어차피 곧 내 눈앞에 펼쳐질 터이니 고민할 필요도 없었다. 나는 이 우발적인 여행이 인생 항로에서 적당히 감미롭고 적당히 가벼운 간주곡 정도라 여기고 있었다. 당시에는 생각이 온통 과거에 쏠려 있어 도무지 마음을 가다듬을 수가 없었다.

과거? 내게 과거가 있었나? 나는 겨우 스물두 살이었는데…. 그러나 한 세기가 저물고 새로운 100년이 시작되는 시기에 태어났던 우리 세대는 이전 세대보다 쫓기듯 살았고, 그래서 더더욱 긴 시간을 뒤로한 듯한 느낌이 들었다. 그 시절 겪었던 난관, 모험, 갈망과 도전과 실망, 그리고 당시 만났던 여인들까지 눈앞을 스쳐 지나갔다. 뭘 원하는지조차 몰라 주머니는 텅 빈 채 친구와 함께 인적 없는 밤거리를 배회하며 끝없이 대화를 나누기도 했다. 젊은이의 특권이라 할 수 있는 행복한 불만, 세상을 뒤엎고 싶다는 갈망…. 사람들이 만족감을 느끼며 올바르게 살 수 있는 사회는 어떤 사회일까? 사람들이 외로움에서 벗어나 진정한 교감을 느끼려면 어떤 식으로 관계를 쌓아야 할까? 선은 무엇이고, 악은 무엇인가? 운명이란 무엇인가? '나와 내 운명은 하나다'라고 말할 수 있는 삶은 어떤 삶인가? 결론 없는 토론… '형식'과 '문체'와 '표현'에 관해, 정치적 자유에 대해, 남녀에 대해, 빈과 베를린의 문학 카페에선 토론이 매일 벌어졌다. 지식에 굶주려 있었고, 실제 음식에도 굶주려 있었다. 열정의 밤을 보내고 난 뒤 흥분이 썰물처럼 빠져나간 새벽녘의 흐트러진 침대에는 쓸쓸함만 남곤 했다. 그러나 아침이 오면 이내 새벽의 잔재를 잊고 다시 휘적휘적 거리로 나서곤 했다. 새로운 책을 집어들 때, 새로운 얼굴을 맞닥뜨릴 때 느끼던 흥분. 반쪽 해답에 만족할 수밖에 없었던 아쉬움. 그리고 미지의 영역에 속하는 무언가를 깨달았을 때 세상 전체가 갑자기 몇 초 동안 멈춘 듯했던 순간들….

나는 20대 초반을 중부 유럽에서 보냈다. 사회적 · 윤리적으로 불안정한 분위기 탓에 오히려 절박한 낙관주의가 확산되던 시기였다. 음악, 미술, 공연 등의 분야에서 과감한 실험이 이어졌고 모색 단계이긴 했지만 문화형태론에서도 혁명적 연구가 이뤄지고 있었다. 그러나 이처럼 강요된 낙관주의와 함께 정신적 허무주의, 냉소적 상대주의도 퍼져 나갔다.

어렸던 내 눈에도 1차 세계대전 이후 유럽은 제 기능을 하지 못하고 있었다. 분열되고, 불만에 차 있으며, 감정적으로 격앙된 상태였다. 당시 유럽 세계의 '신'은 영적인 존재가 아니었다. 신의 자리는 '안락함'이 차지했다. 민주주의자든, 공산주의자든, 노동자든, 지식인이든 '물질적 진보'만을 추구하는 듯했다. 삶의 목표는 삶 그 자체를 안락하게 만드는 것뿐이었다. 요즘 식으로 표현하면 '자연으로부터 독립된 삶'을 추구했다. 거대한 공장, 영화관, 화학실험실, 댄스홀, 수력발전소 등이 이 신앙의 사원이고, 은행원, 기술자, 정치인, 영화배우, 통계학자, 실업가가 사제였다. 선과 악이 정의되지 않은 채 사회 전체가 '편의주의'에 종속되어 버린 상황에서 도덕적 몰락은 자명했다. 권력과 쾌락에 대한 그칠 줄 모르는 탐닉은 필연적으로 서구 사회의 분열을 가져왔고, 사람들은 적대적인 이해 집단으로 나뉘어 거침없이 상대를 해치고 파괴하려 들었다. 도덕적 판단 기준이 오로지 '실용성'이며 옳고 그름을 따지는 잣대가 물질적 성공 여부인

새로운 부류가 탄생한 것이다.

인간의 삶이 점점 피폐해지고, '공동체'와 '국가'를 소리 높여 외치는 시대에 오히려 진정한 인간적 교감이 사라지고 있었으며, 영혼이 편협하고 고리타분해지고 있었다. 이러한 현상을 목도하면서도 나를 포함하여 그 누구도 유럽의 자기중심적 문화에서 이런 문제점들이 발생했을 것이라는 생각은 하지 못했다. 유럽은 우리 생각의 출발지이자 종착역이었다. 17세에 처음 발견했던 노자老子 사상도 이를 바꾸지 못했다.

실로 '발견'이란 표현이 어울린다. 그전까지 나는 노자란 이름도 몰랐고, 그의 철학에 대해 어렴풋이도 들어본 적이 없었는데, 어느 날 빈의 한 서점에서 《도덕경》의 독일어 번역본을 보게 되었다. 생소한 이름과 제목이 호기심을 자극했다. 아무 페이지나 들춰서 읽기 시작했다가 나는 전율을 느꼈다. 그리고 책을 손에 든 채 그 자리에 못 박힌 듯 넋을 잃고 서 있었다. 그 글에서 나는 온갖 분열과 갈등으로부터 완전히 자유로운 평온한 인간의 삶을 보았다. 잊고 있었지만 늘 한결같았던 진리였다. 나는 오랫동안 떠나 있던 고향에 돌아온 듯 희열을 느꼈다….

그때부터 몇 년간 노자는 삶을 들여다보는 맑은 창窓이 되어 주었다. 편협함이나 스스로 만들어내는 두려움, '물질적 진보'를 통해 실존을 확인받고자 하는 유치한 집착으로부터 자유로운 삶이 거기에 있었다. 물질적 진보가 그릇되었다거나 불필요하다고 생각하지는 않았다. 오히려 나는 물질적 진보가 필요하다는 입장이었다. 하지만 동시에, 정신적 방향 전환을 이룩하고 새로운 가치 체계를 수립하지 않는 한 물질적 진보의 긍정적 효과를 기대하기는 힘들다고 굳게 믿었다. 그런 방향 전환과 가치체계의 수립을 어떻게 이룰 수 있을지는 아직 알 수 없었다. 노자가 그랬듯 '삶을 억지로 자신에게 맞추려 들지 말고 삶을 향해 자신을 열어 두라'고 설파한다 해도 사람들이 곧바로 삶의 목표와 자세를 바꾸리라 기대할 수는 없다. 설교만으로는, 지적 깨달음만으로는 유럽 사회에 정신적인 변화를 불러일으킬 수 없다. 새로운 믿음, '만약'이나 '하지만' 같은 단서를 절대 허용하지 않는 가치에 대한 믿음이 싹터야 한다.

노자의 철학이 추구하는 바가 단순한 사고방식의 전환이 아니라 그런 사고방식이 구축되는 근본 개념에 관한 성찰임을 당시엔 미처 몰랐다. 만약 알았다면, 유럽은 과감히 정신적 · 윤리적 뿌리에 의문을 제기해야 하며, 그러지 못할 경우 노자가 말한 정신적 평온함에 도달할 수 없다고 결론지었을 것이다. 당시 나는 그런 결론에 도달하기에는 너무 어렸다. 중국 현인의 장대하고도 함축적인 가르침을 온전히 이해할 만큼 성숙하지 못했다. 물론 그의 메시지에 폐부가 찔리는 듯한 충격을 받은 것은 사실이다. 인간이 자신의 운명과 하나가 되는 삶을 살 수도 있음을 깨닫게 되었다. 하지만 그런 철학이 유럽이란 세계에 어떻게 적용될 수 있을지 확신이 서지 않았고, 점차 회의를 품게 됐다. 그때 나는 유럽식 삶 외에 다른 길은 없는지 스스로 질문을 던질 수 있는 경지에 이르지 못했다. 달리 말하면, 주위 사람들처럼 나도 유럽의 자기중심적 문화에 매몰돼 있었다.

노자를 완전히 외면했다고는 할 수 없지만, 내 귓전에 맴돌던 그의 목소리는 조금씩 잦아들더니 점차 아름다운 시구 이상의 의미를 갖지 못하게 됐다. 노자를 읽을 때면 언제나 통렬한 행복감을 느꼈지만, 책을 덮고 나면 매번 속세의 근심과 분리된 상아탑에 다녀왔을 뿐이라는 자괴감이 들었다. 혹독하고 탐욕스런 세계에 불만은 많았지만, 그렇다고 상아탑에 들어앉고 싶지는 않았다.

당시 문학 · 예술 · 정치 분야에서 논란을 불러일으켰던 다양한 사회적 목표와 이를 이루기 위한 여러 가지 시도가 나에게는 긍정적으로 보이지 않았다. 그런 목표와 시도는 서로 상충되는 경우가 많았지만 한 가지 분명한 공통점은 있었다. 모두 경제적 · 정치적 여건만 좋아지면 우리 삶이 개선될 수 있다는 순진한 전제를 바탕으로 하고 있었다. 그때도 나는 물질적 진보가 만병통치약이 될 수 없다고 확신했다. 대안을 어디서 찾아야 할지는 몰랐어도, 동시대 유럽인들과 달리 '진보'를 숭상하지는 않았다.

스스로가 불행하지는 않았다. 내성적이지도 않았다. 오히려 당시엔 현실적인 측면에서 평균 이상의 성공을 구가하고 있었다. 흔히 말하는 '경력'을 중요시하지는 않았지만, 외국어 실력 덕에 〈유나이티드 텔레그라프〉에서 스칸디나비아 언론을 위한 뉴스 제공 업무를 총괄하는 부편집장을 맡고 있었다. 더 넓은 세계로 진출할 수 있는 기회가 보장된 자리였다. 작가, 예술가, 언론인, 배우, 공연기획자 등 당대의 저명인사들이 모여들던 베스텐스 카페나 그 명성을 이은 로마니셰 카페는 나에게 지적인 고향과도 같았다. 이들과 가깝게 지내다 보니 나 자신 유명인이 된 듯한 착각에 빠지기도 했다. 진한 우정을 쌓는 한편, 짧은 사랑도 여러 차례 찾아왔다. 장밋빛 인생이었다. 분명 당시의 나는 불행하지 않았다. 단지 내가 진정 원하는 바를 알 수 없어 불만스러웠고, 언젠가는 깨달음을 얻게 되리라 확신했다. 그 기묘한 시절에 젊은이들 대다수가 그랬듯, 나도 만족과 불만 사이를 오갔다. 실제로 불행한 사람은 많지 않았지만 행복하다고 생각하는 사람은 극소수였다.

나는 불행하지 않았다. 그러나 주변 사람들과 달리 사회적 · 경제적 · 정치적으로 희망을 갖지 못했기에 시간이 갈수록 그들과 동떨어져 있다고 느끼게 됐다. 그러면서 소속감을 갖고 싶다는 생각이 고개를 들었다.

1922년 어느 봄날 어머니의 막내 동생인 도리안 삼촌에게 편지가 왔다. 도리안 삼촌과는 친구처럼 지냈다. 정신과 의사로 프로이트의 초기 제자였던 삼촌은 예루살렘에서 정신병원을 운영하고 있었다. 그는 시오니스트(유대민족주의자-옮긴이)도 아니었고 시오니즘에 동조하지도 않았으며 그렇다고 특별히 아랍 세계에 관심이 있지도 않았다. 그저 일만 하며 고독하고 고립된 생활을 하고 있었다. 독신이었던 터라 조카인 나를 외로운 인생의 동반자처럼 여겼다. 그는 편지에서 우리가 비엔나에서 함께 보냈던 때를 언급하며 이렇게 제안했다. "이리로 와서 나와 함께 몇 달 지내면 어때? 오가는 경비는 내가 댈 테니까. 베를린에 돌아가고 싶으면 언제든지 가도 좋아. 여기 있는 동안 멋진 아랍식 돌집에 머물 수 있어. 여름이면 굉장히 시원하지(겨울엔 춥지만). 모아 놓은 책도 많아서 지루해지면 책을 읽으며 소일할 수도 있어…."

나는 이번에도 즉흥적으로 결정을 내렸다. 다음 날 아침 〈유나이티드 텔레그라프〉의 담머트 박사에게 '중요한 사안'으로 중동에 가야 해서 사직하겠다고 말했다. 당시 누군가가 내게 이슬람 세계와의 조우가 인생의 전환점이 될 것이라 말했다면 아마 나는 터무니없는 소리 하지 말라며 웃어넘겼을 것이다.

《아라비안나이트》의 로맨틱한 분위기가 연상되는 나라들은 물론 상상만으로도 매력적이었다. 이국적인 분위기, 그림 같은 풍경을 기대했다. 그러나 이 여행을 통해 특별한 변화를 겪게 되리란 생각은 전혀 하지 못했다. 아랍에 대해 내가 품고 있던 모든 선입견은 서구적 세계관에 뿌리를 두고 있었다. 그런 내가 뭘 알았겠는가. 더구나 나는 어리디어렸다. 이슬람과 그 문화는 인간의 역사에서 낭만적인 곁가지일 뿐 정신적 · 도덕적으로 존중할 만한 대상이 아니라고 배웠다. 서구인들이 존중하는 종교는 기독교와 유대교뿐이었고 이슬람은 비교 대상조차 되지 못했다.

이렇게 이슬람에 대한 유럽식 편견을 가득 안고 1922년 여름 여행길에 올랐다. 굳이 변명을 하자면 내가 순전히 개인적 선택에 의해 그런 편견을 갖게 된 것은 아니다. 나도 모르는 사이에 서구의 정신세계를 지배해 온 문화적 자기중심주의에 물들었을 뿐이다.

....

그렇게 나는 뱃전에 서게 되었다. 콘스탄자(흑해 연안의 루마니아 항구도시-옮긴이)까지 한가로이 여행을 한 뒤 배를 타고 안개 자욱한 아침을 맞았다.

"안녕하세요." 굵은 음성이 들려왔다. 돌아보니 낯익은 검은 카속(가톨릭 성직자가 입는 옷)이 눈에 들어왔다. 전날 저녁 몇 시간 함께 어울렸던 이다. 예수회 신부인 그는 폴란드와 프랑스 혼혈이고, 알렉산드리아의 대학에서 역사를 가르치고 있으며, 지금은 휴가를 마치고 돌아가는 길이라고 했다. 서로 생각이 다른 대목도 많았지만 공통 관심사도 적지 않았다. 그가 학식이 깊으면서 동시에 유머 감각도 뛰어난 사람임을 알 수 있었다.

"안녕하세요, 펠릭스 신부님. 바다 좀 보세요…."

해가 떠오르며 바다 위로 색깔이 번지고 있었다. 우리는 아침 바람을 맞으며 뱃머리에 섰다. 불가능해 보여서 오히려 유혹을 느낀 나는 부서지는 파도의 색깔을 맞혀 보려 시도했다. 파랑? 초록? 회색? 파랗게 보이던 부분은 햇빛이 파도의 오목한 경사면에 닿으면서 이미 희미한 자줏빛으로 바뀌고 있었다. 그 위로 파도의 꼭대기 부분이 부서져 눈처럼 하얀 거품과 쇠처럼 회색빛이 감도는 물보라가 되어 쏟아져 내렸다. 조금 전만 해도 높다랗던 파도가 어느새 잔물결이 돼 있었다. 자주색은 다시 진한 녹색이 됐고, 그 녹색은 곧 떨리는 듯한 보랏빛으로 바뀌었다. 이 보라색 물결은 처음엔 움츠러들며 포도주 빛깔을 띠었다가 잠시 후 청록색으로 변하면서 높다란 파도의 꼭대기로 튀어 올랐다. 그리고 다시 흰 거품이 되어 쏟아져 내리고… 이렇게 끝나지 않는 변신이 계속 이어졌다.

이 색깔의 정체를 끝내 파악할 수 없겠다는 생각이 들자 불안감이 엄습해 왔다. 언뜻 하나의 통합된 이미지를 찾아낼 수 있을 줄 알았는데, 집중해 보니 그 안에는 수많은 이미지가 산재했다. 혼란 속에 난감해 하다 한 가지 생각이 뇌리를 스치자 나도 모르게 말문을 열었다.

"이 현상을 명쾌하게 규명할 수 있는 사람이라면 운명을 다스릴 수도 있겠어요."

"무슨 뜻인지 알겠어요." 펠릭스 신부가 답했다. "그런데 왜 운명을 다스리고 싶어 하죠? 고통에서 벗어나려고? 운명으로부터 자유로워지는 편이 더 좋지 않을까요?"

"불교 신자처럼 말씀하시는군요, 펠릭스 신부님. 신부님도 열반이 모든 존재의 궁극적 목표라고 생각하시나요?"

"오, 결코 그렇지 않아요. 우리 기독교인들은 생명과 감정의 소멸 상태를 추구하지 않습니다. 다만 삶을 물질적, 감각적 영역에서 정신의 세계로 끌어올리려 할 뿐이죠."

"금욕을 해야 한다는 말씀이신가요?"

"금욕이 아니에요, 젊은 친구. 진정한 삶의 평화를 얻는 유일한 길일 뿐이죠."

그때 배는 바위 언덕으로 둘러싸인 보스포루스 해협으로 들어섰다. 궁전, 계단식 정원, 사이프러스(키 큰 상록수의 일종-옮긴이), 터키식 성곽이 차례로 모습을 드러냈다. 펠릭스 신부가 말을 이어갔다.

"사람들의 마음속 가장 깊은 곳에 자리 잡은 갈망이 뭘까요? 바로 천국이에요. 천국이 등장하지 않는 종교는 없죠. 종교마다 형태는 다르지만, 의미는 같습니다. 운명으로부터 자유로워지고 싶은 갈망이 담겨 있어요. 천국에는 운명이 없어요. 사람들이 육신의 유혹에 굴복해 원죄를 저지르고 난 뒤에 운명이 생겨났죠. 인간의 본질은 영혼이에요. 영혼은 빛을 향해 나아가려 노력하는데, 원죄 때문에 그 노력은 물질적이고 세속적인 육체라는 장벽에 가로막히곤 합니다. 따라서 기독교의 목표는 피상적이고 덧없는 육신의 욕구에서 벗어나 영적인 세계로 복귀하도록 돕는 거예요."

루밀리 히사르 요새의 탑이 보였다. 해안에는 부서진 비석들이 가득한 작은 터키식 묘지가 있었다.

"그럴 수도 있겠죠, 펠릭스 신부님. 하지만, 아마 우리 세대 대다수가 이렇게 생각할 텐데, 인간을 형성하는 여러 요소 중에서 '본질'과 '본질이 아닌 것', 그러니까 '정신'과 '육체'를 구분할 수는 없다고 봅니다. 육체적 욕구와 세속적 운명이 그릇되었다는 신부님 생각에 동의하기 어려워요. 제 생각은 조금 다릅니다. 저는 인간의 정신과 육체가 모두 자아 충족으로 이어지는 삶을 원한다고 생각합니다. 정신과 육체가 서로 대척점에 있지 않고 하나로 통합되는 삶, 그래서 인생의 절정에 다다랐을 때 '내가 바로 운명이다'라고 말할 수 있는 그런 삶을 갈망합니다."

"바로 고대 그리스인들이 꿈꾸던 삶이지요." 펠릭스 신부가 답했다. "그들은 결국 어떻게 됐나요? 처음엔 오르페우스와 디오니소스를 숭배하더니, 이어 플라톤과 플로티노스의 사상으로 발전했고, 결국 다시 정신과 육체는 상반된다는 불가피한 결론으로 돌아갔습니다. 육체로부터 자유로운 정신이 바로 기독교에서 말하는 구원이에요. 예수가 자신을 희생한 이유죠."

그러더니 눈을 반짝거리며 나를 쳐다봤다. "제가 선교하고자 이러는 건

아닙니다. 너무 제 얘기만 했다면 용서하세요."

"전 종교가 없어서 괜찮습니다." 내가 말했다.

펠릭스 신부가 대꾸했다. "신앙을 갖지 못하는 것이야말로 우리 시대의 문제죠. 혹시 다른 사람들처럼 지적 능력만으로 인간이 나아갈 길을 찾아낼 수 있다고 생각하시나요? 수천 년 묵은 착각이에요. 지적 능력만으론 절대로 영적인 깨달음에 도달할 수 없어요. 물질적인 성취에 너무 매몰돼 있기 때문입니다. 믿음, 오직 믿음만이 우리를 해방시켜 줄 수 있습니다."

"믿음이요?" 내가 물었다. "지적 능력만으론 깨달음을 얻거나 올바른 삶에 도달할 수 없고 그래서 믿음이 필요하다고 하셨는데, 저도 동의합니다. 하지만 종교가 없는 사람에게 어떻게 믿음이 생길 수 있죠? 믿음을 키우는 방법이 있나요? 그러니까 우리의 의지로 믿음을 얻을 수 있는 방법 말입니다."

"친구, 의지만으론 충분치 않습니다. 믿음을 얻는 길은 신의 은총뿐이에요. 하지만 깨달음을 얻기 위해 진심으로 기도하는 이에겐 언제나 그 길이 열려 있습니다."

"기도라고요! 신부님, 기도도 믿음이 있어야 할 수 있죠. 얘기가 계속 원점으로 돌아오네요. 기도를 하려면 기도의 대상이 존재함을 확신할 수 있어야죠. 어떻게 그런 확신이 생길까요? 지적 능력을 통해서? 그렇다면 믿음은 지적 능력을 통해 얻을 수 있다는 말이 되지 않나요? 무엇보다 믿음이 없는 사람에게 '은총'이 무슨 의미가 있을까요?"

신부는 안타깝다는 듯 어깨를 으쓱해 보였다. 그 모습이 내게는 이런 말로 들렸다. '스스로 신을 경험할 수 없는 사람은 마음을 열고 경험자의 인도에 따라야 한다….'

며칠 뒤 우리는 알렉산드리아에 도착했고, 나는 그날 오후 곧장 팔레스타인으로 출발했다.

기차는 델타(삼각주-옮긴이) 지대를 가로질러 화살처럼 빠르게 달렸다. 수많은 바지선의 돛이 나부끼는 나일 강 운하를 지나고, 회색 집들과 미나렛이 솟아 있는 이슬람 사원들을 지나쳤다. 진흙 움막촌, 추수가 끝난 목화밭, 싹이 돋아나고 있는 사탕수수 밭도 나타났다 사라졌다. 진흙 웅덩이에서 물을 마시고 돌아가는 검은 물소 떼도 눈에 들어왔다. 높고 푸른 하늘 아래 공기는 유리처럼 투명해서 멀리 보이는 사람들이 둥둥 떠다니는 듯했다. 운하 가장자리에선 갈대가 바람에 흔들렸고, 여인들이 흙으로 빚은 항아리로 물을 긷고 있었다. 낭창낭창한 여인들의 걸음걸이는 바람에 흔들릴지언정 뿌리가 깊어 절대 쓰러지는 법은 없는 나무를 연상시켰다. 어린 소녀도, 중년 부인도 똑같이 나풀거리며 떠다니듯 걸었다. 내딛는 걸음마다 영원과 영원 사이를 지나는 듯하다. 낯선 풍경을 한꺼번에 너무 많이 소화하느라 지쳐서 그렇게 보였을 수도 있다. 이유야 어쨌든 나는 갑자기 유럽의 무게에 짓눌리는 느낌을 받았다. 매 순간 분명한 목적이 있어야 한다고 믿는 유럽식 사고의 무게. '우리가 진실을 깨닫기란 얼마나 어려운가…. 우리가 알고 싶은 진실은 번번이 손가락 사이로 빠져나간다. 진실은 인간을 압도할 때에만 그 모습을 살짝 드러낸다.'

이미 어둠 속으로 사라진 이집트 촌부들의 발걸음이 내 마음속에선 찬송가 운율처럼 계속 울려 퍼졌다.

내가 탄 기차는 수에즈 운하에 도착해 둑을 따라 북쪽으로 달렸다. 칸타라에서 기차 여행을 잠시 중단하고, 느린 페리선으로 잔잔한 강을 건넜다. 팔레스타인행 기차가 출발하기까지 한 시간 정도 여유가 생겼다. 나는 역전으로 나가 앉았다. 날씨는 덥고 건조했다. 오른쪽도 왼쪽도 모두 사막이다. 회색 공기가 어른거리며 내려앉다가 뭔가가 짖는 소리에 흩어졌다. 자칼이거나 들개일 것이다. 밝은 카펫으로 만든 안장주머니들을 잔뜩 짊어진 베두인이 페리에서 내려 멀찍이 떨어져 있는 무리를 향해 다가갔다. 낙타마다 안장을 얹고 행군을 준비하고 있던 사람들은 그를 기다리는 중이었던 모양이다. 베두인은 낙타 한 놈에 안장을 얹더니 일행과 몇 마디 나누고는 올라탔다. 나머지 사람들도 일제히 낙타에 올라 내달리기 시작했다. 뒤뚱거리는 낙타의 뒷모습과 휘날리는 베두인의 줄무늬 망토가 점차 시야에서 사라졌다.

한 역무원이 다리를 절며 나를 향해 걸어왔다. 내게서 라이터를 빌려 담뱃불을 붙이더니 서툰 프랑스어로 말을 걸었다.

"예루살렘에 가나요?" 내가 그렇다고 하자 그는 말을 이었다.

"처음이세요?"

나는 고개를 끄덕였다. 그는 돌아서려다 멈칫하더니 다시 물었다.

"저쪽에 몰려 있던 시나이 사막에서 온 대상 행렬을 봤나요? 못 봤어요? 따라와요. 아직 시간이 있으니까."

우리는 모래언덕으로 이어진 좁은 길을 걸어갔다. 신발 바닥이 모래에 닿을 때마다 기이한 소리를 내며 적막을 깨뜨렸다. 어둠 속 어딘가에서 개가 짖었다. 곧이어 여럿이 소리 죽여 대화하는 듯한 소리가 들려왔고, 휴식을 취하는 낙타들의 냄새가 건조한 사막 공기에 섞여 날아왔다. 갑자기 한 줄기 가는 불빛이 땅속에서 솟아오르듯 컴컴한 허공을 향해 치솟았다. 두 모래언덕 사이 깊은 협곡에서 나오는 불빛이었다. 말소리는 더 뚜렷해졌지만 아직 사람들은 보이지 않았다. 낙타들이 숨 쉬는 소리, 서로 몸을 비비는 소리도 들렸다. 몇 걸음 더 가니 낙타 떼가 큰 원을 그리듯 둥글게 쭈그려 앉아 있고, 안장과 보따리가 여기저기 쌓여 있는 광경이 눈에 들어온다. 그 사이로 사람들도 보였다. 낙타 냄새는 와인처럼 달콤하고 묵직했다. 양이 매애 하고 울고, 개는 으르렁거렸다. 이 협곡 바깥은 별 하나 없이 캄캄했다.

기차를 타러 역으로 돌아가는데 걸음이 제대로 옮겨지지 않았다. 머리는 멍하고 몸은 떨렸다. 난생 처음 겪는 신비로운 경험이 내 마음 한구석을 붙잡고 놓아주지 않았다.

....

나를 태운 기차는 시나이 사막을 가로질러 달렸다. 사막의 밤이 워낙 춥기도 했지만, 모래 위 철로에서 열차가 너무 흔들리는 통에 나는 지칠 대로 지쳐 있었다. 내 맞은편에는 갈색 아바야를 걸친 베두인이 앉아 있었다. 그도 몹시 추운지 머리에 두른 천을 풀어 얼굴에 둘둘 감았고, 무릎에는 은 칼집에 든 칼을 올려 두었다. 동이 터오고 있었다. 창밖으로 모래 언덕이 윤곽을 드러냈고 선인장도 보였다.

서서히 사물의 윤곽이 뚜렷해지던 그 새벽을 나는 지금도 기억한다. 여명에 천막촌이 모습을 드러냈다. 줄지어 늘어선 천막 옆으로 긴 장대에 걸쳐 놓은 낚시 그물이 바람에 흔들리고 있었다. 사막에서 보는 낚시 그물은 낯설었다.

오른쪽은 사막이고 왼쪽은 바다였다. 누군가 낙타를 타고 해변을 달려갔다. 아마도 밤새 달린 듯 고개를 떨군 채 낙타와 리듬을 맞추어 흔들거리고 있었다. 다시 검은색 베두인 천막이 보였다. 여자들은 벌써 항아리를 꺼내 들고 물 길으러 갈 준비를 하고 있다. 아침 빛에 드러난 세상은 투명하고 단순하다.

기차는 속도를 높여 알 아리시 오아시스를 따라 대성당의 돌기둥처럼 늘어선 야자수 사이를 질주했다. 물을 가득 채운 항아리를 머리에 이고 우물에서 돌아오는 여인이 야자수 아래로 난 길을 천천히 걸어가고 있었다. 붉은색과 푸른색이 섞인 옷을 입은 그녀는 전설 속의 귀부인 같았다. 알 아리시의 야자수 과수원이 순식간에 시야에서 사라졌다. 흔들리는 차창 밖은 믿을 수 없을 정도로 고요했다. 어제도 그랬고 내일도 그럴 것이라는 듯 세상은 아무런 움직임 없이 그냥 그 자리에 멈춰 서 있었다.

기차는 몇 차례 간이역에 정차했다. 역사는 나무나 깡통으로 만든 막사 수준이었다. 누더기를 걸친 소년들이 광주리를 들고 뛰어와 무화과, 삶은 계란, 납작한 빵을 팔았다. 내 맞은편에 앉아 있던 베두인이 천천히 일어나 얼굴에 두른 천을 풀더니 창문을 열었다. 갈색 얼굴은 핼쑥했다. 매의 얼굴을 닮았다. 그가 케이크를 한 조각 사서 다시 자리에 앉던 찰나 서로 눈이 마주쳤다. 그는 아무 말 없이 케이크를 반으로 자르더니 한 조각을 내게 건넸다. 내가 깜짝 놀라 머뭇거리자 그는 미소를 지었다. 부드러운 미소도 그의 얼굴에 잘 어울렸다. 이어 뭔가 말을 했는데, 당시엔 알아듣지 못했지만 '타파달', 즉 '이걸 드려도 될까요'란 말이었던 것 같다. 나는 케이크를 받고 고개를 끄덕여 감사를 표했다. 페즈(일부 이슬람 국가에서 남자들이 쓰는 빨간색 모자-옮긴이)를 쓴 한 승객이 통역을 자청하며 끼어들었다. 그가 더듬더듬 영어로 말했다.

"저 남자는 당신도 여행자고 자기도 여행자니까 당신이 가는 길이나 자기가 가는 길이나 같다고 하네요."

이 사소한 에피소드 덕택에 내가 아랍 세계를 그토록 호의적으로 받아들이게 된 듯하다. 우연히 만난 여행자에게 빵을 나누어 준 그 베두인 남자에게서 나는 자유로운 인간애의 숨결을 느꼈다. 잠시 후 가자의 구시가지에 도착했다. 선인장 벽에 둘러싸인 진흙으로 만든 성 같았다. 베두인 남자는 안장주머니를 챙긴 뒤 나에게 근엄한 미소와 고갯짓으로 인사를

압둘 아지즈 이븐 사우드, 사우디아라비아 국왕

건네곤 열차에서 내렸다. 플랫폼에서 기다리던 다른 베두인 두 명이 그의 양 볼에 입을 맞추며 맞이했다.

통역을 자청했던 남자가 내 팔을 잡더니 "따라오세요. 아직 15분 남았어요."라고 했다.

역사 밖에선 카라반이 야영을 하고 있었다. 히자즈(메카와 메디나가 있는 아라비아 반도 서부 지방-옮긴이) 북부에서 온 베두인들이라고 했다. 갈색 얼굴이 하나같이 거칠면서도 온화해 보였다. 그들 중 통역하던 남자의 친구가 있었다. 그는 카라반에서 꽤 중요한 인물인 듯했다. 베두인들이 그를 빙 둘러싸고 서서 그가 묻는 질문에 대답하고 있었다. 통역하던 남자가 그에게 말을 건네자 베두인들이 일제히 우리를 향해 돌아섰다. 그들이 내뿜는 자유로운 분위기에, 나는 그들의 삶을 알아보고 싶다는 강한 욕구를 느꼈다. 건조한 공기가 가늘게 진동하며 우리 몸을 관통하는 듯했다. 그 공기는 빳빳한 분위기를 누그러뜨리고, 뒤엉킨 생각을 정리해 주는 듯했다. 사막인들은 삶을 전혀 다른 관점에서 바라보고 있음이 분명하다. 더 서늘하고 더 윤택한 땅에 사는 사람들의 집착, 욕망으로부터 이들은 분명히 자유로울 것이다. 이들의 가치관과 세계관은 독특하기 그지없다. 아랍 국가에서 보낸 첫날 베두인을 만나 얻게 된 이 생각은 장차 내게 닥쳐오게 될 격변의 전주곡이었다. 확고한 경계가 있는 세계이지만, 동시에 누구에게나 열려 있어서 곧 나의 세계가 될지도 모르겠다는 예감이 들었다. 그때 그 자리에서 나의 미래를 예측하지는 못했다. 다만 낯선 집에 처음 발을 들여놓았을 때 코끝에 느껴지는 냄새로 분위기를 감지할 수 있듯, 어렴풋하게 감이 잡혔을 뿐이다.

2

강한 바람이 사막을 휩쓸고 지나가자 자이드는 모래폭풍이 다시 오지나 않을까 염려한다. 모래폭풍은 오지 않지만 바람도 잦아들지 않는다. 세찬 돌풍은 우리가 모래 계곡에 닿을 때까지 쉴 새 없이 뒤를 따라온다. 계곡 중앙에 있는 야자수 마을은 몇 개의 정착지로 나뉘어 있다. 모래 먼지가 만들어낸 안개 같은 베일에 가려 잘 보이지는 않는다.

매일 새벽부터 황혼까지 바람은 이곳을 강타한다. 밤이 되면 잦아들었다가 다음 날 아침 새롭게 힘을 얻어 불어닥친다. 강풍에 맞서느라 야자수들은 잘 자라지 못한다. 잎이 땅에 닿을 정도로 낮아서 수시로 형체를 바꾸는 모래언덕에 파묻힐 위험을 안고 있다. 주민들이 마을 주위에 능수버들을 줄지어 심지 않았다면 이 마을은 벌써 오래전 모래에 파묻혔을 것이다. 키가 큰 능수버들은 야자수보다 바람에 강하다. 굵은 몸통과 바스락거리는 잎이 보호벽 역할을 한다.

우리는 촌장의 흙집 앞에서 멈춘다. 정오의 뜨거운 햇볕을 피해 잠시 쉬어갈 생각이다. 손님맞이 준비라고 해봤자 커피 끓이는 돌난로 앞에 펴놓은 작은 돗자리가 전부다. 하지만 늘 그렇듯 아랍의 인심은 곳간에서 나지 않는다. 우리가 돗자리에 앉자마자 난로에 불이 지펴지고 구리로 된 사발 안에서 갓 볶은 커피콩이 갈린다. 커피콩 갈리는 소리가 방 전체에 활기를 불어넣는 동안 큰 접시에 담긴 대추야자로 허기를 달랜다.

촌장은 사시에 무척이나 여윈 노인이다. 그는 우리에게 음식을 권하며 이렇게 말한다.

"신께서 그대들에게 장수를 허락하시기를. 이 집은 그대들의 집입니다. 드릴 수 있는 건 이것뿐이지만 마음껏 드십시오."

미안함을 표시하는 그의 작은 손짓에선 소박한 힘이 느껴진다. "그리 나쁘지 않은 대추야자이니 많이 드세요."

이제까지 먹어 본 대추야자 중 가장 맛있다. 주인은 우리의 배를 채워 줄 수 있다는 사실에 기뻐하는 기색이 역력하다. 그가 말을 이어간다.

"바람. 바람이 우리의 삶을 힘들게 합니다. 하지만 신의 뜻이지요. 바람은 농작물을 망가뜨립니다. 우린 농장이 모래에 덮이지 않도록 싸우다시피 해야 합니다. 늘 이렇진 않았지요. 예전에는 바람이 그렇게 거세지 않았고 이 마을도 더 크고 풍요로웠습니다. 지금은 아주 작아졌죠. 이런 생활을 견디지 못해 많은 젊은이들이 떠나고 있어요. 모래는 매일매일 우리를 위협합니다. 곧 야자수가 자랄 땅도 남아나지 않을 거예요. 하지만 우리는 불평하지 않습니다. '운명을 매도하지 말라. 보라, 내가 곧 운명이니….' 예언자께서 전하신 신의 말씀이지요."

그는 말을 멈추고 나를 주의 깊게 바라본다. 그리고 아름다운 미소를 짓는다. 노인의 얼굴에서 그런 미소가 만들어지다니… 이어 그는 혼잣말처럼 되풀이한다.

"보라, 내가 곧 운명이니…." 나지막하게 던진 이 말에는 자신의 삶을 있는 그대로 받아들이는 자의 자부심이 담겨 있다. 그토록 확신에 차 현실을 인정하는 사람을 이제까지 본 적이 없다. 그는 팔을 크게 돌려 허공에 원을 그린다. 보잘것없는 먼지투성이 방, 숨 막히는 바람, 쉼 없이 터전을 잠식해 오는 모래, 행복에 대한 갈망, 대추야자 가득한 접시, 능수버들 방패 뒤에서 근근이 버티고 있는 농장, 마당에서 들려오는 여인의 웃음… 이 모두를 다 감싸 안을 듯한 원이다. 그 몸짓은 현실의 제약을 수용하고 그 속에서 평화를 찾았다고 말하고 있다.

10년 전 예루살렘에서 맞았던 어느 가을날이 떠오른다. 그때도 한 노인으로부터, 신에게 의지함으로써 주어진 운명 속에서 평화를 얻을 수 있다는 말을 들었다.

....

그해 가을 나는 예루살렘 구시가지에 있는 도리안 삼촌 집에 머물고 있었다. 거의 매일 비가 내렸다. 외출할 수 없을 때면 종종 집 뒤편 공터가 내려다보이는 창가에 앉아 시간을 보냈다. 그 공터는 메카 순례를 다녀온 뒤 '하지'라고 불리게 된 아랍 노인의 땅이었다. 그는 당나귀들을 빌려서 그 공터를 일종의 카라반 숙소로 만들었다.

주위 마을에서 수확한 채소와 과일이 매일 아침 동트기 전 낙타에 실려 이곳으로 운반됐고, 여기서 다시 당나귀에 실려 시장으로 보내졌다. 낮이면 땅에 엎드려 쉬고 있는 낙타 떼가 보였다. 항상 낙타와 당나귀 돌보는 사람들로 북적거렸다. 누더기 차림의 가난한 이들이었지만 행동은 고귀한 영주들 못지않았다. 그들이 바닥에 둘러앉아 빵에 치즈나 올리브를 곁들여 식사하는 모습을 볼 때마다, 절로 묻어나는 기품과 평정에 경의를 표하지 않을 수 없었다. 그들은 스스로를 존중했고 일상을 가벼이 여기지 않았다. 관절염 때문에 항상 지팡이를 짚고 다니던 하지는 그들 사이에서 일종의 부족장 같은 존재였다. 모두 하지의 말이라면 토를 다는 법 없이 항상 복종했다. 하루에도 몇 번씩 하지는 그들을 모아 놓고 기도를 올렸다. 비가 웬만큼 많이 내리지 않는 한 항상 야외에서 기도를 했고, 그때마다 하지는 이맘(이슬람 예배를 인도하는 성직자-옮긴이)처럼 선두에 섰다. 모두 절도 있게 움직였다. 메카를 향해 일제히 절을 한 뒤 일어섰다가 다시 동시에 무릎을 꿇고 이마를 땅에 갖다 댔다. 무언의 구령에 맞춰 움직이듯 행동에 오차가 없었다. 예배 인도자는 기도용 카펫 위에 맨발로 서서 눈을 감고 팔을 가슴에 모은 채 소리 없이 입술을 움직여 기도했다. 누가 봐도 혼을 다해 기도하고 있었다.

그토록 진실한 기도에 왜 기계적인 몸짓이 결부돼야 하는지 이해하기 어려웠다. 어느 날 영어를 조금 할 줄 아는 하지에게 물었다.

"정말 신이 절을 반복함으로써 신앙심을 표현하기를 원한다고 믿으시나요? 마음을 가다듬고 진심에서 우러나는 기도를 하면 더 좋지 않을까요? 왜 그런 몸동작이 필요하죠?"

나는 이 말을 뱉자마자 후회했다. 노인의 신앙심에 상처를 주고 싶은 생각은 없었다. 하지만 하지의 얼굴에 불쾌한 기색은 없었다. 그는 미소를 지으며 답했다.

"그럼 어떻게 기도해야 할까? 신은 인간의 영혼과 육체를 함께 만들었지? 그럼 영혼뿐 아니라 육체로도 기도해야 하지 않을까? 우리 무슬림은 기도할 때 메카에 있는 성스러운 신의 사원 카바를 향해 선다네. 세상 어디에 있든 기도할 때는 카바를 향하기 때문에 우리는 신을 중심으로 하나가 될 수 있어. 먼저 똑바로 서서 신의 목소리인 코란을 암송한 뒤에 '신은 가장 위대합니다'라고 읊으며 우리의 예배를 바친다네. 그리고 그분의 능력과 영광을 찬양하기 위해 깊이 머리를 조아려 절을 하지. 절을 할 때는 땅에 이마를 대는데, 그분 앞에서 우리는 먼지 같은 보잘것없는 존재이며 그분이야말로 진정한 창조주라는 의미이지. 다음엔 고개를 들고 앉아서 우리의 죄를 용서하고 은총을 베풀어 바른 길로 인도하며 건강을 허락해 달라는 기도를 올리네. 다시 그분의 능력과 영광을 되새기며 땅바닥의 먼지에 이마가 닿도록 절한 다음, 자리에 앉아서 이번엔 신의 메시지를 우리에게 전해준 예언자 무함마드에게 축복을 내려 달라고 기도하지. 그리고 올바른 길로 가는 모든 이들에게도 축복을 내려 주십사, 이 세상의 좋은 것과 다음 세상의 좋은 것을 우리에게 허락해 주십사 기도하네. 마지막으로 좌우를 바라보며 '신의 평화와 은총이 그대와 함께하기를'이라고 말함으로써 올바른 길을 가는 동료 무슬림과 인사를 나눈다네. 우리의 예언자께서도 그렇게 기도하셨지. 제자들에게도 항상 이렇게 기도하라고 가르치셨고. 이런 기도를 통해 신에게 온전히 자신을 바치고 주어진 운명 속에서 평화를 누리는 종교. 이슬람이 그런 종교야."

정확한 표현은 기억이 나지 않지만 뜻은 대략 이러했다. 그가 이 짧은 설명으로 이슬람으로 통하는 문을 내게 열어 줬다는 사실을 나는 몇 년 뒤에야 깨달았다. 하지만 이슬람 신앙을 받아들이기 한참 전이었던 당시에도 나는, 모스크 안에서든 번잡한 거리에서든, 누더기 같은 천 위에서든 카펫 위에서든 맨땅에서든, 두 팔을 가슴에 얹고 머리를 깊이 조아리며 기도에 몰두하는 무슬림을 볼 때마다 나도 모르게 겸허해지는 느낌을 받았다.

도리안 삼촌이 편지에 썼던 '아랍식 돌집'은 과연 훌륭했다. 자파 게이트(예루살렘 구시가지 성벽 서쪽에 있는 유일한 문-옮긴이) 인근 구시가지 가장자리에 위치한 집으로, 천장이 높은 방들은 과거 이곳을 지나쳐 간 귀족들의 자취로 가득하고, 인근 시장에서 내가 한 번도 경험해 본 적 없는 풍경과 소리와 냄새가 벽 너머로 밀려오곤 했다.

지붕의 테라스로 나가면 골목길이 그물처럼 얽혀 있는 구시가지가 한눈에 들어왔다. 구시가지의 반대편 끝에는 솔로몬의 신전이 있었다. 신전 가장자리에는 메카와 메디나 신전 다음으로 성스럽게 여겨지는 알 아크사 사원이, 중앙에는 바위 사원(Dome of the Rock)이 자리 잡고 있다. 솔로몬의 신전 너머로는 구시가지 성벽이 키드론 계곡을 향해 이어진다. 계곡 뒤쪽 나지막한 언덕에는 드문드문 올리브 나무가 자라고 있다. 상대적으로 비옥한 동쪽에는 겟세마네 동산이 있고, 올리브 나무와 사이프러스 사이로 양파 모양 돔이 두드러지는 러시아 교회가 보인다. 맑으면서도 오색찬란한 연금술사의 증류기 속 용액처럼 예루살렘 풍경은 상상을 불허한다. 올리브 산에 오르면 요르단 계곡과 사해가 내려다보인다. 오팔 빛깔 허공을 배경으로 물결치듯 언덕이 이어지다가 녹음 짙은 요르단 계곡이 나오고 그 너머에 사해가 펼쳐지며 또 그 너머에 어슴프레한 모압 산이 있다. 그 아름다움에 가슴이 먹먹해진다.

예루살렘은 나에게 신세계였다. 도시 구석구석 역사가 스며 있었다. 이사야가 설교하던 거리, 예수가 걸었던 돌길, 로마 병사들의 무거운 발소리가 울렸던 성벽, 살라딘(12세기경 무슬림 장군이자 이집트, 시리아의 술탄. 3차 십자군 원정에 맞서 싸웠다-옮긴이) 시대 문양이 아직도 남아 있는 아치. 지중해 지역에서 나고 자란 사람들은 당연하게 받아들이는 쪽빛 하늘이 나에게는 특별했다. 집과 거리는 유약을 바른 듯했고, 행인들은 엄숙해 보였다. 이 땅과 역사를 함께 한 아랍인들은 주변 환경과 일체가 된 것 같았다. 옷차림은 신분에 따라 모두 달랐다. 농부, 노동자, 베두인 등이 저마다 독특한 패션을 선보였다.

도리안 삼촌의 집에서 40미터쯤 떨어진 곳에 다윗 성의 성벽이 있었다. 구시가지 성벽의 일부로, 전형적인 중세 아랍식 성곽인데, 아마도 헤롯

왕 시대에 만들어진 듯하다(다윗 왕과 직접 관련은 없지만 시온 산에 고대 왕궁이 있었다고 믿는 유대인들은 다윗 왕의 이름을 따서 이 성곽을 다윗 성이라고 불렀다). 구시가지 성벽에 난 성문 앞 해자에는 아치형 돌다리가 놓여 있었다. 이 다리는 예전부터 도시를 드나드는 베두인들의 만남의 장소였을 것이다. 어느 날 장신의 베두인 한 명이 이 다리에 미동도 없이 서 있었다. 은회색 하늘을 배경으로 그는 마치 전설 속 인물처럼 보였다. 도드라진 광대뼈에 불그스레한 턱수염을 기른 얼굴은 침울해 보였다. 갈색과 흰색 줄무늬 망토는 누더기처럼 해져 있었다. 나는 갑자기 이런 상상에 빠졌다. 망토는 오랜 도피 생활로 해졌을 것이다. 젊은 다윗이 사울 왕의 질시를 피해 도피할 때 동행한 전사 중 한 명이 아닐까? 다윗은 지금 유대 언덕의 한 동굴에 숨어 잠을 청하는 중이고, 이 충복은 동료와 함께 사태를 파악하고자 몰래 도시로 잠입한 것인지도 모른다. 지금 저 남자는 불길한 예감을 애써 누르며 동료를 기다리고 있다.

갑자기 그 베두인이 다리의 경사면을 따라 걸어 내려가기 시작하면서 내 상상도 중단됐다. 그 순간 이 남자가 아랍인이라는 사실을 깨달았다. 한데 내 상상에 동원된 인물들은 모두 히브리인이 아닌가! 그러나 다윗이 살던 시대는 아브라함의 시대처럼 아랍 선조들과 가까웠을 것이다. 오늘날 그 후예임을 자처하는 유대인과 베두인의 사이보다 훨씬 더….

나는 종종 자파 게이트 아래 난간에 앉아 구시가지를 드나드는 인파를 바라보았다. 여기서 아랍인과 유대인은 서로 부딪히고 부대낀다. 흰색 두건이나 오렌지색 터번을 쓴 기골이 장대한 펠라힌(아랍의 농부와 노동자-옮긴이). 특유의 망토를 걸친 얼굴이 갸름한 베두인. 가슴팍에 흰 자수를 놓은 검은 캘리코(올이 촘촘한 면직물-옮긴이) 드레스 차림으로 바구니를 머리에 인 채 낭창낭창하게 걷는 촌부들. 뒷모습만 보고는 60대 노인과 10대

소녀를 구분할 수 없는 경우도 많다. 그들의 눈동자는 지중해 동쪽 거의 모든 나라에 만연한 '이집트 눈병' 트라코마(결막염의 일종-옮긴이)에 걸리지 않는 한 나이와 무관하게 맑고 깨끗했다.

그리고 유대인들이 있었다. 타르부시(차양이 없고 술 장식이 달린 모자-옮긴이)와 풍성한 망토 차림의 토착 유대인들은 생김새가 아랍인과 흡사했다. 폴란드와 러시아에서 온 유대인들은 과거 유럽에서 거주하던 시절의 편협함을 떨쳐내지 못한 듯했다. 그럼에도 흰색 부르누스(소매가 없는 모자 달린 외투-옮긴이) 차림의 자부심 강한 모로코나 튀니지 출신 유대인과 같은 부류인 듯 행동했다. 유럽 출신 유대인들은 주변 환경과 조화를 전혀 이루지 못했지만, 유대인 사회의 정치적 방향 설정을 도맡았다. 그래서 아랍과 유대민족 사이 갈등이 빚어지지 않았을까?

그 시절 평범한 유럽인이 아랍 세계를 과연 얼마나 이해하고 있었겠나? 이해도가 제로였다고 봐야 할 것이다. 중동을 찾는 유럽인들은 하나같이 편견에 사로잡혀 있었다. 나도 팔레스타인에 오기 전까지 이곳이 아랍 땅이란 생각은 하지 못했다. 물론 어렴풋이 아랍인으로 분류되는 사람들이 여기에 살고 있으리란 생각은 했지만, 사막의 유목민이거나 오아시스 주민이 아닐까 짐작했을 뿐이다. 게다가 내가 읽었던 팔레스타인 관련 책 저자는 전부 시온주의자들이었던 터라, 그곳에 아랍인들이 그렇게 많이 살고 있으리라고는 상상도 하지 못했다. 실제로 1922년 팔레스타인에는 아랍인과 유대인이 5대 1 비율로 살고 있었으며, 따라서 아랍 국가로 보아야 맞았다.

나는 그 무렵 시온주의 행동위원회 우시슈킨 의장을 만난 자리에서, 시온주의자들은 아랍인이 다수라는 사실을 간과하고 아랍의 입장을 전혀 고려하지 않는다고 일침을 가했다. 그러자 그는 아랍에 대한 경멸을 쏟아냈다.

"이곳에 우리를 반대하는 진정한 아랍 운동은 없습니다. 다시 말해서 그런 움직임은 사람들 사이에 뿌리를 내리지 못했다는 얘기예요. 일부 불만 세력의 목소리가 있기는 하지만, 몇 달 혹은 몇 년 안에 저절로 사그라들 겁니다."

답답하기 짝이 없었다. 나는 처음부터 팔레스타인에 유대인 정착촌을 만든다는 구상이 불합리하다고 느꼈다. 더욱이 이는 별 탈 없는 나라에 유럽 사회의 풀리지 않는 난제들을 이식하는 꼴이었다. 이는 진정한 의미의 귀향이 아니다. 유럽식 사고, 유럽식 목표에 따라 이곳을 고향으로 변모시키려 한 것이다. 간단히 말해 이 성문 안에서 그들은 이방인이었다. 그리고 나는 아랍인들의 결연한 저항에서 어떤 모순도 찾지 못했다. 그들은 자신의 삶의 터전 한복판에 유대인의 고향을 만든다는 구상과 맞설 뿐이었다. 부당한 상황에 맞서 정당하게 싸우고 있는 쪽은 아랍인이었다.

팔레스타인 땅에 유대인의 민족적 고향 조성을 약속한 1917년 밸푸어 선언에는 잔인한 정치적 책략이 작용했다. 모든 식민주의 열강이 채택했던 '분할 통치' 원칙을 팔레스타인에도 적용한 것이었다. 팔레스타인의 경우 이 원칙을 적용하는 과정은 더 노골적이었다. 이미 1916년 영국은, 함께 오스만투르크에 맞서는 대가로 메카의 지도자였던 샤리프 후세인에게 지중해와 페르시아만 사이 국가를 모두 아우르는 독립된 아랍 국가 수립을 약속한 터였다. 영국은 불과 1년 만에 이 약속을 무참히 깨고 프랑스와 사이크스-피코 협정(영국과 프랑스가 터키령이던 아랍 지역 분할을 결정한 비밀 협정-옮긴이)을 비밀리에 체결했을 뿐 아니라(그 결과 시리아와 레바논이 프랑스 영향력 아래 놓이게 됐다), 팔레스타인은 책임 범위에서 아예 제외시켜 버렸다.

나도 유대인의 피가 흐르지만, 처음부터 시오니즘에 대해선 반감이 강했다. 유대인들은 외국 열강의 힘을 빌려 팔레스타인으로 이주하면서 태곳적부터 그 땅에 머물던 사람들을 내쫓으려 하고 있었다. 아랍과 유대민족의 갈등이 화제로 등장할 때마다 나는 아랍 편에 섰다. 나의 이런 태도를 유대인 지인들은 이해하지 못했다. 그들에게 있어 아랍인은 낙후한 종족의 집단일 뿐이었다. 아랍인이 무슨 생각을 하는지 전혀 관심이 없었다. 아무도 힘들여 아랍어를 배우려 하지 않았다. 팔레스타인이 유대민족의 정당한 유산이라는 격언을 모두가 비판 없이 받아들였다.

시온주의 운동의 최고 지도자였던 하임 바이츠만 박사와 이 문제로 잠시 토론했던 기억이 지금도 생생하다. 런던에 살면서 정기적으로 팔레스타인을 방문하던 그와 한 유대인 친구 집에서 만나게 되었다. 에너지가 넘치는 사람이었다. 넓은 이마가 상징적으로 말해 주듯 지적 능력도 탁월했고, 사물을 꿰뚫어 보는 통찰력도 지니고 있었다.

그는 유대민족 국가 설립의 장애물인 재정적 어려움을 토로하는 중이었다. 해외 거주자들의 호응이 충분치 않다는 얘기였다. 다른 시온주의자들처럼 그 역시 팔레스타인에서 벌어지는 사태에 대한 책임을 '바깥 세계'에 떠넘기고 있다는 인상을 받았다. 다른 사람들은 그의 말을 그저 공손히 경청하고 있었지만 나는 따질 수밖에 없었다.

"그럼, 아랍인들은요?"

그는 내가 거슬린다는 듯 나를 향해 천천히 고개를 돌리더니 손에 들고 있던 컵을 내려놓고는 내 질문을 반복했다.

"아랍인들이요?"

"그러니까, 이 나라에서 다수를 차지하는 아랍인이 강력히 반대하고 있는데 어떻게 팔레스타인을 조국으로 만들겠다는 건가요?"

그는 무미건조하게 대답했다.

"아랍인이 다수인 상황은 몇 년 안에 해소되리라 기대하고 있습니다."

"그럴 수도 있겠지요. 이 문제를 몇 년째 다루고 계시니 전문가시겠죠. 하지만 도덕적 문제는 여전히 남지 않나요? 오래전부터 이 땅에 뿌리내리고 살아온 사람들을 내쫓는다니, 무언가 잘못되었다고 생각하지 않으세요?"

"여기는 우리나라예요." 바이츠만 박사가 눈썹을 추켜올리며 답했다. "우리는 부당하게 빼앗긴 땅을 되찾고자 할 뿐입니다."

"하지만 유대민족이 팔레스타인을 떠난 지는 2천 년이나 되지 않았습니까! 이 땅을 다스린 기간은 채 500년이 안 되고, 다스린 땅도 현재 팔레스타인 영토의 일부에 불과했어요. 박사님 논리대로라면 스페인도 아랍 땅이겠네요. 아랍인들이 스페인을 거의 700년이나 지배했고 떠난 지도 500년이 안 됐으니까요."

바이츠만 박사는 눈에 띄게 인내심을 잃어가고 있었다. "궤변을 늘어놓으시네요. 아랍인들은 스페인을 정복했을 뿐입니다. 스페인은 결코 그들의 조국이 아니었고, 끝내 스페인 사람들에게 쫓겨났습니다."

"죄송하지만," 내가 반박했다. "간과하시는 부분이 있습니다. 히브리인도 다름 아닌 정복자로 팔레스타인에 왔습니다. 그들이 오기 훨씬 전, 셈족 등 다양한 종족이 이 땅에 정착했어요. 아므르인, 에돔인, 블레셋인, 모아브인, 히타이트인. 이들 종족은 심지어 이스라엘 왕국과 유다 왕국이 세워진 뒤에도 여기서 계속 살았습니다. 로마인이 유대인을 내쫓은 뒤에도 여기서 살았고, 지금도 살고 있어요. 7세기에 시리아와 팔레스타인을 정복하고 정착한 아랍인은 이 땅에서 언제나 소수였습니다. 오늘날 팔레스타인 아랍인, 시리아 아랍인이라고 불리는 사람은 대부분 아라비아화된 원주민입니다. 그들 중 일부는 세월이 지나면서 무슬림이 됐고, 기독교도로 남기도 했어요. 물론 그렇게 무슬림이 된 사람들은 아라비아 반도에서 온 무슬림과 결혼으로 맺어지기도 했죠. 하지만 지금 아랍어를 쓰면서 팔레스타인에 살고 있는 사람 중 절대다수가 이 땅 원주민의 직계 후손이란 사실을 부인할 수 있습니까? 이들은 히브리인이 들어오기 훨씬 전부터 이곳에 살던 사람들의 후손입니다."

바이츠만 박사는 억지웃음을 웃더니 화제를 돌렸다.

물론 바인츠만 박사나 다른 참석자들이 시온주의가 도덕적 측면에서 매우 취약하다는 내 주장에 동조하리라 생각하지는 않았다. 하지만 아랍의 대의에 대한 내 설명이 최소한 그들에게 고민할 수 있는 계기를 마련해 주기를 바라고 있었다. 결과는 정반대였다. 나를 바라보는 그들의 시선은 거대한 벽처럼 느껴졌다. 이 땅에 대한 유대인의 신성한 권리에 감히 의문을 제기한 나의 만용을 비판하는 눈빛이었다.

궁금했다. 어떻게 유대민족처럼 창의적이고 지적인 민족이 시온주의와 아랍의 갈등을 그토록 편협한 시각으로 바라볼 수 있을까? 그들은 팔레스타인 문제가 결국 아랍과의 우호적인 협력이 수반되어야만 해결될 수 있음을 모르는가? 그런 편협한 시각이 초래할지 모를 암울한 미래에 대해선 그저 눈을 감아 버렸나?

정말 이상했다. 오랜 세월 디아스포라의 비애를 맛보며 인고의 세월을 보낸 민족이 이제 목표를 이루기 위해 다른 민족을 부당하게 대우하려 한다. 역사적으로 이런 전례가 없지는 않았지만 내 눈으로 직접 확인하려니 고통스러웠다.

팔레스타인 정국에 관심이 쏠려 있던 그 무렵 나는 유럽 최고 일간지

〈프랑크푸르터 자이퉁〉의 특파원이 됐다. 아주 우연한 계기였다.

어느 날 저녁 여행 가방에 들어 있던 옛날 신문들을 정리하다 1년 전 베를린에서 받은 〈유나이티드 텔레그라프〉 기자증을 발견했다. 찢어 버리려는데 도리안 삼촌이 나를 만류하더니 반 농담조로 외쳤다.

"그러지 마! 고등판무관실에 기자증을 제시하면 며칠 안에 정부 청사로 오찬 초대를 받을지도 모르는데… 이 나라에서 언론인은 해볼 만한 직업이야."

기자증은 찢어 버렸지만 도리안 삼촌의 농담은 귀에 맴돌았다. 물론 정부 청사에서 먹는 점심 따위엔 관심 없었다. 하지만 좀체 취재하러 오기 힘든 중동에 살고 있으면서 왜 그 흔치 않은 기회를 활용하려 하지 않았을까? 〈유나이티드 텔레그라프〉가 아니라 대형 일간지에 취직할 수도 있지 않을까? 나는 언론계에 본격적으로 뛰어들겠다는 결심을 하게 되었다.

한데 주요 언론사에 아는 사람도 없고 내 이름으로 내보낸 기사도 없다. 일간지 시장에서 나는 아무런 존재감이 없었다. 그러나 위축되진 않았다. 나는 팔레스타인에서 받은 인상을 주제로 기사를 하나 써서 독일 일간지 열 곳에 보내며 중동 관련 기사를 연재하겠다고 제안했다.

이때는 독일이 최악의 인플레이션에 시달리던 1922년 말이었다. 생존을 위해 몸부림치던 독일 신문사 중 해외 특파원 경비를 감당할 수 있는 곳은 거의 없었다. 신문사마다 차례로 거절 답장을 보내왔을 때 놀라지는 않았다. 단 한 곳만 흥미를 느꼈다며 나를 중동 순회 특파원으로 채용하고 앞으로 내가 쓸 기사를 책으로 발간해 주겠다고 하면서 계약서를 보내왔다. 그 신문사가 바로 〈프랑크푸르터 자이퉁〉이다. 마침내 신문사에서 일하게 되었다는 기쁨이 차올랐다.

물론 문제가 있긴 했다. 인플레이션 때문에 〈프랑크푸르터 자이퉁〉도

내 보수를 달러로 지급하긴 어렵다며 독일 마르크화로 표기된 금액을 제시했다. 원고를 보낼 우표 값도 안 되는 돈이었지만 〈프랑크푸르터 자이퉁〉의 특파원 자리는 그 정도 불이익이야 감수하고도 남을 만큼 매력적이었다. 나는 조만간 중동 전역을 여행할 행운이 찾아오기를 기대하며 팔레스타인에 관해 기사를 쓰기 시작했다.

....

이제 팔레스타인에 친구가 많이 생겼다. 유대인도 있고 아랍인도 있었다. 내가 아랍에 동조한다는 이유로 시온주의자들은 나를 곱지 않은 눈으로 바라봤다. 그들은 내가 아랍에 '매수'당했는지(팔레스타인의 시온주의자들은 매사를 금전과 연관시켰다), 아니면 단순히 이국적인 문화에 매료됐는지 헷갈려 했다. 당시 팔레스타인의 유대인이 다 시온주의자는 아니었다. 일부는 이데올로기가 아닌 성지에 대한 종교적 갈망 때문에 이 땅에 와 있었다.

네덜란드에서 온 친구 제이콥도 그런 이들 중 하나였다. 40대 초반의 제이콥은 네덜란드 명문대에서 법학을 가르치다 암스테르담에서 발행되는 신문 〈한델스발트〉와 런던의 일간지 〈데일리 익스프레스〉의 중동 특파원이 됐다. 동유럽 유대인처럼 '정통' 신앙을 갖고 있던 그는 시온주의에 찬동하지 않았다. 그는 유대인이 약속된 땅에 들어가려면 메시아의 재림을 기다려야 한다고 믿었다.

그는 내게 여러 차례 이렇게 말했다. "우리 유대인이 성스러운 땅에서 쫓겨나 세계 각지로 흩어진 이유는 신께서 우리에게 부여하신 책무를 수행하지 못했기 때문이야. 우리 민족을 선택하셨는데, 자만에 빠져 스스로 잘나서 그렇게 됐다고 믿기 시작했지. 이제 회개를 통해 용서받는 일만 남았어. 우리가 다시 말씀을 전할 자격을 갖췄다고 판단되면, 메시아를 보내 우리를 약속된 땅으로 인도해 주시겠지….”

내가 물었다. “하지만 시온주의도 그 메시아론을 근거로 하고 있지 않나? 알다시피 나는 시온주의에 반대하는데, 국가 건설은 모든 민족의 자연스런 욕구 아닐까?”

제이콥은 나를 짓궂게 쳐다보며 말했다. “자네는 역사가 사건의 연속에 불과하다고 생각하나? 난 그렇게 보지 않아. 신께서 우리를 뿔뿔이 흩어지도록 하신 데는 분명히 목적이 있어. 시온주의자들은 그걸 인정하려 들지 않지. 그들은 쇠락의 원인이었던 영적 무지함에서 헤어나오지 못하고 있네. 유대인이 겪은 2천 년간의 망명 생활과 그 고통에서 아무것도 배우지 못했어. 왜 그렇게 됐는지 본질적 원인을 이해하려 들지 않고, 서구 열강의 정치 게임을 통해 ‘민족국가’를 수립하려 하지. 그 과정에서 다른 민족의 나라를 빼앗는 범죄까지 저지르면서 말이야.”

이런 정치적 견해 때문에 제이콥은 시온주의자들의 반발을 샀다(내가 팔레스타인을 떠난 지 얼마 되지 않아 그가 테러리스트의 총에 맞아 숨졌다는 충격적인 소식을 들었다). 그는 자신과 생각이 같은 극소수 유대인 및 유럽인, 몇몇 아랍인 외에는 가까이 하지 않았다. 아랍인들도 그를 높게 평가하며 종종 집으로 초대하곤 했다. 사실 그 무렵은 아랍인이 유대인에 대해 그다지 편견을 품고 있지 않을 때였다. 아랍인이 오랜 세월 좋은 이웃이었던 유대인을 적대시하기 시작한 계기는 밸푸어 선언이다. 하지만 1920년대 초까지도 아랍인은 제이콥처럼 우호적인 유대인과 시온주의자를 분명히 구분했다.

처음 아랍인들과 함께 지냈던 운명적인 몇 달 동안 나는 과거 느껴 보지 못한 생동감을 맛볼 수 있었다. 아랍인의 피에서 흘러나온 따뜻하고 인간적인 숨결이 생각과 행동에 스며드는 듯했다. 유럽인의 삶을 그토록 추하게 만드는 영적인 분열과 공포, 탐욕을 그들에게선 찾아보기 어려웠다. 나는 그동안 찾아 헤맸던 온갖 의문에 대한 해답을 아랍인들에게서 발견했다.

시간이 갈수록 무슬림의 정신세계에 대한 관심은 깊어졌다. 그들의 종교에 이끌렸기 때문이 아니라(당시 나는 이슬람에 대해 아는 바가 거의 없었다), 유럽인이 오래전 잃어버린 정신과 정서를 그들 안에서 찾았기 때문이다. 아랍인의 삶을 이해하면 서구인들이 겪는 고통, 즉 자유로운 삶으로부터 멀어지게 된 이유를 알 수 있지 않을까? 서구인도 과거엔 분명 이런 자유로운 삶을 누리고 있었을 것이다. 그렇지 않았다면 중세 고딕 양식의 웅장한 성당이나 르네상스의 물결, 바하의 푸가(하나의 주제가 각 성부나 각 악기에 의해 모방, 반복되는 악곡 형식-옮긴이), 모차르트의 꿈꾸는 듯한 선율이 어떻게 나올 수 있었겠나….

우리의 정신적 능력을 제대로 파악하지 못하면 그 능력을 올바로 사용할 수 없고, 제2의 모차르트는 결코 나오지 못할 것이다. 슬로건과 원칙 따위를 놓고 다투거나, 기계와 고층 건물로 대변되는 물질적 진보만을 추구해서는 온전한 정신세계를 구축할 수 없다. 그런데 유럽이 잃어버린 영적인 영광은 정말 이대로 사라지고 마는 것인가? 무엇이 잘못되었는지 알아낸다면 회복이 가능하지 않을까?

처음엔 그저 아랍인의 정치적 목표, 살아가는 모습, 안정된 정서를 보며 공감하는 정도였다면, 이제는 그들을 탐구하는 수준으로 발전했다.

4

목소리

1

자이드의 노래를 배경으로 우리 일행은 앞으로 나아간다. 모래언덕은 점차 낮아지고 더 드문드문해진다. 자갈과 현무암이 많이 보이기 시작한다. 남쪽으로 자발 샤마르 산맥이 보인다.

자이드가 읊조리는 노래 가사가 반쯤 졸고 있는 내 귀에 희미하게 들린다. 단어를 확실하게 분간할 수는 없지만 그래서 더 심오한 의미를 내포한 것 같은 느낌이 든다.

아라비아에서 흔히 들을 수 있는 낙타몰이 노래다. 낙타가 뒤처지지 않도록 재촉도 하고 졸음도 피할 겸 부르는 노래, 닫힌 공간이나 메아리 따위는 모르고 산 사막인들의 노래다. 목구멍에서 뽑아낸 단조로우면서도 허스키한 소리가 건조한 공기 사이로 잦아든다. 사막을 여행한 이는 모두 이 노랫소리를 절대 잊지 못한다. 땅은 척박하고, 뻥 뚫린 사방은 숨 막힐 듯 뜨겁고, 삶은 고단한 곳이라면 어디나 마찬가지일 것이다.

자이드의 노래는 계속된다. 그의 아버지도, 그의 아버지의 아버지도, 수천 년 전 그의 선조도 그렇게 노래했을 것이다. 수천 년 동안 그 단조로우면서도 강렬한 노랫가락이 조금씩 다듬어져 오늘에 이르렀을 것이다. 음을 다양하게 쓰는 서양 음악과 달리 아라비아의 노래는 단조로운 음이 무한 반복된다. 또 서양 음악이 주로 개인적 사연을 담는 반면 아라비아의 노래는 영적 경험을 상기시키는 내용으로 채워진다. 아주 오래전 뜨거운 사막의 열기, 바람과 유목민의 리듬, 대지의 광활함에서 생겨난 노래다. 인간사의 기본 틀은 늘 변하지 않듯 이들의 노랫가락도 변함이 없다.

이런 선율은 다성음악이 발달한 서양에서는 찾아보기 힘들다. 틀기만 하면 물이 콸콸 쏟아져 나오고, 사계절의 변화가 뚜렷한 서양에서는 인간의 감정과 욕망이 복잡다단해진다. 자아를 발견하기 위해 늘 무언가를 고안하고, 만들고, 극복하며, 이로써 더욱 복잡해진 삶을 통해 또다시 자아를 확인하는 과정을 반복한다. 서양 음악에는 그런 과정이 고스란히 담긴다. 가슴에서 울려 나오는 소리로 낭랑하게 부르는 서양 노래는 사람으로 하여금 더 많이 꿈꾸고, 더 많이 갈구하고, 더 많이 정복하고 싶은 의지가 샘솟게 만든다. 그러나 또한 그리움도 그만큼 깊어진다. 서구는 끊임없이 무언가가 생겨나고 이루어지고 소멸하는 역사의 연속이다. 정적이나 고요와는 거리가 멀다. 시간은 믿음이 가지 않는 적이며, '현재'에서 영겁의 소리는 들리지 않는다.

반면 사막과 스텝 지대는 꿈을 불러일으키지는 않는다. 내리쬐는 태양은 가혹하고 감정의 황혼 따위는 허락하지 않는다. 사막에 사는 아랍인들에게 외부와 내면, 나와 세상은 반의어가 아니다. 그저 변하지 않는 현재의 여러 단면 중 하나일 뿐이다. 아랍인들에게 미래에 대한 두려움은 없다. 그들은 내면의 안정을 찾기 위해서가 아니라 그저 필요하기 때문에 움직인다. 그 결과 서구인들처럼 물질적 풍요를 이룩하지는 못했지만 영혼은 온전히 간직하고 있다.

그러나 서서히, 끈질기게 거리를 좁혀 오는 저 서구의 손길 앞에서 자이드나 자이드의 동족이 얼마 동안이나 영혼을 지켜낼 수 있을까? 사막도 밀려드는 서구의 물결에서 자유로울 수 없는 시대다. 과연 이슬람 세계는 서구의 영향력에 밀려 전통의 틀뿐만 아니라 영적 근원마저 잃게 될까?

2

중동에서 보낸 세월 동안(1922년부터 1926년까지는 아랍인들의 가치관에 동조하는 이방인으로, 그 이후에는 이슬람 공동체의 목표와 희망을 공유하는 무슬림으로) 나는, 유럽이 무슬림의 문화 및 정치적 독립성까지 잠식해 들어오는 과정을 낱낱이 목도했다. 이러한 잠식을 막아 보려는 무슬림들의 몸부림은 피해자인 체하는 유럽인들에 의해 오히려 '외국인 혐오증'이라는 누명을 덮어썼다.

오래도록 유럽인들은 이런 어처구니없는 잣대를 들이대며 중동의 근대역사를 서구의 이해관계에 맞게 각색했다. 영국이 탄압했던 아일랜드 독립, 러시아와 독일이 반대했던 폴란드의 국가 재건에 지지를 보냈던 서구국가들이 유독 무슬림에 대해서는 한결같이 반감을 표한다. 서구는 언제나 중동의 혼란스러운 정국과 낙후한 경제를 핑계로 삼아 개입을 일삼고, 이러한 개입이 '정당한' 서구의 이익 보호뿐만 아니라 중동 사람들의 발전을 위해 필요하다고 주장한다.

아무리 의도가 좋아도 함부로 외부 세력이 개입하면 한 국가의 질서는 무너진다. 한데 중동사를 공부한다는 학생들이 이 점을 깨닫지 못하는 문제도 심각하다. 열강들이 식민지에 건설한 철로만 눈에 들어오고 속절없이 짓밟힌 그 식민지의 사회 구조, 자긍심은 보지 못하는 것이다. 오스트리아 제국이 발칸 반도를 문명화하겠다며 침공했을 때는 들끓었던 사람들이 영국의 이집트 점령, 러시아의 중앙아시아 침략, 프랑스의 모로코 지배에는 한 눈을 감는다. 중동이 겪고 있는 각종 사회적 경제적 병폐가 그런 유럽의 '이익' 추구에서 기인했으며, 유럽이 개입을 통해 혼란을 가중시켜 중동의 홀로서기를 더 요원하게 만들고 있다는 생각은 미처 하지 못한다.

....

나는 1922년 팔레스타인에 머물던 중 아랍인과 시온주의자 사이 충돌과 관련한 영국 행정부의 애매한 대처를 지켜보면서 처음 이런 깨달음을 얻게 되었다. 몇 달간 팔레스타인을 누비고 다니다 1923년 초 이집트로 넘어온 뒤 확신은 더 굳어졌다. 당시 이집트에서는 영국 지배에 항거하는 폭동이 연일 이어지고 있었고, 영국군들이 자주 모이는 공공장소에서 폭탄 테러가 빈번히 발생했다. 돌아온 대가는 계엄령 선포, 폭동 주모자 체포 및 추방, 일간지 발행 금지 등이었다. 그러나 탄압이 거세질수록 사람들의 자유에 대한 갈망도 강해졌다. 이집트 전역이 흐느껴 우는 것만 같았던 시절이었다. 절망의 흐느낌이 아니라 스스로의 가능성을 발견하고 이에 고무되어 나오는 흐느낌이었다.

방대한 토지를 소유한 파샤(고위급 정부 관료나 군 고위직의 이름 앞에 붙는 칭호-옮긴이)들만이 영국에 협조적이었다. 가진 것 없는 나머지 이집트인들은 독립을 갈구했다. 와프드(이집트 최초의 근대적 정당으로 이집트의 독립과 개혁을 주창했다-옮긴이) 지도자들을 아무리 잡아들여도 이튿날이면 새 지도자가 나왔다. 자유를 억압하는 자들에 대한 그들의 증오를 유럽인들은 '외국인 혐오증'으로 치부했던 것이다.

당시 나는 〈프랑크푸르터 자이퉁〉 특파원으로서 활동 범위를 팔레스타인 밖으로 넓히고자 이집트로 왔다. 도리안 삼촌도 여유가 없었지만 내 결심이 워낙 확고했던 터라 예루살렘에서 카이로까지 오는 데 드는 기찻삯과 2주간 머물 경비를 융통해 주었다.

카이로에 도착한 뒤 나는 아랍인 수공업자들과 그리스 출신 영세 상인들이 모여 사는 구역에 거처를 마련했다. 집주인은 몸집이 떡 벌어지고 머리가 하얗게 센 이탈리아 트리에스테 출신 노파였다. 아침부터 저녁까지 도수 높은 그리스 와인을 들이켜고 주사를 부리곤 했다. 그러나 나에게는 꽤 친절한 편이었다.

일주일쯤 지나자 현금이 바닥을 드러냈다. 벌써 팔레스타인으로 돌아가고 싶은 마음은 추호도 없었다. 어떻게든 돈 벌 방도를 찾아야 했다. 마침 예루살렘에서 알게 된 드한 박사가 카이로에서 사업을 하는 지인 앞으로 추천장을 써주었기에 무작정 그를 찾아갔다. 덩치가 큰 네덜란드인으로, 사업 외에 다양한 분야에 관심이 많은 사람이었다. 추천장에 내가 〈프랑크푸르터 자이퉁〉 특파원이라 적힌 것을 보고 그는 내 기사를 보고 싶다고 했다. 그는 읽고 나더니 놀랐다는 듯 이렇게 물었다.

"자네 몇 살인가?"

"스물둘입니다."

"이 기사는 누구 도움을 받아 썼나?"

나는 웃었다. "모두 저 혼자 썼습니다. 왜 도움을 받았을 거라 생각하시죠?"

그는 머리를 가로저었다.

"놀랍군. 이렇게 젊은 사람이 쓴 글이라기엔 너무 성숙한데."

나는 그의 칭찬에 으쓱해졌다. 자신감이 치솟았다. 당장 그가 운영하는 사업체에 빈자리는 없었지만 협력업체인 한 이집트 회사에 소개시켜 줄 수는 있다고 했다.

그의 설명에 따라 도착한 사무실은 내 숙소에서 멀지 않은 카이로 구시가지에 있었다. 좁고 지저분한 거리 양쪽에는 한때 귀족들의 저택이었으나 지금은 사무실, 싼 아파트 등으로 개조된 건물이 늘어서 있었다. 대머리에 나이 지긋한 이집트인 사장은 프랑스와 연락을 취할 계약직 직원이 필요하다고 했다. 나는 일반 회사에 근무한 경험은 전무하지만 잘할 수 있다고 사장을 설득하는 데 성공했다. 하루에 세 시간만 일하면 되는 자리였는데, 그만큼 보수는 보잘것없었다. 그래도 방세를 내고 빵과 올리브로 입에 풀칠할 정도는 되었다.

사무실과 숙소 사이에는 홍등가가 있었다. 미로처럼 얽힌 골목길마다 창녀들이 밤낮으로 넘쳐나는 곳이었다. 오후에 사무실로 돌아갈 때는 창녀들이 모두 집안에서 커피를 마시거나 웬 건장한 남자들과 이야기를 나누고 있어 조용했다. 그러나 저녁이 되어 퇴근할 때 보니 언제 그랬냐는 듯 흥겨운 아라비아 류트와 북소리를 배경으로 모두 골목에 쏟아져 나와 왁자지껄 떠들고 있었다. 전기 램프와 랜턴 불빛이 환히 내리비치는 길로 이들을 비집고 지나가려 하면 어느새 부드러운 팔이 목에 감겨 왔다. 피부색은 희기도 하고 까무잡잡하기도 했지만, 어느 팔에나 금빛, 은빛 팔찌가 주렁주렁 걸려 있었고, 사향, 유향, 동물 가죽 향기를 풍겼다. 온몸을 타고 흐르는 웃음소리와 팔을 떨쳐내는 데는 강한 의지가 필요했다. 사방에서 뻗어 오는 윤기 흐르는 팔과 간드러지는 목소리 사이를 뚫고 나아가기란 쉽지 않았다. 모로코, 알제리, 수단, 누비아, 아라비아, 아르메니아, 시리아, 이란 등 여인들의 국적도 다양했다. 집 앞 벤치에는 긴 비단 외투를 걸친 남자들이 줄지어 앉아서 여인들에게 큰 소리로 말을 걸거나 말없이 물담배를 피웠다. 이들이 다 고객은 아니었다. 그저 좋은 구경거리를 앞에 놓고 시간을 때우려는 사람이 대부분이었다. 자비를 베풀라는 내용의 노래를 부르며 매달리는 누더기 차림의 수도자들도 요령껏 피해야 했다. 이 집 저 집 돌면서 향을 파는 장수가 흔들어대는 향에서 연기가 피어올라 시야를 가리기도 했고, 간혹 여인들이 내지르는 쾌락의 소리가 희미하게 들리기도 했다. 그들의 웃음소리는 자갈 깔린 인도를 따라 물결처럼 이곳저곳으로 퍼지는 듯했다.

이집트인들은 유쾌하고 웃음 많은 민족이었다. 경쾌한 빛깔 줄무늬가 알록달록 들어간 긴 셔츠 모양 갈라비야를 걸치고 나는 듯한 걸음걸이로 카이로 거리를 활기차게 지나치는 그들을 보면 도저히 빈곤이나 정치 부패에 시달리고 있다고는 생각할 수 없었다. 폭발할 듯 끓어올라 흥분하다가도 다음 순간 아무 일 없었다는 듯 완벽한 평정을 찾는 사람들이었다. 이 때문에 아랍인들이 경박하고 깊이가 없다고 경멸하는 유럽인들이 많았다. 그러나 당시에도 나는 이런 경멸이 유럽인들의 소위 '깊이'에 대한 집착, 가볍고 심각하지 않은 감정은 모두 '경박하다'고 치부하는 오만함에서 기인했음을 깨달을 수 있었다. 아랍인들은 서구를 짓눌렀던 내적 긴장이나 스트레스에 시달린 적이 없었다. 그런 사람들에게 어떻게 서구의 잣대를 들이댈 수 있단 말인가? 그들이 경박해 보인다면, 아마도 그들의 감정이 아무런 거름망을 거치지 않고 그대로 행동으로 이어지기 때문일 것이다. 그러나 '서구화'의 물결로 인해 아랍인들도 점차 서구와 흡사한 영적 · 사회적 폐단을 겪으면서 감정과 행동의 일치라는 그들만의 축복을 잃게 될지도 모른다는 생각이 들었다.

내가 묵던 숙소 맞은편, 엎어지면 코 닿을 듯 가까운 곳에 작은 모스크가 하나 있었다. 모스크 꼭대기 미나렛에서는 하루 다섯 번 기도 시간을 알리는 외침이 들려왔다. 때가 되면 흰 터번을 두른 남자가 미나렛에 올라 양손을 올리고 이렇게 읊조렸다. "알라후 아크바르. 신은 가장 위대한 존재라! 무함마드가 신의 사자임을 내가 증언한다." 그가 사방을 향해 차례로 몸을 돌릴 때마다 음성의 파장이 점점 커지면서 굵고 낮게 울리는 아랍어 발음을 타고 공기 속을 파고들었다. 바리톤의 목소리는 부드러우면서도 강했다. 기교가 아니라 그 안에 담긴 열정 때문에 아름답게 들리는 목소리였다.

무아진(이슬람 사원 첨탑에 올라 하루 다섯 차례 기도 시간을 알리는 사람-옮긴이)의 읊조림은 카이로에 머물던 기간 내 주제곡과도 같았다. 이후 아랍권 어디를 가나 마찬가지였다. 지역마다 사투리도 다르고 억양도 달랐지만 무아진의 읊조림만큼은 차이가 없었다. 그런 소리의 통일성을 통해 무슬림들의 결속이 얼마나 단단한지, 그들을 가르는 국경선이 얼마나 무의한지 알 수 있었다. 그들의 사고방식, 선악을 판가름하는 기준, 행복한 삶의 정의는 늘 한결같았다.

우연히 같은 민족으로 태어났기 때문에, 혹은 경제적 이해관계가 얽혀 있기 때문에 연대감을 강요당하는 사회가 아닌, 그보다 훨씬 심오하고 영속적인 요인을 바탕으로 연대감이 생성된 공동체를 난생처음 경험하게 된 것이었다. 무슬림들은 공통된 세계관과 인생관을 통해 사람과 사람 사이 장벽을 허물어내고 있었다.

....

1923년 여름, 중동의 라이프스타일과 정국에 대해 조금 더 식견을 넓히고 난 뒤 나는 예루살렘으로 돌아갔다.

얼마 지나지 않아 드한 박사를 통해 알게 된 트란스요르단(요르단의 옛 국명-옮긴이)의 아미르 압둘라(초대 요르단 국왕-옮긴이)가 한번 들르라며 나를 초대했다. 그곳에서 나는 진정한 베두인의 땅을 보았다. 로마 시대에 필라델피아라 불렸던 수도 암만은 내가 방문했던 당시 인구가 6천 명도 채 되지 않는 소도시 수준이었다. 거리마다 팔레스타인에서는 보기 힘든 진짜 스텝 지대 베두인들이 넘쳐났다. 여전히 부족끼리 전쟁을 벌이고 낙타를 키우며 사는 사람들이었다. 저마다 안장주머니에 단검을 꽂고 등에는 장총을 맨 채 말을 몰고 있었다. 체르케스 소달구지가 좁은 시장통을 쉴 새 없이 오갔다(체르케스인들은 19세기 고향 땅을 러시아에 빼앗긴 뒤 트란스요르단으로 와서 암만을 세웠다). 시장은 도시 규모에 어울리지 않게 늘 북적였다.

변변한 건물 하나 없던 시절이라 아미르 압둘라는 암만 전경이 내려다보이는 언덕 위 천막을 거처로 삼고 있었다. 주변 천막들보다 크기가 훨씬 크고, 내부는 캔버스 천으로 만든 칸막이를 이용해 여러 구획으로 나누어 놓았다. 침실에는 침대 대신 흑곰 가죽이 깔려 있었다. 응접실에는 안장머리에 은으로 상감세공을 한 고급스러운 낙타 안장을 두어 개 가져다 놓았다. 바닥에 앉아 있을 때 팔걸이 대용으로 쓰는 듯했다.

내가 아미르의 수석 고문인 리자 베이 박사와 함께 방문했을 때는 황금 단검을 찬 흑인 하인 한 명을 제외하고 아무도 보이지 않았다. 터키 출신인 베이 박사는 과거 대학 교수로 재직하다가 케말 아타튀르크(터키 공화국 초대 대통령-옮긴이)가 집권하기 전까지 3년간 터키 교육부 장관을 지냈다. 베이 박사는 아미르가 베두인 족장들과 트란스요르단 남부에서 최근 발생한 나즈드 습격 사건에 관해 논의하고 있다며 곧 올 것이라고 말했다. 그러면서 습격을 감행한 나즈드 '와하비스'는 기독교로 치면 청교도 개혁가와 비슷하다고 설명해 주었다. 지난 몇 세기 동안 이슬람교를 야금야금 잠식한 성인 숭배, 각종 미신을 타파해야 한다고 주장하는 강경파로,

아미르 압둘라의 아버지인 히자즈의 후세인 왕이 수장인 샤리피안 가문과는 철천지원수였다. 베이 박사는 와하비스의 종교관이 웬만한 무슬림 국가 대중들의 관점보다 코란의 애초 정신에 더 가까운 만큼 함부로 비난을 퍼부을 수는 없다며, 장기적으로는 이슬람권의 문화적 발전에 긍정적인 영향을 미칠지도 모른다고 말했다. 그러나 광신주의로 인해 다른 무슬림들의 지지를 받기는 어려웠다.

조금 지나니 아미르 압둘라가 들어왔다. 중키에 나이는 마흔쯤 되어 보였는데, 에나멜가죽 슬리퍼를 신고 흰 실크로 된 헐렁한 아랍 전통 의상과 거의 투명해 보이는 흰 양모 아바야를 걸치고 있었다.

그가 내게 "알란 와살란", 즉 '가족의 품으로 돌아왔으니 환영한다'는 뜻의 인사를 건넸다. 그때 이 우아한 아랍어 인사말을 처음 들어 보았다.

아미르 압둘라는 유머 감각과 재치가 넘치는 매력적인 사람이었다. 대중의 인기를 얻을 만했다. 샤리피안 가문이 영국과 결탁해 터키에 대항하여 반란을 일으켰으며 이는 이슬람권 전체에 대한 배신이나 다름없다고 생각하는 사람들도 있었지만 시온주의자들을 상대로 승리를 거둔 그의 명성은 이미 높아져 있었다. 그러나 이후 이어진 그의 파란만장한 정치 행보는 큰 논란을 불러일으키게 된다.

우리는 커피를 홀짝거리며 신생국가 트란스요르단의 행정적 어려움에 대해 이야기를 나누었다(당시 저마다 무기를 소지하고 다니면서 각자 부족의 규율을 따르고 있었다). 아미르가 입을 열었다. "그렇지만 아랍인들은 상식이 있습니다. 베두인조차 외세의 지배로부터 벗어나려면 무법천지였던 때로 돌아가서는 안 된다는 사실을 인지합니다. 부족 간 다툼은 점차 사라지고 있습니다."

그러면서 그는 베두인들의 부족 간 반목의 역사에 대해 설명해 주었다.

그들의 반목은 종종 아버지에서 아들로, 또 그 아들로 몇 세대에 걸쳐 이어지곤 하며, 그 사이 애초의 원인 따위는 잊힌 채 유혈 사태만 반복된다고 했다. 여기에 종지부를 찍을 방법은 하나뿐이었다. 마지막 희생자를 낸 부족의 젊은 남자가 그 희생자를 죽인 부족의 처녀를 납치하여 아내로 삼으면 초야를 치르며 흘린 피가 희생자의 복수를 대신 해주어 긴 학살이 끝난다는 것이었다. 서로 싸우는 데 지친 부족들이 제삼자를 내세워 처녀 '납치'를 미리 계획하는 경우도 많다고 했다.

아미르 압둘라는 자신이 더 좋은 해결책을 찾아냈다고 했다. "믿을 만한 사람들로 부족혈수血讐위원회를 꾸렸어요. 그 사람들이 곳곳을 돌아다니면서 적대관계인 부족들 사이 '납치'를 중재하지요." 그러더니 익살스러운 표정으로 덧붙였다. "그래도 처녀를 고를 때 신중을 기하라고 주의를 줍니다. 부족 간 다툼은 끝날지 몰라도 신랑이 실망해서 가정 내 불화가 생길 수 있으니까요."

그때 12세쯤 된 소년이 칸막이 뒤에서 뛰어나와 순식간에 방을 가로지르더니 하인이 대기시켜 놓은 말에 등자도 없이 훌쩍 올라탔다. 아미르의 장남 탈랄이었다. 그의 가녀린 몸과 반짝이는 눈에서도 현실을 있는 그대로 직시하는 아랍인만의 특징이 묻어났다. 내가 아이를 사랑스럽다는 듯 쳐다보자 아미르가 말했다. "제 아들도 다른 아랍 가정 아이들과 마찬가지로 오직 한 가지 원칙에 따라 자라고 있죠. 자유입니다. 우리 아랍인들은 절대 스스로 결점이 없다고 생각하지는 않습니다. 오히려 실수를 저지름으로써 그 실수를 두 번 반복하지 않는 법을 배우죠. 물이 흐르면서 자신이 가야 할 길을 찾듯이 말이죠. 우리는 지혜가 없는 사람들, 가진 거라곤 권력, 돈, 총밖에 없는 친구 귀중한 줄 모르는 사람들로부터 지혜에 이르는 길을 배울 생각은 하지 않습니다."*

팔레스타인에 계속 머물 생각은 없었다. 이번에도 야콥 드한으로부터 도움을 받았다. 그가 너른 인맥을 활용하여 덴마크와 스위스에 있는 작은 신문사 두 곳에 기고할 수 있는 기회를 마련해 주었다. 두 곳 모두 보잘것 없는 지방지라 고료는 많지 않았지만 아라비아로 돌아갈 돈을 마련하기에는 충분했다.

일단 시리아로 가려 했으나 당시 시리아를 지배하고 있던 프랑스 당국이 세계대전 중 적국이었던 오스트리아 사람에게 비자를 내주지 않았다. 어쩔 수 없이 하이파(이스라엘의 항구 도시-옮긴이)로 가서 이스탄불로 가는 배에 오르기로 했다.

그런데 예루살렘에서 하이파로 가는 기차 안에서 지갑과 여권이 든 외투를 분실하고 말았다. 돈도 없고 여권도 없으니 당분간 여행은 불가능했다. 버스를 타고 다시 예루살렘으로 돌아가서 도착하면 도리안 삼촌에게 버스비를 빌려 낼 수밖에 없었다. 그런 뒤 카이로에 있는 오스트리아 영사관에서 새로 여권을 발급해 보내 주기만을 기다려야 할 것이었다. 여비도 다시 모아야 했다.

그리하여 다음 날 아침 하이파 외곽의 버스 정류장으로 갔다. 버스비를 후불로 내겠다는 제안이 받아들여졌고, 나는 출발 시간까지 약 한 시간가량 주변을 배회했다. 일을 이 지경으로 만든 나 자신에 대한 자책을 멈출 수가 없었다. 기다림은 잔인하다. 이대로 패배자처럼 예루살렘으로 돌아

*당시(1923년)에는 아미르 압둘라 부자가 훗날 서로에게 등을 돌리게 될 줄은 아무도 예상하지 못했다. 수년이 지난 뒤 아들은 영국에 순응하는 아버지를 증오하게 됐고, 아버지는 아들의 거침없는 독설을 참지 못했다. 또한 탈랄은 정신분열증이라는 이유로 1952년 요르단 국왕 자리에서 쫓겨났다.

갈 생각을 하니 끔찍했다. 특히 도리안 삼촌은 내 계획에 늘 부정적이었다. 게다가 시리아는 구경도 못하게 되었다. 물론 〈프랑크푸르터 자이퉁〉이 다시 한 번 나를 중동에 파견할 날이 올지도 모르고, 프랑스 정부가 규제를 풀 날이 올지도 모르지만 언제가 될지 누가 알겠는가?

그러다 문득 이런 생각이 떠올랐다. 다마스쿠스로 가는 데 꼭 돈과 여권이 필요한가? 나는 그 자리에 우뚝 섰다. 두 다리가 멀쩡하니 걸어가면 되고, 밥과 잠자리는 인심 좋은 아랍인들에게 부탁해 해결하면 될 것이었다. 그러다 국경에 도착하면 어떻게든 몰래 통과할 길이 열릴 것 같았다.

나도 모르는 새 내 마음은 이미 정해져 있었다. 다음 목적지는 다마스쿠스였다.

버스를 타지 않겠다고 설명하는 데 1~2분, 데님 오버롤과 햇빛을 막아 줄 쿠피야로 갈아입는 데 2~3분이 걸렸다. 몇 가지 필수품을 배낭에 챙기고 트렁크는 도리안 삼촌 집으로 부쳤다. 그렇게 단 몇 분 만에 다마스쿠스로 가는 대장정에 올랐다.

이전에 느껴 보지 못한 자유였다. 돈이라고는 주머니에 있는 동전 몇 개가 다였다. 지금 저지르려는 짓으로 인해 감옥에 가게 될 수도 있었다. 국경을 어떻게 넘을지도 확실하지 않았다. 오직 나 스스로를 믿는 수밖에 없었다. 그렇지만 그 순간 희열을 느꼈다.

나는 갈릴리를 향해 걸었다. 오후가 되니 오른쪽으로 에스드렐론 평원이 펼쳐졌다. 나사렛을 통과하여 밤이 내리기 전에 후추나무와 사이프러스가 우거진 한 마을에 도착했다. 첫 번째 집 문 앞에 남녀 서넛이 앉아 있었다. 이곳이 아레이나라는 마을이 맞는지 물어보고 가던 길을 가려는데 여인 하나가 나를 불러 세웠다.

"목이나 축이고 가지 않으시려오?" 그러더니 찬물이 담긴 주전자를 내 쪽으로 밀어 주었다. 물을 다 마시자 여인의 남편으로 보이는 남자가 말했다. "우리와 함께 빵을 먹고 하룻밤 묵어가시지요."

내가 누군지, 무엇 때문에 여기까지 흘러들어 왔는지 아무도 묻지 않았다. 나는 마치 초대라도 받아서 온 양 그들의 집에 묵게 되었다.

아랍 가정의 손님이 되면 머무는 시간 동안 진정으로 그 가정의 일원과 같은 대접을 받는다. 모두 형제자매처럼 극진히 보살펴 준다. 그저 선조 때부터 이어진 아름다운 전통이 아니다. 내면 깊숙한 곳까지 완벽히 자유롭기에 가능한 일이다. 타인에 대한 불신으로부터 자유롭기에 낯선 사람을 기꺼이 일상의 일부로 받아들이는 것이다. 서구 사람들이 이웃과의 사이에 높이 쌓아 올리는 담장 따위는 이곳에 없다.

나는 거칠게 빻은 밀로 만든 죽과 우유가 담긴 커다란 접시를 가운데 두고 그들과 함께 옹기종기 둘러앉아 저녁을 들었다. 모두 종잇장처럼 얇은 아랍 빵을 작게 뜯어서 빵조각으로 능숙하게 죽을 떠먹었다. 나는 숟가락을 하나 받았지만 과감히 거부하고 서툴게나마 그들의 식탁 예절을 따르려 애썼다.

식사를 마친 뒤 열 명이 넘는 사람들이 한 방에 누워 잠을 청했다. 지붕 들보에 매단 말린 후추와 가지, 벽 틈새마다 끼워 넣은 놋쇠와 사기그릇이 보였다. 내 집보다 더 내 집같이 느껴졌다.

이후 며칠간 걷기를 계속하니 회청색 그림자가 드리운 시뻘건 유대 언덕이 더 부드러운 빛의 갈릴리 구릉지대로 서서히 바뀌어 나갔다. 간혹 시냇물도 보였고 녹지가 많아지기 시작했다. 이파리가 무성한 올리브나무, 꺾일 듯 높이 솟은 사이프러스, 아직 지지 않은 여름 들꽃들이 눈에 띄었다.

아미르 압둘라, 훗날 요르단 국왕

때로 낙타 몰이꾼들을 만나 물도 나누어 마시고 담배도 나누어 피웠다. 그러다 또 혼자 걸었다. 밤이면 마을 사람들에게 잠자리와 음식을 청했다. 며칠에 걸쳐 은빛 안개가 피어오른 거울 같은 갈릴리 호수와 훌레 호수를 따라 걷기도 했다. 호숫가에는 나뭇가지와 거적으로 만든 어부들의 오두막이 서 있었다. 그들은 당장 몸에 걸친 옷가지와 밀 한 줌, 호수에서 잡히는 물고기 외에는 가진 것이 없었지만 기꺼이 지나는 과객에게 먹을 것을 나누어 주었다.

팔레스타인 최북단에는 유대인 거주지인 메툴라가 있었다. 영국령 팔레스타인과 프랑스령 시리아 사이 완충 지대의 역할을 하는 곳이라 들었다. 양국 정부의 합의에 따라 메툴라 외에도 이웃한 거주지 두 곳이 곧 팔레스타인에 합병될 예정이었으며, 통제가 느슨해진 과도기를 틈타 시리아로 잠입해 볼 요량이었다.

이후 고속도로를 한참 달리고 있을 때 여행자에게는 신분증이 요구된다는 사실을 알게 되었다. 시리아의 경계가 너무 삼엄하여 국경수비대를 피하기란 불가능했다. 메툴라는 여전히 시리아령으로 간주되었기 때문에 성인 거주자들은 누구나 프랑스 당국이 발행한 신분증을 소지하고 다녀야 했다. 그 신분증 확보가 최우선 과제로 떠올랐다.

은밀히 수소문을 하여 돈을 받고 자신의 신분증을 넘기겠다는 남자를 찾아냈다. 30대 후반으로 추정되는 거구의 사내였는데 그가 가슴팍 주머니에서 꺼낸 꾸깃꾸깃한 신분증에도 그렇게 적혀 있었다. 그러나 사진은 없는 만큼 큰 문제가 될 것 같지는 않았다.

"얼마면 되겠습니까?" 내가 물었다.

"3파운드 주쇼."

나는 가지고 있던 동전을 탈탈 털어 세어 보았다. 55피아스터가 나왔다. 반 파운드가 좀 넘는 액수였다. "이게 전부요. 나도 여비가 조금은 필요하니 20피아스터밖에 못 주겠소." 그가 애초 요구했던 금액의 정확히 15분의 1이었다.

몇 분 더 실랑이를 벌인 끝에 35피아스터로 합의를 보았다. 서류가 내 손에 들어왔다. 종이에 점선이 몇 줄 그어져 있고, 그 위에 잉크로 개인 정보를 빼곡히 적어 놓았다(전체를 세로로 양분하여 한쪽은 프랑스어, 나머지 한쪽은 아랍어로 적었다). '인상착의'는 흔히 그렇듯 애매모호하여 별로 신경이 쓰이지 않았다. 그런데 나이가 39세였다. 당시 나는 스물처럼 보이는 23세였다. 아무리 눈썰미가 없더라도 몰라볼 수가 없었다. 나이를 위조해야 했다. 한데 한 곳만 고친다면 비교적 간단하겠는데, 프랑스어란과 아랍어란 두 곳을 모두 고쳐야 했다. 심혈을 기울였으나 위조한 티가 역력히 드러났다. 그렇다고 다른 도리가 없었다. 일단 부딪친 뒤 요행을 바랄 수밖에….

아침 일찍 나에게 신분증을 팔아넘긴 사내가 마을 뒤 개울가로 나를 데려가더니 약 800미터 전방 바위 밭을 가리키면서 "저기가 시리아."라고 말했다.

나는 곧장 개울을 건넜다. 이른 아침이었지만 찌는 듯이 더웠다. 나무 밑에 앉아 있던 한 아랍 노파가 나를 향해 "이 늙은이에게 물 한 모금만 주지 않겠나?"라고 소리쳤다. 나는 노파에게 방금 채운 수통을 건네주었다. 그녀가 나에게 수통을 되돌려 주며 이렇게 말했다.

"신의 가호가 함께하기를…. 신께서 자네를 안전하게 지켜 주시고 목적한 바를 이루도록 인도하여 주시기를…."

"감사합니다. 그렇게만 된다면 더 바랄 것이 없겠습니다."

가다 돌아보니 노파의 입술이 기도를 올리는 듯 달싹거리고 있었다. 뭔지 모를 희열이 느껴졌다.

이윽고 바위 밭을 통과했다. 시리아 땅에 들어선 것이다. 광활한 황야가 눈앞에 펼쳐졌다. 지평선 너머로 나무와 집의 윤곽이 어렴풋이 드러났다. 바니야스가 분명했다. 그곳까지 가는 데 몸을 숨길 만한 나무나 덤불이 전혀 없다는 사실이 마음에 걸렸지만 다른 선택의 여지가 없었다.

정오 무렵 황야를 관통하는 작은 개천에 다다랐다. 쭈그리고 앉아서 신발과 양말을 벗는데 저 멀리 말을 몰고 다가오는 남자 넷이 보였다. 안장에 얹어 놓은 소총으로 미루어 수비대인 듯했다. 불길한 예감은 적중했다. 도망갈 곳은 없었기에 마음을 가라앉히고 정면 돌파하기로 했다. 지금 잡힌다 해도 소총 개머리판으로 몇 대 얻어맞고 메툴라로 추방당하는 것이 고작일 것이었다.

나는 개천을 건넌 뒤 바닥에 주저앉아 태연하게 발을 닦았다. 이윽고 다가온 수비대가 나를 의혹의 눈초리로 쳐다봤다. 쿠피야를 쓰고 있긴 했지만 나는 누가 봐도 유럽인이었다.

"어디서 왔나?" 수비대원 하나가 아랍어로 날카롭게 물었다.

"메툴라요."

"어디로 가나?"

"다마스쿠스."

"무슨 일로 가지?"

"그냥 구경하러 갑니다."

"신분증은?"

"여기…."

신분증을 건네는데 심장이 쿵쾅거렸다. 그러나 다음 순간 안도의 숨을 내쉴 수 있었다. 종이를 거꾸로 들고 있지 않은가? 문맹이었던 것이다. 그들은 여기 저기 찍힌 정부 인장에 만족한 듯 서류를 접어서 돌려주었다.

"이상 없네. 가도 좋아."

힘차게 악수라도 하고 싶었지만 불필요한 관심을 끌지 않는 편이 현명했다. 수비대는 다시 말에 올라 가던 길을 갔고, 나도 행군을 재개했다.

한데 바니야스 근처까지 왔을 때 길을 잃고 말았다. 지도에는 분명 '바퀴 달린 교통수단에 적합한 도로'라고 나와 있었는데 스텝 지대 늪지 사이로 뱀처럼 구불구불 이어지던 길은 바위투성이 언덕에 이르러 아예 자취를 감추고 말았다. 나는 몇 시간 동안 언덕을 오르내리며 헤매다 나귀에 포도와 치즈를 싣고 바니야스로 향하는 아랍인 둘과 마주쳤다. 이들에게 포도 한 송이를 얻어먹고 길 안내도 받았다. 우리는 바니야스 앞 공원까지 와서 헤어졌다. 길가에는 맑은 물줄기가 빠르게 흐르고 있었다. 나는 그대로 배를 깔고 엎드려 머리를 얼음장처럼 찬 물에 처박고 정신없이 들이켰다.

지칠 대로 지쳤지만 바니야스에 머물 생각은 없었다. 시리아 국경에 면한 마을인 만큼 경찰 초소가 반드시 있을 것이었다. 조금 아까 수비대를 통해 확인했듯 일반 병사들은 문맹일 가능성이 꽤 높았지만 경찰 초소는 이야기가 달랐다. 나는 경찰 초소가 있을 만한 큰길을 피해 샛길만을 찾아다니며 빠르게 이동했다. 어느 골목에선가 노랫가락과 함께 박수 소리가 들리기에 홀린 듯 따라가 보니 열 발자국도 떨어지지 않은 곳에 '경찰 초소'라고 적힌 건물이 나타났다. 시리아 경찰관들이 따사로운 햇살 아래 망중한을 즐기고 있었다. 미처 몸을 숨길 새도 없이 나는 그들 눈에 띄고 말았다. 경찰관 하나가 나를 향해 소리쳤다. "이봐, 이리 와 봐."

나는 천천히 다가가면서 이 위기를 넘길 묘책을 짜냈다. 일단 카메라를 꺼내들며 프랑스어로 인사를 건네고 속사포처럼 말을 늘어놓았다.

"메툴라에서 잠시 다니러 왔는데, 여기 계신 분들 사진을 꼭 찍어 가고 싶습니다. 노래가 너무 멋져서요."

아랍인들은 칭찬에 약하다. 사진 찍기는 더 좋아한다. 경찰관들은 환하게 웃으며 포즈를 취했고, 나중에 현상해서 꼭 보내 달라고 했다(그래서 실제로 보내 주기도 했다). 내 신분증 따위는 이미 관심에서 멀어졌다. 그들은 내게 달콤한 차 한 잔을 건넸다. 내가 '이제 메툴라로 돌아갈 시간'이라며 일어서자 조심해서 가라는 인사도 잊지 않았다. 나는 다시 다마스쿠스를 향해 걷기 시작했다.

···

하이파를 떠난 지 정확히 2주째 되던 날 나는 마즈달 아시샴스라는 소도시에 도착했다. 기독교도가 몇 되지 않는 드루즈파(이슬람교 시아파의 한 분파-옮긴이)의 도시였다. 나는 꽤 번듯해 보이는 집을 골라 문을 두드리고 하룻밤 묵어가기를 청했다. 언제나 그랬듯 문은 활짝 열렸고, 나는 아담한 집 안으로 안내되었다.

시리아 안쪽으로 나름 깊숙이 들어왔다는 판단하에 나는 집주인에게 내 사정을 고스란히 밝히고 자문을 구하기로 했다. 게다가 집에 들인 객을 배신하는 아랍인은 그때까지 본 적이 없었기에 위조 신분증으로 여행하고 있다는 사실까지 모두 털어놓았다. 그러자 고속도로로 이동하지는 말라는 답이 돌아왔다. 고속도로는 프랑스 경찰이 순찰하고 있어 통과가 쉽지 않을 것이라며 이렇게 말했다. "제 아들놈과 함께 가시지요. 아들놈이 산을 관통해서 가는 길을 알려 드릴 것입니다."

저녁식사 뒤 우리는 테라스에 앉아 출발 계획을 짰다. 나는 예루살렘에서 가져온 독일산 팔레스타인 · 시리아 지도를 펼쳤다. 그렇게 한참 논의를 하고 있는 와중에 시리아 경찰관 하나가 우리 쪽으로 슬슬 걸어왔다. 모퉁이에서 너무 급작스럽게 나타나는 바람에 미처 지도를 숨길 새가 없었다. 경찰관은 내가 미심쩍어 보였는지 집주인에게 목례를 하며 우리 앞을 지나갔다가 다시 되돌아왔다.

"누구요?" 그가 그다지 호의가 느껴지지 않는 프랑스어로 물었다.

나는 메툴라에서 온 여행자라고 말하며 신분증을 보여 주었다. 경찰관은 신분증을 자세히 들여다보더니 씩 웃었다.

"손에는 뭘 들고 있나?" 그는 독일어로 된 지도를 가리키며 물었다.

나는 별것 아니라고 말했지만 그는 능숙한 솜씨로 지도를 펼쳤다. 그러더니 다시 접어서 나에게 건네며 서툰 독일어로 "전쟁 중에 터키군에 들어가 독일 병사들과 함께 군 생활을 한 적이 있다."고 말했다. 그런 뒤 거수경례를 하고 멀어졌다.

"당신이 독일 사람인 줄 안 모양입니다. 저자는 프랑스 사람을 혐오하지요. 다시는 귀찮게 하지 않을 겁니다."

다음 날 아침 나는 집주인의 아들과 함께 내 인생에서 가장 고되고 힘들었던 여정에 올랐다. 무려 열한 시간을 걷는 동안 정오에 단 한 번, 20분간 쉬었다. 그렇게 암벽을 타고 올랐다가 협곡으로 내려가 말라붙은 강바닥을 따라 걷다가 다시 날카로운 자갈이 깔린 오르막길을 오르기를 수차례 반복했다. 오후에 다마스쿠스 평원의 알카타나라는 도시에 도착했을 때 나는 거의 실신 직전이었고 신발은 온통 찢기고 발은 퉁퉁 부어올랐다. 하룻밤 쉬어 가고 싶었지만 안내를 맡은 집주인 아들이 반대했다. 프랑스 경찰이 너무 많고, 마을이 아닌 도시인 만큼 불필요한 관심을 끌게 될 여지가 다분하다는 이유였다. 다마스쿠스까지 가는 차편을 구하는 방법밖에 없었다. 수중에는 아직 20피아스터가 남아 있었고, 마침 편도

요금이 20피아스터라고 했다.

중앙 광장에 있는 차량 에이전시 사무실로 가니 다음 차편까지 30분 정도 기다려야 한다고 했다. 그곳까지 안내해 준 집주인 아들과 포옹으로 석별의 정을 나눴다. 사무실 문 앞에 쭈그리고 앉아 따사로운 오후 햇살을 받자니 졸음이 쏟아졌다. 꾸벅꾸벅 졸고 있는데 누군가가 거칠게 나를 흔들어 깨웠다. 시리아 경찰관이었다. 예의 질문과 응답이 오갔다. 그러나 이번에는 내 대답이 시원찮았는지 경찰서로 가서 담당자와 다시 얘기하라고 했다. 이젠 발각되거나 말거나 될 대로 되라는 심정이었다.

'담당자'는 건장한 프랑스인 경사였다. 제복 앞섶은 풀어 헤쳐져 있고, 책상 위에는 더러운 유리잔과 아라크(쌀, 야자 즙으로 만든 독주-옮긴이) 병이 놓여 있었다. 그는 만취 상태임이 분명한 핏발 선 눈으로 우리를 노려보았다.

"또 뭐야?"

나를 연행한 경찰관은 한 번도 본 적 없는 이 사내가 중앙 광장에 앉아 있어 데려왔다고 아랍어로 보고했다. 나는 냉큼 프랑스어로 내가 법을 준수하는 무고한 시민이라고 항변했다. 그러자 만취한 경사가 소리쳤다. "법 준수? 너희들은 그저 우리를 귀찮게 하려고 거리로 쏟아져 나오는 부랑배일 뿐이야. 신분증은?"

내가 우물쭈물 주머니를 뒤지자 그가 책상을 내리쳤다. "집어치워! 당장 나가!"

나오며 문을 닫는데 그가 술병으로 손을 뻗는 모습이 보였다.

끝도 없이 걷기만 하다 오랜만에 차를 타고 다마스쿠스 평원을 내달리니 마치 나는 듯한 기분이었다. 지평선을 따라 목적지인 다마스쿠스의 돔과 미나렛이 어렴풋이 모습을 드러냈다. 저 멀리 오른편에는 벌거숭이 언덕이 하나 서 있었는데, 꼭대기에는 해가 내리쬐고 있었지만 기슭에서부터 어스름이 스멀스멀 올라가고 있었다.

진흙 벽에 둘러싸인 과수원이 지나가고 손수레, 마차, 프랑스 병사들도 지나갔다. 저녁 어스름이 검푸른 물처럼 밀려들었다. 큰 고글을 쓴 경찰관이 오토바이를 타고 우리 옆을 스쳐 지났다. 출발 뒤 처음으로 집이 나왔다. 이어서 너른 평원의 정적을 일순간 날려 버리는 다마스쿠스의 소음이 시작되었다. 거리와 창문을 밝히는 불빛을 보니 예전에는 느끼지 못했던 반가움이 솟아났다. 그러나 도시 외곽 경찰 초소 앞에 멈춰 서는 순간 반가움은 씻은 듯이 사라졌다.

"무슨 일이 있나요?" 운전수에게 물었다.

"아무것도 아닙니다. 외부에서 진입하는 차량은 으레 받는 검문이에요."

이윽고 시리아 경찰관이 다가와 물었다.

"어디서 오는 길입니까?"

"저쪽 알카타나요."

"그럼 그냥 가십시오."

차가 다시 출발했고, 나는 안도의 숨을 내쉬었다. 그때 누군가가 소리쳤다. "차 지붕 떨어지겠어요!"

운전수는 초소에서 몇 발자국 떨어지지 않은 곳에 차를 세우고 내려서 한쪽이 헐거워진 지붕을 손보기 시작했다. 그러는 사이 아까 그 경찰관이 우리 쪽으로 어슬렁어슬렁 걸어오다 나를 발견하자 눈을 번뜩였다. 온몸이 얼어붙는 듯했다. 그는 내 바로 옆까지 와서 나와 배낭을 번갈아 살폈다.

"누구지?" 그가 의심 가득한 목소리로 물었다.

나는 이번에도 "저는 메툴라에서 온…"으로 시작하는 레퍼토리를 읊으려 했으나, 경찰관은 못 믿겠다는 듯 고개를 저었다. 그러더니 운전수에게 무언가 속삭였다. "영국 병사… 탈영병…"이란 단어가 언뜻 들렸다. 그도 그럴 것이, 데님 오버롤에 갈색 쿠피야, 군인들이 메고 다니는 배낭(예루살렘 중고 매장에서 구입했다)은 당시 팔레스타인 정부가 고용한 아일랜드 경찰대 차림과 흡사했다. 당시 프랑스와 영국 식민 정부 사이 협약에 따라 탈영병은 해당 국가로 인도하게 되어 있었다.

나는 서툰 아랍어로 탈영병이 아니라는 말을 되풀이했지만 그는 "수사관에게 가서 얘기하라."며 들을 생각도 하지 않았다. 결국 나는 경찰서로 끌려가게 되었고, 운전수는 기다려 주지 못하겠다며 사과 비슷한 말을 우물우물 내뱉고 시야에서 사라져 버렸다. 수사관은 잠시 자리를 비웠다고 했다. 내가 안내된 방은 벤치가 하나 놓여 있고 문이 세 개 있었다. 그중 하나에는 '간수실', 다른 하나에는 '유치장'이라고 적혀 있었다. 불길하기 짝이 없는 그 방에서 30분가량 기다리고 있으려니 여행이 막다른 골목에 다다랐다는 불안감이 엄습해 왔다. 게다가 '수사관'은 그냥 '경찰관'보다 느낌이 훨씬 안 좋았다. 지금 발각되면 최소 몇 주 동안 유치장에 갇혀 있다 재판을 받게 될 것이었다. 재판에서는 관례상 3개월 구금형을 받을 가능성이 높았고, 그런 뒤에는 팔레스타인에서 추방될 것이었다.

그때 경찰서 정문 앞에 자동차가 한 대 와서 섰다. 차에서 민간인 복장에 페즈를 쓴 남자가 내리더니 다급한 기색으로 잰걸음을 옮겼고, 그의 옆에 경찰관이 다가붙으며 입을 달싹거리면서 보고를 올렸다.

그 순간 어쩌다 그런 생각이 떠올랐는지 모르겠다. 역사의 물길을 바꾸는 사건은 대부분 그처럼 의도하지 않은 순간에 의도하지 않은 방식으로 발생하는 것 같다. 나는 한달음에 수사관 앞으로 달려가 프랑스어로 봇물 터지듯 불평을 늘어놓기 시작했다. 경찰관이 무고한 시민인 나를 탈영병으로 착각하여 다짜고짜 이곳으로 끌고 왔으며, 그 덕분에 다마스쿠스까지 가는 차편을 놓치고 말았다고 숨도 쉬지 않고 지껄여댔다. 수사관이 몇 차례 끼어들려는 시도를 했으나 틈을 주지 않았다. 미친 듯이 쏟아내는 내 말에서 그가 알아들은 단어라고는 아마 걸핏하면 되풀이한 메뚜라, 다마스쿠스가 고작이었을 것이다.

마침내 그가 두 손을 번쩍 치켜들더니 소리를 질렀다. "그만! 신분증은?"

내 말의 홍수에 빠져 익사할 것 같은 기분이었는지 그는 접힌 종이 끄트머리를 살짝 들어 정부 인장만 확인하고 서류를 다시 내게 던졌다.

"알았어, 알았다고. 여기서 나가!" 나는 뒤도 돌아보지 않고 내뺐다.

2~3개월 전 예루살렘에서 다마스쿠스 출신 사람을 만난 적이 있었는데, 그때 그가 다마스쿠스로 오면 반드시 자기 집에서 묵어야 한다고 신신당부를 했다. 그리하여 그의 집을 찾아 나섰다. 동네 꼬마가 안내를 자처하며 내 손을 잡아끌었다.

저녁 어스름이 깔린 구시가지. 좁은 골목 양옆으로 줄지어 늘어선 퇴창이 어둠을 더욱 짙게 만들고 있었다. 석유 랜턴 불빛이 과일가게 앞에 가지런히 쌓아 놓은 수박과 포도를 비췄다. 나를 안내하던 아이가 "여기예요." 하면서 멈춰 섰다. 나는 문을 두드리고 안뜰로 들어섰다. 어두운 뜰에 청포도가 주렁주렁 늘어진 포도나무와 돌로 만든 분수가 보였다. 외벽을 따라 설치된 좁은 계단을 올라 발코니에 다다르니 친구들이 따뜻하게 맞아주었다.

녹초 상태였던 나는 그대로 침대에 쓰러졌다. 앞뜰과 뒤뜰에 가득한 나무 사이로 바람이 훑고 지나가는 소리가 어렴풋이 들렸다.

나는 그 여름 내내 다마스쿠스 시장 골목을 누비며 이전에는 미처 깨닫지 못했던 그 지역 사람들 특유의 평안함을 눈으로 확인했다. 서로를 따뜻하게 존중하는 태도에서 그들이 얼마나 내적으로 안정되어 있는지 알 수 있었다. 남자들도 나란히 걸어갈 때면 마치 아이처럼 손을 잡았다. 친밀함의 표시였다. 가게 주인들도 절대 지나친 장삿속을 보이지 않았다. 자리를 오래 비워야 할 때는 이웃이나 심지어 경쟁 가게에 장사를 맡기는 경우도 흔했다. 주인 없는 매대 앞에서 주인이 돌아올 때까지 기다릴지, 아니면 옆 가게로 갈지 고민하는 손님도 자주 보았다. 그럴 때면 옆 가게 주인이 와서 물건을 대신 팔아 준 뒤 돈을 놓고 가기도 했다. 유럽에서는 상상조차 할 수 없는 관행이다.

옷자락을 펄럭이는 베두인들이 자주 드나드는 골목도 있었다. 이글이글 타오르는 눈에 키가 장대 같은 베두인들은 가게 앞에 무리 지어 서있거나 앉아 있곤 했다. 말수도 적었다. 꼭 해야 할 말만 한두 마디 던지고 말 뿐이었다. 말이 많을수록 영혼이 닳고 닳았다는 의미다. 이들을 보면 천국에 관한 코란의 묘사가 떠올랐다. "…그곳에는 시끄러운 수다가 없다." 침묵은 베두인들의 미덕인 듯했다. 이들은 치렁치렁한 옷자락으로 몸을 둘둘 싸고 앉아서 그저 침묵을 지켰다. 낯선 이와 마주치게 되면 거침없으면서도 수줍음이 내비치는 아이와 같은 눈으로 상대방을 살폈다. 그러다 그들의 언어로 말을 걸면 검은 눈동자가 미소로 환해졌다. 남들로부터 스스로를 고립시키려는 사람들은 아니기 때문이었다. 내성적이지만 삶의 모든 가능성에 마음을 열어놓고 있었다.

이슬람 안식일인 금요일에는 다마스쿠스 전체의 삶의 리듬이 달라졌다. 엄숙하면서도 흥분된 분위기가 도시를 감쌌다. 일요일이면 가게가 모두 문을 닫고 거리가 쥐죽은 듯 조용해지는 유럽과는 정반대였다. 이제야 이해가 갔다. 서구인들에게 있어 일요일은 더 이상 휴식의 날이 아니었다. 일상의 무거운 짐을 잠시 내려놓고 그 짐의 존재 자체를 망각할 수 있는 비현실의 세계로 빠져드는 날이었다.

그러나 아랍인들은 안식일이라고 해서 굳이 평상시의 삶을 잊으려 하지 않았다. 그들도 일상이 버겁기는 마찬가지였으나, 아무리 고된 일상이라 해도 개인적 지향점에서 벗어나는 것 같지 않았다. 결코 타성에 젖는 법은 없었다. 일과 사람 사이 내적 교감이 이루어졌고, 그래서 피로할 때만 휴식을 취했다. 금요일이 되었다고 의무적으로 쉬지는 않았다는 말이다. 다마스쿠스 장인들과 가게 주인들은 두세 시간 일하고 나면 뒤이은 두세 시간 동안 모스크로 가서 정오 기도를 올리고 친구들과 차를 마시며 노닥거렸다. 그런 뒤 일터로 돌아와 다시 두세 시간 일했다. 안식일에 문을 닫는 가게는 몇 되지 않았고, 모스크에 들어가 있는 기도 시간을 제외하면 거리는 늘 사람으로 북적였다.

한번은 안식일에 친구, 집주인과 함께 옴미아드 모스크에 가보았다. 햇살이 환히 내리쬐는 돔 지붕을 대리석 기둥이 받치고 있었고, 바닥에는 알록달록한 카펫이 깔려 있었다. 실내는 사향이 물씬 풍겼다. 기도를 주도하는 이맘 뒤로 수백 명이 정렬해 있다가 일사불란하게 무릎을 꿇고 절하며 이마를 바닥에 가져다 대기를 반복했다. 코란 구절을 낭송하는 이맘의 목소리가 드넓은 홀에 울려 퍼졌다. 그가 절을 하면 서 있던 사람들도 마치 신이 눈앞에 실재하는 듯 일제히 따라서 절을 했다.

그들의 일상이 신앙과 일치함을 그때 깨달았다. 기도하는 모습이 평일 노동하는 모습과 다르지 않았다. 신앙은 일상을 잊기 위한 도구가 아니라 일상 속에서 신의 존재를 더 명확히 깨우치기 위한 방편이었다.

나는 모스크를 떠나며 친구에게 말했다. "신을 이렇게 일상의 일부로 받아들이며 살다니, 신기하면서도 감탄스럽네. 나도 이럴 수 있으면 좋을 텐데."

"코란에도 나와 있듯 신은 그대의 목을 지나는 핏줄보다 그대에게 더 가까이 있는 존재라네."

....

나는 이 새로운 발견에 고무되어 다마스쿠스에 머무는 동안 이슬람에 관한 책을 닥치는 대로 구해 읽었다. 내 아랍어는 일상 대화는 가능한 수준이었지만 코란 원본을 읽고 이해하기엔 턱없이 부족했다. 그리하여 일단 프랑스어 번역본과 독어 번역본을 도서관에서 빌려다 독파하고, 유럽 동양학자들의 저서와 현지 친구들의 설명에 의존할 수밖에 없었다.

단편적이긴 해도 그나마 공부를 하고 나니 시야를 가리고 있던 장막이 걷히는 느낌이었다. 이제까지 전혀 알지 못했던 세계가 내 앞에 펼쳐졌다.

이슬람은 종교라기보다 생활이었다. 신학 체계라기보다 신에 대한 의식을 바탕으로 한 개인적, 사회적 행동 양식이었다. 코란 어디에서도 '구원'에 대한 언급은 찾아볼 수 없었다. '원죄'라는 개념도 없었다. 코란에는 "인간은 스스로 저지른 잘못 외에 그 어떤 것에 대해서도 책임을 지지 않는다."고 나온다. 순수에 이르는 숨은 길을 찾게 해준다며 금욕주의를 강요하지도 않는다. 인간은 선천적으로 순수하고 신으로부터 훌륭한 자질을 부여 받았으며, 가끔 순간적인 착오로 죄악을 범할 뿐이라고 믿는다. 또한 육신과 영혼을 이원론적으로 바라보지 않는다. 둘이 모여 완전체를 이룬다고 생각한다.

처음에는 코란에 너무 시시콜콜한 일상과 관련한 내용이 많아 당혹스러웠다. 그러나 이슬람에서는 앞서 말했듯 육신과 영혼이 하나의 완전체를 이루는 만큼 그 어떤 부분도 '시시콜콜'하지 않다고 여긴다는 사실을 곧 깨달을 수 있었다. 코란에서는 이승의 삶이 더 고결한 존재가 되기 위한 과정의 일부일 뿐이라고 거듭 강조하며, 인간의 궁극적 목표가 물질적 풍요는 아니라고 말한다. 따라서 인간의 욕구는 타당하기는 할지언정 윤리적 자각을 통해 삼가고 통제해야 한다. 윤리적 자각은 인간과 신의 관계뿐만 아니라 인간과 인간의 관계에도 필요하며, 개인의 영적 완성뿐만 아니라 사회 전체의 발전을 도모하는 데도 필요하다. 그럼으로써 모두의 삶이 풍요로워질 수 있다.

내가 새롭게 알게 된 이슬람의 면모는 지적으로나 윤리적으로나 저절로 경의를 자아냈다. 영혼과 관련한 문제에 대한 접근 방식은 기독교의 구약보다 심오하다고 느껴졌고, 무엇보다 특정 민족을 편애하지 않았다. 육신과 관련한 문제의 경우 신약과 달리 매우 긍정적이었다. 육신 역시 신의 창조물이기에 영혼과 동등하다고 믿기 때문이었다.

아랍인들 특유의 정서적 안정감은 이런 가르침에서 기인하는 것이 아닐까 자문하게 됐다.

어느 날 저녁 집주인이 한 부유한 친구가 아들을 낳은 기념으로 잔치를 열기로 했다며 같이 가자고 했다. 우리는 구불구불 이어지는 도심의 좁은 골목을 수없이 지나 오래된 석조 건물들이 드리우는 짙은 그림자와 정적을 뚫고 앞으로 나아갔다. 가끔 검은 베일을 쓴 여인이나 카프탄을 입은 남자가 모퉁이에서 나타나 모퉁이 뒤로 사라졌다. 똑같은 모퉁이, 똑같은 좁은 골목이 반복해서 모습을 드러내며 뭔가 놀라운 광경을 보여줄 듯하다가 결국 또 다른 골목으로 이어지곤 했다. 마침내 목적지에 다다랐다. 내 동행은 진흙 벽 한가운데 콕 박혀 있는 나무 문 앞에 서더니 주먹으로 문을 두드렸다.

이가 모두 빠진 노인이 문을 열어 주며 "알란 와살란."이라 인사를 건넸다. 좁은 복도를 따라 걷다 두 번 오른쪽으로 돌자 안뜰이 나타났다.

넓고 쾌적한 안뜰 바닥은 체스판처럼 흑백 대리석 타일이 깔려 있었다. 돌로 된 분수에서는 물이 뿜어져 나오고 있었다. 레몬 나무와 협죽도에는 꽃과 과일이 주렁주렁 열려 있고, 안채 회벽은 이제까지 본 중 가장 정교하고 섬세한 기하학 무늬, 아라베스크 무늬로 덮여 있었다. 창문 주변은 레이스처럼 보이는 대리석 투명세공으로 장식되어 있었다. 안뜰 한쪽에는 벽 세 개를 세워 넓은 리완(주변 바닥보다 한 단을 높여 소파를 놓거나 융단을 깔아 놓은 방. 신발을 벗고 들어가야 한다-옮긴이)을 만들어 놓았다. 바닥에서 1미터 정도 높여 지었는데 대리석 계단을 밟고 오르게 되어 있었다. 벽 앞에는 양단을 덮은 디반을 여러 개 가져다 놓았고, 바닥에는 값비싼 카펫이 깔려 있었다. 벽은 각각 4미터 높이까지 온통 대형 거울로 덮여 있었다. 화려한 안뜰의 광경이 거울에 비치고 거울에 비친 상이 다시 맞은편 거울에 반사되면서 수백, 수천 개의 거울상이 생겨났다. 노을 진 저녁 하늘을 배경으로 대리석, 설화 석고, 분수, 아름답게 치장한 사람들, 줄지어 늘어선 레몬 나무가 리본처럼 끝없이 이어지며 환상의 세계를 만들어 냈다.

길거리에서 볼 때는 허름하고 초라했던 집 내부가 그토록 호화로울 줄은 상상도 하지 못했다. 얼마 지나고 나서야 시리아뿐만 아니라, 이라크, 이란에도 놀라운 반전이 숨어 있는 저택이 많다는 사실을 알게 되었다. 아랍인이나 페르시아인이나 전통적으로 집 외관에는 별달리 신경을 쓰지 않았다. 집은 들어가 살기 위한 공간인 만큼 실내를 꾸미는 데만 치중했던 것이다. 서구 현대 건축에서 드러나는 억지 기능주의와는 큰 차이가 있다. 스스로 무엇을 필요로 하는지 제대로 알지 못하는 서구인들이 문젯

덩어리를 짓고 있다면, 아랍인들과 페르시아인들은 진정한 의미의 집을 짓고 있다.

집주인과 내가 나란히 디반에 자리를 잡고 앉으니 맨발의 하인이 놋쇠 쟁반에 커피를 받쳐 들고 왔다. 장미수 향기와 뒤섞인 물담배 연기가 구름처럼 방안을 맴돌았고, 유리갓을 씌운 초에 하나씩 불을 밝히니 어두컴컴하던 중정이 환해졌다.

손님들은 모두 남자였다. 바스락거리는 다마스쿠스 실크, 상앗빛 중국산 실크로 지은 카프탄이나 파스텔 빛깔의 양모로 만든 주바(이슬람권에서 입는 소매 달린 긴 옷-옮긴이) 등을 걸치고, 머리에는 금실로 수를 놓은 흰 터번을 둘렀다. 유럽식 복색을 갖춘 사람들도 있었다. 수행원을 잔뜩 거느리고 온 베두인 족장들은 구릿빛 피부에 생기 넘치는 검은 눈으로 알아볼 수 있었다. 움직일 때마다 너른 옷자락이 펄럭였고 모두 은 칼집에 꽂힌 검을 하나씩 차고 있었다. 모인 사람들에게서 상류층 특유의 여유와 편안함이 느껴졌다. 유럽 상류층처럼 몇 세대에 걸쳐 호사스러운 생활을 영위하며 몸에 배게 된 은은한 윤기가 아니라 내면의 자신감에서 우러나는 따사로운 불빛 같았다. 건조하면서도 확고한 태도, 사막의 경계 지역에서 감지한 바 있는 바로 그 분위기가 그들을 감쌌다. 그들은 모두 이곳을 잠시 거쳐 가는 방문객이었다. 목적지가 정해지지 않은 자유로운 삶이 어디선가 그들을 기다리고 있는 것만 같았다.

그때 소녀 하나가 춤을 추며 문을 열고 나와 나는 듯이 가볍게 리완으로 올라갔다. 갓 스물이 되었을까 말까 한 미색이 뛰어난 무희였다. 각도에 따라 빛이 달라지는 하늘거리는 비단 바지를 입고 황금빛 슬리퍼에 가슴이 도드라져 보이는 진주 장식 보디스를 걸쳤다. 사람들의 찬사를 받는 데 익숙한 듯한 모습이었다. 버들가지 같은 몸매와 매끄러운 상앗빛 피부에 남자들이 소리 없이 감탄하고 있음이 느껴졌다.

소녀는 바로 뒤이어 리완으로 들어온 중년 남자의 북소리에 맞추어 잠자고 있는 욕망을 흔들어 깨우는 관능적인 춤사위를 이어갔다.

나를 그곳으로 데려간 집주인이 내 무릎을 살짝 치며 이렇게 말했다.

"쓰라린 상처를 달래 주는 향유 같지 않은가?"

춤을 끝낸 무희는 들어왔을 때만큼이나 급작스럽게 사라졌다. 남자들의 눈동자에 어린 아련한 아쉬움만이 흔적으로 남았다. 곧이어 악사 네 명이 리완으로 들어와 그녀의 빈자리를 채웠다. 누군가가 시리아 최고의 악단이라 설명해 주었다. 목이 긴 류트, 납작한 북(방울 없는 탬버린처럼 생겼다), 치터와 비슷한 알 수 없는 현악기, 이집트 탬부어(북의 일종-옮긴이)를 든 악사들이 조용히 연주를 시작했다. 처음에는 각자 음 조율이라도 하고 있는 듯 전혀 화음이 맞지 않았다. 그러다 치터 연주자가 높은 음에서 낮은 음으로 현을 가볍게 훑으며 마치 하프와 같은 소리를 냈고, 이어 탬부어 연주자가 부드럽게 북을 두드렸다 멈추기를 반복했다. 류트 연주자는 낮은 음의 날카로운 코드를 빠른 속도로 연달아 쏟아냈다. 이 코드가 단조로운 리듬을 타고 계속되는 탬버린 소리, 머뭇머뭇 답하는 듯한 탬부어 소리, 이어서 류트, 치터 소리와 묘하게 조화를 이뤘다. 청중이 미처 깨닫기도 전에 네 악기가 하나의 리듬으로 통일되며 멜로디를 만들어 내고 있었다. 멜로디라고 확실히 단정 짓기는 좀 어렵기는 했다. 연주회라기보다는 흥미진진한 행위 예술을 보는 느낌이었으니까.

나는 나도 모르는 사이 팽팽한 긴장감을 지속시키는 이 음악에 매료되고 말았다. 세상 만물의 존재를 상기시키는 음색, 내 안 깊숙이 숨겨져 있던 감상을 밖으로 끌어내는 음색이 나를 사로잡았다. 심장이 두근거렸다.

그간 작곡자의 정서적 배경을 그대로 반영하는 서구의 음악에만 익숙해 있었는데, 단조로운 아랍 음악은 듣는 사람의 정서와 감정을 중심으로 흐르는 듯했다.

몇 초 동안 쉬고 있던 탬부어가 다시 울리자 다른 악기들도 이에 화답했다. 이번에는 조금 더 여성스럽고 부드러운 리듬을 따라 움직였다. 각 악기가 더 따사롭고 친근하게 다른 악기 소리를 감싸더니 어느 순간 갑자기 격렬해졌다. 잔잔한 물결을 이루며 흐르던 소리는 딱딱한 장애물 같은 탬부어 소리에 몇 차례 충돌했다가 곧 거센 물결로 변하여 탬부어 소리를 흡수하면서 나선형으로 고조되었다. 여성스러운 리듬은 사라지고 빠른 템포의 격정적인 고음이 이어졌다. 서로의 주변을 감싸듯 맴돌던 소리는 이제 한계나 목적도 없이 영원에서 영원을 향해 굴러가는 바퀴처럼 폭발적으로, 맹렬하게 달려 나가고 있었다. 그러다 일순간 소리가 멈추며 죽음과도 같은 정적이 찾아왔다. 미처 마음의 준비를 할 틈도 없이 급작스럽게 멈춰 버린 것이었다.

바람이 나뭇잎을 쓸고 지나가듯 청중이 참고 있던 숨을 내쉬는 소리가 들렸다. 얼굴에는 행복한 미소가 떠올랐다.

3

우리는 자이드의 노래에 맞추어 앞으로 나아간다. 리듬과 단조로운 멜로디는 변하지 않는다. 자이드의 영혼이 단조롭기 때문이다. 상상력이 빈곤하다는 의미는 절대 아니다. 그 반대로 자이드는 상상력이 더없이 풍부하다. 다만 서구인과 달리 삼차원적 공간을 떠올리거나 감정의 다양한 결을 동시에 탐색하려 하지 않을 뿐이다. 이렇게 순수한 단조로움, 서서히 강도가 높아지는 감정의 끝 간 데를 확인하려는 감각적 욕망이 아랍 성향의 장점과 단점을 모두 대변한다. 세상은 물리적 관점뿐만 아니라 정서적 관점에서도 탐색이 필요하기에 단점이 없을 수 없다. 그러나 곁눈질하지 않고 정서와 감정의 경로를 한 단계씩 밟아 올라가니 결국 신에 대한 믿음에 이를 수밖에 없다는 장점이 있다. 사막인에게만 내재하는 이러한 욕구로부터 초기 히브리인의 일신교와 무함마드의 신앙이 탄생할 수 있었다. 그 뒤에는 어머니와 같이 든든한 사막이 있었다.

5

영혼과 육신

1

낮이 흘러간 뒤 찾아오는 밤은 짧다. 우리는 남쪽을 향해 달린다. 낙타들은 상태가 좋다. 물을 마신 지 얼마 안 됐고 지난 이틀간 충분히 풀도 뜯었다. 메카까지 아직 2주는 더 가야 한다. 도중에 하일과 메디나에 들른다면 더 걸릴 수도 있다.

나는 이유를 알 수 없는 초조함에 사로잡혀 있다. 지금까지는 여유롭게 여행을 즐겼다. 목적지에 특별히 빨리 가야겠다고 생각해 본 적이 없다. 하루하루가 그 자체로 의미가 있었다. 목적지는 그렇게 다니다 닿게 되는 곳일 뿐이었다. 그러나 지금 나는 아라비아에 온 뒤로 한 번도 느끼지 못한 감정을 경험하는 중이다. 어서 이 길의 끝에 다다르고 싶은 초조함. 왜일까? 메카를 보기 위해서? 그 성스러운 도시에는 이미 여러 번 가봤고 속속들이 안다. 혹시 새로운 발견이라도 하게 될까 기대하고 있나? 틀림없이 그럴 것이다. 나는 지금 기대에 부풀어 메카로 가고 있다. 무슬림 세계의 영적 중심지이자 지구촌 각지로부터 사람들이 몰려드는 그 도시는 나를 더 넓은 세상으로 안내해 줄 관문일 것만 같다. 아라비아에 싫증이 나지는 않았다. 아라비아의 사막과 마을과 삶의 방식을 여전히 사랑한다. 10년 전 시나이 사막에서 아라비아를 경험한 그 순간부터 한 번도 실망한 적이 없다. 하지만 이틀 전 우물에서 밤을 보낸 뒤 아라비아로부터 받을 만한 것은 다 받았다는 확신이 생겼다.

나는 젊고 건강하다. 낙타를 타고 몇 시간씩 달려도 지치지 않는다. 사막 여행의 필수품인 천막과 장비가 없어도 베두인처럼 여행할 수 있다. 베두인의 생활 도구에도 익숙해졌다. 사용법을 익히면서 부지불식간에 나즈드 아랍인의 습관과 생활방식까지 체득했다. 하지만 여기까지인가? 겨우 아랍인 흉내나 내려고 그 오랜 세월 아라비아에 머물렀나? 혹시 앞으로 무언가가 찾아오진 않을까?

....

이 조급함은 첫 중동 여행을 마치고 유럽에 돌아가며 느꼈던 초조함과 비슷하다. 당시 나는 중동에 조금만 더 머물 수 있었다면 거대한 계시를 발견할 수 있었으리란 생각에 사로잡혀 있었다.

그 동요는 터키에서 진정되었다. 나는 1923년 가을 시리아를 떠나 터키로 가서 몇 달을 지냈다. 무스타파 케말 대통령이 아직 개혁을 시작하기 전이었다. 이슬람 신앙 덕에 아랍과 크게 다르지 않은 터키 고유의 생활과 전통이 여전히 남아 있었다. 하지만 터키 사회 저변의 분위기는 더 무겁고, 덜 투명하고, 더 서구적이었다. 이스탄불에서 소피아를 거쳐 베오그라드까지 이동하며 동양에서 서양으로 갑자기 바뀐다는 느낌을 전혀 받지 못했다. 창밖 풍경은 점진적으로 변화했다. 미나렛과 카프탄이 점차 줄어들고, 아나톨리아의 과수원이 세르비아의 전나무 숲으로 바뀌었다. 이탈리아 국경에 이르러서야 갑자기 유럽에 왔다는 생각이 들었다.

트리에스테에서 빈으로 가는 기차에 몸을 실었을 때쯤 터키는 머리에서 사라지고 아랍에서 보낸 18개월만이 현실로 느껴졌다. 한때 친숙했던 유럽의 풍경을 나는 이방인의 시선으로 보고 있었다. 지나가는 사람들의 생김새도, 걸음걸이도 다 이상했고, 가식에 빠져 사는 것 같았다…. 아랍 세계를 접하고 나서 내 사고방식이 본질적으로 바뀌었음이 분명했다. 나보다 먼저 아랍을 경험한 유럽인들은 어땠을까? 그들도 내면 깊은 곳에서 이러한 흔들림을 느꼈을까?(이 질문에 대한 답은 몇 년 뒤 아라비아에서 찾았다. 당시 제다(사우디아라비아의 홍해 연안 항구 도시. 해외에서 오는 순례자들이 반드시 거치던 곳-옮긴이) 주재 네덜란드 전권대사였던 반 데 뮬렌 박사가 해답을 제시했다. 그는 서구인으로서도 드물 정도로 독실한 기독교인이었고, 따라서 이슬람교에 우호적이지 않았다. 그럼에도 그는 조국인 네덜란드를 포함해 이 세상 어떤 나라보다도 아라비아를 사랑한다고 고백했다. 이슬람인들이 성지 순례를 위해 모여드는 하지 기간에 그는 내게 이렇게 말했다. "감성이 풍부한 사람이라면 아라비아의 매력에 결코 무덤덤할 수 없으리라 믿네. 아랍인들과 한동안 어울려 지내다 보면 그 매력에 젖어들 수밖에 없지. 그러다 아라비아를 떠날 때는 마음속에 사막의 풍광을 소중히 품은 채 아무리 아름답고 풍요로운 땅에 가더라도 그곳을 그리워하며 돌아보게 되지….")

나는 빈에 몇 주간 머물며 아버지와 화해했다. 내가 상의도 없이 대학을 그만두고 집을 떠나 진노했던 아버지는 마침내 마음을 풀었다. 결국 나는 〈프랑크푸르터 자이퉁〉의 기자가 됐다. 당시 중부 유럽에서는 상당한 권위가 있었던 신문이었다. 젊은 날의 일탈을 덮고도 남을 자리였다.

빈에서 곧바로 프랑크푸르트로 갔다. 1년 이상 기고를 계속했던 그 신문사로 찾아갈 때 나는 확신에 차 있었다. 그동안 신문사 측에서 보내온 편지로 미루어 내 글을 상당히 높이 평가하고 있음이 분명했다. 〈프랑크푸르터 자이퉁〉의 칙칙한 구식 사옥에 들어서서 안내원에게 내 명함을 편집국장 하인리히 사이먼 박사에게 전해 달라고 부탁했다.

편집장실에 들어서자 사이먼 박사는 놀라서 잠시 말문이 막힌 듯 했으나 곧 자리에서 일어나 악수를 청했다.

"앉으세요. 기다리고 있었습니다." 하지만 나를 뚫어지게 쳐다보는 통에 불편해지기 시작했다.

"박사님, 뭐가 잘못됐나요?"

"아뇨, 아니에요." 그리고 크게 웃더니 말을 이어갔다. "금테 안경을 쓴 중년 남성일 줄 알았는데 거의 소년이네요…. 아, 미안해요. 도대체 몇 살이죠?"

갑자기 카이로에서 만났던 유쾌한 네덜란드 상인이 생각났다. 그도 1년 전 내게 같은 질문을 던졌다. 나는 웃음을 터뜨렸다.

"만 스물셋입니다." 그리고 이렇게 덧붙였다. "〈프랑크푸르터 자이퉁〉에서 일하기엔 너무 어린가요?"

"아뇨…." 사이먼 박사가 천천히 답했다. "〈프랑크푸르터 자이퉁〉이 아니라 기고하셨던 기사에 비해 너무 어리네요. 연륜이 좀 있어야 자기주장을 내세우고 싶다는 욕구를 억누를 수 있다고 믿었어요. 그래야 보고 듣고 생각한 바를 객관적으로 전달하는 성숙한 기사가 나올 수 있다고…. 그런데 이제 보니 젊은 사람이라 그런 열정이 묻어나는 글을 썼으리라는 생각이 드네요. 부디 다른 기자들처럼 젠체하거나 권태에 빠지지 않기를 바랍니다."

사이먼 박사는 내가 어려서 더 좋은 기자라는 생각을 굳힌 듯했다. 가능한 한 빨리 중동으로 돌아가 특파원 역할을 계속하라고 했다. 재정 문제도 그새 해결되었다고 했다. 독일의 인플레이션이 마침내 지나갔고 화폐 가치가 안정을 찾으면서 경제도 활기를 되찾고 있었다. 〈프랑크푸르터 자이퉁〉도 특파원 경비를 부담할 여력이 생겼다. 그러나 중동으로 돌아가기 전에 당초 신문사와 계약했던 책을 출판해야 했고, 편집국에서 정식 기자 수업도 받아야 했다.

빨리 떠나고 싶어 조급하긴 했지만 당시 프랑크푸르트에서 보낸 몇 달은 무척 유익했다. 〈프랑크푸르터 자이퉁〉은 단순한 신문사가 아니라 거의 연구소 같았다. 편집국에는 베테랑 편집장이 마흔다섯 명이나 됐고, 그 밑에 부편집장과 직원들이 포진해 있었다. 각자 전담하는 분야가 지역과 주제별로 달랐다. 〈프랑크푸르터 자이퉁〉의 기사는 단편적인 정보만 전달해서는 안 되고 정치인과 역사학자까지 참고할 만한 양질의 자료여야 한다는 오랜 기업 철학이 있기에 가능한 일이었다. 독일 외교부가 〈프랑크푸르터 자이퉁〉의 사설이나 정치 분석 기사를 외국 정부의 구상서口上書와 똑같이 보관, 관리한다는 사실은 이미 모르는 사람이 없었다(실제로 비스마르크는 당시 〈프랑크푸르터 자이퉁〉의 베를린 지국장이었던 슈타인 박사를 가리켜 '베를린궁 주재 〈프랑크푸르터 자이퉁〉 대사'라고 했다고 한다). 나처럼 어린 나이에 그런 조직의 일원이 되다니, 영광스러웠다. 게다가 중동과 관련한 나의 견해는 종종 편집회의 안건으로 오르기도 했다. 그리고 마침내 중동 문제에 관해 사설을 써달라는 요청까지 받았다.

〈프랑크푸르터 자이퉁〉 기자 생활은 큰 자극이 됐다. 서구 문제 분석에 동양에서의 경험이 유용한 바탕이 되어 주었다. 몇 달 전 아랍인의 안정된 정서가 신앙과 밀접하게 연관되어 있음을 발견했듯이, 도덕적 혼란이라는 유럽의 문제도 결국 유럽 문명의 뿌리인 기독교 신앙을 잃어버린 결과라고 생각하게 됐다. 내가 본 유럽은 신을 버린 뒤 새로운 영적 방향을 찾고 있는 사회였다. 그것이 무엇을 의미하는지 깨닫는 서구인은 거의 없는 듯했다. 다수의 생각은 이랬다. '이성과 과학적 실험, 다양한 계측을 동원해도 인간이 어디서 비롯됐고 사후에 어디로 가는지 밝혀내지 못했다. 따라서 우리는 비과학적 전제에 근거한 윤리 문제에서 벗어나 물질적 · 지적 잠재력을 개발하는 데 역량을 집중해야 한다.' 이로 인해 서구 사회는 신을 노골적으로 부정하지는 않지만 지적인 체계 안에 신을 위한 공간을 남겨 두지 않게 됐다.

서구인의 종교에 실망했던 처음 몇 년간 나는 기독교 신앙에 대해 깊이 생각해 봤다. 기독교는 신을 특정 집단이 아닌 모든 인류의 아버지로 상정한다. 나는 이 점이 구약성서에 나오는 신의 개념보다 훨씬 뛰어나다고 생각했다. 하지만 기독교에는 이 같은 통합적 접근을 방해하는 요소도 있었다. 기독교는 영혼과 육신, 신앙 세계와 현실 세계를 명확히 구분했다. 이 때문에 기독교가 도덕적 자극제로 기능하던 시절은 오래전에 지나갔다. 기독교도들은 종교와 현실의 분리에 익숙해졌고, 신앙을 위안 정도로 여기게 됐다. 신앙을 통해 개인적 차원의 도덕성, 특히 남녀 간 성적인 도덕성을 유지하는 수준에서 멈추게 된 것이다. 서구 교회는 '신의 영역과 카이사르의 영역은 다르다'는 오랜 원칙에 얽매여 사회 문제에 개입하지 않았고, 그 결과 정치와 경제는 예수의 가르침과 전혀 다른 방향으로 발전하게 되었다. 현실에 대한 지침을 제공하지 않으니 모든 종교의 기본적 역할이라 할 수 있는 '올바르게 사는 법을 알려 주는' 데도 실패한 것이다. 이렇게 몇 세기가 지나며 기독교에 실망하게 된 서구인은 신심을 잃었고, 그에 따라 우주가 창조주의 계획에 의해 만들어진 유기적 통합체라는 확신도 잃게 됐으며, 영적 · 도덕적 진공상태에서 살게 되었다.

서구 세계가 기독교 신앙으로부터 점점 멀어지면서 사도 바울과 같은 삶에 반발하는 사람도 생겨났다. 이런 상황에서 서구 사회를 어떻게 기독교 사회라고 말할 수 있을까? 명확한 신앙의 기초 없이 어떻게 도덕적 혼란을 극복할 수 있을까?

서구 세계는 격동했다. 전례 없는 폭력과 파괴와 희생을 겪었다. 사회적 관습이 붕괴했고, 서로 다른 가치관이 충돌했으며, 새로운 삶의 방식을 놓고 전면전이 벌어졌다. 세계대전의 참화를 벗어나니 셀 수 없이 많은 국지전이 기다리고 있었다. 혁명이 수없이 일어났고, 그중 상당수는 다시 반대 혁명에 부딪혔다. 이런 격변을 겪으며 분명해진 사실은 물질적 기술적 진보에 집중하는 서구식 접근으로는 혼란스러운 사회 질서를 되찾을 수 없다는 것이다. 젊은 시절 나는 '사람은 빵만으론 살 수 없다'고 확신했다. 이제 '진보'는 절대적 가치에 대한 믿음을 잃어버린 사람들이 대체제로 고안해낸 사이비 신앙에 불과하다는 확신이 생겼다. 이런 허구에 기초한 새로운 경제 체제가 일시적 처방 이상을 제공할 수 있을지 회의적이었다. 기껏해야 일부 증상을 완화시킬 수 있을지는 몰라도 근본적인 원인을 바로잡기란 불가능하다.

〈프랑크푸르터 자이퉁〉 편집국에서 일하는 동안 나는 친구들이 모여 사는 베를린을 자주 방문했다. 아내도 그때 베를린에서 처음 만났다.

시끌벅적한 로마니셰 카페에서 엘사를 소개 받은 순간부터 나는 그녀에게 끌렸다. 갸름한 얼굴에 그윽한 파란 눈이 아름다운 여자였다. 유머감각도 있고 친절했다. 이런 섬세한 아름다움뿐 아니라 사람과 사물을 대할 때 엿보이는 그녀의 직관력에 매료당했다. 그녀는 화가였다. 나중에 안 사실이지만 그녀의 작품이 예술적으로 그다지 뛰어난 수준은 아니었다. 그러나 그녀의 말과 몸짓에 담겨 있는 평화로움이 작품에도 묻어났다. 나보다 열다섯 살이 많았으니 이미 30대 후반이었지만 부드러운 얼굴과 날씬하면서 유연한 몸매 덕에 훨씬 어려 보였다. 영국으로 치면 소지주 계층에 해당하는 유서 깊은 홀스타인 가문 출신이었지만 관습에 얽매이지 않았고 그래서 더 따뜻함이 느껴졌다. 여섯 살짜리 아들을 둔 미망인이었는데 아들에게 매우 헌신적이었다.

우리는 처음부터 서로에게 끌려 상당히 자주 만났다. 나는 자연스레 아랍 얘기를 많이 했고, 그녀는 다른 이들과 달리 나에게 깊이 공감하는 듯했다. 그래서인지 중동에서의 경험을 책으로 펴내며 서문을 쓸 때 마치 그녀에게 나를 소개하는 듯한 느낌이었다. 서문은 대략 다음과 같았다.

유럽인은 유럽을 여행할 때 처음 가보는 나라라도 자기가 살던 곳과 크게 다르지 않음을 경험한다. 영국인이든 독일인이든, 여행지가 프랑스든 이탈리아든 헝가리든, 유럽의 정신은 우리를 하나로 묶어 준다. 잘 정돈된 연합체 안에 살고 있기에 우리는 마치 같은 언어를 사용하는 것처럼 서로를 잘 이해할 수 있다. 이를 '문화 공동체'라고 부른다. 이런 공동체는 분명 득도 있지만 실도 있다. 안락함에 젖어 게을러지고, 치열한 줄타기를 했던 과거 창조적 시대의 기억을 잊어버리곤 한다. 우리에게는 개척자나 모험가나 창조적 예술가로서 막연한 가능성을 좇아 삶의 가장 깊숙한 내면을 탐구했던 과거가 있다. 지금도 우리만의 진정한 삶을 추구하지만, 모험을 택하기보다 미리 안전한지 확인하려는 욕구가 앞선다. 많은 유럽인이 이제 위험 회피가 얼마나 위험한지를 깨닫기 시작했다.

나는 유럽과 너무도 다른 지역을 여행했고 그 경험을 이 책에 담았다. '다르다'는 '위험하다'와 비슷한 말이다. 우리는 지금 낯설거나 놀라운 면모가 거의 없는 '안전한' 유럽을 떠나 '이상한' 다른 세계로 들어서고 있다.

솔직해지자. 우리가 그 다른 세계의 단면을 이해할 수 있을진 몰라도 유럽에서 그랬듯 전체적 그림을 그리기란 불가능하다. 그 '다른' 세계 사람들과 우리 사이에는 공간적 거리 이상의 '거리'가 있다. 그들과 어떻게 소통할 것인가? 언어 습득만으로는 충분치 않다. 그들의 삶과 생각을 이해하려면 그들의 사회에 깊숙이 들어가 그들의 공동체 속에서 살아 봐야 한다.

한데 이 방식이 과연 바람직할까? 친숙한 사고와 낯선 사고의 교환, 어쩌면 운 나쁘게 끝날지도 모른다.

우리는 정말 그 세계로부터 배제돼 있었을까? 나는 그렇게 생각하지 않는다. 이는 서구적 사고방식에서 기인한 착각이다. 우리는 낯선 것에 담겨 있는 창조적 가치를 과소평가하는 경향이 있다. 낯선 것을 배격하거나, 도용하거나, 빼앗아 우리 것으로 만들고 싶은 유혹에 빠지곤 한다. 그러나 지금처럼 불안한 시대에 그런 무신경한 시도는 더 이상 용납되지 않는다. 지적 약탈이 아닌 다른 방법으로도 얼마든지 문화적 거리를 좁힐 수 있다.

이 낯선 세계는 모든 면에서 당신이 알고 있던 세계와 완전히 달라서, 당신이 주의를 기울인다면 오랫동안 잊고 있던 삶에 대한 무형의 진실을 깨닫게 해줄지도 모른다. 두 세계 사이에 가로놓인 심연을 넘어 불어오는 진실의 숨결을 느낄 수 있다면 자문해 보라. 낯선 세계를 통해 나에 대한 진실을 알게 됨으로써 세상 모든 존재의 의미를 찾을 수도 있지 않겠는지….

내가 이렇게 어둠 속에서 더듬거리듯 늘어놓던 말의 의미를 엘사는 직관적으로 이해했다. 내가 추구하는 바를 이해하고 나를 도울 수 있는 사람은 그녀뿐이었다….

2

어슬렁거리며 또 하루가 지난다. 밤은 적막하고 내 마음도 조용하다. 바람이 모래언덕 위를 부드럽게 쓸고 지나자 경사면을 따라 모래가 굴러 내린다. 모닥불이 만들어 준 작은 원 안에서 단지와 팬을 들고 분주히 오가는 자이드가 있다. 조금 떨어진 곳에서 오랜 행군에 지쳐 모래 위에 목을 늘어뜨리고 앉은 낙타들이 희미하게 보인다. 조금 더 먼 곳에는 텅 빈 사막이 희미한 별빛 아래 보일 듯 말 듯 하다. 하지만 그 사막은 내 심장만큼이나 가까이 있는 것처럼 느껴진다.

사막은 사람에게 독립심을 불어넣는다. 척박하고 극히 인적이 드문 사막에서 사람은 속임수와 오해로 가득한 삶을 이해해 보려는 욕망으로부터 벗어나게 된다. 텅 빈 사막은 깨끗하며 타협을 모른다. 사람이 마음속에 간직해 온 환상을 모두 제거하고 무형의 절대적 존재를 받아들이게 해 준다.

인간이 생각하는 존재가 된 뒤로 유일신 신앙은 모두 사막에서 생겨났다. 고대 그리스의 모이라(그리스 신화에 나오는 운명의 여신-옮긴이)처럼 온화한 환경과 기후에서도 절대적 존재와 유사한 개념이 나오긴 했지만 막연한 느낌에 불과했다. 모세가 신의 음성을 들은 곳도 미디안 사막의 불타는 가시나무 덤불이었다. 예수가 신의 메시지를 받은 곳도 황량한 유대

사막이고, 무함마드도 메카 부근 사막의 히라 동굴에서 처음 신의 부름을 받았다.

그 아라비아의 예언자가 이글거리는 사막의 태양 아래 바위투성이 언덕 사이 좁고 메마른 협곡에서 받은 신의 부름으로, 영혼과 육신의 삶을 모두 아우르는 긍정적 세계관이 전달되었고, 이는 국가의 형체를 갖추지 못한 부족들에 질서와 목표를 부여하게 되었다. 그리하여 불과 수십 년 만에 서쪽으로는 대서양까지, 동쪽으로는 중국의 만리장성까지 들불처럼 번져 나갔다.

나는 잠들었다 깨기를 반복한다. 이미 흘러갔지만 아직 끝나지 않은 지난 며칠을 생각하다 다시 잠들어 꿈을 꾼다. 깨어나면 멍한 머릿속을 꿈과 지난 기억이 뒤섞여 지나간다.

아침이 다가오고 있다. 모닥불은 완전히 꺼졌다. 자이드는 담요를 몸에 둘둘 만 채 자고 있다. 낙타들도 거대한 흙덩이처럼 움직임이 없다. 하늘에 아직 별이 떠 있으니 기상 시간은 아니다. 하지만 지평선과 닿은 동쪽 하늘에 희미한 빛줄기가 모습을 드러내고 있다. 아침 기도 시간이 다가오고 있음을 알리는 신호다.

머리 위로 금성이 보인다. 아랍인들은 금성을 '반짝이는 존재'란 뜻의 '아주라'라고 부른다. 그들에게 이유를 물으면 아주라가 원래는 여자였다는 답변이 돌아올 것이다.

하룻과 마룻 두 천사가 있었다. 겸손해야 하는 천사의 본분을 잊고 자신들의 순수함을 뽐냈다. "우리는 빛으로 만들어졌어. 모든 죄악과 욕망에서 자유롭지. 어머니의 컴컴한 자궁에서 나온 인간과는 차원이 달라." 그들은 스스로 순수한 존재라고 믿었지만, 사실은 욕망의 유혹에 놓여 본

지은이와 아미르 이븐 무사드(북부의 아미르)

적이 아예 없었을 뿐이었다. 이런 오만함에 격노한 신은 그들에게 "땅으로 내려가 시험을 당해 보라."고 했다. 천사들은 땅으로 쫓겨나 인간이 되었다. 첫날 밤 사람들이 '반짝이는 존재'라고 부르는 아름다운 여인을 만났다. 인간의 눈과 감정으로 그녀를 바라본 두 천사는 당황했다. 그녀를 갖고 싶은 욕망이 꿈틀댄 것이다. 둘은 각자 그녀에게 "내게로 오라."고 했고, 그녀는 "난 이미 남편이 있다. 나를 원한다면 남편으로부터 자유로워지도록 도와 달라."고 답했다. 그러자 천사들은 남편을 죽이고 피 묻은 손으로 그녀를 데려다 욕구를 채웠다. 하지만 욕구가 해소되자마자 그들은 땅에 내려온 첫날 살인과 간음, 두 가지 죄를 저질렀음을 깨달았다. 신은 그들에게 "이승에서 벌을 받을지, 저승에서 벌을 받을지 선택하라."고 했다. 쓰라린 후회와 함께 그들은 이승에서 받는 벌을 택했고 심판의 날까지 하늘과 지구를 연결하는 사슬에 매달려 있게 되었다. 하지만 인간은 천사를 볼 수 없기 때문에 신은 반짝이는 존재를 별로 만들어 사람들이 그 별을 볼 때마다 하룻과 마룻의 이야기를 떠올리도록 했다.

이 전설은 이슬람의 역사보다 오래되었다. 고대 셈족이 여신 이슈타르를 중심으로 엮어낸 신화에 기원을 두고 있는 듯하다. 이슈타르는 그리스 신화의 아프로디테이고, 이슈타르와 아프로디테 모두 오늘날 우리가 금성이라고 부르는 별을 상징한다. 그러나 하룻과 마룻의 이야기에는 전형적인 무슬림의 사고방식이 담겨 있다. 욕망이 없다면 순결함도 무의미하다.

불쌍한 하룻과 마룻은 천사로서 유혹에 노출된 경험이 없기에 스스로 순결하며 인간보다 도덕적으로 우월하다고 자만했다. 육체적 욕망의 합리성을 부인하면 결국 도덕적 가치를 부정하게 된다는 사실을 깨닫지 못했다. 욕망, 유혹, 갈등이 있고, 그래서 옳고 그름을 선택해야 하는 상황에 놓일 때 비로소 영혼을 가진 도덕적 존재가 나올 수 있다.

이런 개념에 기초해 이슬람은 사람의 영혼을 독립적인 현상이 아니라 '인간성'의 한 측면으로 본다. 육체적 욕구 역시 인간의 본성을 이루는 한 부분이다. '원죄'의 산물이 아니라(이슬람에는 원죄란 개념이 없다) 신이 내려주신 속성일 뿐이다. 따라서 육체의 욕구를 이겨내기보다 영적인 욕구와 잘 조화시켜서 풍요롭고 올바른 삶을 유지하려 한다.

이런 논리는 인간의 본성이 선하다고 보는 이슬람의 가치관에 뿌리를 두고 있다. 인간은 원죄를 갖고 태어난다는 기독교나 인간은 원래 천하고 불결한 존재여서 고통스런 성찰의 과정을 거쳐야 한다는 힌두교와 달리 코란에는 이렇게 적혀 있다. '인간은 완벽한 상태로 태어나 (후천적 잘못을 통해) 미천한 존재로 추락하지만, 신을 믿고 올바르게 행동하면 그렇게 되지 않는다.'

3

하일의 야자수 과수원이 눈에 들어온다.

우리는 마을로 들어갈 준비를 하기 위해 낡은 전망대 옆에 멈춰 선다. 오랜 관습에 따라 여행자는 낯선 마을에 들어설 때 항상 가장 좋은 옷으로 갈아입고 방금 낙타에 오른 듯 깨끗하게 단장해야 한다. 우리는 남은 물로 얼굴과 손을 씻고 수염을 깎고 제일 하얀 튜닉을 꺼내 입는다. 몇 주 동안 아바야에 쌓인 사막의 먼지를 털어내고 낙타에게도 가장 좋은 장신구를 달아 준다. 이제 하일에 들어갈 준비가 끝났다.

하일은 바그다드나 메디나보다 훨씬 아라비아적이다. 비아랍권의 모습은 찾아볼 수 없다. 갓 짜낸 우유처럼 순수하다. 시장에도 외국 옷은 보이지 않는다. 헐렁한 아바야, 쿠피야, 이갈만이 보인다. 거리는 중동의 어떤 도시보다 깨끗하다. 진흙을 수평으로 켜켜이 쌓아 만든 집들도 상태가 좋다. 부서진 성벽만이 이븐 사우드와 이븐 라시드 가문의 지난 갈등을 말해준다.

대장장이의 망치질에 각종 그릇이 완성되고, 목수의 톱질에 나무가 잘려 나간다. 신기료장수가 샌들의 바닥을 두들기고 있다. 연료와 가죽을 잔뜩 실은 낙타들이 군중 사이로 지나간다. 베두인이 팔려고 데려온 낙타의 울음소리가 허공을 가른다. 알 하사(사우디아라비아 동부 오아시스 지역-옮긴이)에서 온 알록달록한 안장주머니를 놓고 흥정이 오간다. 경매인들이 시장을 돌아다니며 큰 소리로 물건을 팔고 있다. 사냥용 매들이 여기저기 가죽 끈에 묶인 채 펄쩍펄쩍 뛰어오른다. 사냥개 살루키는 긴 다리를 죽 펴고 햇볕을 즐긴다. 낡은 아바야 차림의 깡마른 베두인, 남부지방 왕족이 데려온 잘 차려입은 하인과 수행원들이 바그다드, 바스라, 쿠웨이트에서 온 상인, 하일의 토착민들과 뒤엉켜 있다. 이곳 토착민들은 아마 세계에서 가장 잘생긴 인종일 것이다. 여기서 토착민이란 남자를 말한다. 여자는 머리부터 발끝까지 검은 아바야로 가리고 있어 알 길이 없다. 이슬람이 등장하기 이전 시인들은 "높은 땅에는 강철 같은 남자들과 자신감 넘치고 정숙한 여자들이 산다."고 노래했다.

우리가 이틀간 묵기로 한 성에 도착했을 때 성주는 성문 밖에서 공개 재판을 주관하고 있었다. 아미르 이븐 무사드는 이븐 사우드 가문의 질루위 일족에 속하며 국왕의 매형이다. 국왕을 대행하는 지역 통치자 중 가장 막강하며, '북부의 아미르'라 불린다. 자발 샤마르 지방뿐 아니라 시리아, 이라크 국경지대까지 북부 나즈드 일대를 모두 관할한다. 프랑스 영토에 맞먹는 면적이다.

내 오랜 친구이기도 한 아미르와 몇몇 베두인 샤이흐(아랍 이슬람 사회에서 노인, 부족장 등을 가리키는 존칭-옮긴이)가 성벽을 따라 놓인 긴 벽돌 벤치에 앉아 있다. 발치에 언월도偃月刀와 총을 든 병사들이 웅크리고 있다. 이들은 절대 이븐 무사드의 곁을 떠나지 않는다. 경호를 위해서 그런다기보다 권위의 상징이다. 그들 옆에는 사냥용 매를 다루는 사람들, 하인들, 마구간 지키는 소년들이 길게 늘어서 있다. 역할은 달라도 모두 평등한 관계다. 신께 기도할 때 말고는 '나의 주인'이란 말을 쓰지 않는 사회에선 당연하다. 이들 앞에는 베두인과 주민들이 아미르의 평결을 구하기 위해 둥글게 모여 서 있다.

하인 몇 명이 달려와 우리가 타고 온 낙타를 데려간다. 아미르가 우리를 보고 자리에서 일어선다. 그가 일어서자 주변 모든 이들이 일제히 일어선다. 아미르가 우리에게 손을 내민다.

"알란 와살란. 신이여 이들에게 생명을 주소서."

나는 아미르의 코끝과 이마에 입을 맞춘다. 그는 내 양 볼에 입을 맞추곤 나를 자기 옆에 앉힌다.

이븐 무사드가 다른 손님들에게 나를 소개한다. 초면인 사람도 있고, 몇 년 전 인사를 나눴던 이들도 있다. 그중 한 명은 가드반 이븐 리말이다. 신자라 샤마르족 최고 샤이흐로, 나는 이 유쾌한 노전사를 항상 '삼촌'이라고 부른다. 외모만으로는 아무도 그가 북부 지방에서 가장 강력한 부족장 중 하나이며, 그의 젊은 아내가 대형 천막 밖으로 나갈 때마다 금은 보석으로 단장을 하고 하녀 두 명의 수행을 받는다는 사실을 짐작조차 못 할 것이다. 그는 눈을 반짝이며 나를 포옹하곤 내 귀에 속삭인다.

"아직도 새 아내를 얻지 못했나?" 나는 미소를 지으며 어깨를 으쓱한다.

이븐 무사드가 이 농담조의 질문을 듣고는 크게 웃으며 말한다.

"지친 여행자에게는 아내가 아니라 커피가 필요하지!" 그러고는 "카와!"라고 외친다.

가장 가까이 있던 하인이 "카와!"라고 아미르의 지시를 되풀이하자 맨 끝에 서 있던 하인이 그 말을 받아 다시 "카와!"라고 소리친다. 이런 식으로 명령은 성문 안까지 전달된다. 곧 하인 하나가 왼손에 구리로 된 전통 커피포트를, 오른손에 작은 컵 여러 개를 받친 쟁반을 들고 나타난다. 그는 서열에 따라 아미르, 나, 다른 손님들 순으로 커피 잔을 건넨다. 커피를 다 마시면 다시 채워 주고, 이제 됐다는 몸짓을 하면 그 잔에 다시 커피를 채워 다음 손님에게 대접한다.

아미르는 내 여행이 어땠는지 궁금해 하는 기색이 역력하다. 하지만 짤막하게 묻고 다시 재판을 속개한다.

이런 비공식 재판은 서구에선 상상하기 힘들다. 통치자이자 판관인 아미르에게 베두인들은 최고의 경의를 표하지만 아첨이나 굴종의 흔적은 찾아볼 수 없다. 피고든 원고든 모두 자유로운 인간이라는 자부심을 갖고 재판에 임한다. 망설이거나 머뭇거리는 법이 없고, 간혹 목소리를 높이기도 하며, 가족에게 이야기를 풀어놓듯 아미르에게 입장을 설명하기도 한다. 베두인 관습대로 그들은 아미르를 칭호가 아닌 이름으로 부른다. 이븐 무사드의 태도에선 거만함이 전혀 느껴지지 않는다. 검은 턱수염을 기른 호남형 얼굴과 다부진 체격에선 자연스레 체득한 절제와 위엄이 느껴진다. 그는 심각하고 무뚝뚝하다. 단순한 사안은 권위가 묻어나는 어조로 즉석에서 판결을 내리고, 법학 지식이 필요한 복잡한 사건은 카디(이슬람 율법에 기초해 판결을 내리는 판관-옮긴이)에게 자문을 구한다.

베두인 지역에서 판관으로 권위를 지키기란 쉽지 않다. 부족도 다양하고, 여러 가문의 관계가 얽혀 있으며, 지도층 인사들, 각 부족 고유의 방목지, 과거 역사와 최근 추세 등을 잘 파악하고 있어야 올바른 해결책을 내놓을 수 있다. 예리한 지적 능력만큼 요령과 눈치도 중요하다. 이 모두가 정확하게 맞물려야 실수를 피할 수 있다. 다른 사람에게 받은 호의를 절대 잊지 않는 베두인은 부당하다고 여겨지는 대우도 결코 잊지 않는다. 반면에 정당한 판결이 내려지면 패자도 흔쾌히 수용한다. 이븐 무사드는 아마 이븐 사우드의 아미르 중 이런 조건을 가장 완벽하게 갖춘 사람일 것이다.

누더기를 걸친 베두인 둘이 앞으로 나와 흥분한 목소리와 몸짓으로 분쟁을 설명하고 있다. 베두인은 대체로 다루기 까다롭다. 변덕이 심하고 예민해서 쉽게 흥분하며 타협을 모른다. 이븐 무사드가 그들을 다독이는 방식이 흥미롭다. 한 사람씩 교대로 하소연을 하도록 지시하지 않고 두 사람의 말을 동시에 듣는다. 둘은 각자 주장을 펴느라 앞다퉈 목소리를 높이고, 아미르는 간혹 짧게 질문을 던질 뿐이다. 그의 질문은 두 사람의 열띤 공방에 이내 묻혀 버린다. 잠시 후 아미르는 무릎을 치게 만드는 한마디를 다시 던진다. 쉽게 볼 수 없는 진풍경이다. 판관이 성난 두 사람의 입장에 차례로 서보며 진실에 한 걸음씩 다가간다. 법률적 지식을 동원해 파헤친다기보다 객관적 진실을 덮고 있는 막을 한 꺼풀 한 꺼풀 벗겨낸다. 가는 실을 끊어지지 않게 살살 잡아당기듯 참을성 있게 앞으로 나아간다. 피고와 원고는 아미르의 내심을 눈치조차 채지 못하다가 뒤늦게 판결은 이미 내려졌음을 깨닫고 당황한다. 더 이상 설명이 필요 없는 정당한 판결이다. 그러자 둘 중 한 명이 머뭇거리며 자리에서 일어나 매무새를 단정히 하더니 상대방의 소매를 잡아끈다. "갑시다." 두 사람은 여전히 당황한 기색을 감추지 못하며, 그러나 한결 편안해진 표정으로 자리를 뜬다.

예술 작품 같은 멋진 결말이다. 서구의 법정이나 의회는 여전히 걸음마 단계인데 아랍 아미르의 성 앞에 있는 먼지투성이 시장통에선 완벽하게 정의가 구현되고 있다.

이븐 무사드는 진흙 벽에 비스듬히 기대어 다음 재판을 시작한다. 주름이 깊게 파인 그의 얼굴은 강인해 보이고, 그윽한 눈빛은 따스하면서도 날카롭다. 아랍 지도자답게 종족과 관련한 '상식'으로 무장한 모습이다.

내 앞에 앉아 있던 아미르의 병사이자 하르브 출신 베두인이 고개를 들어 미소 띤 얼굴로 내게 말한다.

"아미르는 무타나비(10세기에 활동한 아랍의 시인-옮긴이)가 노래한 술탄과 비슷하지 않나요?"

그의 빛나는 칼이 칼집에 들어 있을 때 나는 그를 만났네
그의 칼에서 피가 흐를 때 나는 그를 보았네
그리고 그가 모든 인간 중 최고임을 알았네
하지만 그의 고귀한 정신이 그중 가장 뛰어나다네

글을 못 읽는 베두인이 위대한 시인의 시구를 읊고 있는데 낯설지 않다. 바바리아 농부가 괴테를 인용하거나 영국 부두 노동자가 윌리엄 블레이크의 시를 인용하는 것만큼 이상하게 들리지 않는다. 교육이 보편화된 서구 사회에서도 평범한 유럽인이나 미국인이 서구 문화의 정수를 제대로 꿰고 있지는 못한다. 반면에 교육을 받지 못한, 심지어 문맹인 무슬림들은 대대로 이어진 문화적 유산을 일상적으로 향유한다. 이 베두인이 무타나비의 시구로 자신의 느낌을 설명하듯 물장수나 시장의 짐꾼이나 최전방 기지의 병사 등도 하피즈, 자미, 피르다우시의 시구를 머릿속에 넣고 다니다 일상 대화에 사용한다. 비록 그런 문화유산을 만들어낼 만큼의 창의성은 지니지 못했다 해도 이 무슬림들은 아랍 문화의 정수와 직접 교감하고 있다.

....

다마스쿠스의 한 시장에서 이 같은 사실을 다시 한 번 확인했던 그 경이로운 순간이 아직도 기억난다. 당시 진흙을 구워 만든 커다란 그릇 하나를 손에 들고 있었는데 이상하리만치 엄숙한 느낌이었다. 둥근 공을 절묘한 비율로 납작하게 눌러 놓은 듯했다. 여인의 볼처럼 부드러운 느낌을

주는 바깥 면에 손잡이 두 개가 달려 있었다. 고대 그리스의 암포라(양쪽에 손잡이가 달리고 목이 좁은 큰 항아리-옮긴이)에 대한 오마주라도 되는 양 완벽한 곡선을 자랑했다. 손으로 주물러 만든 그릇이라고 했다. 만든 이의 지문이 육안으로 확인 가능할 만큼 뚜렷이 남아 있다. 테두리에는 아라베스크 무늬를 아로새겼다. 애당초 예술 작품을 만들려는 의도는 아니었기에 무심하고 신속하게 이 그릇을 빚었을 것이다. 농부나 베두인이 구리 동전 몇 푼을 주고 살 수 있는 그릇일 뿐이었다. 그리스인들도 이와 비슷하거나 어쩌면 더 완성도 높은 그릇을 만들었을 것이다. 그리스인들도 신분의 고저에 상관없이 진정으로 문화를 향유했다. 그들은 일상적으로 아름다움을 소비했다.

그릇을 손에 들고 나는 깨달았다. 이런 그릇으로 매일 요리하는 사람들은 얼마나 축복받은 존재인가. 문화유산을 그저 과시하지 않고 실제 향유할 수 있으니 그 얼마나 대단한 축복인가….

4

"그대와 함께 식사하는 기쁨을 내게 허락해 주겠나, 무함마드?" 아미르 이븐 무사드의 목소리에 나는 몽상에서 깨어났다. 다마스쿠스 시장은 과거로 사라지고 나는 다시 '북부의 아미르' 옆에 앉아 있다. 재판은 끝난 듯하다. 이븐 무사드가 일어서자 손님과 병사들도 함께 일어선다. 잠시 후 나는 아미르, 가드반 이븐 리말과 함께 쌀과 양고기가 차려진 식탁에 앉는다. 방 안에는 우리 외에 시종 둘과 살루키 두 마리만 남았다. 가드반이 내 어깨에 손을 얹고 말한다. "자네, 내 질문에 대답하지 않았어. 아직 새 아내가 없나?"

나는 그의 끈질긴 질문에 웃음을 터뜨렸다. "아시다시피 저는 메디나에 아내가 있습니다. 왜 또 아내를 얻겠어요?"

"왜냐고? 오, 신이시여. 아내가 하나뿐이니까. 자네는 아직 젊고. 내가 자네 나이였을 때…."

이븐 무사드가 끼어든다. "그대는 지금도 훌륭하다고 들었네, 샤이흐 가드반."

"저는 이제 늙은이입니다, 아미르. 신께서 당신께 장수의 축복을 내리시기를. 하지만 때때로 젊은 육체가 필요하다는 생각을 하죠…. 그건 그렇고, 말해 보게." 가드반이 다시 내게 묻는다. "2년 전 그 무타이리 소녀는 어떻게 됐나? 무슨 일이 있었던 거야?"

"왜요? 아무 일도 없었어요." 내가 답한다.

"아무 일도?" 가드반의 눈이 휘둥그레진다. "그렇게 박색이었나?"

"아뇨. 아주 아름다웠어요."

"무슨 소리인가?" 이븐 무사드가 묻는다. "무타이리 소녀라니, 무슨 얘기야? 내게도 알려 주게, 무함마드."

그래서 나는 해프닝으로 끝난 그 결혼에 대해 설명한다.

당시 나는 독신으로 메디나에 살고 있었다. 무타이리 출신의 베두인 파하드가 매일 몇 시간씩 나와 커피를 마시며 1차 세계대전에서 겪은 모험담을 들려주곤 했다. 어느 날 그는 내게 이렇게 말했다. "남자가 혼자 살면 좋지 않아. 피가 굳어서 혈관이 막혀 버리지. 결혼을 해야 해." 내가 농담 삼아 신붓감을 찾아 달라고 하자 그가 답했다. "내 매형 무트리크의 딸이 이제 결혼할 나이가 됐어. 엄청난 미인이야." 나는 계속 농담인 줄로만 알고 그 아버지 생각은 어떤지 알아봐 달라고 했다. 바로 다음 날 무트리크가 당황한 모습으로 직접 나를 찾아왔다. 커피를 몇 잔 마시며 우물쭈물하던 그는 마침내 파하드로부터 내가 자기 딸과 결혼할 생각이 있다는 얘기를 들었다고 했다. "당신을 사위로 맞게 된다면 영광인데, 내 딸 루카이야는 아직 열한 살밖에 안 됐습니다."

이 얘기를 전해 들은 파하드는 화를 냈다. "이런 나쁜 놈! 루카이야는 열다섯이야. 외국인과 결혼시키기 싫어 그랬나 보네. 네가 이븐 사우드와 친하다고 하니 기분이 상하지 않도록 거짓말을 한 거지. 분명히 말하는데 그 딸 가슴이 이만해." 그는 손으로 커다란 가슴을 그려 보였다. "농익은 석류 같지."

얘기를 듣던 가드반의 눈이 반짝인다. "열다섯 살에 예쁘고 처녀라….

그런데 아무 일도 아니라고!"

"제 얘기를 끝까지 좀 들어보세요…."

당시 이 결혼에 점점 관심을 갖게 됐기는 했다. 아마 무트리크의 완곡한 거절에 자극을 받았기 때문일 것이다. 나는 파하드에게 1파운드짜리 금화 열 개를 줬고, 그는 최선을 다해 소녀의 부모를 설득했다. 비슷한 금액의 선물이 소녀의 어머니, 그러니까 파하드의 누이에게도 전해졌다. 무슨 수를 썼는지는 모르겠으나 아무튼 파하드 남매는 결국 무트리크의 반대를 꺾었다.

이븐 무사드가 말한다. "그 파하드란 자 참 교활하군. 자네한테 더 많은 지참금을 뜯어내려 했던 거지. 그래서 어떻게 됐나?"

며칠 뒤 결혼식은 예정대로 엄숙하게 거행됐다. 관습에 따라 신부의 동의 아래 법률적 보호자인 아버지가 대신 예식에 참석했다. 증인 두 명이 신부가 동의했음을 확인시켜 주었다. 호화로운 결혼 축하연이 벌어졌고, 통상적인 선물들이 (나는 한 번도 본 적이 없는) 신부와 신부의 부모, 몇몇 친척들에게 전달됐다. 당연히 파하드도 포함됐다. 그날 저녁 신부의 어머니와 베일로 얼굴을 가린 여인 몇 명이 신부를 데려왔다. 이웃집 여자들이 지붕으로 올라가 북을 치며 결혼 축하 노래를 불렀다.

나는 약속된 시간에 신부와 그 어머니가 기다리고 있는 방에 들어갔다. 둘 다 검은 옷으로 온몸을 가려서 누가 신부인지 알 수 없었다. 관습에 따라 "이제 가셔도 좋습니다."라고 하자 한 명이 조용히 일어나 방을 나갔다.

이 대목에서 잠시 말을 멈췄더니 이븐 리말이 "그래서, 어떻게 됐어?"라며 재촉했다.

"그때… 남아 있던 불쌍한 소녀는 잔뜩 겁에 질려 있더라고요. 최대한 다정하게 베일을 벗으라고 했지만, 오히려 아바야를 더 단단히 동여매더군요."

"여자들은 늘 그래!" 이븐 리말이 소리쳤다. "초야를 치르기 전엔 무서워하다가 결국은 좋아하지. 그녀도 그렇지 않던가?"

"글쎄요. 아니던데요. 결국 제가 직접 얼굴의 베일을 벗겼어요. 아주 예쁜 소녀더군요. 하얀 계란형 얼굴에 눈이 크고 바닥에 닿을 정도로 머리가 길었어요. 하지만 분명 어린 아이였어요. 아버지가 말한 대로 기껏해야 열한 살 정도…. 파하드와 그 누이가 욕심을 채우려고 거짓말을 한 거죠. 무트리크는 정직했고요."

"그래서?" 이븐 리말이 내 말을 이해할 수 없다는 듯 묻는다. "열한 살이라 문제가 되나? 어차피 자랄 테고, 남편의 침대에서 더 빨리 자라는 법인데…."

이븐 무사드가 말한다. "아닐세, 샤이흐 가드반. 이 친구는 자네 같은 나즈드 사람이 아니야. 생각이 많다고." 그리고 나를 향해 미소 지으며 말을 잇는다. "가드반 얘기는 듣지 말게, 무함마드. 나즈드 사람은 대부분 뇌가 머릿속이 아니라 여기에 있다네." 그는 다른 부위를 가리킨다.

우리는 함께 웃는다. 가드반은 "그렇다면 제가 아미르보다 뇌가 더 크겠네요."라고 중얼거린다.

나는 삼촌의 술책에 희생양이 된 소녀가 불쌍할 뿐이었다. 어린아이 다루듯 무서워하지 말라고 달래는데, 그저 떨기만 했다. 선반을 뒤져 초콜릿을 한 조각 찾아 건넸지만, 초콜릿을 본 적이 없는 소녀는 고개를 세차게 가로저으며 거절했다. 《아라비안나이트》에 나오는 재미난 이야기를 들려줬는데, 웃기는커녕 무슨 내용인지 이해하지 못할 정도로 어렸다. 마침내 그녀가 내뱉은 첫마디는 "머리가 아파요…."였다. 물과 함께 아스피린을 주자 이번엔 더 세차게 고개를 가로저었다. 나중에 알고 보니 친구들로부터 외국인들은 첫날밤 성관계를 갖기 편하도록 아내에게 약을 먹인다는 얘기를 들었기 때문이었단다. 몇 시간 뒤에야 해칠 의사가 없음을 이해시킬 수 있었다. 마침내 그녀는 아이처럼 잠들었고, 나도 한쪽 구석에 누워 잠을 청했다.

다음 날 아침 그녀의 어머니에게 그녀를 데려가라고 했다. 어머니는 충격을 받은 듯했다. 처녀인 열한 살 소녀를 거절하는 남자를 본 적이 없기 때문일 것이다. 나한테 뭔가 심각한 문제가 있다고 생각했으리라.

"그래서?" 가드반이 묻는다.

"소녀는 그대로 돌려보냈어요. 그 가족은 남는 장사를 한 거죠. 딸과 지참금을 모두 챙겼으니까. 저는 남자구실을 못한다는 소문이 퍼졌어요. 어떤 사람은 제게 와서 그러더군요. 제 전처가 주술을 썼음이 분명하니 저도 주술로 맞대응을 해야 한다고."

"그 뒤에 메디나에서 결혼을 했으니, 굉장히 강한 주술을 썼나 보군." 아미르가 웃으며 말한다.

5

밤늦게 잠자리에 들려는데 자이드가 평소보다 시무룩하다. 방 앞에 서서 턱을 가슴팍에 묻고는 멍하니 생각에 잠겨 있다.

"오랜만에 어린 시절을 보냈던 도시에 오니 기분이 어때, 자이드?" 내가 하일에 올 때마다 그는 동행하기를 꺼렸다.

"잘 모르겠어." 자이드가 천천히 답한다. "11년… 11년 만이지. 이븐 라시드의 궁에서 이 땅을 다스리는 남부 사람들을 보고 싶지 않았어. 하지만 최근 들어 코란의 이 구절을 되뇌었지. '신이시여, 당신을 기쁘게 하는 이에게 권력을 주고, 실망시키는 이에게선 권력을 빼앗으소서. 당신을 기쁘게 하는 이를 칭찬하시고, 그를 더욱 낮추소서. 당신이 하는 일은 무엇이든 선하니 당신이 모두 주관하소서.' 신께서 이븐 라시드 가문에 권력을 주셨는데 그들은 그 힘을 올바로 사용하지 못했어. 백성들에겐 너그러웠지만 친족 사이가 나빴고 폭력이 난무했지. 형제끼리 피를 흘렸고. 신은 그들의 권력을 빼앗아 이븐 사우드에게 주신 거야. 나는 더 이상 이 문제로 슬퍼해선 안 된다고 생각해. 코란에도 적혀 있잖아. '네가 사랑하는 것이 때로는 네게 가장 해가 되고, 네가 미워하는 것이 때로는 네게 가장 득이 된다.'"

자이드의 목소리엔 체념이 담겨 있다. 이미 되돌릴 수 없다면 받아들이겠다는 뜻이 내포돼 있다. 이렇게 이미 벌어진 일은 그렇게 될 수밖에 없었다고 여기는 무슬림의 사고방식을 서구인들은 종종 '운명론'으로 오인한다. 하지만 이는 과거에 대한 생각일 뿐이며 미래에 대한 운명론과는 다르다. 무슬림은 희망을 갖고, 발전을 추구하고, 행동하기를 거부하지 않는다. 다만 이제 와 바꿀 수 없는 과거를 신의 뜻으로 받아들일 뿐이다.

"더욱이," 자이드가 말을 잇는다. "이븐 사우드는 샤마르족을 해코지하지 않았어. 샤마르족도 이를 알기에 개 같은 아드 다위시가 반란을 일으켰을 때 이븐 사우드를 위해 싸운 것 아니겠어?"

정말 그랬다. 1929년 이븐 사우드 왕국은 파이잘 아드 다위시가 이끈 베두인의 반란으로 뿌리째 흔들렸다. 나즈드의 샤마르족은 한때 적이었던 이븐 사우드 국왕에 대한 반감을 접고 왕을 중심으로 결집해 반군 진압에 공헌했다. 이븐 사우드가 무력으로 하일을 정복하고 남부 정권의 북부 지배를 공고히 한 지 불과 몇 년 만에 이뤄진 화해라 더 놀라웠다. 더욱이 샤마르족과 이븐 사우드가 속한 남부 나즈드족은 반목의 역사가 길다. 이는 아라비아 남부와 북부의 오랜 경쟁 관계에서 비롯됐다.

남부와 북부의 갈등에는 정치적 경쟁 외에도 다른 중요한 요인이 작용했다. 약 200년 전 남부 리야드 부근에서 이슬람 원리주의자인 무함마드 이븐 압둘 와하브가 이슬람 개혁의 기치를 내걸고 당시 겉모습만 무슬림이었던 부족들에 새로운 종교적 열정을 불어넣었다. 와하브는 당시 다르이아라는 작은 도시의 부족장이던 이븐 사우드 가문과 힘을 합치면서 개혁을 실행에 옮길 군사력을 얻었고, 불과 수십 년 만에 아라비아 반도 지역 대부분이 '와하비즘wahhabism'이라고 불리는 신앙 회복 운동에 동참했다. 와하브의 이름으로 150년간 지속된 전쟁과 정복에서 이슬람 원리주의의 깃발을 높이 든 쪽은 언제나 남부 사람들이었고, 북부는 미온적으로 따랐을 뿐이다. 샤마르족은 와하비즘의 이론에 동의했지만 남부의 강렬한 선교 운동에선 한 걸음 떨어져 있었다. 샤마르의 땅은 시리아, 이집트와 인접한 지역이다. 오랜 세월 그들과 무역을 통해 교류해 온 터라 고립된 남부 사람들보다 훨씬 타협적이다. 남부 사람들은 극단적이며 자부심이 강하다. 지난 150년 동안 오직 지하드(성전聖戰-옮긴이)만을 추구했고, 스스로 이슬람의 진정한 대표라 여기며 다른 무슬림을 이단시했다.

와하비즘은 결코 이슬람의 분파가 아니다. '분파'라고 하려면 교리에서 차이가 있어야 하는데 와하비즘은 그렇지 않다. 거꾸로 오랜 세월 이슬람의 근본 교리에 켜켜이 덧칠된 것들을 벗겨내고 무함마드의 가르침으로 돌아가려 했다. 이슬람의 본질이 미신적 요소에 가려지지 않도록 순수함을 회복하려는 시도였다. 실제로 현대 이슬람 부흥운동(인도의 알리 하디스 운동, 북아프리카의 사누시 운동, 자말 아딘 알 아프가니와 이집트인 무함마드 압두의 운동 등)은 대부분 와하비즘에 뿌리를 두고 있다. 그러나 와하비즘은 발전 과정에서 두 가지 결점을 키우게 됐다. 하나는 편협함이다. 코란을 문자 그대로 해석하느라 내포된 의미를 간과했다. 다른 하나는 아랍의 고유한 특징인 독선이다. 자신과 다를 수 있는 권리를 잘 인정하지 않는 비극적 특성 탓에 아랍인들은 항상 양극단을 오갈 뿐 중간 지점을 찾지 못했다. 약 200년 전 나즈드 아랍인들은 무슬림 세계에서 내적으로 이슬람과 가장 거리가 먼 삶을 살았고, 와하브의 개혁 이후에는 자신들만이 제대로 신앙을 지키고 있다고 생각했다.

무슬림 사회를 안에서부터 개혁하자는 와하비즘의 영적 의미는 18세기 말과 19세기 초 사우디 왕국 건설이 완성돼 정치적 · 사회적 힘을 확보한 순간부터 오염되기 시작했다. 와하브의 추종자들이 권력을 잡자마자 그의 사상은 박제됐다. 영혼은 권력의 하수인이 될 수 없고, 권력은 영혼의 신하가 되기를 거부하는 법이다.

와하브 나즈드의 역사는 열정과 갈망을 날개 삼아 일어선 종교 사상이 바리새인의 독선에 빠져 추락하는 과정이다. 겸손을 잃는 순간 모든 덕목은 스스로를 파괴하기 시작한다. 하룻! 마룻!

6

꿈

1

아라비아에서 아미르의 친구와 손님이 되면 그의 관료와 병사와 상인, 심지어 초원의 베두인들에게도 친구와 손님으로 대접을 받게 된다. 그 손님이 뭔가 필요하다고 말하는 순간 원천적으로 불가능하지 않은 이상 반드시 이뤄지고야 만다. 아미르의 성안에서는 물론이고 시장에서도 극진한 대접을 받는다.

과거에도 여러 차례 그랬듯 나는 하일에 머무는 이틀 동안 융숭한 대접을 받는다. 커피를 마시고 싶다고 하면 어느새 내 전용 거실에서 커피포트가 끓고 있다. 아침에 별 생각 없이 자이드에게 시장에서 본 낙타 안장 얘기를 하고 나면 그날 오후 그 안장이 내게 배달된다. 이런 식으로 끝없이 선물이 도착한다.

카슈미르 양털로 만든 옷, 문양을 새긴 쿠피야, 바그다드산 안장용 양가죽, 은 손잡이가 달린 나즈드 칼…. 짐 가방이 가벼운 내가 이븐 무사드에게 답례로 줄 만한 물건은 영어로 된 아라비아 지도뿐이다. 아랍어로 지명을 일일이 적어 줬더니 무척 기뻐한다.

이븐 무사드의 관대함은 이븐 사우드 국왕과 많이 닮았다. 두 사람의 친밀한 관계를 생각하면 별로 놀랍지는 않다. 그들은 사촌일 뿐 아니라 어린 시절부터 온갖 우여곡절과 고통을 함께 겪으며 꿈을 공유했다. 더욱이 몇 년 전 이븐 사우드가 이븐 무사드의 누이 자우하라와 결혼하면서 유대감이 더 공고해졌다. 자우하라는 이븐 사우드가 특히 아끼는 아내다.

....

이븐 사우드와 친분을 맺은 사람은 많지만 그의 연애사에 관해 자세히 아는 이는 드물다. 만약 그의 연애사가 널리 알려졌다면 이븐 사우드 국왕의 권위를 더 드높였을지도 모를 일이다. 그가 결혼하고 이혼한 여인의 숫자에만 초점이 맞춰진 까닭에 그는 거의 난봉꾼으로 알려져 있다. 사실 정략결혼을 제외하면 모두 잃어버린 사랑을 되찾아 보려는 노력의 일환이었을 뿐이다.

그의 아들 무함마드와 칼리드의 어머니인 자우하라는 이븐 사우드가 가장 사랑한 여인이었다. 그녀가 세상을 떠난 지 13년이 된 지금도 이븐 사우드는 그녀 얘기를 할 때마다 목이 메곤 한다.

그녀는 매우 특별한 여성이었음에 틀림없다. 이븐 사우드는 여성에게 쉽게 마음을 주지 않는다. 결혼과 이혼을 무수히 되풀이한 이유도 이 때문이다. 하지만 자우하라에게는 완벽하게 만족을 느낀 듯하다. 그녀가 살아 있을 때도 다른 아내를 얻기는 했지만 진정한 사랑은 자우하라뿐이었다. 그는 자우하라에게 바치는 사랑의 시를 쓰곤 했다. 한번은 내게 이렇게 말했다. "내 주변이 온통 암흑에 잠겨 길이 보이지 않을 때면, 나는 차분히 자우하라에게 보내는 시를 쓴다네. 그 시가 완성될 때쯤이면 갑자기 시야가 밝아지면서 뭘 해야 할지 깨닫게 되지."

자우하라는 1919년 창궐한 스페인 독감으로 목숨을 잃었다. 이븐 사우드가 가장 사랑했던 장남 투르키도 이때 같은 병으로 세상을 떠났다. 그 상실감은 그에게 치유할 수 없는 상처를 남겼다.

이븐 사우드가 지극정성으로 사랑한 대상은 또 있었다. 아버지였다. 나는 리야드에 머물 때 그의 아버지 압둘 라만을 알게 됐다. 친절하고 사려 깊지만 아들처럼 훌륭한 인격을 갖췄거나 특별한 업적을 남기지는 못했다. 이븐 사우드는 왕국을 세우고 누구도 필적할 수 없는 권력을 잡은 뒤에도 아버지 앞에서는 더할 수 없이 공손했다. 심지어 성안에서도 아버지 방 바로 위에 위치한 방에는 절대 발을 들여놓지 않았다. 아버지 머리 위로 걸어 다닐 수 없기 때문이었다. 어느 날인가 이븐 사우드 부자로 인해 무척 당황스러운 상황을 겪기도 했다(1927년 12월이었던 것 같다).

나는 왕궁으로 가서 늘 그랬듯 왕의 아버지를 먼저 찾아뵈었다. 노신사는 우리를 방석에 앉힌 뒤 종교적 주제에 대해 일장 연설을 늘어놓기 시작했다. 갑자기 한 시종이 방에 들어와 "셰이크께서 오십니다."라고 알렸다. 잠시 후 이븐 사우드가 문 앞에 와서 섰다. 내가 자리에서 일어서려는데 압둘 라만이 내 손목을 잡고 주저앉혔다. '자네는 내 손님이야'라고 말하는 듯했다. 국왕이 멀찍이 서서 들어와도 좋다는 허락을 기다리는 동안 자리에 앉아 있으려니 당혹스러웠다. 이븐 사우드는 이런 상황에 익숙한 듯 미소를 머금고 나를 향해 눈을 찡긋해 보이며 안심하라는 신호를 보냈다. 압둘 라만은 무심히 연설을 이어가다 몇 분 뒤 비로소 아들을 향해 고개를 끄덕이며 "들어오너라, 아가."라고 했다. 당시 왕은 47~48세였던 것으로 기억한다.

몇 달 뒤 왕과 함께 메카에 있는데 리야드에서 압둘 라만이 운명했다는 소식이 전해졌다. 무슨 소린지 알아듣지 못하겠다는 듯 전령을 바라보던 그의 시선을 나는 잊을 수가 없다. 늘 엄숙하고 평온하던 그의 얼굴이 절망감에 일그러졌다. 이어 그는 "아버지가 돌아가셨어!"라고 괴성을 지르며 방에서 뛰쳐나가더니 아바야를 질질 끌며 계단으로, 복도로 마구 내달렸다. 이후 이틀 동안 그는 아무도 만나지 않고 식음을 전폐한 채 밤낮으로 기도만 했다.

그토록 오랜 세월 복을 누리다 돌아가신 아버지의 죽음 앞에 그토록 비통해 할 아들이 몇이나 될까? 게다가 그는 일국의 왕이지 않은가?

2

이븐 사우드는 전적으로 스스로의 노력 덕택에 광대한 왕국을 얻을 수 있었다. 어린 시절 그의 왕조는 과거 봉신으로 거느렸던 하일의 이븐 라시드에게 거꾸로 제압당했다. 자존심 강하고 내성적이었던 소년 이븐 사우드에겐 고통스런 나날이었다. 한때 아라비아 전역을 장악했던 이븐 사우드의 가문은 이븐 라시드의 시혜를 받는 처지가 됐다. 평화주의자인 압둘 라만조차 이런 상황을 견디지 못해 결국 온 가족을 데리고 쿠웨이트로 이주했다. 오랜 친구인 쿠웨이트 국왕에게 의지해 여생을 보내려 했던 것이다. 그때만 해도 그는 앞으로 어떤 미래가 펼쳐질지, 자신의 아들이 가슴에 어떤 야망을 품고 있는지 알지 못했다.

이븐 사우드의 야망을 눈치챈 사람은 그의 고모뿐이었다. 이븐 사우드는 어린 시절을 회고할 때마다 그녀에 대한 존경을 한껏 표시하곤 했다.

"고모는 나를 친자식들보다 더 사랑한 것 같아. 우리 둘만 있을 때면 언제나 나를 무릎에 앉히고 내가 자라서 어떤 인물이 되어야 하는지 얘기해 주셨지. 내가 이븐 사우드 가문의 영광을 되찾아야 한다고 거듭 당부하셨다네. 또 이븐 사우드 가문의 영광을 되찾는 데만 집중하지 말고 더 나아가 이슬람의 광영을 위해 노력해야 한다, 백성들을 무함마드의 길로 인도해 주어야 한다고 하셨네. 고모의 말씀은 늘 내 마음속에 살아 있었지."

그런 것이었을까? 이븐 사우드는 평생 이슬람을 자신에게 주어진 사명이라고 강조했다. 이슬람의 인도자란 사명보다 왕권 강화가 현실적으로 더 중요한 시기에도 그는 항상 이상적인 이슬람 국가 건설을 목표로 내세웠고, 그의 탁월한 언변에 사람들은 설득당했다.

그는 리야드에서 이샤 기도(보통 일몰 뒤 두 시간쯤 지나 밤에 올리는 기도) 후에 친한 이들과 모임을 가질 때면 종종 이런 어린 시절의 추억을 되짚었다. 성내 모스크에서 이샤 기도가 끝나자마자 우리는 작은 방에 둘러앉아 왕의 하디스(예언자의 언행을 기록한 책-옮긴이)나 코란 해설서 낭독을 한 시간 정도 경청했다. 낭독이 끝나면 왕은 우리 중 두셋을 내실로 데려갔다. 어느 날 저녁 모임이 끝나고 왕의 뒤를 따라 방을 나서던 나는 다른 사람보다 머리 하나는 더 큰 왕의 키에 새삼 놀랐다. 내 표정을 봤는지 그는 형언하기 힘든 특유의 매력적인 미소를 머금고 내 소매를 잡아끌며 물었다.

"왜 그렇게 보나, 무함마드?"

"워낙 키가 크셔서 올라보려야 올라볼 수 없겠다는 생각을 하고 있었습니다."

이븐 사우드는 웃음을 터뜨리고는 내 소매를 잡고 복도를 천천히 걸으며 말했다. "맞아. 키가 커서 좋기도 하지만 마음고생을 했던 때도 있었네. 오래전 소년 시절에 쿠웨이트에서 샤이흐 무바라크의 성에 살 때야. 나는 깡마른 데다 또래보다 유달리 컸어. 성에 함께 살던 샤이흐의 아이들은 물론이고 친척들조차 나를 괴물이라고 놀려댔지. 큰 키가 부끄러워서 성내나 거리를 걸어 다닐 때 조금이라도 작아 보이려고 몸을 움츠리곤 했다네."

여기까지 얘기했을 때 우리는 내실에 도착했다. 장남인 사우드 왕세자는 벌써 와서 아버지를 기다리고 있었다. 나와 비슷한 나이인 그는 아버지처럼 키가 크진 않았지만 생김새는 비슷했다. 아버지보다 체구는 더 다부졌지만 그만한 활력은 보이지 않았다. 왕은 벽을 따라 깔아 놓은 긴 방석 위에 앉더니 우리에게도 앉으라고 손짓을 했다. 이어 "카와!"라고 소리쳤다. 문 앞에 있던 무장한 하인이 이 말을 받아 즉각 복도를 향해 "카와!" 라고 소리치자 "카와!" "카와!" 하는 외침이 복도 끝 주방(왕을 위한 커피만 내리는 곳이었다)까지 순식간에 전달됐다. 잠시 후 황금 검을 찬 시종이 한 손에 커피 주전자를, 다른 손에 작은 컵을 받친 쟁반을 들고 나타났다. 왕이 첫 번째 컵을 받아 들고, 나머지 컵은 앉아 있는 순서대로 참석자들에게 돌아갔다. 이렇게 비공식적인 자리에서 이븐 사우드는 자유롭게 머리에 떠오르는 대로 말하곤 했다. 지구 반대편에서 일어난 일, 우연히 알게 된 신기한 새 발명품, 사람과 관습과 제도 등이 주요 화제가 된다. 하지만 무엇보다 자신이 겪었던 사건을 얘기하고 다른 이들의 속내를 들어 보기를 즐겼다. 그날 저녁 말문을 연 사람은 사우드 왕세자였다. 그는 나를 보고 웃으며 말했다.

"무함마드, 오늘 누가 그대에 대한 의구심을 표하더군요. 무슬림으로 위장한 영국 스파이 아니냐고. 그에게 당신이 진정한 무슬림임을 보증할 수 있다고 말해 줬어요."

나 역시 웃으며 답했다. "정말 감사합니다. 신께서 장수의 축복을 내리시기를. 그런데, 어떻게 그토록 확신하실 수 있었습니까? 사람의 마음은 신만이 아실 텐데요."

"그렇기는 하죠." 왕세자가 말했다. "하지만 그대에 대해선 내가 특별한 계시를 받았어요. 지난주 꿈을 꿨습니다. 내가 사원 앞에 서서 첨탑을 올려다보는데 갑자기 한 남자가 탑 옆에 나타나더니 두 손을 모아 쥐고 입을 가린 채 기도문을 외기 시작했어요. 가장 위대한 신이시여, 단 한 분뿐인 신이시여… 자세히 보니 그 남자는 바로 당신이었어요. 잠에서 깼을 때 나는 확신했습니다. 물론 전에도 의심한 적은 없지만… 신을 찬양하는 꿈이 거짓일 리는 없잖아요."

나는 부탁하지도 않았는데 왕세자가 내 진정성을 알아봤다는 사실에, 또 왕이 이를 재확인하듯 고개를 끄덕이는 모습에 감동했다. 왕세자의 말을 받아 이븐 사우드가 입을 열었다.

"그런 꿈은 때때로 미래를 보여 주기도 하고 불확실한 현재를 명쾌하게 설명해 주기도 하네. 자네도 꿈에서 신의 계시를 받은 적이 있나, 무함마드?"

"네, 있습니다. 아주 오래전입니다. 제가 무슬림이 되겠다고 생각하기 훨씬 전이었습니다. 이슬람 국가에 발을 들이기도 전이지요. 아마 열아홉 살쯤 됐을 때였을 겁니다. 빈의 아버지 집에서 살 때였어요. 저는 인간의 내면을 연구하는 과학(정신분석학을 최대한 명쾌하게 설명하려 노력했다)에 심취해 있었습니다. 잠에서 깨자마자 꿈 내용을 메모하려고 항상 침대 옆에 종이와 연필을 놔두곤 했죠. 그렇게 했더니 정말 꿈을 얼마든지 기억할 수 있게 되더군요. 그 특별한 꿈은 배경이 베를린이었습니다. 지하철을 타고 있었어요. 베를린 지하철은 지하 터널을 달리다가 어떤 구간에선 지상으로 나와 다리를 지나기도 하지요. 승객들로 꽉 찬 만원 지하철 내부는 희미한 전등불이 밝혀 주고 있었습니다. 잠시 후 열차가 터널을 빠져나왔는데 눈앞에 펼쳐진 다리가 아니라 넓고 황량한 진흙땅이 펼쳐졌어요. 바퀴가 진흙에 빠져서 열차는 오도 가도 못하게 됐습니다.

모두 열차에서 내려 주위를 둘러봤습니다. 황량한 평원뿐이었습니다. 관목도, 집도, 심지어 돌도 없었어요. 승객들은 무척 당황했습니다. 완전히 길을 잃었으니 어떻게 사람들이 사는 곳으로 돌아갈 수 있을까요? 더욱이 주위도 어슴푸레했습니다.

하지만 왠지 저는 다른 이들처럼 당황하지 않았어요. 사람들 틈을 비집고 앞으로 걸어갔죠. 열 걸음쯤 가니 낙타가 쭈그리고 앉아 있었습니다. 훗날 아라비아에 와서 본 낙타 안장과 똑같은 안장도 놓여 있고요. 짧은 소매 아바야를 입은 한 남자가 그 안장에 앉아 있었어요. 쿠피야로 얼굴을 가리고 있어서 누군지는 알 수 없었습니다. 그 순간 이 낙타가 나를 기다리고 있었다는 생각이 들더군요. 저는 묻지도 않고 낙타에 올라탔습니다. 그러자 낙타가 일어서더니 달리기 시작했는데 갑자기 알 수 없는 행복감이 솟아올랐습니다. 그렇게 몇 시간, 며칠, 또 몇 달을 여행했어요. 나중엔 얼마나 지났는지 가늠할 수도 없었습니다. 마침내 제 오른쪽 지평선이 막 떠오르는 태양빛에 붉게 물들기 시작했습니다. 그런데 앞쪽 지평선에서 다른 빛이 보이는 겁니다. 두 기둥 사이에 거대한 문이 열려 있고 거기서 나오는 빛이었어요. 여명의 붉은빛이 아니라 눈이 부실 정도로 밝고 흰빛이었지요. 가까이 갈수록 빛은 더 밝아졌고, 제 행복감은 말로 형언할 수 없을 정도로 커졌어요. 그때 어디선가 음성이 들려왔습니다. '여기는 서쪽 끝의 도시다!'… 그리고 잠에서 깼습니다."

"신이시여, 영광을 받으소서!" 내 꿈 얘기가 끝나자 이븐 사우드가 외쳤다. "그래서, 꿈이 자네에게 이슬람으로 가라고 말해 주던가?"

나는 고개를 가로저었다. "아닙니다. 당시엔 이슬람을 생각해 본 적도, 무슬림을 만나 본 적도 없었거든요. 그로부터 7년이 지나서야, 그 꿈은 까맣게 잊은 뒤에야 이슬람을 받아들였습니다. 최근에 메모를 정리하다 당시 침대 옆에 놓아두었던 메모지를 들춰 보고 생각이 났습니다."

"하지만, 자네는 정말 행운아일세. 신께서 그런 꿈을 보여주시다니. 그 꿈이 무슨 뜻인지 모르겠나? 사람들이 몰려 있고, 그중에 자네도 있고, 황야에서 길을 잃었다… 이건 코란의 첫 수라(장章)에 나오는 내용과 같네. 그리고 자네를 기다리고 있던 낙타와 안내원은 코란에 빈번히 등장하는 '올바른 인도자' 아니겠나? 자네가 얼굴을 보지 못했다는 그 안내원은 누구겠어? 신성한 예언자 무함마드이지. 그분은 소매가 짧은 아바야를 즐겨 입으셨네…. 그리고 기록에 따르면 그분이 무슬림이 아닌 사람의 꿈에 나타날 때는 항상 얼굴을 가리신다네. 지평선의 밝은 빛은 타지 않고 주위를 밝혀 주는 신앙의 빛일세. 꿈에서 그 빛에 닿지 못한 이유는 자네가 이슬람을 진정으로 받아들이기 전이었기 때문이야…."

"맞는 해석인 것 같습니다. 하지만 지평선의 거대한 문이 '서쪽 끝의 도시'로 통한다는 음성은 뭘까요? 저는 이슬람을 받아들임으로써 오히려 서구에서 떠나왔는데요."

이븐 사우드가 골똘히 생각에 잠기더니 고개를 들고 미소를 지으며 말했다. "아마도 자네가 이슬람을 받아들이고 서구 생활을 끝낸다는 의미 아닐까? 그 문을 지나면 서구에서의 삶이 끝난다는…."

잠시 후 왕이 다시 입을 열었다. "미래는 신 외엔 아무도 모르지만 때때로 꿈을 통해 우리에게 무슨 일이 벌어질지 암시를 주시지. 나도 그런 꿈을 두세 번 꾼 적이 있어. 모두 현실로 나타났다네. 그중 하나는 지금의 나를 만들어 준 꿈이었지. 쿠웨이트에서 망명 생활을 하던 열일곱 살 때였어.

이븐 라시드가 내 고향을 다스리고 있다는 생각이 늘 나를 따라다녔지. 종종 아버지께 '싸우세요. 이븐 라시드를 쫓아내세요. 아버지가 리야드 왕좌의 주인이에요!'라고 말하곤 했어. 하지만 아버지는 내 말을 듣는 둥 마는 둥, 이븐 라시드가 현재 아라비아에서 가장 강력한 통치자이며 북으로는 시리아 사막, 남으로는 룹알할리 사막에 이르기까지 모든 베두인 부족을 무릎 꿇렸다는 사실을 상기시키셨네. 그러다 이상한 꿈을 꿨어. 밤에 초원에서 외롭게 말을 타고 가는데 내 앞에 역시 말을 탄 이븐 라시드가 나타났지. 우린 둘 다 비무장 상태였고, 라시드는 손에 커다란 랜턴을 들고 있었네. 내가 다가가자 그는 나의 적의를 눈치채고 뒤로 돌아 달아나더군. 나는 그를 쫓아가서 망토 끝자락을 잡았어. 이어 그의 팔을 잡았고, 마침내 랜턴을 빼앗아 꺼버렸지. 잠에서 깼을 때 나는 확실히 알았네. 내가 이븐 라시드 가문을 무너뜨리게 될 것임을…."

그 꿈을 꾼 1897년 무함마드 이븐 라시드가 죽었다. 이븐 사우드에게는 절호의 기회로 보였지만 아버지 압둘 라만은 위험을 감수하길 주저했다. 그러나 확고한 아들 앞에 아버지가 고집을 꺾었다. 친구인 쿠웨이트의 샤이흐 무바라크의 지원으로 그는 사우드 가문을 따르던 몇몇 베두인 부족과 함께 공격을 감행했다. 전통 방식대로 낙타와 말을 타고 부족 깃발을 들고 평원으로 진군했으나 라시드군에 대패하고 쿠웨이트로 돌아왔다. 압둘 라만은 아마 실망보다 안도감을 느끼며 다시는 이런 섣부른 모험을 하지 않으리라 다짐했을 것이다.

하지만 아들은 쉽게 포기하지 않았다. 이븐 사우드가 권력 쟁취를 위한 무모한 도전에 뛰어들 수 있었던 원동력은 바로 그 꿈이었다. 그는 압둘라 이븐 질루위와 이븐 무사드를 비롯한 몇몇 친구들을 포섭하고 용맹한 베두인들을 끌어들여 40명에 달하는 특공대를 결성했다. 그들은 깃발도 북소리도 없이 은밀히 쿠웨이트를 빠져나갔다. 대상들이 다니는 길을 피하고 낮에는 숨었다가 밤에만 이동하며 리야드 외곽 계곡에 도착해 캠프를 쳤다. 그날 이븐 사우드는 40명 대원 중 다섯을 가려내고는 나머지 35

명에게 이렇게 말했다.

"이제 우리 여섯의 운명은 오직 신만이 안다. 우리는 리야드로 간다. 리야드를 되찾거나 아니면 영원히 잃게 될 것이다. 리야드에서 싸우는 소리가 들려오거든 도우러 오라. 내일 해질녘까지 아무 소리도 들리지 않는다면 전멸했다고 보고 최대한 신속하게 쿠웨이트로 돌아가라."

그렇게 길을 나선 여섯은 어둠이 깔릴 무렵 도시에 도착했다. 이들은 이븐 라시드가 리야드를 점령할 때 성벽에 뚫어놓은 구멍을 통해 잠입했다. 무기는 망토 안에 숨긴 채 곧바로 라시드의 아미르가 사는 저택으로 갔다. 저택 출입문은 굳게 잠겨 있었다. 아미르는 적들의 기습을 우려해 밤에는 인근 요새에서 지내는 경우가 많았다. 이븐 사우드와 동료들은 문을 두드려 나온 하인을 즉각 제압해 결박하고 입에는 재갈을 물렸다. 다른 하인들도 같은 처지가 됐다. 저택에는 하인 몇 명과 여자들밖에 없었다. 여섯은 부엌에서 대추야자를 찾아 요기한 뒤 교대로 코란을 암송하며 밤을 지새웠다.

아침이 되자 요새의 문이 열리며 아미르가 경호원들에게 둘러싸인 채 밖으로 나왔다. 여섯은 "신이시여, 이븐 사우드 가문은 당신 손에 있습니다."라고 외치고 칼을 휘두르며 돌진했다. 압둘라 이븐 질루위가 아미르를 향해 창을 던졌지만 아미르가 몸을 숙여 피하는 바람에 진흙으로 만든 벽에 박혔다(지금도 그 자국이 남아 있다). 아미르가 깜짝 놀라 다시 요새 안으로 들어가자 압둘라 혼자 뒤쫓았고, 이븐 사우드와 나머지 네 명은 경호원들을 공격했다. 수적으로는 아미르의 경호원들이 훨씬 우세했지만 너무 당황해서 제대로 맞서지 못했다. 잠시 후 지붕으로 올라간 아미르의 모습이 보였다. 압둘라 이븐 질루위에게 쫓겨 살려달라고 빌다시피 하고 있었다. 질루위는 가차 없이 칼을 휘둘렀고 아미르는 성벽 위로 추락했다.

압둘 아지즈 이븐 사우드는 외쳤다. "나오라, 리야드인들이여. 그대들의 진정한 지도자, 이븐 사우드 가문 압둘 라만의 아들 압둘 아지즈가 왔다."

북부에서 온 압제자를 증오했던 리야드인들은 무기를 들고 왕자를 도우러 뛰어나왔다. 뒤에 남았던 대원들도 낙타를 타고 달려왔다. 불과 한 시간도 안 돼 압둘 아지즈 이븐 사우드는 누구도 대항할 수 없는 리야드의 지배자가 됐다.

이는 그가 스물한 살 되던 1901년 일어난 사건이다. 인생의 제1막을 마감하고 성인과 지도자로서 제2막에 접어든 때였다. 한 걸음 한 걸음, 한 지역 한 지역 나즈드 땅이 이븐 사우드 수중에 떨어졌다. 이븐 라시드 가문은 본거지인 하일이 있는 자발 샤마르 지역으로 밀려났다. 이븐 사우드의 영토 확장은 치밀한 계산을 바탕으로 한 듯 정교하고도 일사불란하게 이뤄졌다. 물론 이븐 사우드는 작전참모도 없었고 지도 따위 들여다보지도 않았다. 그는 리야드를 정점에 두고 나선형으로 영토를 넓혀 나갔다. 그는 먼저 리야드의 동쪽과 북쪽 지역을 확보한 뒤 서쪽 사막으로 나아갔다. 이븐 라시드가 여전히 상당한 장악력을 유지하고 있던 북부에는 서서히 진출했다. 라시드는 굳건한 동맹인 투르크족의 지원을 받고 있었다. 이븐 사우드는 재정적 어려움도 해결해야 했다. 나즈드 지방은 대규모 군대 유지에 필요한 자원이 손쉽게 조달되는 곳은 아니다.

그는 내게 이런 말을 한 적이 있다. "한번은 너무 돈이 부족해서 샤이흐 무바라크에게 선물 받은 보석 박힌 칼을 쿠웨이트의 유대인 대부업자에게 저당 잡힌 적도 있었다네."

이븐 사우드를 괴롭혔던 문제가 또 하나 있었다. 바로 베두인 부족들이다. 중앙 아라비아는 원래 베두인의 땅이다. 베두인들이 어느 쪽을 지지하고 어느 편에 반감을 보이느냐에 따라 승패가 갈릴 수 있었다. 변덕스럽기로 소문난 베두인들은 늘 이길 것 같은 편에 서거나 전리품을 더 많이 제안하는 쪽을 지지했다. 이런 이중 거래의 명수는 강력한 무타이르 부족장 파이잘 아드 다위시였다. 그의 충성심이 어느 쪽으로 기울었느냐에 따라 이븐 사우드와 이븐 라시드 사이 힘의 균형이 달라졌다. 그는 하일에서 이븐 라시드로부터 선물을 잔뜩 받아낸 뒤 곧장 리야드로 가서 이븐 사우드에게 충성을 맹세하는 자였다. 물론 이 맹세도 채 한 달이 가지 않았다. 의리 따윈 없고 탐욕만 넘쳐나는 인물이었다. 그 때문에 이븐 사우드는 수많은 밤을 하얗게 지새우며 고뇌해야 했다.

마침내 이븐 사우드는 아라비아 반도의 풍광 자체를 바꿔 버리는 거대한 구상을 내놓았다. 떠돌아다니는 유목민 부족들을 한곳에 정주시킨다는 계획이었다. 마음만 먹으면 언제든 천막을 걷고 이주할 수 있는 유목민의 특성상 간에 붙었다 쓸개에 붙었다 하고 있지만, 정주민이 되어 집과 농장과 재산 등 빼앗길 것이 많아지면 그만큼 배신도 힘들어질 것이었다. 이븐 사우드는 베두인 정주를 최우선 과제로 추진했다. 이 과정에서 이슬람이란 종교가 큰 도움이 됐다. 이슬람은 항상 한곳에 뿌리내리는 정주민으로서의 삶을 지향해야 한다고 가르쳤다. 이븐 사우드 왕은 종교 지도자들을 각 부족에 파견해 이 같은 가르침을 설파했고 기대 이상의 성공을 거뒀다. '이크완(형제들. 정주한 베두인들은 스스로를 이렇게 불렀다)' 조직이 자리를 잡기 시작했다. 아드 다위시의 한 분파인 알와 무타이르가 조성한 최초의 이크완 정주촌은 불과 몇 년 만에 3만 명이 거주하는 도시로 성장했고, 많은 부족이 그 뒤를 이어 정주촌 건설에 나서게 되었다.

이후로 이븐 사우드의 전쟁은 새로운 양상을 띠게 됐다. 기존의 권력 투쟁에서 벗어나 신앙을 위한 싸움이 된 것이다. 이크완은 18세기 개혁운동가 무함마드 이븐 압둘 와하브의 가르침을 이어받아 금욕적인 이슬람 원리주의를 고수하며 타협을 용납하지 않았다. 종교적 독선이 섞여 있긴 했지만, 어쨌건 그들의 주요한 목표는 이슬람이라 부르기에 모자람이 없는 새로운 사회 건설이었다. 그들의 신념은 원시적이고 광적인 측면도 없지 않았지만, 적절한 인도와 교육이 수반될 경우 아라비아 전역에 걸쳐 진정한 사회적 영적 부흥을 불러일으킬 가능성도 충분했다. 불행히도 이븐 사우드는 이렇게 엄청난 잠재력을 포착하지 못했다. 그는 이크완의 열정을 꺼뜨리지 않고 겨우 명맥만 유지할 정도의 극히 기초적인 교육의 기회만 제공했다. 이크완 운동을 오로지 권력 투쟁의 도구로 여긴 것이다. 이로 인해 훗날 그는 역풍을 맞게 되고 그가 세운 왕국은 존폐의 위기에 몰리게 된다.

이크완의 군사력을 손에 쥐게 된 이븐 사우드는 1913년 마침내 페르시아 만 알 하사 지역 정복에 나설 준비가 되었다고 생각했다. 알 하사는 원래 나즈드 땅이었으나 50년 전 투르크에 넘어갔다.

이븐 사우드는 투르크와의 전쟁이 처음은 아니었다. 이븐 라시드의 군대에는 투르크 편대가 종종 포함돼 있었다. 그러나 투르크가 직접 통치하는 알 하사 공격은 차원이 달랐다. 강대국과 전면전을 치르게 될 수도 있는 모험이었다. 이븐 사우드에겐 선택의 여지가 없었다. 알 하사와 그 항구를 차지하지 않고는 무기와 생필품을 들여올 길이 없었다. 필요는 모험을 정당화하는 법이지만 이번엔 그 위험이 너무 커서 이븐 사우드도 망설였다. 그는 지금도 당시를 즐겨 회고한다.

"우리는 이미 알 후푸프(알 하사 지방의 수도-옮긴이)가 훤히 내려다보이는 지점에 포진해 있었네. 나는 공격을 감행할 경우의 이득과 위험을 저울질하면서 쉽게 결정을 내리지 못하고 있었어. 지치기도 했고, 집으로 돌아가 평화로운 생활을 하고 싶었다네. 집 생각을 하니 아내 자우하라의 얼굴이 떠오르더군. 아내가 옆에 있다고 생각하면서 그녀에게 줄 시를 구상했지. 시에 몰두하니 내가 처한 상황을 잠시 잊을 수 있었어. 머리에서 시구가 완성되자마자 글로 옮겨 적고 밀봉한 다음 전령을 불러서 이렇게 명령했네. '제일 빠른 낙타 두 마리를 골라서 멈추지 말고 리야드로 달려가 이것을 무함마드의 어머니에게 전하라.' 전령이 먼지를 일으키며 사라지자 갑자기 전쟁을 감행하겠다는 결심이 서더군. 알 후푸프를 공격하자. 신께서 승리의 길로 인도하시리니."

그의 확신은 현실로 입증됐다. 그의 전사들은 알 후푸프 요새를 폭풍처럼 휩쓸었다. 항복한 투르크 군대는 이븐 사우드의 용인 아래 무기와 장비를 챙겨 바스라로 떠났다. 그러나 투르크 정부는 쉽게 영토를 포기하려 들지 않았다. 이스탄불에서 이븐 사우드를 겨냥해 원정을 감행하자는 결정이 내려졌다. 하지만 실행에 옮기기 전 1차 세계대전이 발발했고, 투르크군은 다른 전선에 화력을 동원해야 했다. 종전과 함께 오스만 제국은 소멸되었다.

투르크의 지원이 사라지자 이븐 라시드는 저항할 힘이 별로 남지 않았다. 그의 근거지인 북부지방은 1차 대전 이후 영국과 프랑스의 지배를 받게 되었다. 이븐 사우드의 가장 용맹한 전사가 된 파이잘 아드 다위시가 1921년 군대를 이끌고 하일을 점령했고, 라시드 가문은 권력을 상실했다.

이븐 사우드의 세력 확장은 1924~1925년 정점에 다다랐다. 이 기간 그는 히자즈 지역을 장악해 메카, 메디나, 제다를 손에 넣었다. 1916년 영국의 도움으로 투르크에 저항한 뒤 히자즈 지역 권력을 잡고 있던 샤리프 후세인도 축출했다. 이슬람 성지 장악으로 45세의 이븐 사우드는 외부 세계에 존재를 알리게 됐다.

중동 대부분 지역이 서구의 침입에 굴복하던 시절 전례를 찾기 힘든 그의 부상을 보면서 아랍인들은 마침내 아랍민족을 해방시켜 줄 지도자가 나타났다고 흥분했다. 비아랍권 무슬림들도 그가 코란의 정신을 바탕으로 하는 진정한 이슬람 국가를 건설해 줄 것이란 기대를 품게 되었다.

그는 선하고 공정한 사람이었다. 지지자들에게는 신의를 지켰고, 반대파에겐 관용을 베풀었다. 지적 능력도 탁월했다. 또한 천 년 전 칼리프 시대 이래 아랍에서 가장 광대한 영토를 확보해 안정적으로 통치했다. 그의 권위는 최고 권력자라는 신분보다 사람 됨됨이에서 나왔다. 그는 가식이나 겉치레를 모르는 사람이었다. 누더기를 걸친 베두인족에게 스스럼없이 다가가 말을 걸고 자신을 압둘 아지즈라 부르라고 했다. 그러나 비굴함이 엿보이는 고위 관료들 앞에서는 한없이 차갑고 냉정하게 돌변했다. 그는 속물근성을 세상 무엇보다 혐오했다. 메카에서 목도했던 에피소드가 생각난다. 궁에서 벌어진 만찬 도중 한 나즈드족 참석자가 음식을 한 주먹 가득 움켜쥐고 게걸스럽게 입에 밀어 넣자 동석한 메카 출신 귀족 하나가 불쾌함을 감추지 않고 얼굴을 찌푸렸다. 그리고 보란 듯이 손끝으로 우아하게 음식을 집어 들었다. 그때 이븐 사우드로부터 날벼락이 떨어졌다. "그렇게 음식을 눈꼽만큼 집어 드는 이유가 무엇인가? 평소에 손으로 먼지 치우던 버릇이 들어 그런가? 우리 나즈드족은 늘 손이 깨끗해서 거리낌 없이 한 손 가득 움켜쥐고 먹지."

가끔 완전히 긴장을 풀고 있을 때면 입꼬리가 부드럽게 올라가면서 세상을 초탈한 듯한 표정이 떠올랐다. 이븐 사우드는 음악적 소양도 뛰어났다. 다만 음악을 사회적 병폐로 여기는 와하비즘 추종자였기에 음악 대신 시를 통해 자신을 표출했다. 자신의 경험이나 전쟁, 사랑을 소재로 쓴 시가 노래로 만들어져 나즈드족의 목소리를 타고 사막 전역으로 퍼졌다. 또한 여러 가지 사안을 한꺼번에 숙고하면서 어느 하나 소홀히 하지 않는 초인적인 집중력은 율리우스 카이사르를 연상시켰다. 그 놀라운 집중력 덕분에 저 방대한 왕국의 대소사를 일일이 챙기면서도 탈진하거나 혼란에 빠지는 법이 없었다.

그의 예리한 통찰력은 가끔 사람을 두렵게 만들 정도였다. 직관적으로 상대방의 속내를 꿰뚫어 볼 수 있었다. 상대방이 방에 발을 들여놓는 순간, 입을 열기도 전에 무슨 생각을 하고 있는지 단번에 알아차렸고, 그 놀라운 광경을 내 눈으로 직접 확인한 적도 많았다. 그 덕분에 수차례 이어진 암살 시도를 무력화시킬 수 있었고, 절체절명의 상황에서 현명한 정치적 판단을 내릴 수 있었던 것이다.

그렇게 그는 베두인의 삶과 민족성, 개념, 감정을 대표하는 상징으로 떠올랐다. 베두인의 개념과 감정은 유일신교의 탄생으로 이어졌다. 유일신교는 초기 히브리족이 가장 먼저 받아들였고(히브리족도 결국 아라비아에서 북쪽 '비옥한 초승달 지대'로 이동한 베두인의 일족이다), 이후 선지자 무함마드가 신의 계시를 받으면서 정점에 달했다.

즉, 아라비아 베두인의 문화가 전 세계에 막대한 영향을 끼친 이슬람이라는 종교 및 그 종교에서 파생한 문명의 기반이자 토양이 된 것이다. 베두인의 전통은 이슬람 문명의 발달을 이끈 견인차였다.

어쨌든 베두인의 전통은 단순히 이슬람이라는 위대한 문명의 전신이 아니라 그 자체로 완벽한 문화였다. 현지의 기후, 지리적 특성과 밀접하게 연관되어 있고, 어느 정도는 소위 '야만적인' 요소가 내재되어 있다. 결국 가혹한 환경에 대한 현실적 대응의 결과물이라 할 수 있다.

베두인의 삶의 터전은 험난하고 혹독하다. 스텝 지대나 사막의 말라붙은 강바닥은 간혹 비가 내릴 때나 물이 조금 고인다. 여름날은 찌는 듯이 뜨겁고, 겨울밤은 살을 에는 듯 춥다. 어쩌다 나타나는 얕은 우물은 물의

양이 많지도 않거니와 염도가 높아 쇠 맛이 난다. 풀이 자라지 않아 낙타밖에 칠 수가 없다. 끝도 없이 펼쳐진 하늘은 낮이면 이글거리는 태양에 멀겋고, 밤이면 칠흑처럼 까맣다. 이렇게 독특한 자연환경 때문에 세상 어디에서도 볼 수 없는 도덕적 · 사회적 기준이 생겨났다.

출생부터 죽음에 이를 때까지, 예나 지금이나, 베두인들은 하늘을 바라보며 무한성과 영원성에 대해 고민하고 사막을 바라보며 고독과 정적에 대해 사료한다. 늘 위험에 노출된 삶을 이어가며 인생의 부질없음을 본능적으로 통찰하고, 정착 생활을 통해 얻는 보호막이나 가림막 없이 인간의 본성을 있는 그대로 꿰뚫는다.

여기서 그치지 않는다. 가혹한 환경으로 인해 베두인들은 인간이라는 존재가 본질적으로 외로울 수밖에 없으며, 그렇기 때문에 서로 긴밀히 협력해야 함을 일찍부터 깨달았다. 이를 바탕으로 부족 간 결속, 통합이라는 개념이 탄생하게 되었다. 특정 집단, 특정 부족에 속해 있다는 소속감을 얻게 되자 개인적 희생을 감내하더라도 공동체의 힘과 안정을 키워야 한다는 욕구가 생겨났다. 그리하여 손님에 대한 후대를 뜻하는 '디야파diyafah'가 베두인 개인의 상징이 된 것과 마찬가지로, 자존감, 용기, 열정 등의 가치가 집약된 '하마사hamasah'가 베두인 부족의식을 상징하게 되었다. 이 두 가지를 한데 아우르는 개념이 '무루와muruwwah'다. 한마디로 옮기기 불가능한 개념으로, 관용, 도의심, 단순명쾌함, 용기, 정중함, 예의 등을 모두 포함하며 남녀노소 누구에게나 적용된다. 이와 더불어 복잡다단한 현실을 하나의 경구 혹은 시로 표현할 수 있는 언어 능력이 요구된다. 코란과 함께 베두인의 언어는 전통적으로 아랍 문학 작품의 문체 및 어휘 순도를 평가하는 가늠자 역할을 했다.

이렇게 역사적으로 영향력이 컸던 베두인의 전통은 결코 '원시적'이라

아미르 사우드(1928년), 훗날 사우디아라비아 국왕

폄하할 수 없다. 물론 체계도 없고, 모순투성이에, 친절한 만큼이나 부족 간 전쟁을 일삼고, 자기희생을 중요시하면서도 걸핏하면 서로를 배신하고, 수 세기 동안 변화를 거부한 채 정체된 생활방식을 고수하고 있기는 하다. 그렇지만 그 자체로 여타 문화와 뚜렷이 구분되는 매우 진보한 문화임은 분명하다.

아라비아의 종교적 · 사회적 역사의 맥락을 제대로 이해하기 위해서는 이렇게 다양한 측면을 모두 고려해야 한다.

유일신에 대한 믿음(초기 히브리족의 신앙)은 아라비아에서 유래했다. 먼 옛날, 베두인은 우주의 만물을 창조하는 힘 앞에 인간이 얼마나 보잘것없는가를 깨달았고, 이런 깨달음으로부터 조물주라는 개념이 탄생했다. 세월이 흐르며 이 개념이 흐릿해지고 오염됐을 수는 있지만 베두인의 의식 속에 굳건히 남아 있었다. 고대 아라비아에서는 별, 나무, 돌 등 우상을 숭배하고 여러 신을 믿었다. 그러나 이슬람 이전 시대 시나 전통문화에 드러나듯, 눈에 보이지 않는 유일한 절대자가 존재한다는 막연한 믿음이 동시에 존재했다.

이는 유일신의 계시인 코란이 탄생하고 아라비아 전역에 뿌리를 내리는 토대로 작용했다.

코란에 담긴 가르침은 아랍인들의 신념, 윤리적 가치에 정확히 부합했다. 베두인의 개념인 '무루와'를 아우르고 있었기 때문이다. 코란에 따르면 인간은 진실하고 용감하고 너그러우며 온정적이어야 한다. 또한 잔혹한 자들에 당당히 맞서고, 선량한 자들 앞에 고개 숙여야 한다. 무엇보다 무한하고 영원한 존재 앞에 인간이 보잘것없음을 알아야 한다.

아라비아가 아닌 다른 곳이었다면 코란의 가르침이 그처럼 단번에, 본능적으로 흡수되지 않았을 것이다. 다시 말해 선지자 무함마드 시대의 아랍인들은 그 안에 이미 이슬람의 교리가 내재되어 있었기에 공기를 들이마시듯 자연스럽게 받아들일 수 있었다. 신이 내리는 계시의 가장 내밀한 취의를 단번에 파악하고 이를 일상으로 연결시킬 수 있는 민족이 선택을 받은 것이다. 그랬기에 이슬람은 불과 20~30년 사이에 대서양 연안과 중국 접경 지역까지 막힘없이 전파될 수 있었다.

3

하일을 떠나는 날 아침 나는 음악 소리에 눈을 뜬다. 오케스트라의 현악기와 관악기가 공연 전에 음을 조율하는 듯한 소리다. 짧게 끊어지는 소리들이 되는대로 뒤섞인 불협화음은 괴기스럽기까지 하다. 엄청난 음량으로 미루어 거대한 오케스트라임에 틀림없는데….

창가로 다가가 여명의 도시를 내려다본다. 텅 빈 시장이 있고, 그 너머에 잿빛 흙집들이 있고, 또 그 너머에는 능수버들과 야자수가 자라고 있다. 그제야 나는 깨닫는다. 이건 두레우물에서 물 긷는 소리다. 하루를 시작하며 수많은 사람들이 커다란 가죽 주머니를 우물에 드리운다. 낙타에 밧줄을 묶어 당기게 하면 도르래가 삐걱거리며 돌아간다. 여기저기 우물이 많으니 이 음악은 잠시도 멈추지 않는다. 합창하듯 동시에 소리를 내기도 하고, 박자를 맞추듯 한 소리가 잦아들면 다른 소리가 올라가기도 한다. 자연의 위대함에 버금가는 이 연주의 지휘자는 인간일 리가 없다.

7

길의 중간

1

우리는 하일을 떠나 메디나를 향해 달리고 있다. 일행이 셋으로 늘었다. 이븐 무사드의 부하인 만수르 알 아사프가 동행한다. 그는 무사드의 심부름을 하러 가는 길이다.

만수르는 굉장한 미남이다. 서양 도시에 나타난다면 길 가던 여성들의 시선을 한 몸에 받을 것이다. 키가 장대 같고 남성미가 넘친다. 아랍에서 우수한 혈통의 상징으로 통하는 연한 갈색 피부가 돋보인다. 자이드와 같은 섬세함이나 내성적인 경향은 찾아볼 수 없다. 얼굴 윤곽에서부터 열정적인 성격이 드러난다. 그도 자이드처럼 산전수전 다 겪은 여행의 고수라 유쾌한 동행이 된다.

네푸드 사막을 벗어나 회색과 황색 자갈로 덮인 땅에 들어서니 작은 동물들이 눈에 띈다. 회색 도마뱀들이 낙타의 발 사이를 지그재그로 다니다 가시덤불 아래 숨어 우리를 빤히 쳐다본다. 다람쥐처럼 꼬리가 털로 덮인 들쥐와 그 사촌쯤 되는 마르모트(다람쥐과의 설치동물-옮긴이)도 있다. 마르모트는 나즈드 베두인들이 가장 좋아하는 음식이다. 내가 먹어 본 고기 중 가장 부드럽다. 닭과 생선의 중간 정도 맛이 나는 식용 도마뱀과 작은 달걀만 한 딱정벌레도 이 땅에 서식한다. 간혹 관목 수풀에서 회색 토끼가 껑충 뛰어나오기도 하고, 멀리서 가젤도 잠시 나타났다가 사라진다.

만수르가 묻는다. "어쩌다 이슬람으로 개종하게 되었나요?"

"내가 말해 주지." 자이드가 끼어든다. "무함마드는 먼저 아랍 사람들을 사랑하게 됐고, 그러다 보니 그들의 신앙까지 사랑하게 됐네. 안 그런가, 무함마드?"

"자이드 말이 맞네, 만수르. 오래전 처음 아랍 땅에 왔을 때 이곳 사람들이 사는 방식에 매료됐지. 이 사람들은 무슨 생각을 하고 무엇을 믿을까, 궁금해 하다 이슬람을 알게 됐어."

"그럼, 이슬람이 진정한 신의 음성이란 걸 곧바로 깨달았나요?"

"글쎄. 그렇진 않았어. 그때 나는 신이 인간에게 직접 말한다고는 믿지 않았네. 신의 음성이라는 책들도 그저 머리 좋은 인간이 썼다고 생각했지."

만수르가 도저히 못 믿겠다는 눈으로 쳐다본다. "어떻게 그럴 수가 있죠? 모세가 전한 계명도, 예수의 복음도 믿지 않았다고요? 서양인들도 최소한 그 정도 믿음은 있지 않나요?"

"그런 사람도 있고, 그렇지 않은 사람도 있어. 난 그렇지 않은 사람 중 하나였고…."

그리고 많은 서양인이 성경을 진정한 신의 언어가 아니라 인간의 종교적 열망이 진화하며 쌓은 역사쯤으로 여긴 지 이미 오래됐다고 설명해 줬다.

"나도 그렇게 생각했지만 이슬람을 알게 되자마자 흔들렸지." 내가 덧붙여 말한다. "하지만 무슬림의 삶의 방식이 유럽인과 전혀 다르다는 사실을 알게 된 뒤로 이슬람에 관심을 갖게 됐네. 이슬람의 가르침을 알아갈수록 내가 막연하게 찾아 헤맸던 무언가를 손에 쥔 듯한 느낌이었어."

이어서 만수르에게 나의 첫 중동 여행에 대해 이야기한다. 시나이 사막에서 받았던 첫인상과 다마스쿠스에서 느낀 내 미래에 대한 예감이 어땠는지, 터키를 거쳐 유럽으로 돌아갔을 때 다시 서구의 삶에 적응하기가 얼마나 힘들었는지, 그 이유 중 하나는 아랍 세계에서 받은 이상한 느낌의 정체가 궁금했기 때문이었고 다른 하나는 서구사회의 목표에 더 이상 공감하지 못하게 됐기 때문이었음을 차분히 설명한다.

1924년 봄 〈프랑크푸르터 자이퉁〉은 나를 다시 중동에 파견했다. 첫 중동 여행 경험을 담은 책도 마침내 완성됐다(그 책은 내가 중동으로 떠나고 몇 달 뒤《낭만과는 거리가 먼 동방의 나라》란 제목으로 출간됐다. 동양의 무슬림 세계를 로맨틱하고 이국적인 환상이 아닌 일상의 현실을 통해 전달하고 싶어서 이런 제목을 택했다. 시오니즘에 반대하고 아랍의 미래를 독특하게 전망한 내용 때문에 독일 언론의 주목을 받았지만 유감스럽게도 많이 팔리진 않았다).

나는 다시 지중해를 건너 이집트 해안에 발을 내디뎠다. 사이드 항구에서 카이로까지의 기차 여행은 이미 읽었던 책을 다시 들춰 보는 것과 같았다. 수에즈 운하와 만잘라 호수 사이에는 이집트의 오후가 펼쳐져 있었다. 오리가 수면을 가르고 능수버들 가지가 춤을 춘다. 검은 물소가 낙타와 함께 밭을 갈고 있다. 수에즈 운하에서 서쪽으로 이동할수록 평원에는 모래보다 풀이 많아졌다. 낭창낭창한 여인들이 물동이를 머리에 이고 들판을 가로지른다. 서구에선 이미 사라져 버린, 동양에서도 점차 보기 힘들어지고 있는 우아함이다.

이번엔 1등칸에 탔다. 승객은 두 명뿐이었다. 한 명은 알렉산드리아 출신의 그리스 사업가다. 레반트(동부 지중해 연안과 섬을 아우르는 지역-옮긴이) 사람답게 외향적이어서 금세 말문을 텄다. 다른 한 명은 이집트인으로 마을 촌장이었다. 값비싼 실크 카프탄과 굵은 금 시곗줄로 미루어 상당한 재력가임이 분명했지만 식견이 그리 높아 보이지는 않았다. 그는 대수롭지 않다는 듯 자신이 글을 읽지도 쓰지도 못한다고 했다. 그럼에도 예사롭지 않은 상식을 뽐내며 그리스인과 논쟁을 벌이기도 했다.

우리는 이슬람 사회를 지탱하는 원칙에 대해 이야기하고 있었다. 당시 내가 천착하던 주제였다. 그리스 친구는 이슬람 사회가 공평하다는 내 말을 수긍하지 못했다.

"이보게, 친구. 자네 말처럼 그렇게 공평하다고만 볼 순 없어요." 불어로 말하던 그가 아랍어로 바꾸더니, 이집트 촌장을 향해 물었다. "당신들은 이슬람 율법이 공평하다고 하는데, 무슬림 남성과 기독교도 여성 혹은 유대인 여성과의 결혼은 허용하면서 왜 무슬림 여성이 이교도와 결혼해서는 안 된다고 하는지 설명해 줄 수 있겠어요?"

"그럼요." 한 치의 망설임도 없이 이집트인이 말했다. "우리 율법이 왜 그런지 말씀드리죠. 우리 무슬림은 예수가 신의 아들이라고 믿지 않아요. 신이시여, 예수에게 평화와 축복을 베푸소서. 하지만 예수가 모세, 아브라함처럼 진정한 신의 예언자라고 생각합니다. 그들은 모두 마지막 예언자인 무함마드와 같은 목적으로 신께서 우리에게 보내 주신 겁니다. 따라서 기독교도나 유대인 여성은 무슬림 남성과 결혼해도 시댁 사람들로부터 자신이 성스럽게 여기는 예언자에 대해 불경스런 얘기를 들을 이유가 없어요. 하지만 거꾸로 무슬림 여성이 기독교도나 유대인 남성과 결혼하면 예언자를 욕보이는 말을 어쩔 수 없이 듣게 될 겁니다. 아마 아이들까지 그런 말을 하게 될지 몰라요. 아이들은 보통 아버지의 신앙을 따르게 되니까. 무슬림 여성을 그렇게 고통스러운 상황에 빠뜨릴 순 없죠."

그리스 친구는 대꾸할 말을 찾지 못했다. 문맹인 그 이집트 촌장은 아랍인 특유의 상식을 동원해 아주 중요한 문제의 핵심을 찔렀다. 나는 이슬람을 향해 가는 새로운 문이 열리는 듯했다.

재정 여건이 달라진 덕에 나는 카이로에서 몇 달 전만 해도 상상조차 못했던 생활을 누릴 수 있게 됐다. 더 이상 동전까지 세어 가며 고민할 필요가 없었다. 빵과 올리브, 우유로 끼니를 때웠던 시절은 추억이 됐다. 나는 카이로의 부촌에 사는 오랜 지인의 집에 방 한 칸을 얻어 지내기로 했다. 트리에스테 출신의 뚱뚱한 그 여성은 나를 양팔로 부둥켜안고 엄마처럼 양 볼에 키스 세례를 퍼부으며 맞이해 줬다.

카이로에 도착한 지 사흘째 되는 날, 해질녘에 성이 있는 쪽에서 포성이 들려왔다. 동시에 성에 있는 사원의 첨탑 위로 빛줄기 하나가 원을 그리며 솟아올랐다. 잠시 후 도시의 모든 사원에서 첨탑 위로 같은 빛줄기가 보였다. 카이로 구시가지를 오가는 사람들의 걸음이 빠르고 경쾌해졌다. 묘한 축제 분위기가 순식간에 도시를 휘감았다.

새로운 달의 시작을 알리는 초승달이 떴던 것이다. 이슬람력에서 1년 중 가장 신성한 기간인 라마단이 시작됐다. 라마단은 1300년 전 무함마드가 천사로부터 처음 코란의 가르침을 내려 받은 달을 기념한다. 이 기간 동안 모든 무슬림은 일출부터 일몰까지 의무적으로 금식을 해야 한다. 30일간 매일 동쪽 지평선에 여명을 알리는 빛줄기가 보이는 순간부터 해가 질 때까지 환자를 제외한 남녀노소 누구도 음식, 물, 담배를 입에 대서는 안 된다. 라마단 중 카이로 사람들은 낮이면 성스러운 땅에 온 듯 눈을 반짝이며 돌아다니다, 밤이면 축포를 쏘고 기쁨의 노래를 부르며 새벽이 올 때까지 모든 사원의 불을 밝힌다.

이 금식월의 목적은 두 가지다. 먼저 굶주림을 체험함으로써 가난하고 배고픈 이들의 마음을 헤아리고 사회적 책임의 중요성을 인식하게 한다.

다른 하나는 자기수양이다. 이슬람은 각 개인에게 높은 수준의 도덕성을 요구한다(그래서 술을 금지한다). 형제애와 자기수양이라는 두 가지 요소가 도덕적 측면에서 이슬람이 어떤 종교인지를 보여준다.

이슬람의 진정한 의미를 찾아가는 과정에서 나는 카이로의 무슬림 친구들로부터 많은 도움을 받았다. 그중에서도 당대 최고의 이슬람 학자인 셰이크(나이 많은 남자라는 뜻으로, 어른 혹은 학자를 가리키는 경칭-옮긴이) 무스타파 알 마라기가 탁월한 길잡이가 되어 주었다. 알아자르 대학 신학자인 그는 당시 40대 중반이었지만 20대 같은 근육질 몸매에 활력이 넘쳤다. 박식하고 엄숙하면서도 유머 감각이 남달랐다. 이집트의 위대한 개혁가 무함마드 압두의 제자이고, 선동적인 사상가 자말 압딘 알 아프가니와도 교류했다. 그는 무슬림들이 이슬람 신앙의 근본에서 매우 멀어져 있으며 그들을 잣대로 삼아 예언자 무함마드의 메시지를 판단한다면 큰 오류라고 말했다. 그는 "서로 사랑하지 않는 요즘 기독교인들을 통해 예수의 사랑을 평가하는 것과 같은 오류"라고 설명했다. 그는 이런 경고와 함께 나를 알아자르 대학으로 데려갔다.

카이로에서 가장 오래된 쇼핑가인 무스키 거리를 지나 작고 외진 광장에 인접한 아자르 사원에 들어가니 흰색 터번을 두른 학생들이 정원에 앉아 낮은 목소리로 책을 읽고 있었다. 정원 반대편 홀에선 강의가 진행되고 있었다. 교수 몇 명이 한 줄로 자리를 깔고 앉아 있었다. 학생들은 각 교수 앞에 반원형으로 둘러앉았다. 교수들은 결코 목소리를 높이는 법이 없다. 학생들의 집중력을 높이기 위한 방법이다. 그때 셰이크가 말했다.

"저 '학자'들이 보이십니까? 인도 거리의 신성한 소 같은 존재들이지요. 인도에선 소들이 거리에서 나뒹구는 종이를 모두 먹어 버린다지요? 맞습니다. 저들은 몇 백 년 전에 쓰인 책들을 다 먹어치워요. 하지만 소화하지 못하죠. 그저 반복해서 읽고 외우고, 읽고 외울 뿐 스스로 생각할 줄을 몰라요. 저들에게 배우는 학생들도 마찬가지예요."

"하지만 알아자르는 이슬람 학문의 상아탑 아닌가요? 세계에서 가장 오래된 대학이고요! 이슬람 문화사에 관한 책에는 매번 등장하는 곳입니다. 지난 천 년간 얼마나 많은 신학자, 사학자, 철학자, 수학자를 배출했습니까!"

"이미 몇 세기 전부터 진정한 학자들이 나오지 않고 있어요." 그가 답했다. "최근에도 여기저기 알아자르 출신 사상가들이 보이긴 하지만 알아자르는 '불임' 상태에 빠졌습니다. 사실 무슬림 세계 전체가 그래요. 과거 추동력은 거의 소멸됐어요. 발전이 있으려면 남의 생각을 반복하기보다 스스로 생각할 줄 알아야 하는데 그저 암송이나 하고 있으니…."

알아자르 대학에 대한 셰이크 알 마라기의 신랄한 평가를 듣고 나니 오늘날 무슬림 세계 곳곳에서 드러나는 문화적 쇠퇴의 근본 원인을 알 수 있을 것 같았다. 이 유서 깊은 대학의 학문이 그토록 경직돼 있다면 이슬람 사회 전반에 똑같은 현상이 나타나고 있지 않을까? 오늘날 많은 무슬림들이 가난을 그저 숙명처럼 받아들이는 이유도 결국 지적인 발전이 정체돼 있기 때문이 아닐까?

나는 자문해 본다. 그렇다면 이슬람에 대한 잘못된 시각이 서구 세계에 만연할 만하지 않은가? 이슬람에 대한 서구의 시각은 다음과 같이 요약할 수 있다. '무슬림 세계가 쇠락한 원인은 이슬람이란 종교다. 기독교나 유대교에 비하면 이슬람은 종교라 부르기 어렵다. 이슬람은 사막 특유의 광신, 미신 숭배, 어리석은 운명론이 뒤섞여 있다. 이슬람은 인간을 우민화愚民化의 사슬에서 해방시키는 대신 더욱 옭아맨다. 따라서 무슬림이 이슬람 신앙과 관습에서 빨리 벗어나 서구의 생활양식을 받아들여야 그들

에게도 나머지 인류에게도 좋은 세상이 된다.'

이슬람 사회를 가까이서 관찰한 나의 의견으로는 무척이나 왜곡된 시각이다. 코란 어디에도 잔혹한 물질주의 세계관은 담겨 있지 않다. 거꾸로 코란은 신의 창조물을 이성적으로 받아들인다. 지적인 욕구와 육체적 충동, 영적인 갈구와 사회적 필요성이 조화를 이룬다. 무슬림 세계의 퇴보는 이슬람이란 종교에 결함이 있기 때문이 아니라 무슬림이 이슬람의 가르침을 제대로 따르지 못했기 때문이다. 오히려 초기 무슬림은 이슬람을 받아들였기에 높은 수준의 문화를 창조할 수 있었다. 이슬람은 그들에게 신이 창조한, 그래서 신의 뜻이 담겨 있는 자연을 이해하는 데 모든 에너지를 쏟아붓도록 했다. 이해하기도 힘든 교리를 믿으라고 주문하지 않았다. 사실 무함마드의 메시지에는 어떤 교리도 담겨 있지 않다. 초기 무슬림의 대표적 특징인 왕성한 지적 욕구는 순전히 이슬람 신앙에서 비롯된 것이었다. 무함마드는 지식 추구야말로 남녀를 막론하고 모든 무슬림의 신성한 의무라고 선언했다. 이 말을 그의 추종자들은 지식을 추구함으로써 신에게 더 많은 영광을 돌릴 수 있다는 뜻으로 해석했다. 논리는 이렇다. 신이 질병을 만들 때 그 치료법도 함께 만들었을 테니 아직 알려지지 않은 치료법을 찾아내면 신의 뜻이 지상에서 완성될 수 있다. 이런 종교적 의무감을 바탕으로 의학 연구에 많은 투자가 이뤄졌다. 코란에 이런 구절이 있다. '모든 생명은 물에서 비롯된다.' 초기 무슬림은 이 경구의 의미를 파악하기 위해 생명체의 메커니즘을 파고들어 생물학 체계를 마련했다. 또 코란은 별들의 조화로운 움직임이 창조주의 영광을 보여 준다고 말한다. 그러자 무슬림은 여타 종교에선 단지 숭배의 대상일 뿐인 별을 연구해 천문학과 수학을 발전시켰다. 유럽에서 코페르니쿠스의 지동설이 등장한 때는 16세기지만, 이 학설의 기초는 그보다 600년 전 무슬림들에 의해 마련됐다. 9~10세기 무슬림 천문학자들은 이미 지구가 둥글고 축을 중심으로 회전한다는 결론에 도달했고, 정확한 위도와 경도를 계산할 줄 알았다. 지구가 태양을 중심으로 돌고 있다는 주장까지 나왔지만 유럽과 달리 아무도 이단 시비에 휘말리지 않았다. 이렇게 초기 무슬림은 화학, 물리학, 생리학 등 다양한 과학 분야에 걸쳐 기념비적인 성과를 냈다. 그들은 다음과 같은 무함마드의 가르침을 따랐을 뿐이었다. '지식 탐구에 매진하는 이는 천국으로 가는 길이 편안해지리라. 과학자는 신께서 만든 길을 따르는 이다. 보름달이 밤하늘의 별을 모두 압도하듯, 지식을 갖춘 이는 단순히 믿음만 투철한 이들을 압도하리라. 학자의 먹은 순교자의 피보다 값지다.'

무함마드 사후 약 다섯 세기에 걸쳐 무슬림 역사상 가장 창조적인 시대가 이어졌다. 이 시기 무슬림은 학문적으로 독보적인 경지에 다다랐다.

과학과 마찬가지로 사회도 코란의 가르침에 많은 영향을 받았다. 유럽 기독교 사회가 전염병을 신의 형벌로 간주하던 시대에 무슬림들은 예언자의 말대로 감염 지역을 격리시키며 전염병에 맞서 싸웠다. 기독교 세계에서 왕과 귀족들조차 목욕을 사치로 여기던 때에 무슬림 사회에선 서민들도 집에 목욕탕을 최소 하나씩 갖추고 살았고, 도시마다 세련된 공중목욕탕이 있었다(9세기 코르도바에는 공중목욕탕이 300개나 있었다). 모두 '청결도 신앙생활의 일부'라는 무함마드의 가르침이 기반이 되었다.

요약하면, 이슬람은 인류의 문화적 성취에 커다란 동기를 부여했다. 반계몽주의 대신 지적 탐구를, 침묵 대신 행동을, 금욕주의 대신 활기찬 삶을 추구하라고 가르쳤기에 가능했다. 그랬으니 이슬람이 아라비아 반도를 넘어 바깥 세상에 알려지자마자 급속도로 확장될 수밖에 없었다. 무력으로 사람들을 무릎 꿇린 것이 아니었다. 엄격한 기독교 교리를 배우며 자란 시리아와 북아프리카 사람들, 그리고 스페인의 서고트인들은, '원죄론'을 부정하고 인간의 삶을 그 자체로 존중하는 새로운 가르침을 놀라운 속도로 흡수했다.

무슬림이 이슬람을 위대한 종교로 포장했다기보다 이슬람이 무슬림을 위대한 집단으로 변모시킨 것이다. 하지만 삶의 방식이던 신앙이 반드시 따라야 하는 관습적 의무가 되자마자 이슬람 문명을 탄생시킨 창조적 동력이 잦아들면서 점차 쇠락의 길로 접어들었다.

그동안 몰랐던 아랍의 모습을 차츰 발견하고 아랍어 실력도 조금씩 향상되면서(당시 나는 알아자르 대학생에게 매일 아랍어를 배웠다) 마침내 무슬림의 마음으로 통하는 열쇠를 찾은 듯했다. '유럽인은 결코 아랍의 진면목을 이해할 수 없다'는 생각이 '무슬림 세계도 서구와 완전히 다르지는 않다'는 생각으로 바뀌어 갔다. 서구인도 종래의 사고방식에서 벗어나 객관적 시각을 견지할 수 있다면, 자신의 가치관만 옳다는 아집을 버릴 수만 있다면, 무슬림 세계를 이해할 수도 있겠다는 생각이 들었다.

하지만 여전히 의문이 남았다. 인간이 스스로 고안해내지 않은 가치체계에 온전히 자신의 생각을 맞춰 가야 한다는 발상이 바람직해 보이지 않았다.

그래서 알 마라기에게 이런 질문을 한 적이 있다. "셰이크 무스타파, 우리는 왜 특정한 가르침, 특정한 교리에 스스로를 옭아맬까요? 내면의 목소리에서 도덕적 영감을 찾아야 마땅하지 않나요?"

"결국 왜 종교란 제도가 필요하냐는 질문인데, 대답은 간단하네. 내면의 목소리를 듣고 이해할 수 있는 사람은 극소수에 지나지 않아. 예언자들이나 가능하지. 대다수는 개인적인 이해관계와 욕망에 구속되게 마련이네. 만약 모두가 내면의 목소리를 따른다면 도덕적 혼돈을 야기해서 어떤 규범도 존재할 수 없을 거야. 저마다 개인 사정에 따라 규범에서 벗어나는 예외적 권리를 주장한다면 어떤 결과가 오겠나?"

카이로에 온 지 6주쯤 지났을 때 이전 해 팔레스타인에서 앓았던 말라리아가 재발했다. 증세는 두통과 현기증, 몸살로 시작됐다. 채 하루가 지나기 전에 나는 자리에 누워 꼼짝도 할 수 없게 됐다. 도움 청할 곳 없는 내 처지가 반가운 듯 집주인 비텔리는 곁을 떠나지 않고 법석을 떨었다. 뜨거운 우유를 가져다주고 해열을 해야 한다며 이마에 찬 수건을 얹어 주었다. 하지만 내가 의사를 불러야 하지 않겠냐고 묻자 발끈했다.

"의사? 의사가 말라리아에 대해 뭘 안다고? 말라리아는 내가 잘 알아. 두 번째 남편이 알바니아에서 말라리아로 죽었지. 두라초에 살 때였는데 상태가 훨씬 나빴지만 날 믿고 의지했어."

나는 논쟁할 힘도 없어서 그녀가 그리스 와인과 퀴닌(남미산 기나나무 껍질에서 얻는 약물-옮긴이)을 데워 내미는 대로 받아먹었다. 어찌나 쓴지 펄펄 끓는 열보다 그 쓴맛이 더 고통스러웠다. 하지만 이상하게도 나는 엄마 같은 비텔리를 전적으로 의지하고 있었다. 비록 그녀의 남편은 이런 간병을 받다가 죽었다지만.

그날 밤 열이 올라 몸이 불덩이 같았는데 갑자기 부드러우면서 강렬한 음악이 거리에서 들려왔다. 손풍금 소리였다. 풀무와 파이프로 이루어진 보통 손풍금이 아니라 너무 섬세하고 음역이 제한돼 있어 유럽에선 오래전 사라져 버린 옛 클라비코드(피아노와 흡사한 옛 건반악기-옮긴이)에 더 가까운 악기였다. 예전에 카이로에서 이런 손풍금을 본 적이 있었다. 음은 짧고 간결했다. 화살이 과녁에 꽂힐 때 나는 소리, 유리가 부딪혀 쨍그랑하는 소리처럼 음과 음 사이 간격이 넓다. 따라서 음이 서로 섞이지 않아 듣는 이가 전체 멜로디를 파악하기가 쉽지 않다. 대신 부드럽고 강렬한 순간적 경험이 연주 내내 이어진다. 마치 잘 풀리지 않는 수수께끼 같다. 스쿠타리(터키 이스탄불 주에 있는 도시-옮긴이)에서 본 데르비시(극도의 금욕주의를 수행하는 수피교도-옮긴이)들의 끝없이 빙빙 도는 춤처럼….

이스탄불에서 보스포루스 해협을 건너면 바로 스쿠타리의 공동묘지가 나오는데, 특이한 수풀이 우거져 있다. 높다랗게 늘어선 수많은 사이프러스 나무 아래 오랜 세월 풍화에 시달린 아랍어 비석들이 줄지어 서있다. 이 묘지는 아주 오래전 매장이 중단됐다. 그만큼 죽은 지 오래된 이들이 묻혀 있다. 진실로 모두가 '영면에 든' 곳이다.

공동묘지를 가로지르니 작은 사원이 나왔다. 입구는 아름다운 아라베스크 문양으로 장식돼 있었다. 반쯤 열린 문으로 들어가니 어둑한 방 안에 사람 몇이 늙은 이맘 하나를 둘러싸고 둥글게 앉아 있었다. 모두 긴 망토에 챙 없이 운두 높은 펠트 모자를 썼다. 늙은 이맘은 단조로운 음성으로 코란을 암송 중이었다. 한쪽 벽에는 악사들이 나란히 앉아 있었다. 악기는 북과 플룻, 그리고 바이올린처럼 생긴 카만자다.

모여 앉은 이들은 데르비시들이었다. 리듬에 맞춰 빙글빙글 도는 동작을 끝없이 반복하며 무아지경에 이르러 직접 신을 만난다는 이들이다.

이맘의 목소리 외에는 아무 소리도 들리지 않던 방 안에 갑자기 플루트의 가는 고음이 울려 퍼졌다. 거의 흐느끼듯 단조로운 톤의 음악이 시작됐다. 사람들은 한 몸이 된 듯 일제히 일어서서 망토를 벗어던졌다. 이제 발목까지 내려오는 흰 튜닉 차림이다. 허리춤에는 스카프를 벨트처럼 묶었다. 둥글게 선 채로 각자 반 바퀴씩 회전해 둘씩 짝지어 마주 보고 섰다. 그러고는 팔짱을 끼고 서로에게 깊이 머리 숙여 인사했다. 이어 모두

가 양팔을 옆으로 죽 폈다. 오른손 바닥은 위를 왼손 바닥은 아래를 향하고 있다. 다같이 '후아(영어로는 'He'. 신을 뜻한다)'라고 구령 붙이듯 속삭이고는 리듬에 맞춰 제자리에서 천천히 회전을 시작했다. 굳은 표정으로 고개는 뒤로 젖히고 눈은 질끈 감았다. 갈수록 회전 속도가 빨라지며 튜닉 자락이 펄럭였다. 회전이 회오리를 연상케 할 만큼 빨라지자 점차 무아지경에 빠져드는 듯했다. 반쯤 열린 입으로는 끊임없이 '후아'를 반복했다….

비텔리가 커다란 손으로 내 이마를 지그시 누르자 비로소 회오리 같은 춤사위가 멈추고 나는 스쿠타리에서 카이로로 돌아왔다.

결국 비텔리가 옳았다. 그녀의 간병으로 말라리아에서 벗어났다. 의사의 치료를 받았다 해도 그 정도는 앓아야 했을 것이다. 이틀 만에 열이 내렸고 사흘째에는 안락의자에 앉을 수 있을 만큼 회복했다. 하지만 외출을 할 상태는 아니었다. 아랍어 선생이 집으로 책을 몇 권 가져다줬다.

고열에 시달리는 동안 되살아난 스쿠타리 데르비시에 대한 기억이 왠지 찜찜했다. 실제로 그들의 춤을 볼 때는 몰랐던 중요한 의미가 담겨 있는 듯했다. 비밀리에 전승된 이 종교 집단의 의식은 내가 아는 이슬람과는 어울리지 않는다. 나는 아랍어 선생인 알아자르 대학생에게 관련 서적을 몇 권 부탁했다. 내가 품었던 의심은 사실로 확인됐다. 이런 비교秘敎는 이슬람과 무관한 외부 사상이 침투, 접목된 결과다. 수피교는 영지주의, 인도 신앙, 심지어 기독교의 영향까지 뒤섞였다. 무함마드의 메시지와는 무관한 금욕주의 개념을 도입하고 수행하기도 했다. 무함마드는 신앙에 대한 유일한 접근법이 '이성'임을 강조했다. 신비주의적 경험을 완전히 배제하지는 않았지만 이슬람은 근원적으로 감성보다 이성을 기반으로 하는 종교다. 무함마드는 주관적 욕망과 두려움에 좌우되는 감성이 좌절과 실패로 이어지기 쉽다고 주장했다.

“이렇게 이슬람은 조금씩 실체를 드러냈네. 이곳저곳을 흘끔거리고 대화와 독서와 관찰을 지속하는 동안 나도 모르게 이슬람은 서서히 내게 다가왔어….”

2

야영 준비를 하는 동안 자이드가 빵을 굽기 시작한다. 거친 밀가루에 물과 소금을 넣어 반죽을 한 뒤 얇게 편다. 그런 뒤 모래에 구덩이를 파고 마른 나뭇가지를 채워 넣고 불을 붙인다. 불꽃이 잦아들기를 기다렸다가 잉걸불 위에 반죽을 올리고 뜨거운 재를 덮은 뒤 다시 마른 가지를 모아 불을 붙인다. 잠시 후 반죽을 파내 뒤집어서 다시 재를 덮고 불을 붙인다. 30분쯤 지나 다 구워진 빵을 꺼내 막대기로 모래와 재를 털어낸다. 빵은 버터와 대추를 곁들여 먹는다. 이렇게 맛있을 수가 없다.

굶주린 배는 채워졌지만 만수르의 궁금증은 아직 풀리지 않는다. 불 옆에 눕자 그는 내게 이슬람으로 개종하기로 결심한 계기를 묻는다. 어떻게 설명할까 잠시 고민한다. 이슬람에 이르는 긴 여정을 말로 설명하기가 이토록 어려운가….

"도둑이 밤에 담을 넘듯이 이슬람은 소리 없이 내게 찾아왔다네. 다만 도둑과 달리 한 번 들어오자 다시 나가지 않았지. 한데 내가 무슬림이 돼가고 있다는 사실을 깨닫는 데 몇 년이 걸렸어."

이슬람이 내 마음을 사로잡기 시작했던 두 번째 중동 여행을 회상한다. 그때도 나는 여행을 통해 무언가를 찾고 있었다. 매일 새로운 인상을 받고 매일 새로운 의문이 떠올랐으며, 새로운 답변을 찾았다. 이슬람에 대한 지식이 늘어갈수록 늘 알고 있던 진실이 나도 모르는 사이에 하나씩 수면 위로 떠오르는 듯한 느낌이 들었다.

1924년 초여름 나는 카이로를 떠나 거의 2년 동안 여러 나라를 돌아다녔다. 한곳에 머물 만큼 머물다 훌쩍 떠나는 자유로운 여행이었다. 트란스요르단에서 아미르 압둘라와 며칠을 보내며 아직 서구의 손이 닿지 않은 베두인 땅의 활력을 맛봤다. 〈프랑크푸르터 자이퉁〉에서 프랑스 비자를 받도록 도와줘 시리아도 다시 둘러볼 수 있었다. 시리아의 트리폴리(리비아 수도와 이름이 같은 레바논 북서부 지중해 연안 도시. 시리아 땅이었지만 1941년 레바논 영토가 됐다-옮긴이)에 도착하니 베이루트에서 느꼈던 동부 지중해 특유의 시끌벅적한 모습은 온데간데없다. 고요한 평화가 감도는 곳이었다. 항구에는 작은 구식 범선들이 삐걱거리는 소리를 내며 정박해 있었다. 부두의 커피집에선 문 앞에 작은 의자를 놓고 늘어앉은 주민들이 오후의 태양을 즐기며 커피와 물담배를 음미한다. 평화가 가득한 곳이다. 거지들조차 이렇게 말하는 듯하다. '트리폴리에서 거지로 산다니, 얼마나 멋진가!'

알레포(시리아 서북부 도시-옮긴이)는 거리 풍경이 예루살렘과 비슷했지만, 사람들이 사는 모습은 완전히 달랐다. 예루살렘은 고통스런 민족 갈등과 심오한 종교적 삶이 묘하게 공존하는 곳이다. 알레포 역시 아라비아와 동부 지중해의 생활 방식이 뒤섞인 도시지만 평화롭게 조화를 이루고 있었다. 전통 시장에선 조용하면서도 부지런한 장인들의 숨결이 느껴지고 카라반 숙소의 마당은 언제나 상품 꾸러미들로 가득하다. 사람들은 검소하면서 동시에 물질적 욕망을 감추지 않는다. 서두르는 법이 없어서 낯선 이들에게도 휴식을 맛보게 해준다. 이 모든 모습이 하나의 선율처럼 조화롭다.

알레포를 떠나 시리아 북쪽 끝의 작은 마을 다이르 아조르로 가서 유프라테스 강을 따라 형성된 옛 카라반 이동 경로를 통해 바그다드로 이동했다. 이 여행에서 자이드를 처음 만났다.

몇 년 전부터 차량 왕래가 빈번해진 다마스쿠스-바그다드 경로와 달리 유프라테스 경로는 당시만 해도 거의 알려지지 않았다. 몇 달 전 차 한 대가 지나간 뒤로 이 길에 들어선 사람은 내가 처음이었다. 내가 고용한 아르메니아인 운전사는 다이르 아조르를 벗어난 적이 없는 사람이었지만 어떻게든 길을 찾을 수 있을 거라고 자신했다. 그래도 좀 더 확실한 정보를 얻으려고 그와 함께 시장에 갔다.

시장 거리는 다이르 아조르 전체 길이와 맞먹었다. 시리아 시골 마을과 베두인 대도시의 중간쯤 되는 규모였다. 엄밀히 말하면 후자에 더 가까웠다. 두 세계가 만나 이상하게 친숙한 분위기를 만들어냈다. 한 상점에 들어가니 조악하게 인쇄된 현대식 엽서를 파는데, 그 옆 가게에선 베두인 몇 명이 사막에 내린 폭우와 최근의 부족 간 분쟁에 대해 이야기하고 있었다. 시리아의 비슈르 아나자와 이라크의 샤마르 사이에 벌어진 다툼이 화제가 됐고, 이어 그중 한 명이 나즈드 베두인 부족장 파이잘 아드 다위시의 대담한 이라크 남부 기습공격을 언급했다. 이븐 사우드의 이름도 자주 입에 오르내렸다. 현대식 소총이 나온 뒤로 아무도 사지 않게 된, 총열이 길고 개머리판이 은으로 장식된 구식 전장총前裝銃이 이 시장에는 버젓이 진열돼 있다. 나즈드 베두인족의 낙타 안장과 굿이어 타이어가 함께 팔린다. 그러나 이곳에서 서양 상품은 '침입자'란 느낌이 들지 않았다. 필요해서 팔리는 물건들이라 오히려 자연스럽다. 현실적인 베두인들은 새 문물을 쉽게 받아들이면서도 옛 문물을 배신하지 않는다. 이렇게 내면이 안정된 덕에 새 시대의 물결을 견뎌내고 있다는 생각이 들었다. 아주 최근까지도 은둔에 가까운 생활을 하던 이들에게 지금 이 물결은 코앞에 다가와 있다. 하지만 위협으로 받아들이지는 않는 것 같다. 순수한 호기심으로 모든 것을 차근차근 살피고 유용한지 따져 보고 있다. 글을 모르는 베두인들이 서양 문물을 과연 어떻게 받아들이는지 나는 그동안 관심을 가져 볼 생각조차 하지 못했다.

아르메니아인 운전사가 베두인들에게 뭔가 묻고 있을 때 누가 내 소매를 잡아끌었다. 돌아보니 30대 초반의 잘생긴 아랍인이 서 있었다.

"자동차로 바그다드까지 가는데 길을 정확히 모르신다고 들었습니다. 허락하신다면, 제가 동행하겠습니다. 아마 여행에 도움이 될 겁니다." 그가 거친 음성으로 천천히 말했다.

나는 첫눈에 그가 마음에 들었다. 누구냐고 물었다.

"제 이름은 자이드 이븐 가님입니다. 이라크의 아가일 병사입니다."

그제야 그의 카키색 카프탄과 이라크 사막경비대의 상징인 별 문양이 눈에 들어왔다. 아랍인들이 아가일이라 부르는 부대는 투르크 시대부터 존재했다. 중앙 아라비아 출신 자원자들로 구성되는 부대로, 사막에서 나고 자라 낙타를 다루는 데 능숙하다. 타고난 모험심을 주체하지 못해 그들은 소박한 고향을 떠나 돈과 역동적인 경험이 기다리는 변화무쌍한 세계로 진출했다.

자이드는 시리아-이라크 국경 관리 당국에 볼일이 있어 부대 상관과 함께 다이르 아조르에 왔다고 했다. 상관은 먼저 돌아갔고 홀로 남았던 그도 이제 귀대해야 하는데 다마스쿠스를 경유하는 우회로보다 나와 함께 유프라테스 강을 따라 가고 싶다는 것이었다. 그는 솔직히 유프라테스 경로를 처음부터 끝까지 여행한 적은 없다고 말했다. 강이 워낙 구불구불

해서 물줄기만 따라간다고 능사가 아님을 알고 있다고 했다. 하지만 이렇게 덧붙였다. “사막은 사막일 뿐이고, 태양과 별은 어디나 똑같습니다. 그리고 신께서 우리를 인도하실 테니 충분히 길을 찾을 수 있을 겁니다.” 그의 자신감이 마음에 들어 흔쾌히 동행키로 했다.

다음 날 아침 우리는 다이르 아조르를 출발했다. 포드 모델T 승용차를 타고 광활한 함마다 사막으로 들어섰다. 자갈로 덮인 끝없는 평원은 아스팔트처럼 부드럽고 평평하다가 물결치듯 굴곡이 심해지기를 반복했다. 왼편에서 흐르는 유프라테스 강은 너무 잔잔하고 고요해서 빠른 속도로 떠내려가는 나뭇조각이라도 보이지 않으면 호수로 착각할 정도였다.

새 동료 자이드는 조수석에 앉더니 한쪽 다리를 차창 밖으로 내밀었다. 가끔 낙타를 탄 사람들이 불쑥 나타나 우리를 한참 쳐다보다 사라지곤 했다. 목동들인 듯했다. 우리는 다 쓰러져 가는 카라반 숙소가 나타날 때마다 휴식을 취하며 끝없이 펼쳐진 사막을 가로질렀다. 유프라테스 강은 이제 지평선 너머로 사라져 보이지 않았다. 바람에 모래가 흩날리는 땅에는 듬성듬성 풀과 가시덤불만 보이고, 오른편으로는 낮은 언덕이 줄지어 서 있었다. ‘저 언덕 너머에는 무엇이 있을까.’ 그 너머도 똑같은 사막일 뿐일 테지만 매번 이런 궁금증이 생길 만큼 사막은 신비롭다.

운전사는 마지막으로 멈췄던 카라반 숙소에서 깜빡 잊고 차에 냉각수를 채우지 않았다. 오후가 돼서야 이를 깨달았지만, 강에 다다르려면 아직 한참 가야 했다. 주위에는 우물도 없었다. 어디서 시작해 어디로 가는지 알 수 없는 더운 바람만 불어올 뿐이다. 동부 지중해 사람답게 태평하기 그지없는 운전사는 “그래도 다음 카라반 숙소까지는 갈 수 있겠네요.”라고 했다.

하지만 도저히 그럴 수 있을 것 같지 않았다. 이글거리는 태양 열기에 라디에이터의 물이 끓어오르고 있었다. 다시 목동들을 만났다. 물이 있냐고 물어보니 열다섯 '낙타시간(낙타를 타고 15시간 가야 하는 거리)' 내에는 물이 없다고 한다.

"그럼 당신들은 뭘 마시는데?" 운전사가 짜증 섞인 목소리로 물었다.

그들은 웃음을 터뜨렸다. "낙타 젖을 마십니다." 우리가 어처구니없다고 생각했을 것이다. 어린아이도 이 근방에 물이 없다는 사실을 아는데, '악마의 수레'를 타고 가면서 물이 어디에 있냐고 묻다니.

불길한 예감이 엄습했다. 엔진이 고장 나 사막에서 물도 음식도 없이 옴짝달싹 못하게 되면 다른 차가 지나갈 때까지 기다리는 수밖에 없다. 내일이 될지, 모레가 될지, 한 달 뒤가 될지 모른다….

시간이 갈수록 운전사의 얼굴에서 태평스런 미소가 사라졌다. 차를 세우고 라디에이터 덮개를 들어올렸다. 흰 수증기가 짙게 피어올랐다. 내 보온병에 들어 있던 물을 엔진에 부었다. 운전사는 오일을 약간 끼얹었다. 그러자 차가 조금 더 달릴 수 있었다.

"내 생각에는 오른쪽으로 가면 물이 나올 것 같아요." 낙천주의자 운전사가 말했다. "저쪽 언덕을 보세요. 녹색이잖아요. 풀이 자란다는 얘긴데, 요즘 같은 건기에 풀이 자라려면 물이 있어야 하거든요."

운전사의 논리는 좀 빈약해 보였지만 그래도 설득력이 있었다. 우리는 길을 벗어나 언덕을 향해 덜컹거리며 얼마간 달렸다. 물은 없었다. 푸른빛이 감도는 돌이 풀처럼 보였던 것이었다.

차에서 쉬익 하는 소리가 났다. 엔진의 피스톤 움직임도 거칠어졌다. 보닛 틈새로 연기가 피어올랐다. 몇 분 뒤 뭔가 깨지는 소리가 들렸다. 엔진의 크랭크축이 갈라진 듯했다. 카라반 이동로에서도 멀리 벗어난 터라 차가 멈춰 선다면 꼼짝 없이 길바닥에 나앉을 판이었다. 초조해진 운전사는 물을 찾아 갈팡질팡했다. 그러나 물은 나타나지 않았고 내가 한숨을 내쉬며 엔진에 부은 코냑 한 병도 별 도움이 되지 않았다.

그러자 돌부처처럼 앉아 있던 자이드가 마침내 움직였다. 차창 밖으로 고개를 내밀더니 주위를 유심히 살폈다. 드넓은 평원에서 오직 감각에 의존해 살며 체득한 집중력이 엿보였다. 그도 이 지역은 처음이라 했기에 큰 기대를 걸지는 않았다. 그런데 잠시 후 그가 북쪽을 가리키며 말했다.

"저기로."

운전사는 누군가가 대신 책임을 떠맡자 기뻐하며 즉시 차를 몰았다. 고통스럽게 헐떡이는 엔진을 달래 가며 북쪽으로 향하는데, 갑자기 자이드가 운전사의 팔을 잡아 차를 멈추었다. 그는 사냥개가 냄새를 찾듯 한동안 고개를 숙이고 있더니 다시 입을 열었다.

"아니야. 저쪽으로 몰아!" 그가 북동쪽을 가리키며 외쳤다. "빨리!"

운전사는 다시 군말 없이 복종했다. 2~3분 달리자 자이드가 "멈춰!"라고 외치고 차에서 뛰어내렸다. 곧장 달려가다 멈춰 서서 주위를 몇 바퀴 돌았다. 귀를 쫑긋 세우고 무슨 소리를 찾는 듯했다. 나는 감각을 최대한 예민하게 벼린 채 본능이 지시하는 대로 움직이는 남자의 모습에 매료돼 걱정을 잠시 잊었다. 갑자기 그가 껑충껑충 뛰기 시작하더니 둔덕 사이 움푹한 땅으로 사라졌다. 잠시 후 그가 고개를 내밀고 우리에게 손을 흔들었다.

"물이다!"

우리는 일제히 달려갔다. 바위 그늘 밑 웅덩이에 물이 고여 있었다. 지난겨울 내렸던 빗물이다. 황갈색 흙탕물이지만 어쨌든 물이다, 물! 거대한 사막이 나즈드 출신 베두인에게 보기 좋게 당한 것이다.

운전사와 내가 기름통에 물을 담아 엔진에 붓는 동안 과묵한 영웅 자이드는 미소를 머금고 차 주위를 서성거렸다.

셋째 날 정오에 우리는 이라크 마을 아나에 도착했다. 야가일이 다수 눈에 띄었다. 자이드가 말하기를 대부분 동족 출신이라고 했다. 그러고는 그중 몇몇에게 목례를 건넸다. 거친 사막에 익숙해져 있어 털털할 줄 알았는데 자이드는 섬세한 구석이 있었다. 차가 마을 길을 달리며 먼지를 일으키자 머리에 쓰고 있던 쿠피야로 입을 가렸고, 자갈길로 들어선 다음에는 마치 소녀와 같은 손짓으로 쿠피야를 정돈했다. 그러더니 별안간 노래를 부르기 시작했다. 사막에서 난데없이 산을 만나듯 갑작스러웠던 그의 노래는 나즈드의 카시다(아라비아의 시-옮긴이)였다. 일정한 리듬으로 사막의 바람처럼 긴 음이 이어졌다.

자이드는 다음 마을에서 태워 줘서 고맙다는 인사를 남기고는 총을 둘러메고 야자수 사이로 사라져 버렸다. 차 안에는 이름 모를 냄새가 남았다. 오랫동안 맡아 보지 못한, 그러나 한 번도 잊은 적이 없는 순수한 사람 냄새였다.

나는 자이드를 다시는 볼 수 없으리라 생각했다. 하지만 내 생각은 보기 좋게 빗나갔다.

다음 날 유프라테스 강변의 작은 마을 히트에 도착했다. 다마스쿠스에서 바그다드로 가는 옛 카라반 경로와 만나는 곳이다. 언덕 꼭대기 성벽과 보루가 고대 요새를 닮았다. 마을 안팎에서 사람은 그림자도 찾아볼 수 없었다. 집집마다 창문은 없고 외벽에 실수로 뚫어 놓은 듯한 구멍만 몇 개씩 있을 뿐이었다.

강가에 가까운 카라반 숙소에 여장을 풀었다. 나와 운전사를 위해 저녁이 준비되는 동안 손과 얼굴을 씻으려고 마당의 우물가로 갔다. 주둥이가 긴 물통을 땅바닥에 내려놓고 쭈그려 앉았는데 누군가 내 물통을 들더니 물을 퍼서 내 손에 부어 줬다. 올려다보니 체격이 건장하고 검게 그을린 남자가 가죽 모자를 쓰고 서 있었다. 누구냐고 묻자 더듬거리는 아랍어로 "저는 타타르인입니다. 아제르바이잔에서 왔어요."라고 했다. 눈빛이 따뜻했다. 원래 군용 튜닉이었을 옷은 반 누더기가 되어 있었다.

카이로에서 이란인 학생에게 몇 마디 배운 페르시아어에 더듬거리는 아랍어를 섞어 대화를 시작했다. 이름은 이브라힘이고 마흔 살쯤 됐는데 거의 평생을 이란의 길바닥에서 보냈다고 했다. 여러 해 동안 화물 마차를 몰고 타브리즈에서 테헤란으로, 메시헤드에서 비르잔드로, 테헤란에서 이스파한과 시라즈로 돌아다녔다. 한때 말을 여러 마리 거느리기도 했다. 이란의 기마부대에서 근무하다 투르크멘 부족장의 개인 경호원을 했고, 이스파한의 카라반 숙소에서 마구간지기 생활도 해봤다. 그러다 카르발라로 가는 이란 카라반 행렬의 당나귀 몰이꾼으로 이라크에 왔는데 우두머리와 다툼이 생겨 일자리를 잃고 타국에서 떠도는 신세가 되었다.

그날 밤 마당의 평상에 누워 잠을 청했다. 후텁지근한 날씨에 모기떼가 극성이었다. 마당 한쪽 구석에 카라반 숙소 주인의 것으로 보이는 말 몇 마리가 묶여 있었다. 이브라힘이 그중 한 마리에게 정성스레 솔질을 해주고 있었다. 말을 무척 사랑하는 듯했다. 연인을 쓰다듬는 남자의 손길이다.

문득 좋은 생각이 떠올랐다. 나는 이란으로 가는 길이다. 곧 말을 타고 긴 여행을 해야 한다. 이 남자를 데려가면 어떨까? 착하고 조용한 성품이 마음에 들었다. 더구나 이란 내 통행로와 카라반 숙소를 훤히 꿰고 있다.

다음 날 아침 그에게 동행할 생각이 있는지 묻자 그는 거의 울먹이며 고마워했다. 그는 페르시아어로 "절대 후회하지 않으실 겁니다…."라고 했다.

알레포를 떠난 지 닷새째 되던 날 정오 무렵 바그다드의 오아시스가 나왔다. 수많은 야자수 사이로 모스크의 황금빛 돔과 첨탑이 보였다. 길 양편에는 오래된 묘지가 넓게 자리 잡고 있었다. 그 위로 소리 없이 떠다니는 회색 먼지는 정오의 강렬한 햇빛 아래 마치 은실로 짠 망사 베일처럼 죽은 자와 산 자의 세계를 갈라놓고 있다.

우리는 야자수림 안으로 차를 몰았다. 거대한 야자수 사이를 달리니 티그리스 강이 나왔다. 유프라테스 강과는 사뭇 다르다. 녹색이 감도는 흙탕물은 거칠게 흘렀다. 고요하고 품위 있는 유프라테스 강을 따라가다 티그리스 강을 만나니 이방인과 마주친 느낌이다. 보트를 여러 척 연결해 만든 다리로 강을 건너자 페르시아 만의 뜨거운 열기가 엄습했다.

과거의 장엄하고 화려했던 모습은 바그다드에 남아 있지 않았다. 중세 시대 몽골의 침입으로 철저히 파괴된 탓에 하룬 알 라시드(아바스 왕조 제5대 칼리프-옮긴이) 시대 수도의 면모를 찾아보기는 어려웠다. 마치 가건물처럼 보이는 음울한 벽돌집들만이 개량될 날을 기다리고 있었다. 실제로 도시 곳곳이 공사 중이었고, 새 건물이 여기저기 솟아오르고 있었다.

엄청난 폭염에 도시 전체가 흐느적거렸다. 사람들은 느릿느릿 걸어 다녔다. 혈관에 무거운 피가 흐르는 듯 경쾌함이나 품위는 찾아볼 수 없다. 흑백 격자무늬 쿠피야를 쓴 사람들의 표정은 딱딱하게 굳어 있다. 얼굴에 자부심이 엿보이는 이들은 하나같이 붉은색, 또는 붉은색과 흰색이 섞인 쿠피야를 썼다. 현지인이 아니라 북쪽의 시리아 사막이나 중앙 아라비아에서 왔다는 표시다.

바그다드 사람들에게서도 힘은 느껴졌다. 자유를 억압하는 외세에 대한 증오였다. 이들은 늘 자유를 갈구하며 살았다. 그래서 표정이 그렇게 딱딱한지도 모르겠다. 친구나 가족과 함께 있을 때는 달라질 수도 있다. 자세히 살펴보면 매력이 없지 않다. 간혹 웃음을 터뜨릴 때는 다른 아랍인들과 비슷하다.

바그다드에 도착하고 몇 주 뒤 바자르를 지나는데 어둑한 통로에서 고함이 터져 나오면서 모퉁이를 돌아 한 남자가 달려왔다. 뒤이어 남자 둘이 차례로 황급히 뛰어왔다. 그러자 시장 사람들이 뭔가 공포에 사로잡힌 듯 일제히 달아나기 시작했다. 나만 영문을 모르고 있었다. 말이 놀라서 사람을 태운 채 군중 속으로 뛰어들자 타고 있던 남자가 사색이 됐다. 떼 지어 달려오는 사람들의 숫자가 순식간에 불어났다. 상인들은 점포 문을 닫고 입구를 널빤지로 막느라 정신이 없었다. 다들 입을 굳게 다물었다. 간혹 넘어지는 사람들의 비명과 아이들의 울음소리가 들릴 뿐이다.

무슨 일입니까? 물어도 아무도 대답하지 않았다. 육중한 마차 한 대가 반쯤 짐을 실은 채 마부도 없이 좁은 길을 달려왔다. 멀리서 도자기 그릇 깨지는 소리가 들렸다. 이런 단발적인 소음과 사람들의 발소리, 거친 숨소리를 제외하면 지진이 일어나기 직전 같은 적막이 흘렀다. 군중은 거의 공황 상태에 빠져 도로를 가득 메운 채 이리저리 밀려 다녔다. 교차로마다 일대 혼잡이 빚어졌다. 그 틈에 끼여 나는 앞으로 나가지도, 뒤로 물러서지도 못했다. 그때 누가 내 팔을 잡았다. 자이드다. 그가 나를 점포와 점포 사이 널빤지 뒤로 끌고 갔다.

"움직이지 마세요." 그가 속삭였다.

뭔가 쉬익 하고 지나갔다. 총알인가? 그럴 리가….

다시 뭔가 쉬익 지나갔다. 이번엔 확실했다. 총알이었다.

멀리서 희미하게 달가닥거리는 소리가 들렸다. 딱딱한 바닥에 마른 콩을 쏟아부었을 때처럼. 소리는 점점 가까이 다가왔다. 규칙적으로 반복되는 그 소리의 주인공은 기관총이었다. 이라크는 다시 무장봉기의 소용돌이에 휘말리고 있었다. 그 전날, 그러니까 1924년 5월 29일 이라크 의회는 국민들의 반대를 무릅쓰고 영국과의 우호조약에 조인했다. 절망한 국민들은 '우호적인' 유럽 열강에 맞서 스스로를 지키려 안간힘을 쓰는 중이었다.

나중에 안 사실이지만, 시장 출입구는 모두 시위 진압에 나선 영국군에 의해 봉쇄됐다. 시장통에서 벌어진 무차별 교전에 많은 사람이 목숨을 잃었다. 자이드가 없었다면 아마 나도 허둥대다가 총구를 향해 달려갔을 것이다.

자이드와의 우정은 이렇게 시작됐다. 나는 그의 노련함과 강인함에 강렬한 인상을 받았고, 그는 아랍에 대한 편견이 없는 젊은 유럽인에게 호감을 느꼈던 듯하다. 자이드는 아버지와 마찬가지로 하일에서 이븐 라시드의 샤마르 왕조에 충성하며 성장했다. 1921년 이븐 사우드가 하일을 점령하면서 이븐 라시드 가문의 마지막 아미르가 포로 신세로 전락하자 자이드를 포함하여 샤마르족 남자들 대부분이 고향을 떠났다. 새로운 왕을 섬기느니 불확실한 미래에 몸을 맡긴 것이다. 그리고 고향을 그리며 이라크 계급장을 어깨에 달았다.

이라크에 머무는 동안 나는 그와 자주 만났고, 그 뒤로도 몇 년간 연락을 주고받았다. 나는 가끔 그에게 편지를 썼고 1년에 한두 번 이란이나 아프가니스탄 시장에서 산 선물을 보냈다. 그는 해독이 불가능할 만큼 서툰 글씨로 나와 함께 말을 타고 유프라테스 강을 따라 달리던 시간과 바빌론 유적지를 찾아갔던 때를 회상하는 답장을 보냈다. 마침내 1927년 아라비아로 돌아가며 나는 자이드에게 함께 가자고 청했다. 그는 이듬해 나와 합류했다. 그 뒤로 줄곧 우리는 함께 다녔다. 주인과 하인이 아닌 동료로서.

20세기 초만 해도 이란은 자동차가 귀했다. 빌릴 수 있는 차는 중심가에나 몇 대 있을 뿐이었다. 외곽으로 가려면 마차를 이용해야 했는데 이마저도 갈 수 있는 곳이 제한돼 있었다. 도로가 전혀 없는 곳이 훨씬 많았기 때문이다. 타지에선 그들의 방식에 따라야 한다고 생각했던 나는 말을 타고 여행하기로 했다. 바그다드에서 보낸 마지막 일주일 동안 매일 아침 이브라힘과 함께 마시장을 돌며 말을 골랐다. 며칠간의 흥정 끝에 내가 탈 말과 이브라힘이 몰 노새를 샀다. 내 말은 이란 남부에서 온 멋진 적갈색 종마였고, 터키산 노새는 부드러운 회색 피부에 덮인 강철 같은 근육 덕에 사람을 태우고도 커다란 안장주머니를 여러 개 짊어질 수 있었다.

이브라힘은 내 말을 타고 노새를 끌고 카니킨으로 먼저 출발했다. 카니킨은 이란과의 국경에 접해 있는 마지막 이라크 도시다. 바그다드와 연결돼 있는 철로도 여기서 끝난다. 나는 기차로 카니킨에 가서 이브라힘과 합류했다.

우리는 아랍 세계를 뒤로하고 카니킨을 출발했다. 앞에는 누런 언덕들이 웅장한 산맥을 지키는 보초병처럼 서 있었다. 국경초소는 외떨어진 작은 건물이었다. 세관원들은 헐렁한 제복에 모두 흰색 슬리퍼를 신고 있었다. 머리는 검고 피부는 희다. 얼마 안 되는 내 짐을 살펴보는 손길이 뜻밖에 친절했다.

그중 한 명이 내게 말했다.

"아무 문제 없네요. 차 한잔 하시겠습니까?"

페르시아어는 아랍어 어휘를 많이 쓰지만 아랍어와는 확실히 달랐다. 음악처럼 세련되면서 다정했고, 아랍어와 비슷한 자음에 뒤따르는 부드

만수르

러운 억양의 모음은 이상하게도 서구적으로 들렸다.

우리 말고도 국경을 넘는 여행자는 많았다. 세관 건물 앞에 마차가 여러 대 서 있고, 여행자들은 불을 피워 음식을 준비하고 있었다. 아직 이른 오후인데도 길 떠날 생각이 별로 없어 보였다. 왜 그랬는지 기억나지는 않지만 나도 그곳에서 야영을 했다.

이른 새벽 모든 여행자들이 마차를 몰고 눈앞에 펼쳐진 산악 지대를 향해 일제히 출발했다. 우리도 그들과 함께 길을 나섰다. 오르막길에 들어서면서 마차 행렬을 뒤로하고 우리만 앞서나가게 됐다. 우리는 쿠르드족의 땅인 쿠르디스탄(이란과 아르메니아 국경 부근 아라라트 산에서 디얄라 강에 이르는 산악 지역으로 쿠르드족이 다수를 이룬다-옮긴이) 산악 지대로 깊이 들어갔다.

길모퉁이에서 쿠르드인과 처음 마주쳤다. 그는 나뭇가지로 만든 움막에서 나와 말없이 우리에게 나무 그릇을 내밀었다. 버터밀크가 들어 있었다. 열일곱 살쯤 돼 보이는 소년이었다. 맨발에 누더기를 걸치고 펠트로 만든 모자를 썼다. 생전 씻지 않은 듯한 얼굴이다. 짭짤한 우유를 맛있게 마시는 나에게 그의 푸른 눈이 고정됐다.

오후에 우리는 쿠르드족 천막촌에 도착했다. 천막은 시리아나 이라크 베두인이 사용하는 천막과 비슷했다. 기둥을 몇 개 세우고 양털로 짠 검은 천을 씌워 놓았다. 부근에는 개울이 흐르고 흰 포플러가 개울가에 그늘을 드리웠다. 물에 반쯤 잠긴 바위 위에선 황새 가족이 부리로 연신 덜그럭거리는 소리를 내고 있었다. 남색 윗도리를 입은 남자가 천막을 향해 성큼성큼 걸어갔다. 걸음걸이만으로도 그에게 유목민의 피가 흐르고 있음을 알 수 있었다. 자주색 치마를 입은 여자가 어깨에 항아리를 지고 물가로 갔다. 부드러운 치마가 휘감기며 탄력 있는 허벅지 윤곽이 드러났다.

그녀는 무릎을 꿇고 앉아 물을 긷기 시작했다. 머리에 썼던 터번 비슷한 붉은 천이 흘러내려 물에 닿았지만 개의치 않고 물 긷기를 마친 뒤 능숙한 솜씨로 단번에 다시 머리에 감았다.

잠시 후 나는 늙은 남자 한 명, 젊은 여자 네 명과 함께 개울가에 앉았다. 네 여인은 모두 자연스러운 아름다움이 빛났다. 정숙하면서도 자부심이 넘쳤고, 동시에 수줍어 보였다. 그중 가장 미색이 뛰어난 여인의 이름은 새가 지저귀는 소리와 같은 튀튀였다. 머리에는 눈썹까지 암적색 스카프를 둘러썼다. 스카프 단을 따라 적갈색 자물쇠가 달린 은색 체인이 달려 있었다. 머리를 움직일 때마다 체인이 부드러운 뺨을 스치면서 짤그랑대는 소리를 냈다.

내 페르시아어 실력은 여전히 형편없었지만(쿠르드족은 고유 언어가 있으나 대부분 페르시아어도 할 줄 안다. 두 언어는 뿌리가 같다) 우리는 즐겁게 대화를 나눴다. 여인들은 부족사회를 벗어난 적이 없었고 당연히 문맹이었지만 영리했다. 내 어리숙한 표현을 눈치껏 알아들었고 내 머릿속에서 맴도는 단어를 정확히 짚어냈다. 그들은 사소해 보이지만 유목민의 일상에서 매우 중요한 일과를 자세히 설명해 줬다. 평평한 돌 두 개를 놓고 곡식 갈기, 잉걸불에 빵 굽기, 양젖 짜기, 응고된 우유를 가죽 주머니에 넣고 버터가 될 때까지 흔들기, 양털에서 실잣기, 킬림(터키 융단의 일종–옮긴이) 짜기, 아이들 돌보기, 남편에게 휴식과 사랑을 주기….

변화가 없는 삶이다. 오늘은 어제와 같고, 내일은 오늘과 같을 것이다. 양 치는 이 목자들에게 시간은 존재하지 않는다. 낮과 밤, 그리고 순서대로 돌아오는 계절이 있을 뿐이다. 깜깜해지면 잠을 자고, 날이 밝으면 살기 위해 필요한 일을 하면 된다. 겨울이 오면 날씨가 추워지고 목초가 자취를 감춘다. 그러면 이들은 짐승들을 몰고 따뜻한 평원으로 이동한다. 여름이 되면 산으로 돌아온다. 반드시 이 산이 아닐 수도 있지만 부족이 대대로 머물렀던 지역을 벗어나지는 않는다.

"돌로 지은 집에서 살고 싶지 않나요?" 노인에게 물었다. 그는 거의 한 마디도 하지 않고 미소를 지으며 우리 얘기를 듣고 있기만 했다. "땅을 소유하고 싶었던 적은 없나요?"

남자는 고개를 천천히 가로저었다. "없소…. 물이 고이면 썩지. 물은 흐를 때만 깨끗해."

시간이 흐르면서 쿠르디스탄은 내 기억 속으로 사라졌다. 장장 18개월 동안 나는 겪어 본 중 가장 신기하고 낯선 땅, 이란 구석구석을 돌아다녔다. 이란은 3천 년간 이어진 고도의 문명과 어린아이처럼 어디로 튈지 모르는 가변성이 혼재한 나라였다. 자신들의 현실을 마치 남의 일인 양 무심히 바라보다가도 화산 같은 열정이 폭발한다. 도시에선 문명의 안락함을 즐겼고, 황량한 초원에선 거센 칼바람을 온몸으로 마주했다. 지방 영주의 성에 묵으며 하인 스무 명의 시중을 받은 적도 있고, 반쯤 무너진 카라반 숙소에서 전갈과 싸우기도 했다. 양을 통째로 구워 골고루 나눠 먹는 바크티아리와 카슈가이 부족의 식탁에 초대 받았고, 부유한 상인들의 만찬에서 살구로 속을 채운 칠면조도 맛봤다. 이스파한(이란 중부 도시. 옛 페르시아의 수도-옮긴이)에서는 거대한 사원의 종유석 출입문과 황금빛 돔에 감탄했다. 페르시아어는 아랍어만큼 익숙해졌다. 가는 곳마다 장관, 종교 지도자, 상인, 군인 등 다종다양한 사람들을 붙잡고 대화를 나눴다. 그러면서 시간이 멈춘 듯한 이 이상한 나라의 분위기에 흠뻑 젖었다. 하지만 이 땅은 오래 처박아 둔 보석같이 여러 단면을 통해 뿌연 빛을 내뿜는 복잡다단한 곳이다. 아랍 세계처럼 투명하게 제 모습을 드러내지 않는다.

다음 6개월 동안은 아프가니스탄의 거친 산과 초원을 달렸다. 모두가 무기를 소지하고 다녀 총탄에 맞지 않으려면 행동거지에 일일이 신경 써야 하는 곳이었다. 때때로 강도를 만나기도 했다. 아프가니스탄 전역에 노상강도가 들끓던 시절이다. 그때마다 이브라힘과 나는 살아남기 위해 싸워야 했다. 하지만 금요일에는 강도 만날 걱정을 잠시 내려놓을 수 있었다. 강도조차 신을 경배하는 날에는 남의 물건을 훔치거나 살인을 하지 않았던 것이다. 한번은 칸다하르 부근에서 아름다운 여인의 얼굴을 무심코 쳐다봤다가 총알이 날아왔다. 반면 칭기즈칸 전사의 후예들이 모여 사는 힌두쿠시 계곡의 몽골 마을에서는 하룻밤 잠자리를 마련해 준 집주인이 아무렇지도 않게 나를 안주인 옆에 재우기도 했다. 몇 주 동안은 수도 카불에서 아프가니스탄 국왕 아마눌라 칸의 손님으로 머물렀다. 그의 수하에 있는 지식인들과 밤을 새워 코란의 가르침을 토론하고, 부족 간 격전지를 피해 이동하는 경로를 함께 연구하기도 했다.

이란과 아프가니스탄에서 보낸 2년 동안 나는 어떤 결론에 도달해 가고 있다는 확신을 얻을 수 있었다.

...

"그렇게 무슬림이 사는 방식을 배워 가면서 이슬람이란 종교도 점차 이해하게 됐네, 만수르. 이슬람은 언제나 내 마음속에서 가장 중요한 자리를 차지하고 있었네…."

"이샤 기도 시간이야." 자이드가 밤하늘을 바라보며 말한다.

우리는 하루 중 마지막 기도를 위해 메카를 바라보고 섰다. 자이드와 만수르가 나란히 섰고, 내가 그 앞에서 기도를 이끌었다. 나는 양손을 들고 "알라후 아크바르(오직 신만이 위대합니다)."라고 말한 뒤 코란의 첫 수라를 암송했다.

가장 은혜롭고 은총을 베푸시는 신의 이름으로
우주를 지탱하시는 신께 모든 찬양을 바칩니다.
가장 은혜롭고 은총을 베푸시는 신이시여
심판의 날에 찾아오실 주여
우리는 당신만을 경배합니다.
우리는 당신만을 의지합니다.
우리를 바른 길로 인도하소서.
당신의 은총을 받는 자만이 그 길을 갈 수 있습니다.
당신의 노여움을 사는 자, 방황하는 자는 그 길을 가지 못합니다.

이어 코란 112수라를 암송했다.

가장 은혜롭고 은총을 베푸시는 신의 이름으로
말하라. 신은 하나다.
스스로 완전하신 그분께 모든 것이 달려 있다.
그는 누군가에 의해 잉태되지도 않았고 누군가를 잉태하지도 않았으니
비할 자가 아무도 없도다.

함께 기도를 올리면 강한 유대감이 형성된다. 다른 종교도 마찬가지겠지만 이슬람은 특히 그렇다. 신과 인간 사이에는 매개자가 필요하지 않고 존재할 수도 없다고 믿기 때문이다. 성직자나 조직화된 '교회'가 없는 이슬람에서 단체 기도는 무슬림들에게 단지 '예배드리는' 시간이 아니라 진정 신을 경배한다고 느끼게 해주는 순간이다. 이슬람에는 제도화된 성례가 없어서 무슬림은 성인이라면 누구나 단체 기도, 결혼식, 장례식 등을

주관할 수 있다. 자격증이나 임명장 따위는 필요 없다. 이슬람의 종교 지도자는 그저 신학과 율법에 대한 해박한 지식을 바탕으로 경의와 명망을 얻은 사람일 뿐이다.

3

나는 새벽에 눈을 뜬다. 하지만 눈꺼풀은 여전히 무겁다. 바람이 부드럽게 얼굴을 스치고 지나간다.

잠에서 깨려고 얼굴을 씻는다. 차가운 물은 저 멀리 보이는 대지의 손길 같다. 산은 검은 숲으로 덮여 있고, 강물은 끊임없이 흘러 스스로를 정화한다. 바닥에 주저앉아 얼굴의 물기가 떨어지지 않게 고개를 뒤로 젖힌다. 젖은 얼굴을 바람이 부드럽게 말려 준다. 바람의 감촉에는 지난날의 서늘한 기억이 담겨 있다. 거친 산과 흐르는 강물과 하얗게 눈 덮인 땅을 달리던 기억… 길도 없는 이란의 산악 지대에서 걸음을 옮길 때마다 눈밭에 발이 빠져 허둥대는 말을 몰고 힘겹게 전진하던 기억….

그날 정오에 우리는 잡시 비스무리한 사람들이 모여 사는 마을에서 휴식을 취했던 것 같다. 이란 남동부 키르만 지역이었다. 땅에 구덩이가 10~12개 정도 뚫려 있고 그 위에 나무와 흙으로 원형 지붕을 올렸다. 이 외딴곳에 사람이 살고 있음을 말해 주는 유일한 흔적이었다. 동화 속 지하세계 사람들처럼 그들은 컴컴한 땅굴에서 기어 나와 우리를 맞았다. 한 땅굴 움막에서는 여인이 원형 흙 지붕 꼭대기에 올라앉아 검은 머리를 빗고 있었다. 그녀는 태양을 받으며 눈을 감고 기이한 노래를 불렀다. 금속 팔찌가 잘그랑거리는 손목은 가늘지만 원시림에 사는 야생동물의 관절처럼 강인해 보였다.

나는 몸을 녹이기 위해 차와 아라크를 계속 들이켰다. 만취한 상태로 다시 말에 올라 첫걸음을 내디디니 갑자기 온 세상이 투명하게 한눈에 들어오는 느낌이었다. 조금 전만 해도 가려져 있던 이 세상의 박동이 느껴졌다. 나는 깨달았다. 대답은 늘 거기 있다. 어리석은 우리가 질문을 던지며 신의 비밀이 드러나기를 기다리는 동안에도 그 대답은 우리가 스스로 마음을 열어 찾아오기를 기다리고 있다.

정면에는 고원이 펼쳐져 있었다. 나는 말에 박차를 가해 눈밭을 헤치며 달려 나갔다. 바로 그때 신의 은총을 경험한 것 같다. 아주 오래전 펠릭스 신부가 말해 줬던 그런 은총이 찾아왔다. 이후 이슬람으로 개종하기까지 1년이 넘게 걸렸다. 하지만 그날 그 말에 박차를 가하던 순간 나는 이미 메카를 향해 달리고 있었다.

얼굴의 물기가 모두 말랐다. 벌써 7년도 더 된 그 겨울의 기억도 점차 희미해져 간다. 그러나 완전히 사라진다는 말은 아니다. 기억 속의 그 과거는 지금 내게 주어진 현재의 일부이다.

차가운 바람에 가시덤불이 흔들린다. 별빛이 희미해지기 시작한다. 자이드! 만수르! 일어나게! 다시 불을 피우고 커피를 끓이자고. 그리고 낙타에 안장을 얹고 또 달려야지. 우리를 기다리고 있는 저 사막 위를!

8
지니

1

해가 저물 무렵 커다란 검은 뱀이 갑자기 우리 앞에 나타나 기어간다. 어린 아이 팔뚝만 한 굵기에 길이는 1미터쯤 된다. 뱀은 우리를 발견하고 멈추더니 고개를 꼿꼿이 치켜든다. 나는 반사적으로 낙타에서 내려 땅바닥에 무릎을 꿇고 카빈총으로 뱀을 겨냥한다. 그 순간 뒤에서 만수르의 목소리가 들린다.

"쏘지 마세요. 쏘지…!" 하지만 나는 이미 방아쇠를 당겼고 뱀은 축 늘어진다.

만수르가 나무라는 표정으로 말한다. "죽일 필요는 없었어요. 특히 해 질녘엔 지니(정령, 요정-옮긴이)들이 뱀으로 변신해서 돌아다니는데…."

나는 웃으며 답한다. "이보게 만수르, 그런 터무니없는 얘기를 정말 믿나?"

"저는 믿어요. 코란에도 언급돼 있지 않나요?"

자네 말이 맞을지도 몰라, 만수르. 나는 속으로 이렇게 되뇐다. 우리의 감각으로 인지할 수 없다 해서 존재하지 않는다는 뜻은 아니지 않은가? 눈으로 보거나 측량할 수 없는 생명체를 부인한다면 오만이다. 지니의 존재는 과학으로 증명할 수 없다. 그렇다고 실재하지 않음을 증명할 수도 없다. 그런 미지의 생명체가 사는 세계와 우리 세계 사이에 어떤 통로가 있고 간혹 저쪽 세상의 존재가 우리 세계에 모습을 드러낼 때 우리는 그것을 귀신이나 유령이라고 부르고 있진 않을까? 이런 생각을 하며 낙타에 다시 오르는데, 자이드가 심각한 얼굴로 내게 말한다.

"만수르가 옳습니다. 뱀을 죽이지 말아야 했어요. 나도 오래전 이븐 사우드가 점령한 하일을 떠나 이라크로 갈 때 그런 뱀을 쏜 적이 있어요. 역시 해질녘이었지요. 얼마 후 저녁 기도를 위해 멈춰 섰는데 갑자기 다리가 납덩이를 매단 듯 무겁고 머리는 불덩이처럼 뜨거워졌어요. 사지가 화끈거려서 똑바로 서 있지 못하고 땅바닥에 주저앉았습니다. 얼마나 지났는지 정확히 기억나지 않지만 아무튼 다시 일어섰는데, 양편에 모르는 남자들이 서 있더군요. 그들은 나를 데리고 어두컴컴한 건물로 들어갔어요. 건물 안은 사람들로 가득한데 다들 분주히 왔다 갔다 하며 얘기꽃을 피우고 있었죠. 자세히 보니 법정이었어요. 연단 위에 앉아 있던 작은 노인이 재판장인 듯했고, 사람들은 두 편으로 나뉘어 있었어요. 피고는 나였지요.

어떤 이가 말하더군요. '저자는 해질 무렵에 총을 쏴서 그를 죽였습니다. 유죄입니다.' 그러자 반대편에서 반박했지요. '하지만 모르고 한 짓이었습니다. 그리고 방아쇠를 당길 때 신의 이름을 말했습니다.' 다시 나를 고발하는 쪽에서 아니라고 외쳤고, 나를 변호하는 쪽이 합창하듯 일제히 '분명히 신을 찬양했습니다'라고 했어요. 재판장이 판결을 내렸어요. '그는 누구를 죽이는지 몰랐다. 그는 신을 찬양했다. 그를 돌려보내라.'

그러자 나를 데려왔던 두 남자가 다시 나를 건물 밖으로 끌고 나가더니 땅바닥에 눕혔어요. 눈을 떠보니 곡물 주머니가 쌓여 있는 천막 그늘이었죠. 시간은 이른 아침인 듯했고. 내게 다가온 동료에게 '커피….'라고 말했어요. 커피 끓이는 소리가 들렸거든요. 그러자 그 친구가 펄쩍펄쩍 뛰면서 '말을 한다. 말을 해! 정신이 돌아왔어!'라고 외쳤어요. 내가 나흘을 꼬박 정신을 잃고 있어서 짐처럼 낙타에 싣고 다녔다고 하더군요. 이제 아시겠죠. 해질녘엔 뱀을 죽여선 안 됩니다."

자이드의 설명에 나는 미소를 지었지만 후회가 밀려왔다.

2

하일을 떠난 지 사흘째 되는 날 우리는 낙타에게 물을 먹이려고 아르자의 우물 앞에 멈춘다. 아르자는 낮은 언덕에 둘러싸인 계곡이다. 중앙에 달콤한 물이 가득한 우물 두 개가 있다. 서쪽 우물은 하르브족, 동쪽 우물은 무타이르족 소유다. 우물 주변 땅은 사람 손바닥처럼 풀 한 포기 없이 만질만질하다. 매일 낙타와 양 수백 마리가 물을 마시러 오가며 풀이 돋기 무섭게 뜯어먹는다.

우리가 도착하니 계곡은 이미 짐승들로 가득하다. 언덕을 돌아 계곡으로 들어서는 행렬도 끊이지 않는다. 목자들은 긴 줄에 가죽포대를 매달아 물을 퍼 올린다. 물이 담긴 가죽포대는 여럿이 힘을 모아 끌어당겨야 한다. 동작을 맞추기 위한 구령이 노래처럼 들린다. 무타이르족 우물가에선 이런 노래가 들린다.

> 마셔라, 한 방울도 남김없이.
>
> 우물은 은총으로 가득해 결코 마르지 않는다!

물을 퍼 올리던 사람들 중 절반이 앞마디를 부르면 나머지 절반이 뒷마디를 받는다. 빠른 박자로 똑같은 구령을 몇 차례 반복하니 포대가 모습을 드러낸다. 그러면 여자들이 받아 가죽으로 된 여물통에 물을 쏟아붓는다. 목마른 낙타 수십 마리가 물을 보고 흥분해 목을 길게 빼고 모여든다. 짐승의 땀 냄새, 오줌 냄새가 진동한다. 그 사이 남자들은 다른 노래에 맞춰 또 포대를 끌어올린다.

낙타의 갈증은
신의 은총과 목동의 수고로 달래진다네!

한 노인이 손을 들어 우리를 가리키며 외친다.

"나그네들이여, 신께서 그대들에게 생명의 축복을 내리시기를! 이리 와서 우리 물을 드시오!"

그러자 우물가에 몰려 있던 남자 몇 명이 달려온다. 그들 중 하나가 내 낙타 고삐를 잡더니 주저앉혀서 내리기 쉽게 해준다. 사람들이 뒤로 물러나자 순식간에 우리를 위한 길이 만들어진다. 우리는 여행자이기에 우선권이 주어진 것이다.

"하르브족과 무타이르족이 이렇게 평화롭게 지내다니. 얼마 전까지만 해도 다투던 사람들인데." 자이드가 말한다. 무타이르족은 불과 3년 전 반란을 일으켰는데, 당시 하르브족은 왕의 가장 충성스런 지지 세력이었다. "기억하나? 지난번에 아르자를 지날 때는 밤을 틈타 멀리 떨어진 길로 빙 둘러가야 했지. 우물 쪽은 엄두도 내지 못했어. 우물에 갔다가 적을 만날지 친구를 만날지 알 수 없었으니까." 자이드가 말을 잇는다.

자이드는 1928~1929년 베두인족의 대반란을 얘기하고 있다. 이븐 사우드 왕국을 뿌리째 흔들었던 정치적 드라마가 정점에 달했을 때다. 나도 그 소용돌이에 휘말렸다.

1927년 사우디아라비아에 평화가 찾아왔다. 권력을 향한 이븐 사우드 왕의 투쟁은 마침내 종결됐다. 나즈드 지방에선 어떤 가문도 그의 패권에 도전하지 못했다. 하일을 비롯한 샤마르 땅도 그의 것이었다. 1925년 샤리피안 왕조를 몰아낸 뒤로 히자즈 역시 그가 지배했다. 이븐 사우드 왕이 거느린 전사 중 가장 뛰어난 이는 바로 그를 골치 아프게 했던 베두인 부족장 파이잘 아드 다위시였다. 아드 다위시는 여러 차례 공적을 세워 충성을 입증했다. 1921년 하일을 점령했고, 1924년 이라크에서 영국의 비호 아래 이븐 사우드를 몰아내려 모의하던 샤리피안 가문을 기습 공격할 때도 앞장섰다. 1925년에는 메디나를 장악했고 제다 점령에도 결정적인 역할을 했다. 그리고 1927년 여름 현재 그는 이라크 국경에서 멀지 않은 아르타위야의 이크완 진지에서 휴식을 취하고 있었다.

오랫동안 이라크 국경지대는 물과 초지를 찾아 이주하는 유목민들의 생활방식 때문에 분쟁이 끊이지 않았다. 당시 이라크 땅을 장악하고 있던 영국과 이븐 사우드 정부는 유목민의 자유로운 이주를 보장하며 국경에 어떤 장벽도 설치하지 않기로 협정을 맺었다. 그러나 1927년 여름 이라크 정부는 국경 부근 오아시스인 비사야에 요새를 구축하고 추가로 더 건설하겠다는 의도를 분명히 했다. 이에 북부 나즈드 지방에 긴장이 고조되었다. 생명줄인 오아시스 접근이 불가능해지자 부족들은 생존의 위협을 느꼈다. 이븐 사우드는 협정 위반이라며 강력히 항의했지만 몇 달이 지나서야 영국 고등판무관으로부터 책임 회피성 답변이 돌아왔을 뿐이다.

언제나 말보다 행동이 앞서던 파이잘 아드 다위시는 왕이 영국과 싸움을 시작하기는 부담스러울 것이나 자신은 감당할 수 있다는 생각에 1927년 10월 말 비사야 요새를 공격해 무너뜨렸다. 당시 영국 전투기가 출동했으나 상공에서 정찰만 하다 철수했다. 폭탄을 투하하지 않고 돌아간 것은 매우 이례적이었다. 나즈드 북부 지방 부족들은 대표단을 이븐 사우드에게 보내 이라크 공격을 청원했다. 이븐 사우드는 이를 거절하고 오히려 아드 다위시를 범법자로 천명했다. 또 하일의 아미르에게 국경지대를 철저히 감시하라 일렀다. 아드 다위시의 이크완에 대한 재정 지원도 일시적으로 끊었다. 아드 다위시에겐 아르타위야에 머물며 왕의 재판을 기다리라 명령했다. 그리고 이라크 정부에 아드 다위시가 중벌을 받게 될 것이라고 알리면서 향후 국경 조약을 더 엄격히 준수하라고 요구했다.

분쟁은 이렇게 마무리될 수도 있었다. 그런데 영국 고등판무관이 전투기 편대를 파견하겠다고 통보했다. 이미 귀향한 아드 다위시의 이크완을 응징해 왕의 권위를 바로 세운다는 명분이었다. 당시 리야드에는 전보 시스템이 없었다. 이븐 사우드는 바레인으로 급행 외교행낭을 보내 거기서 바그다드로 전보를 쳤다. 영국의 전투기 파견은 국경 조약 위반이라고 항의하며 아드 다위시를 통제하는 데 영국의 '도움'이 전혀 필요하지 않다고 강조했다.

하지만 영국은 이를 무시했다. 비사야 사태가 벌어진 지 석 달 만인 1928년 1월 말 영국 전투기 편대가 국경을 넘어 나즈드를 폭격했다. 무타이리 베두인 거주지가 완전히 파괴되고 수많은 사람이 목숨을 잃었다. 나즈드의 모든 부족이 이라크에 대한 보복 공격을 준비했다. 그나마 이븐 사우드의 영향력 덕분에 일촉즉발의 위기가 몇 차례 국지전으로 마무리될 수 있었다.

영국은 얼마 뒤 비사야의 요새를 복구하고 이라크 쪽 국경 지대에 요새 두 곳을 추가로 건설했다.

파이잘 아드 다위시는 리야드로 소환됐지만 따르지 않았다. 왕을 위한 행동이었기에 소명해야 할 이유가 없다고 생각했다. 개인적인 불만도 작용했다. 왕에게 충성을 다한 대가로 아르타위야의 아미르가 되는 데 그쳤기 때문이다. 아르타위야는 조금 큰 마을에 지나지 않았다. 그가 점령한 하일의 아미르 지위는 왕의 사촌인 이븐 무사드에게 돌아갔다. 히자즈 지방을 손에 넣을 때 몇 달 동안 메디나를 포위해 끝내 항복을 받아낸 사람도 아드 다위시였지만 메디나의 아미르 자리 역시 다른 사람 몫이 됐다. 곧 '이븐 사우드는 아나자 부족이고 나는 무타이리 부족이다. 서로 동등한 귀족 혈통인데 왜 이븐 사우드가 나보다 우월하다고 인정해야 하나'라는 생각이 들기 시작했다.

아랍 역사에 깃든 저주가 바로 이것이다. 타인이 자신보다 훌륭할 수도 있다는 사실을 아무도 인정하려 들지 않는다.

다른 부족장들도 하나씩 이븐 사우드에게 신세졌던 과거를 잊었다. 술탄 이븐 부자드도 그중 하나였다. 이븐 부자드는 강력한 아타이바 부족의 셰이크이자 나즈드에서 가장 큰 이크완 정착촌인 가트가트의 아미르였다. 1918년 샤리프 후세인의 군대와 벌인 타라바 전투의 승자이자, 1924년 타이프(사우디아라비아 서부 도시-옮긴이)와 메카를 점령한 인물이다. 이런 그가 왜 가트가트의 아미르 자리에 만족해야 했을까? 메카의 아미르는 왜 그 대신 국왕의 아들이 차지하게 됐을까? 왜 그는 타이프의 아미르조차 되지 못했을까? 그는 동서지간인 파이잘 아드 다위시와 마찬가지로 배신감을 느꼈다.

1928년 가을 이븐 사우드는 이 모든 갈등을 풀기 위해 부족장과 울라마(이슬람 신학 지도자-옮긴이)들을 리야드로 소집했다. 거의 모든 부족 지도자들이 참석했지만 이븐 부자드와 아드 다위시는 불참했다. 두 사람은 한술 더 떠 이븐 사우드를 이단자로 선포했다. 이단 세력과 조약을 맺고 아랍 땅에 자동차, 전화, 비행기 같은 악마의 장비를 들여왔다는 이유였다. 리야드에 모인 울라마들은 만장일치로 그 같은 기술적 혁신이 바람직하다고 선언했다. 무슬림의 지식과 힘을 증대시킨다는 점에서 종교적으로도 환영할 만하다는 것이다. 비무슬림 세력과의 조약 역시 자유와 평화를 위해서라면 바람직하다고 했다.

그러나 이븐 부자드와 아드 다위시는 공개적으로 비난의 수위를 높였다. 이븐 사우드의 정책을 판단할 수 있는 지적 능력이 결여된 이크완들에게는 이런 비난이 먹혀들었다. 교육을 통해 이크완의 종교적 열정을 긍정적인 힘으로 바꿔 보려다 실패한 결과였다.

나즈드의 초원이 벌집 쑤신 듯 혼란스러워졌다. 비밀 사절들의 긴급 낙타 행렬이 끝없이 이어졌고, 외딴 오아시스에서 부족장들의 은밀한 회동이 잇따랐다. 그리고 마침내 왕에게 저항하는 시위가 발생했다. 무타이리와 아타이바 외에도 많은 부족이 동참했다. 왕은 인내심을 발휘하여 저항하는 부족 지도자들에게 사절을 보내 설득하려 했지만 소용이 없었다. 중부와 북부 아라비아에 게릴라 전투가 확산됐다. 치안 시스템이 무너졌고 나즈드는 혼돈의 땅이 됐다. 반란군 무리는 마을과 카라반을 공격하고 왕에게 충성하는 부족을 거침없이 습격했다.

반란에 뛰어든 부족과 왕에게 충성하는 부족 사이에 국지전이 계속되다가 1929년 봄 중부 나즈드의 시빌라 평원에서 승패를 가르는 전투가 벌어졌다. 한쪽에는 대군을 이끄는 왕이 있었고 다른 쪽에는 무타이르와 아타이바 부족을 중심으로 뭉친 반란 부족들이 있었다. 결과는 왕의 승리였다. 이븐 부자드는 아무 조건 없이 항복해 사슬에 묶여 리야드로 이송됐다. 아드 다위시는 중상을 입어 생명이 위태로웠다. 아랍 국왕들 중 가장 마음이 여렸던 이븐 사우드는 왕실 주치의를 보내 상태를 살피도록 했다. 젊은 시리아인 주치의는 간에 치명상을 입어 일주일 정도밖에 살 수 없다고 진단했다. 이에 왕은 '이미 신의 형벌을 받았으니 평화로운 죽음을 허락하자'고 결정하고 상처 입은 적을 아르타위야의 가족 품으로 보내줬다.

그러나 아드 다위시는 젊은 의사의 진단과 달리 심각한 상태가 아니었다. 그는 몇 주 만에 회복해 아르타위야에서 몰래 달아났다.

아드 다위시의 탈출은 반란 집단에 새로운 추동력을 제공했다. 그가 쿠웨이트 국경 부근에 있으며 무타이르 부족을 이끌고 동조세력을 규합하고 있다는 소문이 나돌았다. 가장 먼저 수는 적지만 용맹한 아즈만 부족이 그와 손잡았다. 이븐 사우드와 아즈만은 악연이 깊었다. 몇 해 전 이븐 사우드의 동생 사드가 아즈만 부족의 손에 살해됐다. 보복을 두려워한 아즈만족은 쿠웨이트로 달아났다. 이븐 사우드가 그들을 용서하고 고향으로 돌아올 수 있게 해줬지만 양측 대립은 계속됐다. 아즈만 정착지를 둘러싼 영역 협상 과정에서 부족장과 그 부하들이 이븐 사우드의 사촌인 알 하사 지역 아미르의 장남에게 죽음을 당하면서 갈등이 폭발했다.

아즈만과 무타이르의 동맹은 중부 나즈드의 아타이바 부족에게 새로운 자극제가 됐다. 아미르 이븐 부자드가 붙잡힌 뒤 새 부족장을 중심으로 뭉친 아타이바 부족은 다시 왕을 상대로 들고 일어났다. 이븐 사우드는 병력의 대부분을 북부에서 중부 나즈드로 이동시켜야 했다. 전투는 치열했지만 차츰 이븐 사우드가 승기를 잡아 갔다. 왕의 군대에 밀린 아타이바 부족은 결국 항복했다. 리야드와 메카의 중간 지점에 있는 마을에서 아타이바의 셰이크들은 왕에게 충성을 맹세했고, 왕은 북부의 아드 다위시 병력을 진압하는 데 총력을 기울이기 위해 다시 그들을 용서했다. 그러나 이븐 사우드가 리야드로 채 복귀하기도 전에 그들은 맹세를 깨고 또 반란을 일으켰다. 아타이바 부족은 세 번째로 패배해 거의 몰살당했다. 리야드보다 큰 도시인 가트가트의 이크완 정착촌은 완전히 파괴되면서 중부 나즈드에서 왕권이 확립됐다.

한편 북부 지방에서는 아드 다위시와 동맹세력이 국경 부근에 견고한 주둔지를 마련하고 저항을 이어갔다. 아드 다위시를 사살했다는 보고도 두 차례나 올라왔지만 모두 오류로 드러났다. 장남과 병사 700여 명을 잃고도 아드 다위시는 싸움을 멈추지 않았다. 대체 전쟁 자금은 어떻게 마련하고 있으며, 무기와 탄약은 어디서 조달하는지 의문이 꼬리를 물었다.

추측성 보고가 난무했다. '이단' 세력과 조약을 맺었다고 이븐 사우드를 맹렬히 비난하던 그가 이제 영국과 손잡았다는 것이었다. 그가 쿠웨이트를 부지런히 들락거린다는 소문이 돌면서 영국의 묵인을 받고 있다는 추측도 나왔다. 영국은 이렇게 이븐 사우드의 땅이 혼란에 빠지기를 바란 게 아니었을까?

리야드에 머물고 있던 1929년 여름 어느 저녁, 나는 일찍 잠자리에 들었다가 잠이 오지 않아 오만 왕조에 관한 책을 들춰 보고 있었다. 그때 자이드가 황급히 내 방에 들어왔다.

"성에서 사람이 왔습니다. 그분이 즉시 만나자고 하신답니다."

나는 서둘러 옷을 입고 성으로 갔다. 이븐 사우드가 별채에서 디반에 앉아 나를 기다리고 있었다. 주위에는 아랍어 신문이 잔뜩 쌓여 있고 그의 손에는 카이로에서 발행되는 신문이 들려 있었다. 그는 내 인사에 가볍게 답하고는 신문에서 눈을 떼지 않은 채 자기 옆에 앉으라고 손짓했다. 잠시 후 고개를 든 왕은 문 앞에 있던 하인에게 손짓으로 물러가라고 했다. 나와 단둘이 있고 싶다는 뜻이다. 하인이 문을 닫고 나가자마자 그는 신문을 내려놓더니 정말 오래간만이라는 듯 안경 너머로 한참 동안 나를 바라봤다(사실 그날 아침에도 그와 몇 시간을 보냈다).

"글을 쓰느라 바쁜가?"

"아닙니다. 몇 주째 한 줄도 못썼습니다."

"자네가 이라크 국경 문제에 대해 쓴 기사들은 아주 흥미로웠네."

두 달쯤 전 유럽 일간지에 게재된 연재 기사 얘기였다. 그중 일부는 카이로 신문에도 실렸다. 왕은 빈말을 모르는 사람이었다. 분명히 뭔가 마음에 담아두고 있을 것이다. 그가 말을 잇기를 기다렸다.

"아마 자네는 나즈드 사태에 대해 더 쓰고 싶겠지. 그 반란이 상징하는 바에 대해서. 샤리피안 가문은 나를 증오하네. 지금 이라크와 트란스요르단을 통치하는 후세인의 아들들은 앞으로도 계속 나를 증오할 거야. 히자즈를 빼앗겼으니까. 그들은 내 왕국이 쪼개지기를 바라고 있어. 그럼 다시 히자즈를 되찾을 수 있으니까. 내 편인 척하지만 알고 보면 그들 편인 자들도 그래. 그들이 국경 요새를 세운 이유는 나를 곤경에 빠뜨려서 몰아내기 위함이지."

갑자기 환청이 들리는 듯했다. 기차가 철도 위를 요란하게 달리는 소리. 아직은 상상하는 단계지만 머지않아 현실이 될 수 있는 소리다. 영국은 인도로 가는 육로 확보를 위해 하이파에서 바스라까지 철도를 건설한다는 구상을 세워 놓고 있었다. 소문은 이미 몇 년 전부터 무성했다. 그래서 팔레스타인과 트란스요르단, 이라크를 손아귀에 넣은 것이었다. 지중해 연안부터 페르시아 만까지 철도가 연결되면 제국 통치에 필수적인 교통망이 형성된다. 또 이라크에서 시리아 사막을 가로질러 하이파까지 이어지게 될 송유관을 보호할 수 있다. 하이파-바스라 철도는 사우디아라비아 북동부를 가로지르게 되기 때문에 이븐 사우드의 입장에선 달가울 리 없었다. 따라서 이라크-나즈드 국경 요새 건설은 애초부터 영국의 정교한 계산일 수 있다. 이 지역을 분쟁에 빠뜨려 갈등 조정이란 명분으로 꼭두각시 위성국가를 세운다면 철도 건설이 용이해질 것이다. 아드 다위시는 요긴한 꼭두각시가 되어줄 수 있었다. 나즈드인일 뿐 아니라 이크완들로부터 견고한 지지를 받고 있으니 샤리피안 가문보다 나았다. 그의 전력이 말해주듯 종교적 열정은 위장일 뿐이다. 목적은 오직 권력이었다. 그가 혼자 힘으로 그토록 오랜 기간 이븐 사우드에게 저항하기란 불가능에 가까웠다.

긴 침묵 끝에 왕이 다시 입을 열었다. "아드 다위시가 무기와 탄약을 어떻게 조달하는지 생각해 봤네. 나뿐 아니라 모두 궁금할 거야. 무기도 많고 돈도 많으니까. 자네가 아드 다위시의 무기 조달에 얽힌 미스터리를 파헤치면 어떨까 싶네. 짚이는 데는 있어. 하지만 자네가 직접 취재를 해 보면 좋겠네. 내가 틀릴 수도 있으니까."

왕은 별일 아니라는 듯 얘기했지만 단어 하나도 매우 신중하게 선택하고 있었다. 조금 전까지 침울해 보였던 얼굴에 미소가 번졌다. 그는 내 무릎에 손을 얹고 이렇게 말했다.

"거듭 말하지만 자네 힘으로 아드 다위시가 어디서 그 많은 총과 탄약을 가져오는지 알아내게. 나는 그 공급처를 확신하고 있어. 하지만 자네처럼 직접 관련돼 있지 않은 사람이 스스로 알아내서 아드 다위시의 반란에 가려진 진실을 알려줬으면 좋겠어."

이븐 사우드는 내가 자신을 흠모한다는 사실을 안다. 간혹 그의 정책에 반대하긴 하지만 그럴 때도 거짓을 고하지 않았다. 그는 나를 무한히 신뢰하며 기꺼이 내 조언을 구했다. 그래서 1929년 그 여름날 저녁 나에게 이크완 반란의 배후를 조사하라는, 엄청난 위험과 고난이 수반될 임무를 맡긴 것이다.

내 대답은 그를 실망시키지 않았다. 기자로서 '특종'을 건져 올릴 기회인 데다 흥분되는 모험이었다. 나는 주저하지 않고 답했다.

"최선을 다하겠습니다."

"그러리라 믿네, 무함마드. 그리고 이 임무는 비밀로 해야 하네. 위험할 수도 있어. 자네 아내는 어떤가?"

그 전해에 나와 결혼한 리야드 출신 소녀 얘기였다.

"슬퍼하지 않을 겁니다. 곧 이혼할 생각입니다. 서로 잘 맞지 않는 것 같습니다."

무슨 뜻인지 안다는 듯 왕이 미소 지었다. "하지만 다른 사람들은? 친척들은?"

"제게 무슨 일이 생긴다고 슬퍼할 만한 사람은 별로 없습니다. 있다면 자이드 정도죠. 하지만 그는 어디라도 저와 함께 갈 겁니다."

"아, 잊기 전에 줄 게 있네. 임무를 수행하려면 자금이 필요할 거야." 그러곤 쿠션 아래로 손을 넣어 지갑을 꺼내 내 손에 쥐어 줬다. 그 무게로 짐작건대 거액이 들어 있었다. 왕은 내가 수락할 것임을 알고 있었던 것이다!

방으로 돌아와 자이드를 불렀다.

"자이드, 만약 내가 굉장히 위험한 곳에 가자고 하면 함께 가겠나?"

자이드가 답했다. "위험한 곳에 자네 혼자 보낼 수는 없지. 어딘가?"

"아드 다위시가 무기와 돈을 어디서 조달하는지 알아보러 가야 해. 비밀 임무일세."

자이드가 좀 더 현실적인 질문을 던졌다.

“아드 다위시나 그의 부하들에게 물어볼 순 없을 텐데, 어디서부터 시작해야 하나?”

성에서 돌아오는 길에 나는 이 문제를 곱씹었다. 최선의 출발점은 중부 나즈드 도시 중 하나일 듯했다. 이라크와 쿠웨이트에 거래선을 둔 상인이 많은 곳이어야 한다. 나는 와쉼 지방 수도인 샤크라로 결정했다. 리야드에서 사흘이면 갈 수 있고 내 친구인 압둘 라흐만 아시바의 도움을 받을 수도 있다.

매번 여행을 떠날 때마다 왕의 창고에서 식량을 얻어 갔지만 이번엔 그러지 않기로 했다. 쓸데없는 관심을 끌 수 있었기 때문이다. 필요한 물품은 모두 시장에서 구입했다. 저녁 무렵 자이드가 식량 준비를 마쳤다. 쌀, 빵 굽는 데 쓸 밀가루, 정제버터, 대추야자, 커피, 소금을 챙겼다. 새 물주머니 두 개와 가죽포대도 샀다. 무기와 탄약은 이미 충분히 확보돼 있었다. 갈아입을 옷을 두 벌씩 챙겼고 둘 다 두꺼운 아바야를 걸쳤다. 안장에 깐 담요와 함께 밤 추위를 견디는 데 도움이 될 것이다. 목초지에서 몇 주간 쉰 낙타들은 최적의 상태였다. 최근 자이드에게 준 낙타는 굉장히 빠른 오만산이었고 나는 이븐 사우드에게 선물로 받은 북부지방 순종 낙타를 탔다.

우리는 날이 저문 뒤 리야드를 출발해서 새벽녘에 와디 하니파에 도착했다. 높다란 언덕 사이 깊은 계곡 강가에 위치한 이곳은 1300년 전 이슬람의 미래를 건 전투가 벌어졌던 땅이다. 무함마드의 후계자인 이슬람 초대 칼리프 아부 바크르의 무슬림 군대와 ‘거짓 예언자’ 무사일리마의 군대가 맞섰다. 중부 아라비아 땅에서 이슬람이 최종 승리했음을 알리는 전투였다. 예언자 무함마드와 함께 이슬람을 창시한 동료가 다수 목숨을 잃었다. 지금도 바위투성이 와디 계곡에 그들의 무덤이 남아 있다.

오전에 폐허가 된 마을 아야이나를 지났다. 한때는 계곡 기슭을 따라 길게 늘어선 거대한 정착촌이었다. 사원과 대저택의 잔해가 여기저기 흩어져 있었다. 요즘 나즈드에서 볼 수 있는 단순한 진흙 건물과 달리 고급스럽고 우아한 건축양식을 엿볼 수 있다. 150~200년 전만 해도 사우드 왕조의 초창기 수도였던 다리야에서 아야이나에 이르는 지역이 모두 하나의 거대한 도시였다. 다리야에서 아미르의 아들이 태어나면 주민들이 지붕에 올라가 입에서 입으로 그 소식을 전해 몇 분 만에 아야이나까지 닿았다고 한다. 아야이나가 쇠퇴한 과정은 전설 같은 이야기가 너무 많아 역사적 사실을 추려 내기가 쉽지 않다. 무함마드 이븐 압둘 와하브의 가르침을 받아들이지 않아 초대 사우드 통치자에 의해 파괴됐다는 설명이 가장 그럴 듯하다. 분노한 신이 도시의 모든 우물을 하룻밤 사이에 다 말려버려서 주민들이 도시를 떠날 수밖에 없었다는 것이다.

셋째 날 정오 샤크라의 요새가 시야에 들어왔다. 우리는 비로소 금요일임을 깨달았다. 모두 사원에 있을 시간이다. 간혹 머리부터 발끝까지 검은 아바야로 덮은 여인을 만났다. 이방인을 보자 황급히 베일로 얼굴을 가린다. 어린이들은 여기저기 그늘에서 놀고 있었다.

우리는 곧장 친구인 압둘 라흐만 아시바의 집으로 갔다. 당시 그는 이 지역 재정을 책임지고 있었다. 자이드가 열려 있는 대문 안을 향해 "야 왈라드!(어이, 소년)"라고 외치자 어린 하인이 달려 나왔다. 자이드와 소년이 마당에서 낙타의 안장을 바삐 풀어 내리는 동안 나는 다른 하인이 끓이고 있던 커피 향에 빠져 있었다. 채 한 모금 마시기도 전에 마당에서 웅성거리는 소리가 들렸다. 집주인이 돌아왔다. 그는 계단을 올라오면서 내가 미처 보이기도 전에 큰 소리로 환영한다고 소리쳤다. 얼굴에는 웃음이 가득하다. 더위에도 아바야 안에 긴 가죽 외투를 입고 있었다. 이 외투는 그가 애지중지하는 물건이다. 누구를 만나든 히자즈의 왕 샤리프 후세인의 옷이었으며 1924년 메카를 점령할 때 자기 손에 들어왔다는 이야기를 잊지 않고 한다.

그는 나를 따뜻하게 끌어안은 뒤 까치발을 하고 내 볼에 입을 맞췄다.

"알란 와살란 와 마르하바! 자네를 만나다니, 오늘은 정말 운이 좋군!"

이어 통상적인 질문을 쏟아 냈다. 언제 왔고, 어디로 가는 길이며, 왕은 요즘 어떠신지, 오는 길에 비가 오진 않았는지, 비가 오지는 않을지 등등 아랍식 안부를 물었다. 나는 중부 나즈드의 아나이자에 가는 길이라고만 했다.

압둘 라흐만은 오래전부터 나즈드와 이라크 무역에 깊숙이 관여해 바스라와 쿠웨이트 사정에 매우 밝다. 그를 통해 최근 두 지역에 다녀온 사람들을 알아내기란 어렵지 않았다. 아나이자에서 유명한 알 바삼 가문 일원이 최근 바스라에 갔다가 쿠웨이트를 거쳐 돌아왔다고 한다. 나도 예전에 만났던 사람이다. 그는 반란군과 교전이 벌어지는 지역을 피해 바레인을 거쳐 나즈드로 왔고, 지금은 샤크라에 있다. 압둘 라흐만이 그를 데려오라고 사람을 보냈다. 아랍 관습에 따르면 먼저 와 있던 사람이 나중에 도착한 사람을 찾아가 만나야 한다. 잠시 후 우리는 압둘라 알 바삼과 마주 앉았다.

나즈드에서 가장 유력한 상인 가문 출신이지만 압둘라는 그다지 부유하지 않았다. 나즈드뿐 아니라 카이로, 바그다드, 바스라, 쿠웨이트, 바레인, 봄베이를 오가며 굴곡진 삶을 살았다. 머물렀던 지역마다 유력 인사들은 다 꿰고 있었다. 그의 명석한 두뇌는 아랍 지역 정보의 집합소다. 나는 그에게 한 독일 기업이 쿠웨이트와 바스라로 농기계를 수출할 수 있을

지 가능성을 타진하고 있다고 얘기했다. 두 도시에서 이 제안에 관심 있는 상인들을 찾아내면 나에게 상당한 수수료가 떨어진다고 했다. 그는 몇몇 이름을 언급한 뒤 이렇게 덧붙였다.

"쿠웨이트인들은 사업에 관심을 보일 겁니다. 끊임없이 외국에서 뭔가 수입하는 사람들이니까요. 특히 요즘은 무역이 굉장히 활발해졌어요. 어찌나 거래가 많은지 트리에스테에 있는 조폐창에서 리얄 은화를 대형 화물선으로 거의 매일 들여옵니다."

나는 리얄 은화라는 말에 정신이 번쩍 들었다. 마리아 테레사 탈레르라 불리는 이 특별한 은화는 아라비아의 공식 화폐와 병용되고 있었다. 상업적 거래에선 오히려 더 많이 쓰였다. 트리에스테에서 주조돼 아라비아 각국 정부 또는 베두인과 거래가 잦은 대상들에게 제작비용을 받고 팔았다. 베두인은 지폐를 꺼린다. 금이나 은만 받으려 했고 특히 마리아 테레사 탈레르를 선호했다. 쿠웨이트인들이 이 은화를 대량으로 들여오고 있다면 베두인과 거래가 많다는 뜻이다.

"쿠웨이트 상인들이 요즘 리얄을 왜 그렇게 수입하나요?" 내가 물었다.

"나도 몰라요." 알 바삼이 답했다. 약간 당황한 기색이 느껴졌다.

"베두인에게 식용 낙타를 사서 낙타고기 값이 비싼 이라크에 팔려고 한다는데, 요즘처럼 혼란스러운 때 초원에 무슨 낙타가 그렇게 많겠어요." 그가 웃으며 말을 이었다. "차라리 타고 달릴 수 있는 낙타를 이라크에서 사다가 아드 다위시 쪽에 팔면 모를까. 물론 아드 다위시에게 그럴 만한 돈은 없겠지만…. "

그날 밤 잠자리에 들기 전 자이드를 한쪽 구석으로 불러냈다.

"우리 쿠웨이트로 가야겠어."

"쉽지 않을 텐데." 자이드가 답했다. 왕에게 충성스런 군대와 부족이 통제하는 국경 통과는 애들 장난이다. 하지만 쿠웨이트 국경에 도달하기까지 적대세력이 장악한 지역을 온전히 우리 힘으로 통과해야 한다. 무타이르와 아즈만 반군이 곳곳에 도사리고 있을 것이다. 물론 수로를 이용해 바레인을 거쳐 쿠웨이트로 갈 수도 있지만 그러려면 영국 당국의 허가가 필요하고 그 과정에서 우리 작전이 들통 날 수도 있다. 알자우프와 시리아 사막을 지나 이라크로 갔다가 다시 쿠웨이트로 이동하는 방법 역시 이라크에서 수많은 검문소를 지나쳐야 한다는 문제가 있다. 따라서 육로가 최선책이다. 우리는 행운을 바라기로 했다.

압둘 라흐만은 며칠 더 머물라며 붙잡았으나 급한 용무라는 말에 다음 날 아침 우리를 보내줬다. 말린 낙타고기까지 챙겨 줬다. 돌아오는 길에 꼭 다시 들르라고 여러 번 강조했지만 나는 "인샬라('신의 뜻에 따라'-옮긴이)."라고 답할 수밖에 없었다.

우리는 샤크라를 출발해 북동쪽으로 나흘간 움직였다. 별 탈은 없었다. 이븐 무사드 군대에 속한 아와짐 베두인족 병사들이 우리를 검문했으나 왕의 서한을 보여 주자 이내 보내 주었다.

다섯째 날 새벽녘에 우리는 이븐 사우드의 영향력이 닿지 않는 지역으로 들어섰다. 이제부터 주간 여행은 불가능하다. 야간에 몰래 이동하는 수밖에 없다.

우리는 물이 말라 버린 강바닥에 천막을 쳤다. 고대에 북부 아라비아를 관통하여 페르시아 만까지 흘렀던 강의 흔적인 거대한 와디 아룸마에서 그리 멀지 않은 곳이었다. 아르파지 관목이 우거져 눈에 잘 띄지 않았다. 우리는 낙타의 다리를 묶어 놓고 먹이를 준 뒤 밤이 될 때까지 기다렸다. 불도 피우지 못했다. 낮이라도 연기가 나면 눈에 띌 수 있다. 물과 대추야자를 먹을 수 있다는 데 만족해야 했다.

조심하기를 정말 잘했다는 생각이 들었다. 갑자기 베두인이 행군할 때 외치는 구호가 귓전을 때렸던 것이다. 우리는 낙타가 소리 내지 못하도록 입마개를 꽉 틀어쥐고 높다란 강둑 밑에 바짝 붙어 섰다. 그리고 누가 먼저랄 것도 없이 총을 꺼내 들었다.

구호 소리는 점점 커져 무슨 말인지 식별할 수 있을 정도가 됐다. "라 일라하 일 알라(신 외엔 신이 없다), 라 일라하 일 알라." 이크완임에 틀림없다. 이 지역 이크완은 모두 적이라고 보면 된다. 잠시 후 행렬이 우리 머리 위로 지나갔다. 8~10명이고 모두 낙타를 타고 있었다. 머리에 이크완의 터번을 쓰고 붉은색과 흰색의 체크무늬 쿠피야를 입었다. 가슴에는 탄띠를 두르고 안장에 소총을 걸어 놓았다. 인상적인 장면이었지만 동시에 끔찍했다. 그들은 자신의 삶보다 신앙을 더 소중하게 생각한다. 순수한 신앙과 신의 영광을 위해 싸우고 있다고 굳게 믿고 있다. 자신의 열정과 갈망이 부도덕한 지도자의 개인적 권력 유지에 이용당하고 있다는 사실을 모른다….

그들이 반대편 강둑으로 지나갔다면 우리를 쉽게 발견했을 것이다. 구호 소리가 더 이상 들리지 않게 된 뒤에야 우리는 비로소 안도의 한숨을 내쉬었다.

"저들은 지니 같군." 자이드가 속삭였다. "삶의 기쁨도, 죽음의 공포도 모르는 지니처럼 정말 용감하고 독실하지만 피와 죽음과 천국밖에 보지 못하지."

이크완의 암울한 순진함에 대항하기라도 하듯 자이드는 '소토 보체'란 노래를 부르기 시작했다. 시리아의 세속적인 사랑 노래다. "구릿빛 몸뚱이의 하녀야…."

어두워지자마자 우리는 쿠웨이트를 향해 다시 이동했다.

"저기 봐." 자이드가 갑자기 외쳤다. "불빛이야!"

베두인 야영지라기엔 불빛이 너무 작았다. 혼자 있는 목동인가? 하지만 어떤 목동이 반군지역에서 감히 불을 피울 수 있을까? 아무튼 확인해 보기로 했다. 한 명뿐이라면 우리가 쉽게 제압할 수 있을 것이다. 반란군 동태에 관해 중요한 정보를 얻게 될지도 모른다.

땅에 부드러운 모래가 깔려 있어서 낙타들은 걸을 때 거의 소리를 내지 않았다. 우리는 조심스럽게 불빛을 향해 다가갔다. 모닥불 앞에서 혼자 웅크리고 앉아 있는 베두인이 보였다. 그는 한동안 우리가 있는 쪽을 뚫어지게 쳐다보더니 확신이 생긴 듯 벌떡 일어나 두 팔을 가슴팍에 대고 팔짱을 꼈다. 총이 없음을 보여 주려는 것 같았다. 그리고 침착하게 우리가 다가오기를 기다렸다.

"누구냐." 자이드가 날카롭게 소리쳤다. 이미 그의 소총은 누더기를 걸친 낯선 이를 겨누고 있었다.

베두인은 천천히 미소 지으며 낭랑한 목소리로 답했다. "저는 술루바인입니다."

왜 그토록 침착했는지 이제 알 것 같다. 집시처럼 기묘한 부족인 술루바는 베두인 부족 분쟁에 한 번도 끼어든 적이 없다. 술루바족은 지금도 탐험가들에게 수수께끼로 남아 있다. 어디서 왔는지도 불확실하다. 벽안에 머리카락은 옅은 갈색이니 분명 아랍인은 아니다. 아랍 역사학자들은 이들이 유럽 십자군의 후예라고 주장한다. 살라딘에 의해 아라비아로 끌려와 무슬림이 됐다는 것이다. 실제로 술루바란 이름은 십자가를 뜻하는 살리브와 어원이 같다. 살리브의 변형 살리비는 십자군이란 뜻이다. 물론

이 주장의 진위는 아무도 알 수 없다. 어쨌든 베두인들은 술루바족을 아랍인으로 인정하지 않고 백안시한다. 인간 평등을 강조하는 아랍 사상과 극명하게 대조된다. 베두인들은 술루바가 종교적 신념을 지닌 무슬림이 아니기 때문이라고 설명한다. 무슬림의 생활양식을 따르지도 않는다는 것이다. 베두인들은 술루바족이 결혼을 하지 않고 근친상간을 서슴지 않아 '개처럼 난잡하다'고 말한다. 게다가 무슬림이 불결하다고 여기는 상한 고기를 개의치 않고 먹는다는 점도 경멸의 이유다. 하지만 이는 합리화에 가깝다. 내 생각에는 혈통을 꽤나 따지는 베두인들이 술루바와 피가 섞이기를 두려워하는 것 같다. 술루바인들은 거의 예외 없이 잘생겼다. 아랍인보다 키가 크고 신체 비율이 좋다. 특히 여성들은 대단히 아름답고 우아하다.

하지만 이유가 무엇이든 베두인의 경멸 덕에 술루바족은 안전한 생활을 하고 있다. 술루바족을 공격하는 베두인은 주위에서 명예롭지 못한 놈 취급을 받는다. 술루바는 모든 사막 부족이 인정하는 수의사이자 안장 제조공이며 땜장이인 동시에 대장장이다. 수작업을 경멸하는 베두인도 그런 수공예품 없이는 생활이 불가능해 술루바인들에게 의존한다. 또 술루바인들은 뛰어난 목동이면서 사냥 기술도 탁월하다. 짐승의 흔적을 읽어내는 능력은 신기에 가깝다.

그가 술루바족이란 사실에 안도한 나는 이븐 사우드의 사람임을 솔직히 얘기해 줬다. 술루바족은 권위를 추종하는 편이라 그래야 더 안전하다고 판단했다. 그에게 불을 끄게 한 뒤 마주 앉아 긴 대화를 시작했다.

그는 아드 다위시 군대가 어떻게 배치돼 있는지 잘 알지 못했다. "그들은 한곳에 오래 머무는 법이 없어요. 언제나 이동 중이죠. 마치 지니처럼." 달리 해석하면 우리와 가까운 곳에 대규모 적군이 주둔해 있을 가능성은 매우 낮다는 뜻이다. 물론 끊임없이 사막을 오가는 소규모 부대는 언제든 마주칠 수 있겠지만.

그때 한 가지 생각이 떠올랐다. 이 술루바족의 사냥 본능과 길 찾는 능력을 이용해 쿠웨이트까지 안내를 맡기면 어떨까?

"쿠웨이트에 가본 적이 있나?" 내가 물었다.

그는 웃으면서 "아주 많이 가봤죠. 영양 가죽, 정제버터, 낙타 털가죽을 가져가 팔곤 했어요. 불과 열흘 전에도 다녀왔어요."

"우리를 쿠웨이트까지 안내해 줄 수 있어? 이크완에게 들키지 않도록 말이야."

그는 망설임 없이 답했다. "할 수 있어요. 하지만 당신들과 함께 있다가 이크완에게 잡히면 저는 아주 위험해질 거예요. 그러니까… 돈을 많이 주셔야 해요."

"얼마나?"

"글쎄…." 그의 목소리에서 탐욕스런 떨림이 느껴졌다.

"100리얄이면 하늘의 새 말고는 아무도 모르게 쿠웨이트까지 안내해 드리죠."

100리얄이면 당시 영국 화폐로 10파운드에 불과했다. 터무니없이 적은 금액이다. 하지만 이자는 평생 그렇게 많은 현금을 만져 본 적이 없을 것이다.

"100리얄 주겠네. 지금 20리얄을 주고 쿠웨이트에 도착해서 나머지를 주지."

그는 내가 이렇게 선뜻 응하리라 생각지 못한 듯했다. 뭔가 더 얻어내려는 심산인 듯 그는 잠시 생각하더니 이렇게 말했다.

"그런데 제 낙타는 어쩌죠? 당신들과 함께 쿠웨이트까지 갔다 오면 저

불쌍한 놈은 완전히 지쳐서 쓸모없게 될 텐데… 나는 낙타가 한 마리뿐인데….”

흥정할 생각이 별로 없었던 나는 즉각 대답했다.

“내가 자네 낙타를 사겠네. 자네가 그 낙타를 타고 쿠웨이트까지 가면 다시 그 낙타를 선물로 주지. 대신 돌아올 때도 우리를 안내해 주게.”

그는 잽싸게 일어나 어둠 속으로 사라지더니 몇 분 뒤 낙타를 한 마리 몰고 왔다. 늙긴 했지만 튼튼하고 잘생긴 놈이다. 몇 차례 흥정 끝에 낙타 값으로 150리얄을 주기로 했다. 역시 50리얄은 지금 주고 나머지는 쿠웨이트에 도착한 뒤 지불한다. 자이드가 안장주머니에서 두툼한 지갑을 꺼냈다. 나는 동전을 세기 시작했다. 술루바는 후줄근한 튜닉 깊숙한 곳에서 돈주머니를 꺼냈다. 내가 준 리얄을 그 주머니에 옮겨 담을 때 반짝이는 새 은화가 눈에 띄었다.

“잠깐!” 내가 그의 손을 잡으며 소리쳤다. “자네의 그 반짝이는 리얄 은화를 좀 보여 주게.”

그는 빼앗기지나 않을까 의심스러워 하며 조심스럽게 그 은화를 내 손바닥 위에 올려놨다. 새로 주조된 듯 귀퉁이가 날카롭다. 나는 성냥을 켜고 자세히 들여다봤다. 분명 마리아 테레사 탈레르였다. 다른 동전들 위로 성냥불을 들이대니 똑같은 새 은화가 대여섯 개 더 있었다.

“이 은화를 어디서 받았지?”

“맹세컨대 훔치지 않았어요. 몇 주 전 쿠웨이트와 가까운 곳에서 어떤 무타이르인이 줬습니다. 내게서 낙타 안장을 샀어요.”

“무타이르? 확실해?”

“틀림없어요. 거짓말이라면 저를 죽여도 좋아요. 아드 다위시의 부하였습니다. 최근에 하일의 에밀과 전투를 벌였던 부대 소속이었어요. 그 사람

한테 안장을 팔면 안 되나요?"

나는 그를 안심시키고, 좀 더 자세히 캐물었다. 그는 아드 다위시의 부하들에게 물건을 팔고 이런 은화를 받은 술루바인이 더 있다고 했다.

그는 정말 뛰어난 안내원이었다. 사흘 동안 밤마다 반군 지역을 구불구불 가로지르며 우리를 안내했다. 자이드조차 처음 보는 지형을 통과했고 길도 없는 곳으로 다녔다. 낮에는 은신처를 찾아 숨었다. 한번은 우리를 물웅덩이로 데려가면서 이 지역 베두인조차 모르는 곳이라고 했다. 낙타들이 목을 축였고 우리도 물주머니를 채울 수 있었다.

넷째 날 아침 우리는 쿠웨이트 시가지가 보이는 지점에 도달했다. 나즈드에서 쿠웨이트로 가는 사람들은 보통 남서쪽 경로를 이용한다. 우리는 바스라 방향인 서쪽 경로를 택했다. 혹시 누가 우리를 보더라도 이라크 무역상인 줄 알 것이다.

쿠웨이트로 들어간 뒤에는 자이드가 이라크 경찰대 근무 시절 알던 상인의 거처에서 안전하게 머물 수 있었다.

시가지는 후텁지근한 열기로 가득했다. 나즈드의 탁 트인 초원에 익숙한 나는 땀을 비 오듯 흘렸다. 하지만 휴식을 취할 여유가 없었다. 술루바인에게 거처에 남아 낙타를 돌보라고 한 뒤 자이드와 나는 조사를 위해 시장으로 갔다.

서양인인 내가 함께 다니면 자이드도 의심받을 수 있다. 나는 커피숍에 혼자 앉아 한 시간 동안 커피를 마시며 물담배를 피웠다. 자이드가 마침내 커피숍으로 돌아왔다.

"여기서 나가지. 시장통이 더 안전해. 그리고 이걸 가져왔어." 그는 아바야 안에서 두툼한 양털로 만든 이라크식 이갈 두 개를 꺼냈다. "이라크인처럼 보일 거야."

자이드는 과거 밀수에 손을 댔을 때 함께 활동했던 이가 지금 쿠웨이트에 살고 있다고 했다.

"이 도시에서 우리에게 무기 거래에 관해 말해 줄 수 있는 사람은 그 친구, 반다르뿐이야. 나와 같은 샤마르족이지. 이븐 사우드 권력과 절대 타협하지 않는. 우리가 왕명 수행 중임을 절대 알려선 안돼. 반다르는 아주 영리하니 조심해야 해. 나도 과거에 많이 속았지."

반다르는 후리후리한 체격에 나이는 40대였다. 미간이 좁고 표정은 뚱했는데 자이드를 보자 진심으로 기쁜 듯 얼굴이 환해졌다. 자이드는 내가 바그다드에 정착한 투르크인이며 아랍 말을 봄베이로 수출하는 상인이라고 소개했다. "그런데 요즘은 별로 수지가 맞지 않아." 자이드가 덧붙였다. "아나이자와 부라이다 출신 상인들이 그쪽 시장을 완전히 장악했어."

반다르가 답했다. "그 더러운 이븐 사우드의 남부인들은 우리 생계까지 위협하고 있어."

"그런데 무기 거래는 어때." 자이드가 물었다. "무타이르와 아즈만 덕에 장사가 잘될 것 같은데."

"그랬지." 반다르가 어깨를 으쓱하며 답했다. "몇 달 전까지 나도 트란스요르단에서 소총을 사다가 아드 다위시 쪽에 팔아서 꽤 돈을 벌었어. 하지만 다 끝났어. 지금은 소총 한 자루도 팔지 못할 거야."

"어째서? 아드 다위시는 그 어느 때보다 총이 필요할 것 같은데."

"맞아. 하지만 지금 엄청나게 싼 값에 해외에서 총을 상자째 사들이고 있어. 우리는 도저히 조달할 수 없는 가격이지. 영국제 소총 한 자루에 탄약 200발이 겨우 10리얄이니까."

"오, 신이시여." 자이드가 정말 놀란 듯이 소리쳤다.

불가능해 보이는 금액이다. 당시 나즈드에서 리엔필드 소총 가격은 자루당 30~35리얄이었다. 물론 탄약은 따로 사야 했다. 쿠웨이트 물가가 아무리 더 싸다고 해도 도저히 설명이 안 된다.

반다르가 냉소를 지었다. "아드 다위시에게 아주 힘 센 친구들이 있는 것 같아. 그가 언젠가 북부 나즈드의 독립 군주가 될 거라고 말하는 사람도 있어."

"그 말이 맞을지도 몰라요." 내가 끼어들었다. "아마 아드 다위시는 이븐 사우드에게서 독립하려 하겠죠. 하지만 그는 돈이 없잖아요. 알렉산더 대왕도 충분한 자금이 없었다면 왕국을 건설하지 못했을 겁니다."

반다르는 크게 웃어 젖혔다. "돈이라고요? 아드 다위시는 돈이 아주 많아요. 새로 찍어낸 리얄을 엄청나게 갖고 있다고요. 총처럼 해외에서 상자째 들여옵니다."

"리얄을 상자째로? 베두인이 어떻게 새 리얄을 상자째 구할 수 있지?"

"나도 몰라." 반다르가 답했다. "하지만 거의 매일 이 도시 상인들을 통해 새 리얄 은화 상자가 배달되고 있어. 어제도 항구에서 파르한 이븐 마슈르가 리얄 상자 하역 작업을 감독하더라고."

파르한은 나도 안다. 로렌스와 함께 투르크에 맞서 싸웠던 시리아의 유명한 베두인 왕자 누리 아쉬 샤알란의 조카의 아들이다. 나는 1924년 다마스쿠스에서 젊은 파르한을 처음 만났다. 당시 그는 흥청망청 방탕한 삶을 살다가 아쉬 샤알란과 사이가 틀어진 뒤 루왈라 부족을 이끌고 나즈드로 갔다. 거기서 갑자기 '독실한' 신앙을 내세우며 이크완 운동에 참여했다. 1927년 하일에 있는 이븐 무사드의 성에서 파르한을 다시 만났다. 신앙의 상징인 이크완의 흰색 터번을 두르고 있었다. 왕이 하사한 포상금으로 풍요로운 생활을 누리는 중이었다. 다마스쿠스에서의 만남을 상기시

레자 칸(레자 샤), 훗날 이란 국왕

키자 그는 재빨리 화제를 돌렸다. 어리석지만 야심은 있어서 아드 다위시의 반란을 이용해 오아시스인 알자우프에 자신만의 거점을 구축하고자 기회를 엿보고 있었다. 아랍인들은 예부터 사자를 미처 잡기도 전에 사자 가죽을 어떻게 나눌지 정한다. 반란 세력들도 이 관습으로부터 예외는 아니었다.

"그럼 파르한이 쿠웨이트에 있나요?" 내가 반다르에게 물었다.

"물론이죠. 아드 다위시만큼 자주 와요. 궁에도 뻔질나게 드나들죠. 셰이크가 그를 아주 좋아한대요."

"하지만 아드 다위시나 파르한의 출입을 영국이 막고 있지 않나요? 몇 달 전 영국이 그러겠다고 발표했는데…."

반다르가 다시 웃어 젖혔다. "그랬죠. 그런데 아까 말한 대로 아드 다위시는 힘 센 친구가 많아요. 아드 다위시는 있는지 모르겠지만 파르한은 분명히 이곳에 있습니다. 매일 저녁 기도하러 대사원에 나타나니까 거기 가면 직접 볼 수 있을 거예요."

정말 그를 볼 수 있었다. 자이드와 나는 초저녁부터 대사원 근처를 어슬렁거리다 갑자기 길모퉁이에서 나타난 베두인 무리와 맞닥뜨렸다. 나즈드인들이었다. 검은 수염을 짧게 다듬은 잘생긴 30대 남자가 맨 앞에서 있었다. 나는 단번에 그가 파르한임을 알아보았다. 그도 나를 알아봤는지는 모르겠다. 나와 눈이 마주치자 그는 기억을 더듬는 듯한 표정으로 나를 훑어보더니 고개를 돌리고 가던 길을 갔다.

우리는 쿠웨이트 체류를 무리하게 늘리진 않기로 했다. 반다르의 정보는 자이드가 다른 지인들을 통해 재확인했다. 아드 다위시에게 리엔필드 소총을 '거래'로 위장해 공급해 줄 수 있다면 분명 쿠웨이트에서도 세력이 상당한 무기수입상일 것이었다. 쿠웨이트 시장에 쏟아져 나오는 새 마리아 테레사 탈레르도 출처를 추적해 보면 거의 예외 없이 아드 다위시나 그의 부하들과 관련돼 있었다. 왕의 의심이 사실임을 입증할 증거는 충분히 확보됐다.

나는 임무를 완수했다. 다음 날 밤 우리는 올 때처럼 몰래 쿠웨이트를 빠져나왔다. 자이드와 내가 시장에 있는 동안 술루바인은 쿠웨이트 남부에 현재 반군이 없다는 사실을 알아냈다. 우리는 남쪽으로 이동했다. 왕의 영향권인 알 하사 지방 쪽이다. 이틀 밤을 부지런히 달려 해안 부근에 도착했을 때 알 하사의 아미르가 파견한 정찰대를 만났다. 그들과 함께 이븐 사우드의 영토로 다시 들어올 수 있었다. 술루바인은 돈에, 선물로 받은 낙타까지 챙겨 서쪽으로 갔고, 자이드와 나는 남쪽 리야드를 향해 이동했다.

나는 연재 기사를 통해 반군이 유럽 강대국의 지원을 받고 있다고 폭로했다. 이븐 사우드의 국경을 남쪽으로 밀어내 북부지방에 독립적인 지대를 조성하려는 목적이라고도 밝혔다. 이는 영국의 철도 건설 구상과 연관이 있다는 점도 언급했다. 동시에 아드 다위시의 반란은 이븐 사우드 왕국에 혼란을 가져왔고 그로 인해 이븐 사우드가 영국의 두 가지 요구(해군 기지 건설을 위해 제다 북쪽 홍해 항구인 라빅을 조차하고, 다마스쿠스에서 메디나에 이르는 철도 구간 통제권을 가져가겠다는 요구)를 수용할 수밖에 없었다고 알렸다.

유럽과 아랍(주로 이집트) 신문에 게재된 내 기사는 큰 반향을 불러일으켰다. 하이파-바스라 철도 건설이라는 영국의 비밀 계획은 이 폭로로 폐기됐다. 사전 조사에 많은 자금을 투입한 상태였지만 다시는 거론되지 않았다.

1929년 여름 이븐 사우드는 아드 다위시의 무기 및 탄약 구입을 방관했다며 영국에 항의했다. 외부 세력이 그에게 무기를 공급했다는 '물증'이 없었기에 그런 거래가 있었다는 사실만을 문제 삼았다. 영국 당국은, 쿠웨이트 무역상들이 무기를 공급하고 있으니 막을 권한이 없다고 답변했다. 1927년 체결된 제다 조약에 따라 금수 조치가 해제됐기 때문이란 것이다. 영국은 이븐 사우드 역시 원한다면 쿠웨이트에서 무기를 수입할 수 있다고 했다. 이븐 사우드는 똑같은 조약을 근거로 영국과 사우디아라비아는 각각 자국 영토에서 상대방의 안보에 위협이 되는 일이 벌어지지 않도록 막을 의무가 있다고 반박했다. 그러자 영국은 쿠웨이트는 '영국 영토'가 아닌 독립적인 왕국이라고 주장했다.

내전은 계속됐다. 1929년 늦가을 이븐 사우드는 직접 전장에 나갔다. 이번에는 아드 다위시가 쿠웨이트로 피신하더라도 끝까지 추격할 태세였다. 그의 의지를 확인한 영국은 더 이상의 힘겨루기는 위험하다고 판단하고 전투기와 무장병력을 국경에 배치해 아드 다위시가 쿠웨이트로 들어가지 못하게 막았다. 반란 세력은 열세를 깨닫고 협상을 시도했다. 왕의 메시지는 분명했다. 반란 부족들이 '항복'하고 무기와 말과 낙타를 포기하면 아드 다위시의 목숨은 살려 주겠다고 했다. 단 그가 죽을 때까지 리야드에 머물러야 한다는 조건을 붙였다.

아드 다위시는 사실상의 연금 상태에 놓이기를 거부했고, 반군들은 끝까지 싸우다 전멸했다. 아드 다위시와 파르한 이븐 마슈르를 비롯한 반군 지도자 몇몇은 이라크로 도피했다.

이븐 사우드는 이라크 정부에 아드 다위시를 추방하라고 요구했다. 파리잘 이라크 국왕은 쫓기는 이에게 피난처를 제공하는 아랍의 관습을 명분 삼아 한동안 추방 요구를 거절하다 마침내 수용했다. 1930년 초 아드 다위시는 중병에 걸린 상태로 리야드로 수송됐다. 그의 목숨이 얼마 남지 않았다는 사실을 확인한 이븐 사우드는 그를 아르타위야의 가족 품으로 돌려보냈고, 아드 다위시는 그곳에서 최후를 맞이했다.

그리고 다시 이븐 사우드 왕국에 평화가 찾아왔다.

아르자의 우물가에도 평화가 찾아왔다.

"나그네여, 신의 은총이 그대와 함께하기를! 이리 와서 물을 드시오!"

무타이르 베두인 노인이 외쳤다. 과거의 갈등과 적의는 모두 잊은 듯했다.

베두인은 특이한 종족이다. 통제되지 않는 열정으로 급속히 달아오르고, 다시 평온한 일상으로 돌아오는 속도도 그만큼 빠르다. 천국과 지옥 사이를 쉽게 오간다.

우리 낙타에게 줄 물을 커다란 가죽포대로 길어 올리며 무타이르 목동들은 구령을 맞춘다.

마셔라. 한 방울도 남김없이.

우물은 은총으로 가득해 결코 마르지 않으니.

3

하일을 출발한 지 닷새째 되는 날 밤에 우리는 메디나 평원에 도착한다. 우후드 산의 윤곽이 어슴푸레 드러난다.

낙타들은 지쳐 있다. 자이드와 만수르는 말이 없다. 나도 침묵한다. 달빛 아래 도시가 모습을 드러낸다. 예언자의 사원 위로 날씬한 첨탑이 곧게 뻗어 있다.

우리는 시리안이라 불리는 성문 앞에 도착한다. 낙타들은 육중한 요새의 위용에 기가 죽은 듯하다. 채찍을 몇 대 맞고서야 성문 안으로 들어간다.

다시 예언자의 도시에 와 있다. 집에 돌아온 것이다. 이 도시에서 산 지는 몇 년 됐다. 텅 빈 거리에 낯익은 정적이 흐른다. 낙타의 발자국 소리에 게으른 개 한 마리가 겨우 몸을 일으킨다. 달빛을 머금은 공기는 갓 짜낸 우유처럼 미지근하다.

이윽고 집에 도착했다.

만수르는 친구들을 만나겠다며 떠난다. 자이드와 나는 문 앞에 낙타를 세운다. 자이드가 말없이 낙타의 다리를 묶고 짐을 내리는 동안 나는 문을 두드린다. 잠시 후 안에서 인기척이 들린다. 랜턴 불빛이 문틈으로 새어나온다. 문이 열리고 늙은 수단인 하녀 아미나가 기뻐하며 소리친다.

"주인님이 돌아오셨다!"

9

페르시아에서 온 편지

1

오후다. 나는 메디나 남쪽 성문 바로 앞 친구의 야자수 정원에 앉아 있다. 줄줄이 늘어선 나무줄기가 배경을 회녹색으로 물들인다. 야자수는 모두 심은 지 얼마 되지 않아 키가 작다. 해마다 이맘때 불어오는 모래폭풍으로 인해 잎사귀에는 먼지가 뽀얗게 쌓여 있다.

그리 멀지 않은 곳에 성벽이 보인다. 돌과 흙벽돌로 만든 회색 성벽이다. 성벽 뒤로 시내 또 다른 정원에서 자라고 있는 호화로운 야자수들과 비바람에 색이 바랜 덧문이 달린 집들이 솟아 있다. 어떤 집은 성벽을 파고 지어 성벽의 일부가 되어 버렸다. 저 멀리 '예언자의 모스크'의 첨탑 다섯 개와 녹색 돔 지붕도 보인다. 예언자의 모스크는 예언자가 살았던 곳이자 묻혀 있는 곳이다. 모스크 너머로는 흰 첨탑, 야자수 잎사귀, 마을 집들과 선명한 대비를 이루는 적갈색 우후드 산맥이 펼쳐져 있다.

오후의 태양이 이글거리는 거울 같은 하늘에는 유백색 구름이 떠다닌다. 도시 전체가 푸른 빛, 황금빛에 물들어 있다. 아라비아에서는 구름이 몰려온다고 반드시 비가 오리라고 속단해서는 안 된다. 금방이라도 비를 흩뿌릴 듯 구름이 덩어리를 이루고 있다가도 사막에서 불어온 바람 한 줄기에 속절없이 쓸려나가는 경우가 태반이다. 그러면 비를 고대하던 사람들이 돌아서며 이렇게 중얼거린다.

“오직 신만이 힘이 있다.” 하늘은 여전히 무자비하게 맑다.

나는 친구에게 인사를 하고 시내로 들어가기 위해 성문 쪽으로 걸어간다. 나귀를 타고 지나가던 남자가 지팡이를 살짝 들며 “평화가 그대와 함께하기를.”이란 인사를 건넨다. 나도 같은 말로 답례한다. 다음으로 얼굴의 반을 베일로 가리고 길게 끌리는 검은 치마를 입은 베두인 여인이 다가온다. 반짝이는 눈은 동공도 홍채도 온통 새까맣다.

나는 성문을 통과하여 드넓은 알마나카 광장을 가로질러 시내 성벽 쪽으로 간다. 환전상들을 지나쳐서 중앙 바자르로 들어간다. 폭이 채 4미터도 되지 않는 바자르 거리는 활기로 넘친다.

상인들은 노랫가락 뽑듯 신명나게 손님을 불러 모으고, 카슈미르 양털로 만든 알록달록한 쿠피야, 숄, 예복이 지나가는 사람들의 눈길을 붙잡는다. 은 장신구 가게에는 베두인이 만든 팔찌, 발찌, 목걸이, 귀고리가 가득 진열되어 있다. 향수 가게에는 각종 향유, 향신료 병과 눈썹 화장에 쓰는 안티몬이 담긴 주머니, 헤나 염료가 담긴 대야가 즐비하다. 나즈드에서 온 중간상들은 베두인 옷과 낙타 안장, 술이 달린 안장주머니를 팔고 있다. 페르시아 카펫과 낙타털 아바야를 어깨에 잔뜩 걸치고 겨드랑이에는 놋쇠 주전자를 낀 경매꾼이 고래고래 소리를 지르며 바자르 거리를 오간다. 순례철이 끝난 지 얼마 되지 않아 아라비아 반도는 물론이요, 세네갈 스텝 지대부터 키르기스에 이르는 지역, 동인도제도부터 대서양에 이르는 지역, 아스트라한(러시아 남부 볼가 강 하류에 위치한 도시-옮긴이)부터 아제르바이잔에 이르는 지역 등 각지에서 온 사람들이 아직도 많이 돌아다닌다. 그러나 그 비좁은 길에 그렇게 많은 사람이 들어차 있어도 북새통을 이룬다는 느낌은 들지 않는다. 하나같이 느긋하고 여유롭다.

무엇보다 이상한 점은, 국적, 인종, 옷차림이 모두 제각각인 사람들이

한데 뒤섞여 있는데도 서로 겉돌지 않는다는 것이다. 작정하고 분석하듯 살피지 않는 이상 행인들이 그처럼 다종다양하다는 사실은 눈에 잘 띄지 않는다. 메디나에 살면 어느새 분위기, 행동, 표정마저 서로 닮게 되나 보다. 한때 예언자의 도시였던 곳에 손님으로 머물고 있으니 그의 마법에 걸리지 않을 도리가 있겠는가.

1300년이 지난 지금도 이 도시에서 그의 존재감은 손에 잡힐 듯 또렷하다. 순전히 무함마드의 덕분으로 야스리브라 불리던 촌락 집단이 오늘날 이슬람권에서 가장 사랑받는 도시로 거듭날 수 있었다. 메디나라는 이름도 1300년 동안 이어진 '메디나트 안나비', 즉 '예언자의 도시'란 지명에서 유래한 것이다. 무슬림들의 무한한 애정의 대상인 이 도시에서는 구성원들이 마치 가족처럼 닮아 가며 은근한 변천을 거쳐 조화에 이른다.

그러한 통일된 조화로움이 이곳을 방문하는 사람들에게 행복감을 선사한다. 비록 현재 메디나 사람들의 삶이 예언자의 가르침에서 멀어져 있을지라도 그 위대한 영적 과거에 대한 자부심은 고스란히 살아 있다. 아무리 위인이라 해도 사람 하나 때문에 도시 전체가 그토록 큰 사랑을 받은 예는 전무후무하다. 또한 세상을 뜬 지 1300년도 더 된 인물이 그처럼 유구한 세월 한결같이 추앙받은 예도 찾아보기 힘들다.

그러나 이슬람에서는 그를 신성화하지 않았다. 위대한 예언자가 세상을 뜨면 으레 성인으로 떠받드는 여타 종교와는 확연히 다르다. 오히려 코란에는 무함마드가 인간이며 신 앞에 한낱 보잘것없는 미물에 지나지 않는다는 내용이 자주 등장한다.

무함마드가 말하기를, "나는 그대를 악하게 만들거나 선하게 만들 수 있는 능력이 없으며… 심지어 나 자신에게 혜택이나 손실을 입힐 수 있는 능력조차 없다. 세상사는 오직 신의 뜻대로 풀릴 뿐이다. 내가 불가지를 알고 있었다면 오로지 선을 행하고 악이 근접하지 못하게 막았을 것이다. 나는 그저 믿는 자들에게 신의 경고나 희보를 전달할 뿐이다.”

그렇게 보통 사람과 다름없이 즐거울 때 웃고 괴로울 때 아파하며 살았던 인간이었기에 그가 지금껏 무슬림들의 사랑을 한 몸에 받고 있는 것이다.

그에 대한 무슬림들의 사랑은 메디나 전체에 흘러넘친다. 손에 잡힐 듯 선연하지만 말로 표현하려니 어렵다.

2

바자르에서 예언자의 모스크를 향해 걸어가고 있는데 나를 알아보고 인사를 건네는 상인들이 많다. 그러다 아즈주그하이비라는 친구가 나를 잡아끌어 결국 가던 길을 멈춘다. 그는 매대에 옷을 진열해 놓고 베두인들을 상대로 장사를 하고 있다.

"언제 돌아왔나? 몇 개월 만이지?"

"하일과 네푸드에 다녀오는 길이야."

"당분간 집에 머무는가?"

"아니, 내일모레 바로 메카로 떠난다네."

아즈주그하이비가 맞은편 커피집 급사에게 큰 소리로 커피를 주문하자 이내 작은 잔 두 개가 우리 앞에 놓인다.

"왜 지금 메카로 가나? 하지(메카 순례 기간-옮긴이)는 지났는데…."

"순례 때문이 아니고, 아무래도 아라비아를 곧 떠나게 될 것 같아서… 그 전에 무슬림으로서의 인생을 시작했던 도시를 다시 보고 싶어 그런다네." 나는 웃으면서 덧붙였다. "사실 나도 내가 왜 굳이 메카로 가려 하는지 잘 모르겠어."

아즈주그하이비는 낭패한 얼굴로 고개를 저으며 대답했다. "이 땅과 자네의 형제들을 두고 떠난다고? 대체 왜?"

그때 긴 다리로 성큼성큼 지나가는 자이드가 눈에 띈다. 누군가를 찾는 눈치다.

"자이드, 어디 가나?"

자이드가 나를 향해 돌아선다.

"자네를 찾고 있었어. 우체국에 자네 앞으로 편지가 와있더군. 여기 있네. 평화가 깃들기를, 셰이크 아즈주그하이비!"

나는 가게 앞에 다리를 꼬고 앉아 편지 뭉치를 받아든다. 메카의 친구들이 보낸 편지, 지난 6년간 내가 해외 특파원으로 일했던 스위스 일간지 편집장이 보낸 편지, 인도의 세계 최대 무슬림 공동체를 방문해 달라는 초대장, 그리고 지난 1년간 소식이 끊겼던 친구 알리 아그하가 이란의 테헤란에서 보낸 편지가 있다. 나는 알리 아그하가 특유의 우아한 시카스타(직역하면 '부러진, 깨진'이란 뜻. 페르시아 아랍어 기록에 쓰는 문자)로 써 내려간 편지를 꺼내 읽는다.

> 사랑하는 나의 친구이자 형제, 심장의 빛, 존경해 마지않는 아사드에게 신께서 장수를 허락하시고 보호해 주시기를. 아멘.
>
> 평화와 신의 은총이 그대와 함께하기를 바라네. 신께서 자네의 행복과 건강을 지켜 주시기를 늘 기도 드리고 있다네. 우리 역시 무탈하게 잘 있으니 걱정 말게.
>
> 지난 몇 달간 우여곡절이 많아서 소식을 전하지 못했네. 아버지께서 1년 전 세상을 뜨셨고, 나는 장남으로서 남은 가족을 돌봐야 했지. 한데 신께서 이 보잘것없는 종을 어여삐 여기신 덕분에 나는 중령으로 승진했다네. 게다가 육촌인 시린과 결혼을 앞두고 있네. 결혼을 하고 나면 생활이 다시 안정될 것 같네.

드디어 알리 아그하가 정착을 하여 소시민적 삶을 살아가게 된 듯했다.

7년 전 밤이라는 마을에서 그를 처음 만났을 때는 소시민과는 거리가 멀었다. 당시 그는 26세였는데 테헤란에서 레자 칸이 쿠데타를 일으켜 정권을 손에 넣기 전 정변에 가담했다고 했다. 중앙정부에서 한자리 꿰찼을 법도 한데 워낙 방탕한 생활을 즐겼던 탓에 그렇게 되지 못했다. 결국 그의 아버지가 개과천선하라며 시골마을 밤으로 쫓아 보내고 말았다. 그러나 알리 아그하는 밤에서도 여자와 술, 아편에 빠져 지냈다.

그때가 1925년으로, 그는 중위 계급장을 단 지역 기병대장이었다. 나는 루트 사막을 건너기 위해 키르만 주 총독의 추천서를 들고 그를 찾아갔다(그 추천서도 총리 레자 칸의 추천서를 가지고 가 받은 것이다). 알리 아그하는 오렌지 나무와 야자수로 가득한 정원에 카펫을 깔고 앉아 군복 상의를 벗어던진 채 아라크를 마시고 있었다. 그는 나를 보더니 "이놈의 시골구석에서 괜찮은 와인은 도저히 찾을 수가 없다."고 말하며 그 독한 아라크를 권했다. 그는 키르만 총독의 추천서를 대충 훑어보더니 말했다. "편지 따위 없었어도 제가 사막 여행에 당연히 동참했을 겁니다. 제 손님이신데 혼자 보낼 순 없죠."

그때까지 나무 그늘 속에 숨어 있던 누군가가 천천히 일어났다. 무릎까지 내려오는 하늘색 실크 튜닉에 통 넓은 흰 발루치(파키스탄 서부 유목민족-옮긴이) 바지를 입은 아름다운 젊은 여인이었다. 한데 눈에 초점이 없었다.

알리 아그하가 프랑스어로 속삭였다. "장님이에요. 노래를 끝내주게 잘하죠."

이란에서는 대중 앞에서 노래 부르는 여자 가수를 창녀 취급하기 때문에 그가 여인을 매우 정중하게 대하는 모습이 인상적이었다.

우리는 모두 카펫 위에 둘러앉았다. 알리 아그하가 아편을 피우느라 정신없는 동안 나는 발루치 여인과 이야기를 나누었다. 앞은 볼 수 없어도 밝고 긍정적인 사람이었다. 게다가 날카롭고 재치가 있었다. 아편 파이프를 내려놓은 알리 아그하가 그녀의 손을 잡더니 이렇게 말했다. "이 오스트리아 사람이 그대의 노래를 분명 듣고 싶을 거야. 발루치의 노래를 들어 본 적이 없으니까."

여인은 류트를 집어 들고 아련한 표정으로 줄을 튕기기 시작했다. 깊고 허스키한 목소리로 부르는 노래는 마치 인생의 메아리 같았다.

다시 알리 아그하의 편지로 돌아가 보자.

> 루트 사막을 함께 여행했던 그때 그 시절이 기억나나? 발루치족 강도들과 사투를 벌였던 것도?

기억이 나냐고? 나는 편지를 내려다보며 미소를 짓는다. 다음 순간 나는 알리 아그하와 함께 발루치스탄(이란 남동부와 파키스탄 서남부를 잇는 산악 지대-옮긴이)에서 이란 깊숙한 곳까지 펼쳐진 광활한 루트 사막에 서 있다. 당시 나는 이란 최동부 세이스탄을 거쳐 아프가니스탄으로 갈 작정이었다.

발루치 군인의 호위를 받으며 이동하던 중 사막 변두리 오아시스에 멈춰 섰다. 낙타와 식량을 구하기 위해서였다. 인도유러피언텔레그라프(이란 내 전신선을 통제하던 영국의 인도식민지정부 지부-옮긴이) 건물에 임시 본부를 마련했는데, 눈매가 사나운 책임자가 나의 일거수일투족을 감시했다.

알리 아그하가 속삭였다. "조심하게, 저자는 강도단이야. 내가 자기 정체를 안다는 사실을 저자도 알아. 몇 년 전까지 강도짓을 하며 돈을 모았고, 이제는 이전 강도단 동료들에게 무기를 공급하고 있지. 때를 봐서 잡아들이려고 하는데, 워낙 교활해서 증거를 찾기가 쉽지 않아. 자네가 오스트리아인이라는 얘기를 듣고 흥분한 상태야. 세계대전 동안 오스트리아와 독일 비밀요원들이 이 지역 부족들을 들쑤셔서 영국에 대항하도록 만들려는 요량으로 금화를 뿌리고 다녔거든. 그래서 오스트리아나 독일에서 온 사람은 다 금화를 한 아름 가지고 있는 줄 알지."

그러나 그 책임자 덕분에 힘 좋은 낙타 두 마리를 무리 없이 구할 수 있었다. 물주머니, 낙타털 밧줄, 쌀, 정제버터 등 사막 여행 필수품도 구했다.

우리 일행은 이튿날 오후 출발했다. 알리 아그하가 야영할 곳을 찾아 천막을 쳐 놓겠다며 발루치 병사 넷과 함께 선발대로 떠났다. 나, 이브라힘, 병사 다섯은 후발대였다.

우리는 느릿느릿 흔들거리는 낙타를 타고 모래언덕을 수없이 지나 아무 소리도 들리지 않고 끝도 보이지 않는 광활한 황무지로 점점 깊숙이 들어갔다. 시선을 돌려도 아무것도 보이지 않았다. 풀 한 포기, 돌 한 조각 없는 그 땅은 지평선에서 뚝 끊어져 있을 것만 같았다. 이곳에서는 바람조차 소리 없이 분다. 앞을 가로막는 장애물이 없으니 돌이 심연으로 떨어지듯 바람이 땅으로 뚝 떨어진다. 그렇다고 죽음과 같은 고요는 아니다. 아직 태어나지 않은, 그리하여 아직 생명으로 피어나지 못한 그런 고요다.

그러다 고요가 깨졌다. 인간의 목소리가 부드럽게 공기 중으로 떠오르더니 그대로 거기 머물렀다. 소리가 눈에 보일 것만 같았다. 그 소리는 다른 어떤 소리에도 가려지지 않은 채 외로이 사막 위를 떠다녔다. 발루치 병사 중 하나가 부르는 유목민 노래였다. 알아들을 수 없는 뜨겁고도 부드러운 단어가 빠르게 이어졌다. 음을 몇 가지 사용하지 않으면서 끊이지 않고 계속되다 목구멍 안쪽에서 울려 나오는 소리로 불안정하게 끊기는

가락을 뽑기도 했고 같은 테마를 반복, 변형하기도 했다. 그렇게 사막과 같이 편평하고 무한한 노래가 흘러나왔다.

우리는 어느새 '아흐마드의 방울 사막'이라 불리는 지역을 지나고 있었다. 수년 전 아흐마드란 자가 이끄는 카라반 행렬이 이곳에서 길을 잃었는데, 사람과 동물 모두 물을 구하지 못해 죽고 말았다. 그때 죽은 낙타 목에 달려 있던 방울소리가 이곳을 지나는 나그네들 귀에 들리기도 한단다. 그 방울소리를 들은 자는 귀신에 홀린 듯 경로를 이탈하여 결국 죽음에 이른다고 한다.

해질 무렵 우리는 알리 아그하 일행을 따라잡았다. 그리고 다 같이 관목 사이에 천막을 쳤다. 마른 나뭇가지를 모아 불을 피우고 차를 끓이는 사이 알리 아그하는 또 아편 파이프를 입에 물었다. 낙타들은 우리 주변에 둥그렇게 주저앉힌 뒤 보리 사료를 먹였다. 발루치 병사 중 셋은 정찰을 내보냈다. 당시 남쪽에서 올라온 발루치 부족 강도떼가 기승을 부리고 있었기 때문이다.

알리 아그하는 아편을 다 피우고 아라크를 꺼내 마시기 시작했다. 그때 정적을 가르며 총성이 들려왔다. 이어 정찰 나간 병사가 쏘았음이 분명한 두 번째 총성이 들렸고, 외침 소리가 이어졌다. 이브라힘이 순간 기지를 발휘하여 모래로 불을 껐다. 사방에서 총성이 울렸다. 정찰 나간 우리 쪽 병사들은 서로 고함을 쳐대는데 공격자들은 아무 소리도 내지 않으니 규모가 어느 정도인지 알 도리가 없었다. 가끔 총구에서 번쩍이는 불빛으로 위치만 파악할 수 있었다. 낮게 겨눈 총알이 우리 머리 위로 날아다녔지만 아무도 부상을 입지는 않았다. 그러다 총성이 잦아들고 사태가 차츰 진정되었다. 강도떼는 우리의 수비에 당황했는지 조용히 사라졌다. 알리 아그하가 병사들을 모두 불러들였고, 긴급회의가 열렸다. 애초 이 지점에서 밤을 보낼 예정이었으나 공격자들이 언제 다시 돌아올지 모르니 즉시 천막을 걷고 이동하기로 결정했다.

칠흑처럼 캄캄한 밤이었다. 낮게 깔린 구름이 달과 별을 온통 가리고 있었다. 여름에 사막을 여행할 때는 밤 시간이 이동하기에 훨씬 좋긴 하지만 이렇게 캄캄할 경우 길을 잃을 위험이 크다. 비상상황이 아니었다면 움직일 엄두도 내지 못했을 것이다. 초기 이란 왕들은 이런 사막에 돌로 만든 이정표를 사용하여 카라반 경로를 표시했다는데 안타깝게도 사라진지 오래였다. 사실 이정표가 따로 필요하지는 않았다. 영국 정부가 20세기 초 인도 국경부터 루트 사막을 거쳐 키르만까지 설치한 인도유러피언 텔레그라프 전선이 이정표 역할을 충분히 수행하고 있었기 때문이다. 그러나 이런 밤에는 전선도, 전신주도 전혀 보이지 않았다.

우리보다 몇 발자국 앞서 달리며 길라잡이 노릇을 하던 병사가 당혹스럽다는 얼굴로 알리 아그하에게 이렇게 보고했다. "전선이 더 이상 보이지 않습니다."

한순간 우리 모두 조용해졌다. 전선으로 표시된 경로에만 우물이 있는데 그마저 드문드문 떨어져 있지 않은가…. 여기서 길을 잃는다면 아흐마드의 카라반처럼 꼼짝없이 최후를 맞게 된다.

알리 아그하는 평소와 전혀 다른 태도로(아편과 아라크의 영향인 듯했다) 권총을 꺼내 들며 고래고래 소리쳤다. "전선은 어디 있나? 전선을 어떻게 놓쳐, 이 개자식들아! 저 강도떼와 편먹고 우리를 유인해서 탈진하면 덤벼들려는 수작 아니야?"

당연히 말도 안 되는 억지였다. 발루치족은 빵과 소금을 함께 나눠 먹은 사람을 절대 배신하지 않는다. 병사들은 억울함을 호소했으나 알리 아그하가 다시 끼어들었다.

"닥쳐! 당장 전선을 찾지 못하면 모두 쏘아 죽이겠다, 이 개자식들아!"

어둠에 가려 보이지는 않았지만 발루치인들이 모멸감에 치를 떨고 있음을 충분히 느낄 수 있었다. 그때 한 병사가 갑자기 무리에서 떨어져 나오더니 낙타에 채찍질을 해서 한달음에 어둠 속으로 사라져 버렸다.

"어딜 가?" 알리 아그하의 외침에 분명치 않은 답이 몇 마디 돌아왔다. 곧이어 부드럽게 울리던 낙타 발굽 소리도 들리지 않게 되었다.

발루치인들의 결백함을 알고는 있었지만, 그래도 순간 그가 강도떼에게 갔을지 모른다는 의심이 스쳐 지나갔다. 알리 아그하가 권총의 안전장치를 뒤로 당기는 소리가 들렸다. 나도 그렇게 했다. 이브라힘은 안장에 묶여 있던 카빈총을 풀었다. 우리 셋은 그렇게 낙타 등에 탄 채 미동도 하지 않았다. 시간은 계속 흘렀다. 갑자기 멀리서 누군가가 고함치는 소리가 들렸다. 내 귀에는 그저 '우우' 정도로 들렸지만 발루치인들은 알아듣는 듯했다. 그들은 입에 손을 갖다 대고 발루치어로 답을 보냈다. 병사 중 하나가 알리 아그하에게 말했다. "전선을 찾았답니다!"

긴장이 풀렸다. 우리는 모두 소리가 나는 쪽으로 달려갔다. 아까 낙타를 타고 전선을 찾으러 나갔던 발루치 병사가 그곳에 있었다. 그가 어둠 속을 가리키더니 "저쪽에 전선이 있다."고 말했다. 가까이 가보니 과연 그곳에 전신주가 서 있었다.

알리 아그하는 병사의 벨트를 움켜쥐고 끌어당기더니 양 볼에 입을 맞췄다.

"자네가 아니라 내가 개자식일세. 부디 용서해 주게…."

야생인인 이 발루치 병사는 계속 지그재그로 낙타를 몰아서 전선에 바람이 부딪히는 소리를 듣고 목표물을 찾아냈다고 했다. 유럽 출신인 내 귀에는 전혀 들리지 않는 소리다.

우리 일행은 천천히 조심스럽게 어둠을 뚫고 전진했다. 병사 중 하나가 항상 앞서 나가서 전신주를 찾아내 방향을 일러 주었다. 겨우 찾은 길을 또 잃어버릴 수는 없었다.

⋯⋯⋯⋯⋯⋯⋯⋯⋯⋯⋯⋯⋯⋯⋯⋯⋯⋯⋯⋯

나는 몽상에서 깨어나 다시 알리 아그하의 편지를 읽는다.

> 이 보잘것없는 내가 중령으로 진급해서 참모가 되었다네. 친구이자 형제여, 그 시골구석 수비대 생활하고는 많이 달라졌어.

왜 아니겠는가? 예전부터 알리 아그하는 정치적 알력과 권모술수에 천부적인 재능을 보였다. 역시나 편지에는 테헤란 정계 분위기와 물밑에서 끊임없이 벌어지는 힘겨루기가 상세히 묘사되어 있었다. 이래서 이란이 제대로 역량을 발휘하지 못하고 늘 외세에 휘둘렸던 것이다.

> 우리는 지금 영국 석유회사 때문에 골치를 썩고 있다네. 원유값 할인 혜택을 연장하라고 우리 정부에 압력을 넣고 있어. 시장통은 온통 소문으로 들끓고 있고, 우리나라의 운명이 어찌 될지는 오직 신만이 아신다네.

중동 지역에서 바자르는 예로부터 정치의 중심지였다. 특히 테헤란 바자르는 온갖 부정부패로 얼룩진 험난한 역사의 칼바람을 이겨내고 활기차게 뛰고 있는 이란의 심장 박동을 확인할 수 있는 곳이었다. 편지를 읽노라니 하나의 독립된 도시나 다름없었던 그 거대한 바자르가 선연히 눈앞에 떠오른다. 싸구려 잡화가 쌓여 있는 어둠침침한 점포 옆에는 천창으로 햇살이 비쳐 들어오는 테라스가 있고, 다시 그 옆으로 유럽과 아시아에서 수입된 고급 비단을 파는 가게가 이어진다. 밧줄 파는 가게 옆에는 섬세한 세공이 돋보이는 은 제품이 진열되어 있다. 부하라(옛 우즈벡 공화국의 도시-옮긴이)와 인도에서 온 알록달록한 옷감이 페르시아 카펫과 한데 뒤섞여 쌓여 있고, 유리구슬 목걸이와 자동 라이터가 재봉틀 옆에 나란히 놓여 있기도 하다. 호라산(이란, 아프가니스탄, 투르크메니스탄에 걸친 지방-옮긴이) 양가죽 외투와 검은 우산을 같이 파는 가게도 보인다.

미로처럼 얽히고 꼬인 골목마다 산재한 가게는 업종별로 구역을 이루고 있다. 안장과 가죽제품 파는 가게가 죽 이어지는 골목으로 들어서면 가죽 특유의 냄새가 코를 찌른다. 재단사 골목은 쉬지 않고 돌아가는 재봉틀 소리로 요란하다. 기껏해야 3~4평방미터에 불과한 손바닥만 한 점포마다 다 똑같아 보이는 외투를 문 앞에 걸어 놓아서 때로는 제자리걸음을 하고 있는 듯한 착각이 들기도 한다. 다른 업종 골목도 사정은 다 비슷하다. 그렇다고 단조롭게 느껴진다는 말은 아니다. 바자르를 헤매 다니다 보면 뭔가 위태로운 만족감에 중독되는 기분이 든다. 백 번을 다시 찾아도 변함없는 그 느낌은 바닷가로 밀려오는 파도처럼 모양은 바뀌지만 본질은 한결같다.

구리세공품 바자르에는 대접, 물 잔을 만들기 위해 구리며 놋쇠를 두드려 펴는 망치 소리가 낭랑하게 울려 퍼진다. 100명이 넘는 장인들이 번갈아 내리치는 리드미컬한 망치 소리는 바자르 전체를 관통하며 하나의 멜로디를 만들어낸다. 화합에 대한 사회적 열망을 표출하는 듯한 이 소리에 이란의 혼이 숨어 있다.

향신료 바자르에는 백설탕과 쌀 포대, 피스타치오, 아몬드, 헤이즐넛, 멜론 씨, 말린 살구, 생강이 산처럼 쌓인 대야가 늘어서 있고, 놋쇠 접시에 담긴 시나몬, 커리, 후추, 사프란, 양귀비 씨에 아니스 열매, 바닐라, 쿠민,

정향, 그 외 듣지도 보지도 못한 허브며 뿌리가 뿜어내는 향기가 사람을 어지럽게 한다. 반짝이는 놋쇠 저울 너머로 마치 부처상처럼 양반다리를 하고 앉은 가게 주인이 때때로 낮은 목소리로 지나가는 손님들을 불러 세운다. 이곳에선 누구나 속삭이듯 이야기한다. 설탕, 타임, 아니스 열매를 저울에 부으며 무게를 다는 섬세한 작업을 수행하는 와중에 어떻게 목소리를 높일 수 있겠는가? 이란인들이 셀 수 없이 많은 실을 한 올 한 올 복잡하게 엮어 세계 제일이라 일컬어지는 완벽에 가까운 카펫을 만들어 내는 과정과 비슷하다고 할 수 있다. 이토록 깊은 고요 속에 온전히 자신의 일에만 집중할 수 있는 장소가 어디 있겠는가? 이토록 시간의 흐름이 무의미한 장소가 또 어디 있겠는가?

바자르에는 세밀화 화가들이 모여 있는 골목도 있다. 거의 누더기가 된 고대 필사본을 보고 오래전 세밀화를 복제해 낸다. 머리카락처럼 가는 붓을 이용해서 전투와 사냥, 사랑과 행복과 슬픔의 장면들을 묘사한다. 물감은 팔레트가 아니라 왼손 손바닥에 섞어서 손가락 끝에서 양을 조절하여 쓴다. 이들이 붓을 움직일 때마다 고대 세밀화가 새 생명을 얻으며 반짝이는 복제본으로 부활한다. 빛바랜 오렌지 나무가 봄을 맞은 듯 푸릇푸릇하게 다시 태어나고, 비단과 모피를 휘감은 여인들이 부드럽게 움직인다. 말없이 작업에만 몰두하며 오래전 장인들의 발자취를 좇는 세밀화가들의 애정이 작품에 묻어난다. 그 애정 덕분에 복제본의 허술함을 기꺼이 눈감아 줄 수 있다.

시간은 계속 흐르고, 화가들의 머리가 점점 작품 위로 수그러든다. 각종 서양 중고품 파는 골목으로 자리를 옮기면 시카고에서 온 석유램프, 맨체스터에서 온 옥양목, 체코슬로바키아에서 온 찻주전자가 자랑스레 자리를 차지하고 있다.

바자르에는 유럽식 양복 위에 펄럭이는 아바야를 걸친 상류층 남자들부터 긴 카프탄에 비단 허리띠를 두른 서민들, 칙칙한 빛깔의 상의를 걸친 소작농과 세공인들에 이르기까지 다종다양한 사람들이 넘쳐난다. 흰옷을 입고, 긴 머리를 늘어뜨린 채 노래하는 데르비시도 있다. 중산층 여인네들은 형편에 따라 비단옷을 걸치기도 했고 무명옷을 걸치기도 했으나 색깔은 늘 검은색이다. 여기에 모두 짧고 빳빳한 전통 테헤란 베일로 얼굴을 가리고 있다. 서민층은 테헤란 베일 대신 꽃무늬 무명 보자기를 두른다. 물라(이슬람 율법학자-옮긴이)들이 호화롭게 장식한 나귀를 타고 지나가면서 '너도 우리나라를 망치려고 들어온 자냐?'라고 말하는 듯한 눈으로 서구인들을 쳐다본다.

워낙 오래도록 서구의 모의와 음모에 시달린 탓인지 이란인들은 경계심이 강하다. 파랑기(유럽인, 백인을 가리키는 페르시아어-옮긴이)가 하등 도움이 되지 않을 것이라고 생각한다. 알리 아그하의 말에도 일리가 있다.

> 이란이 나이를 먹기는 했지만 아직 죽을 때는 아니야. 우리는 그동안 숱하게 억압을 당했네. 이 나라 저 나라가 우리를 쓸고 지나갔지만 우리는 살아남았지. 빈곤과 탄압, 무지와 암흑을 뚫고 살아남았네. 우리 이란인들이 주체성을 잃지 않았기에 가능했지. 우리에게 자신들의 방식을 강요하려 했던 자들은 모두 실패했네. 우리가 폭력으로 맞대응하지 않기 때문에 때로는 굴복하는 것처럼 보였을 수도 있네. 이란에 와서 튼튼해 보이는 건물 벽이 난데없이 무너져 내리는 장면을 간혹 보지 않았나? 이유가 무엇일 것 같은가? 수년 동안 쉬지 않고 벽에 구멍을 낸 개미떼 때문이라네. 머리카락 굵기만큼 더디게 사방으로 파고들어가서 마침내 벽 전체를 허물지. 우리 이란인들은 그런 개미와 닮았네. 우리를 억압하는 세력에 시끄럽게 소리 내어 대항하지 않지. 조용히 구멍을 파서 한 번에 전복시키고 말지.

강물에 돌을 던지면 어떤가? 돌은 가라앉지만 수면에 파문이 일지 않나. 그러다 물은 다시 잔잔해지지. 이란인들은 그런 물과도 닮았네.

지금 샤(이란의 국왕을 뜻하는 말로 여기서는 팔레비 왕조를 창시한 레자 샤 팔레비, 즉 레자 칸을 가리킨다-옮긴이)는 영국과 러시아 사이에 끼어 난국을 맞았지만 신께서 그를 인도해 주시리라 믿어 의심치 않네.

레자 샤에 대한 알리 아그하의 믿음은 그만한 근거가 있다. 실상 내가 만나본 이슬람권 지도자 중 그만큼 역동적인 인물은 이븐 사우드 이후 처음이었다.

레자 샤가 왕위에 오른 과정은 동화처럼 극적이다. 개인의 용기와 의지가 신화를 일궈낼 수 있는 동양이기에 가능한 일이었다. 1924년 여름 처음 테헤란을 방문했을 때 만난 그는 총리 신분으로 이란을 쥐락펴락하고 있었다. 국민들은 혜성과 같은 그의 등장에 아직 얼떨떨해 하는 상태였다. 테헤란의 독일대사관 직원이 나에게 했던 말을 아직도 잊을 수가 없다. "불과 10년 전만 해도 그 총리란 사람이 이 대사관 정문을 지키는 경비병이었다는 사실이 믿어지나? 내가 그자를 외무부에 심부름 보내면서 '이 개자식아, 바자르에 들러 빈둥대지 말고 얼른 다녀와'라고 몰아대던 때가 엊그제 같은데…."

그렇다. 레자 샤, 즉 레자 칸은 얼마 전까지 테헤란 공공건물 앞을 지키던 병사였다. 날마다 꾀죄죄한 군복 차림으로 라이플총에 기대어 거리를 오가는 사람들을 멍하니 쳐다보고 있었을 것이다. 그렇게 물가에 무기력하게 나앉은 동포들을 보다가 등 뒤 건물 안에서 유럽인들이 바쁘게 타이프라이터를 치며 일하는 소리를 듣던 중, 정식으로 학교 교육을 받은 적이 없는 그의 머릿속에 문득 이런 의문이 스쳐갔을 것이다(순전히 나의 상상이다). "이란인들은 인생을 희망 없이 흘려보내는데 외국인들은 열심히 일해서 성공하는 현실에 순응하며 살아야 하나?"

바로 그 순간 위대한 발견과 혁신의 어머니인 '변화를 일으키고자 하는 열망'이 피어났을 것이다.

너른 정원, 자갈 깔린 산책길, 흰옷을 입고 오가는 시종들이 들여다보이는 유럽 국가 대사관 앞을 지킬 때도 마찬가지였을 것이다. 무슨 조화인지 대사관 건물 앞을 지나는 현지인들은 꼭 주눅이 들면서 옷매무새를 가다듬곤 했다. 종종 호사스러운 마차가 정문 앞에 멈춰 서서 일개 경비병인 레자 칸도 알아볼 수 있을 정도로 대단한 고위 관리들이 내려섰다. 그들도 막 도착한 직후에는 긴장감을 감추지 못하다가 나갈 때는 표정이 달라졌다. 뭔가 약속이라도 얻어낸 양 밝게 빛나기도 하고, 종말을 선고받기라도 한 듯 창백하기도 했다. 이런 광경을 보며 다시금 '이렇게 살아야 하나?'라는 의문이 솟았다.

때때로 이란인 직원이 안쪽 건물에서 달려 나와 편지 배달 심부름을 시켰다. "당장 배달하고 와, 이 개자식아. 늑장 부려서 대사의 부아를 돋우지 말고."라는 일침이 반드시 따랐다. 레자 칸은 그런 하대에 익숙하긴 했지만(군대 상사들의 말본새도 별반 다르지 않았기 때문이다), 그래도 '개자식'이란 굴욕적인 언사는 견디기 힘들었다. 그는 개의 자식이 아니라 루스탐 왕조, 아케메네스 왕조, 사산 왕조, 아바스 왕조, 아프샤르 왕조로 이어지는 찬란한 문명을 이룩한 나라의 아들이었다. 그때 "만약에 내가 떨치고 일어선다면?"이란 자문이 마흔 줄에 접어든 병사의 가슴을 훑고 지나가며 때로 갈비뼈가 으스러질 듯 요동치고 있음을 아무도 꿰뚫어 보지 못했다.

세계대전은 끝났다. 볼셰비키 혁명 뒤 이란 북부를 점령하고 있던 러시아 군대는 철수했으나, 대신 쿠축 칸의 주도하에 카스피 해 연안 길란 주에서 공산주의자들의 폭동이 일어났다. 정부군이 진압을 위해 출동했으나 훈련도 제대로 되어 있지 않고 변변한 무기도 갖추지 못해 폭도들에게 밀리기만 했다. 레자 칸이 속한 부대 역시 전투에 투입되었으나 50년 이란 전통이 무색하게 후퇴하느라 바빴다. 이때 레자 칸이 앞으로 나서서 선동을 시작했다. "왜 물러서는가, 이란인들이여! 이란인들이여!" 그는 한 손에 모제르총을 들고 쩌렁쩌렁 울리는 목소리로 동지들을 향해 외쳤다. "누구든 대열에서 이탈하면 쏴 버리겠다. 내 친형제라 할지라도!"

그처럼 감정에 북받친 지시를 받아본 적이 없었던 이란 병사들은 놀라움과 더불어 호기심에 사로잡혔다. 대체 이자는 어쩔 작정인가? 일부 장교들이 저항하며 조롱하듯 물었다. "당신이 우리 부대를 승리로 이끌기라도 하겠다는 말인가?" 그 순간 레자 칸 안에 내재돼 있던 모든 절망감이 사라지고 무모한 희망이 불붙었다. 그는 미래를 송두리째 바꿔줄 동아줄을 낚아챘다. "그러겠다." 그가 소리치며 병사들을 둘러봤다. "나를 지도자로 추대하겠나?"

이란인들만큼 영웅주의를 추종하는 민족도 드문데, 그런 그들 앞에 영웅이 나타난 것이다. 병사들은 두려움도 잊고 환호를 보냈다. "지도자가 돼 주시오!" 레자 칸은 "내가 그대들을 이끌겠다. 이탈하는 자는 모두 죽여버리겠다."고 말했다. 도망갈 생각 따위는 오래전 사라지고 없었다. 모두 일제히 거추장스러운 배낭을 벗어 던지고 총검을 라이플총에 장착했다. 그리고 레자 칸의 진두지휘에 따라 기습공격을 감행하여 러시아 포대를 함락시켰고, 여타 이란 부대들까지 흡수해서 불과 몇 시간 만에 전세를 완전히 역전시켰다.

며칠 뒤 테헤란에서 레자 칸이 대위로 승급했다는 전보가 도착했다. 또한 이제 '칸'이란 칭호를 이름에 붙일 수 있게 되었다. 동아줄을 타고 오르는 데 성공한 것이다. 그는 순식간에 소령, 대령을 거쳐 여단장으로 올라섰다. 1921년 그는 젊은 기자 지아 아딘 및 장교 3인과 함께 쿠데타를 일으키고, 당시 국왕이었던 아마드 샤에게 압력을 가해서 부패로 얼룩진 기존 내각을 폐한 뒤 새 내각을 구성했다. 지아 아딘은 총리, 레자 칸은 국방부 장관이 되었다. 비록 문맹이었지만 레자 칸의 권력욕은 상상을 초월하는 힘을 발휘했다. 그는 실로 수 세기 만에 처음 나타난 진정한 지도자로서 전군 병사들과 국민들의 아낌없는 추앙을 받았다.

이후에도 정치 세력 판도는 숨 가쁜 속도로 변화했다. 먼저 지아 아딘이 유럽으로 망명했다. 레자 칸은 남아서 총리직을 차지했다. 지아 아딘, 레자 칸, 왕위 계승 서열 1위인 왕제 등 3인이 역모를 꾀했다가 막판에 레자 칸이 둘을 배반했다는 소문이 돌았다. 진상은 아직도 밝혀지지 않았다. 어쨌거나 총리가 된 레자 칸은 유람이나 즐기라며 아마드 샤를 유럽으로 보내 버렸다. 그는 이라크와의 접경지대까지 국왕을 수행한 후 이렇게 말했다고 전해진다. "혹여 폐하께서 다시 이란 땅을 밟는 날이 오게 되면, 그때 가서 제가 멋모르는 어리석은 놈이었다고 말씀하셔도 좋습니다."

그는 이제 이란 유일의 통치자로 군림하게 되었다. 그는 굶주린 늑대마냥 나랏일에 달려들었다. 머리부터 발끝까지 대대적인 개혁이 실시되었다. 중앙집권 체제가 강화되었고, 각 주를 다스리던 총독들은 전권을 행사하는 우두머리가 아닌, 그야말로 공무원이 되었다. 군부 독재의 지지대인 군대는 서구식으로 재편했다. 또한 이전까지 스스로를 왕이나 다름없다고 여기며 중앙정부에 불복했던 부족장들을 군사적으로 제압해 나가기 시작했고, 시골마다 기승을 부리던 도적떼를 상대로 전면전을 펼쳤다. 세입이 꾸준히 늘어갔고, 나라의 질서가 회복되었다.

터키 아타튀르크(1차 세계대전 뒤 터키에서 연합군을 몰아내고 술탄 제도를 폐지한 뒤 공화제를 선포, 초대 대통령이 되었다-옮긴이)의 전례를 따르기라도 하듯, 이란이 공화제로 바뀐다는 소문이 돌기 시작하다가 마침내 레자 칸이 드러내놓고 추진하는 목표가 되었다. 그러나 이에 대한 대중의 저항이 거세게 일어났다.

왕실에 대한 애정이 각별해서 그랬던 것은 아니다. 실상 투르크멘 혈통인 카자르 왕조는 이란인들에게 늘 '이방인'이나 다름없었다. 아직 어린 소년이었던 아마드 샤에게 연민을 느끼기 때문도 아니었다. 아타튀르크의 혁명 뒤 터키인들이 그랬듯 이란도 종교를 빼앗기게 될까 두려워졌기 때문이었다. 배움이 짧은 이란인들은 공화제가 오히려 이슬람의 가르침에 더 가까운 통치 제도임을 알 리 없었다. 그저 레자 칸이 아타튀르크의 본을 받으려 하는 것 같은 데다 보수적인 종교계 지도자들이 부추기니 공화제를 위협으로 받아들이게 된 것이었다.

테헤란과 같은 대도시 시민들이 먼저 행동에 나섰다. 각목과 돌로 무장한 시위대가 레자 칸의 집무실 앞에 모여 어제까지만 해도 신처럼 떠받들었던 독재자에게 욕설을 퍼부었다. 레자 칸은 보좌관들의 만류를 뿌리치고 유개 마차에 올라 정문을 통과하려 했다. 마차를 발견한 군중이 말의 고삐를 잡아채 멈춰 세웠고, 일부는 문을 부수어 열었다. "끌어내라! 끌어내라!"라는 외침이 울려 퍼졌다. 그러나 레자 칸은 이미 스스로 마차에서 내리는 중이었다. 그는 격노한 얼굴로 말채찍을 마구 휘두르며 소리쳤다. "이 개자식들아, 물러가라! 감히 이런 짓을 하다니! 나는 레자 칸이다. 집으로 돌아가서 잠이나 자!" 그의 카리스마에 군중은 잠잠해지더니 하나둘 골목으로 흩어지기 시작했다. 위대한 지도자가 분노를 쏟아내자 국민들은 겁을 집어먹고 굴종했다. 아마도 그때 국민들에 대한 레자 칸의 애정이 미움으로 변한 것 같다.

그렇게 위기는 넘겼지만 공화제는 실현되지 않았다. 군사력만으로는 국민적 저항을 넘어서 '개혁'을 실행할 수 없음이 여실히 드러났기 때문이다. 이란인들이 무조건 개혁에 반감을 품었던 것은 아니었다. 그저 서구의 원리를 여과 없이 받아들일 경우 이란 고유의 문화, 종교 발전을 저해할 것임을 본능적으로 알고 있었을 뿐이었다.

레자 칸은 바로 이 점을 이해하지 못했다. 그래서 국민들로부터 스스로를 고립시키기에 이르렀고, 국민들은 그에 대한 증오와 두려움을 키우게 되었다. 의문도 덩달아 싹텄다. 이 영웅이란 자가 과연 나라를 위해 무엇을 했나? 군대를 재편했지만 그 때문에 서민층의 세금 부담이 터무니없이 가중됐다. 부족 반란 진압? 그 와중에 애국자들도 탄압당하지 않았는가? 테헤란에 화려한 건물을 여러 채 올리기는 했지만 시골 빈농들의 생활고는 오히려 더 심해졌다. 사람들은 불과 2~3년 전 레자 칸이 빈털터리 사병이었음을 상기했다. 그랬던 그가 지금은 나라 전역에 자신 명의의 땅을 소유하고 있지 않나? 이것이 그가 말하던 '개혁'인가? 테헤란에 으리으리한 건물과 호화로운 호텔 몇 채 올렸다고 해서 민생이 안정되었다고 할 수 있는가?

나는 그 무렵 레자 칸을 처음 만났다. 나라를 집어삼키려 한다는 루머는 있었지만 그의 훌륭한 사람 됨됨이는 첫눈에 알아볼 수 있었다. 집무실도 본 중 가장 검소하고 단순했다. 책상, 기름 먹인 천을 덮은 소파, 의자 두어 개, 작은 책장과 그다지 비싸 보이지 않는 카펫이 집기 전부였다. 책상 앞에 앉아 있다 일어서서 나를 맞는 남자는 50대 중반 정도 되어 보이는 얼굴에 기골이 장대했다. 입고 있는 군복에는 훈장이나 띠, 휘장 등은 전혀 달려 있지 않았다.

그와의 만남을 주선해 준 이는 독일 대사 슐렌부르크 백작이었다(내 국적은 오스트리아였지만 당시 독일 신문 특파원으로 일하고 있었기에 가능했다). 첫 인사를 나누는 와중에도 그의 위용이 느껴졌다. 텁수룩한 회색 눈썹 밑 날카로운 갈색 눈이 나를 면밀히 관찰하고 있었다. 코와 입 주변에는 주름이 깊게 파여 있고, 꽉 다문 입술과 힘이 들어간 턱에서 남다른 의지력이 엿보였다.

저음의 목소리로 한마디 한마디 생각하듯 신중하게 말하는 모습은 수십 년간 정계에 몸담은 고관대작을 연상케 했다. 불과 6년 전 그가 일개 병장에 지나지 않았고, 글을 배운 지는 3년밖에 되지 않았다는 사실을 도저히 믿을 수 없었다.

그에 대한 나의 관심(혹은 이란에 대한 나의 애정)이 전해졌는지, 레자 칸은 바로 다음 주 셈란에 있는 자신의 여름 별장에서 티 파티를 연다며 슐렌부르크 백작과 나를 초대했다. 셈란은 테헤란 근교의 아름다운 휴양지로 고위 관리와 외교관들의 별장이 즐비한 곳이다. 슐렌부르크 역시 그곳에 관저가 있다.

나는 슐렌부르크를 셈란의 관저에서 만나 함께 움직이기로 했다. 그런데 그만 내가 약속 시간에 늦고 말았다. 며칠 전 말 두 마리가 끄는 사냥용 사륜마차를 한 대 구입했는데, 말들이 어찌나 고집이 센지 테헤란 시 경계를 벗어나자마자 꿈쩍도 하지 않는 것이었다. 나는 20분간 말들과 씨름을 벌이다가 마침내 이브라힘에게 말과 마차를 모두 맡기고 내려서 다른 교통수단을 찾기 시작했다. 그렇게 약 5킬로미터를 걸어서 한 마을에 도착했고, 그곳에서 겨우 사륜마차 한 대를 구할 수 있었다. 내가 대사관저에 도착했을 때는 이미 약속 시간에서 한 시간 반이 지나 있었고, 슐렌부르크는 화가 잔뜩 치밀어 방 안을 오락가락하고 있었다. 독일인인 데다 오랜 외교관 생활로 시간 엄수가 몸에 뱄으니 그럴 만도 했다. “총리한테

이럴 수는 없습니다. 레자 칸은 독재자입니다. 독재자들이 화를 내면 어디로 튈지 모른다고요."

나는 달리 할 말이 없었다. "제 말들이 그 점을 간과한 모양입니다. 중국 황제를 알현하는 자리였다 해도 오늘은 도저히 제때 올 수가 없었습니다."

그 말에 백작은 마음을 가라앉히고 웃음을 터뜨렸다.

"빨리 갑시다. 문전 박대당하지 않기만을 바라야죠."

다행히 문전 박대는 당하지 않았다. 우리가 레자 칸의 별장에 도착했을 때 티 파티는 이미 끝나고 다른 손님들은 돌아간 뒤였지만 레자 칸은 전혀 신경 쓰지 않는 듯했다. 우리가 늦을 수밖에 없었던 이유를 듣고 나더니 그는 이렇게 말했다. "그 말들 좀 보고 싶군요! 아무래도 야당 쪽 말들인 것 같은데요. 구류에 처해야 하지 않을까요?"

그날 나의 실수로 인해 이란 총리와 유럽 출신 젊은 기자 사이에 허물없이 편안한 관계가 형성될 수 있었고, 그 덕분에 나는 다른 외국인들보다 훨씬 큰 자유를 보장받으며 이란 전역을 여행할 수 있게 되었다.

그러나 알리 아그하의 편지에서는 허례허식이 난무하는 이란에서 보기 드물게 검박한 스타일을 고수했던 초창기 레자 칸의 모습은 찾아볼 수 없다. 1925년 공작 왕좌(옛 이란 국왕의 왕좌-옮긴이)에 오른 레자 샤 팔레비, 이제는 부끄러운 줄도 모르고 드러내놓고 아타튀르크를 모방하여 동방의 땅에 서구의 허울을 덧씌우려 하는 왕이 있을 뿐이다.

편지는 다음과 같이 끝난다.

> 자네가 지금 예언자의 도시에 가 있기는 하지만, 이 못난 친구와 그의 모국을 잊지 말아 주길 바라네.

알리 아그하의 편지는 나를 젊은 날의 추억에 잠기게 만든다. 자네의 모국을 처음 알아가던 시절, 나는 그야말로 페르시아에 취해 살았지. 오래된 황금, 갈라진 대리석, 먼지, 그림자 위에 세팅된 낡고 흐릿한 보석 같은 나라. 쿠르디스탄을 떠나 처음 발을 들였던 이란 마을 키르만샤가 아직도 생생히 기억난다. 뭔가 빛바랜 듯한 불투명한 기운이 가득한 곳이었다. 동방 어느 마을이나 그렇듯 빈곤이 손에 잡힐 듯 가까이 느껴져서 그랬을 수도 있으나 나는 이미 그런 광경에 익숙해진 지 오래였다. 게다가 키르만샤는 꽤 잘사는 마을로 알려져 있었다. 경제적 의미의 빈곤이 아니라 사람들 머리 위로 내려앉은 암울함이 문제인 듯했다.

이곳 사람들은 모두 숱 많은 검은 눈썹 아래 크고 검은 눈과 늘 무거운 듯 처져 있는 눈꺼풀이 특징이었다. 남자들은 대부분 호리호리했고(이란에서 뚱뚱한 남자를 본 기억이 별로 없다), 절대 큰 소리로 웃는 법이 없었다. 말없이 미소를 지을 때는 감정을 드러내기보다 감추는 것 같았다. 얼굴 표정에도 변화가 없고, 몸짓이 크지도 않고, 마치 가면을 쓴 양 조용히 움직였다.

이곳도 삶의 중심은 바자르였다. 카펫, 구리 대접, 마졸리카 도자기가 쌓여 있는 바자르에는 세상에 존재하는 색깔은 모두 모여 있는 듯했다. 그러나 그 다채로운 색깔들도 바자르 전체를 덮고 있는 돔형 지붕의 어스름에 묻혀 잘 드러나지 않았다. 지붕에는 일광을 들이기 위해서 군데군데 천창을 냈는데, 천창으로 비치는 햇살이 마치 비스듬히 서 있는 기둥처럼 보였다.

바자르 안에서 만난 사람들은 모두 얌전하고 말이 없었다. 상인들도 지나가는 손님을 붙잡을 때 그저 나지막하게 부를 뿐이었다. 아랍 바자르에서 흔히 들을 수 있는 노래나 외침은 찾아보기 힘들었다. 사람이 많아도 절대 서로 밀지 않았다. 극도로 깍듯하고 정중했다. 그러나 거리를 두는 정중함이었다. 이란인들은 낯선 사람과도 곧잘 대화를 나누기는 했지만 겉치레일 때가 많았다. 영혼은 한 발자국 뒤로 물러서서 경계하고 계산한다.

찻집에는 노동자 계층으로 보이는 사람들이 돗자리를 깔고 둘러앉아 있었다. 중앙에는 불붙은 석탄을 담은 화로가 놓여 있었고 사람들은 장죽 두 개를 서로 돌려가며 피우는 중이었다. 아편의 달착지근한 내음이 공기 중에 가득했다. 사람들은 차례가 돌아오면 두세 번 깊게 빨아들인 뒤 다음 사람에게 담뱃대를 넘겼다. 이전에는 미처 깨닫지 못했던 사실이 한순간 명확해졌다. 이란에는 아편 피우는 사람들이 셀 수 없이 많았다. 상인도 부랑자도 대장장이도, 모두 한결같이 세상사에 찌든 얼굴로 허공을 멍하니 응시하며 연기를 뿜어냈다.

바자르 곳곳에서는 싹이 가득 돋아난 푸릇푸릇한 양귀비를 팔았다. 아편을 소비하는 또 다른 방법이었다. 아이들까지 구석에 앉아 양귀비 씨를 씹었다. 삼삼오오 모여 씨를 나누면서도 아이답게 서로 많이 갖겠다고 다투는 모습은 보기 힘들었다. 이곳 부모들은 아이가 울거나 보채면 양귀비 씨를 진하게 우려낸 물을 먹였다. 아이가 좀 자라서 거리를 혼자 나돌아다닐 수 있을 때쯤 되면 벌써 멍하고 무기력한 아편 중독자의 분위기가 배어 나왔다.

맨 처음 이란인들의 음울한 눈을 보고 왜 그렇게 가슴이 찡해졌는지 이제야 알 것 같았다. 비극적 운명이 감지되었기 때문이었다. 아편은 그저 빈곤과 결핍으로 점철된 그들 삶의 일부일 뿐이었다. 그들이 아편을 피우고 있으면 그렇게 끔찍한 악으로 보이지 않았다.

키르만샤의 잔상이 뇌리에서 쉽게 없어지지 않는다. 이후 1년 반 동안

이란에 머물며 찾아다녔던 마을과 도시는 모두 키르만샤의 변형이나 다름없었다. 어디를 가나 부드럽게 스며드는 음울함이 강하게 감지되었다. 일상 속에서도, 연중 끊이지 않는 축제 기간에도 그랬다. 이들의 종교에는 여타 아랍 지역과 달리 슬픔과 애도의 기운이 감돌았다. 무려 1300년 전 일어났던 사건, 즉 예언자의 사위였던 알리와 알리의 두 아들 하산, 후세인의 죽음 때문이다. 그들의 죽음에 대한 애도가 이슬람의 의미와 역할에 대한 고민보다 중요해 보였다.

어느 도시를 가든 밤이 되면 흰옷을 걸치고 오른손에는 도끼, 왼손에는 코코넛 껍질로 만든 동전통을 든 데르비시 주변에 사람들이 무리지어 몰려들었다. 데르비시는 7세기 예언자의 죽음 뒤 칼리프 자리를 놓고 벌어졌던 권력 다툼에 대해 시를 읊조리듯 노래했다. 왕위 찬탈자들이 알리 부자를 어떻게 죽였는지 설명하는 대목에 다다르면 여기저기서 여자들이 흐느끼기 시작하고, 남자들은 굵은 눈물을 떨어뜨렸다.

이 구구절절한 애도가는 이슬람 세계에 분열을 가져온 당시의 그 사건을 정확히 묘사했다고 보기는 힘들다. 이 사건으로 인해 무슬림은, 칼리프 선출 원칙을 반드시 지켜야 한다고 믿는 수니파와 예언자가 알리 및 그 후손을 후계자로 지목했다고 믿는 시아파로 갈렸다. 실상 예언자 무함마드는 죽기 전 후계자를 지목한 적이 없다. 그의 사후 가장 충실한 벗이었던 아부 바크르가 무슬림 대다수의 지지를 얻어 칼리프로 선출되었고, 그 뒤를 우마르와 우트만이 이었다. 우트만이 죽고 나서야 알리가 칼리프로 뽑혔다. 알리보다 앞서 칼리프를 지냈던 3인은 악인과는 거리가 멀다. 모두 예언자와 각별한 사이였고, 이슬람 역사를 통틀어 예언자 이후 가장 위대한 인물들로 추앙받는다. 무슬림들의 손으로 선출되었으니 '찬탈자'는 더더욱 아니다. 알리와 그 추종자들이 선출 결과를 흔쾌히 수용하지

사이드 아흐마드(대사누시)

못해 권력 다툼이 일어나고, 알리의 죽음으로 이어지고, (5대 칼리프 무아위야 치세 중) 이슬람에서 주창하는 공화제와 가까운 국가 형태가 세습 군주제로 변질되고, 마침내 후세인의 죽음까지 부르게 된 것이다.

이란에 오기 전부터 익히 알고는 있었던 사실이지만, 1300년 전 일어났다는 사건 때문에 지금도 알리, 하산, 후세인의 이름이 언급될 때마다 이란인들이 감정을 주체하지 못하고 울음을 터뜨리는 광경은 실로 충격적이었다. 나는 의문을 품지 않을 수 없었다. 우울한 국민성과 극적인 성향 탓에 이들이 시아파 교리에 끌린 것인가? 아니면 태생부터 구슬픈 시아파 교리를 수용한 탓에 이란인들의 우울한 국민성이 배가된 것인가?

이후 몇 달에 걸쳐 나는 조금씩 그 해답을 찾아갈 수 있었다.

7세기 중반 칼리프 우마르의 군대가 사산 제국을 정복하고 이슬람을 전파하기 시작했을 무렵, 이란의 조로아스터교는 이미 껍데기만 남은 상태라 혁신적인 개념으로 무장한 아랍의 신흥 종교에 대항할 힘이 없었다. 그러나 또한 당시 이란은 사회적 발전을 거듭하며 국가 부흥이란 장밋빛 미래를 꿈꾸던 차였다. 그 꿈은 미처 피어나기도 전에 아랍 점령군의 발에 짓밟히고 말았다. 그때부터 이란인들은 외부에서 유입된 문화적 · 윤리적 기준에 스스로를 맞추며 살게 되었다.

이슬람이란 종교는 다른 나라와 마찬가지로 이란에서도 무한한 발전의 가능성을 열었다. 고대 카스트 제도를 타파하고 모두가 자유롭고 평등한 공동체를 건설했으며, 오래도록 휴면 중이었던 문화 에너지를 일깨웠다. 그럼에도 불구하고 자랑스런 다리우스(고대 페르시아 제국의 왕-옮긴이)와 크세르크세스(고대 페르시아 제국의 왕-옮긴이)의 후예들은 어제와 오늘을 잇는 역사적 연속성이 일순간 깨져 버렸음을 끝까지 잊지 못했다. 물, 불, 흙, 공기의 4원소를 숭상하는 범신론이 유일신을 믿는 엄격하고 금욕적인 이슬람으로 대체되었으니, 그 이행이 순탄하지만은 않았다. 이란인들은 새로운 종교를 자발적으로, 빠르게 받아들이기는 했지만 잠재의식 속에서는 이슬람이라는 종교의 승리를 이란의 패배와 동일시하고 있었다. 외세에 의해 정복당하고 고대로부터 전해오던 문화유산의 틀이 회복 불가능한 수준으로 파괴되었다는 상실감은 이후 수 세기에 걸쳐 이란인들의 자긍심을 좀먹었다. 이슬람을 받아들임으로써 더욱 화려한 부흥을 이루었던 대부분의 국가와 달리 이슬람에 대한 이란의 최초 반응은 깊은 굴욕감과 억눌린 분노였다.

분노는 무의식 속으로 깊이 억눌러 놓을 수밖에 없었다. 결국 그러는 동안 이슬람이 이란의 종교가 되었으니 말이다. 그러나 아랍 정복자들에 대한 사그라지지 않는 증오로 인해 정신분석학에서 '과잉보상'이라 부르는 방어기제가 작용하게 되었다. 정복자들이 들여온 종교를 온전히 이란 토양에서 생성된 고유 종교로 생각하게 된 것이다. 이란인들은 먼저 신에 대한 합리적이고 이성적인 이슬람의 관점을 신비주의적 광신과 허례로 덮어 버렸다. 아랍인들에게는 일상의 일부분이고 현실이고 자유의 원천인 종교가 초자연적 상징에 대한 음울한 갈망으로 바뀌었다. 또한 선택받은 인간이 신의 현현顯現으로 신성한 메시지를 전달한다는 신비주의적 교리는 이슬람 원칙에 정면으로 위배된다. 아무튼 신비주의적 경향이 지배적인 이란에서 이슬람과는 무관하게 알리의 후예들이 신의 화신임을 암시하는 시아파 교리는 대환영을 받았다.

예언자가 여러 사람의 제안에도 불구하고 끝까지 후계자를 지목하지 않은 데는 그만한 이유가 있었다. 먼저 예언자의 자질이 '승계'될 수는 없음을 알리고, 미래의 지도자는 예언자의 임명이 아니라 공동체 구성원들의 자유로운 선출에 의해 결정되어야 함을 알리고자 했던 것이다. 그럼으로써 무슬림 공동체의 지도자가 예언자의 후계자라는 시각을 아예 차단하고자 했다. 그러나 시아파 교리는 바로 이 '후계자' 개념을 내세운다. 이슬람 정신에 정면으로 위배되는 사도전승을 주장했을 뿐만 아니라 오직 '예언자의 씨(즉, 예언자의 사촌이자 사위인 알리와 그 직계비속)'만이 사도전승을 할 수 있다고 고집했다.

신비주의에 집착하는 이란인들의 성향과 맞물리는 대목이다. 그러나 이들이 그저 신비주의에 대한 갈망을 충족시키고자 예언자의 영적 정수가 알리와 그 자손들을 통해 고스란히 전승된다고 주장하는 교파에 합세한 것은 아니었다. 또 다른 요인에 의해 무의식적으로 자극을 받았다고 할 수 있다. 만약 알리가 예언자의 정당한 계승자라면 그보다 앞서 칼리프로 등극했던 3인은 모두 찬탈자가 된다. 그 칼리프 3인 중 하나가 우마르였다. 이란을 정복한 바로 그 우마르다! 사산 왕조의 정복자에 대한 이란인들의 증오는 이제 종교로 합리화될 수 있었다. 우마르가 알리와 그 아들 하산, 후세인으로부터 이슬람 칼리프 계승권을 박탈했고, 그로써 신의 뜻을 거역했다는 공식이 성립되었다. 이제 신의 뜻을 받들기 위해서 알리의 교파를 바로 세워야 했다. 이런 국가적 차원의 적대감으로부터 교리가 탄생했다.

나는 이란이 아랍 정복 세력에 대한 항거의 표시로 시아파 교리를 받아들였음을 인지할 수 있었다. 그랬기에 '찬탈자' 아부 바크르와 우트만보다 우마르에 대한 증오가 훨씬 클 수밖에 없었다. 교리의 관점에서 보자면 초대 칼리프 아부 바크르는 중죄인으로 단죄되었어야 했다. 그러나 이란을 정복한 사람은 우마르였다.

바로 이 때문에 알리 가문이 그토록 맹목적인 숭배를 받고 있는 것이었다. 말하자면 아랍 이슬람에 대한 이란의 복수와도 같았다. 물론 시아파가 이란에서 처음 생겨나지는 않았지만 시아파 교리가 사람의 감정과 생각까지 송두리째 지배하는 나라는 이란이 유일했다. 이란 사람들이 알리, 하산, 후세인의 죽음을 애도하며 감정을 분출시킬 때는 알리 가문의 쇠락뿐만 아니라 자신들의 처지, 사라지고 만 과거의 광영을 애달파하는 것이다.

이란 사람들은 대체적으로 우울해 보였다. 그 우울함은 풍광에도 그대로 투영되었다. 끝도 없이 펼쳐진 황무지와 쓸쓸한 산길, 드문드문 흩어진 진흙집 마을, 저녁이면 우물가로 무리 지어 몰려가는 회갈색 양떼까지 사람들의 성향을 닮았다. 도시인들도 부지런하거나 유쾌한 구석은 찾아볼 수 없이 그저 천천히 떨어지는 물방울처럼 반복되는 일상을 이어갔다. 모두 무기력하게 뭔가를 기다리는 얼굴이었다. 거리에서 음악이 들린 적은 한 번도 없었다. 어쩌다 카라반 숙소에서 마구간지기의 노래라도 들리면 무척 낯설었다. 오직 데르비시들만 노래를 불렀다. 이들은 언제나 알리, 하산, 후세인에 관한 구슬픈 고대 발라드(선율에 가사를 붙여 부르는 이야기풍 시-옮긴이)만 부른다. 데르비시들의 노래를 듣고 있으면 독한 와인을 마신 듯 몽롱해졌다. 이들은 늘 자청해서 슬픔을 품고 있는 듯했다.

테헤란에서는 여름날 저녁이면 남녀노소 가리지 않고 길 양옆 느릅나무 그늘 아래 수로 옆에 웅크리고 앉아 꼼짝도 하지 않았다. 그저 흐르는 물을 들여다볼 뿐, 말 한마디 없었다. 그런 광경을 볼 때마다 나는 시편의 한 구절이 떠올랐다. '우리가 바벨론의 여러 강변 거기에 앉아서 시온을 기억하며 울었도다….'

그들은 덩치 큰 새처럼 물가에 앉아서 멍청히 흐르는 물만 바라봤다. 생각에 잠겨 있는지, 뭔가를 기다리는지 도무지 알 수가 없었다.

3

"자, 자이드, 가세." 나는 알리 아그하의 편지를 주머니에 집어 넣으며 일어나서 아즈주그하이비에게 안녕을 고하려 한다. 그런데 그가 고개를 저으며 이렇게 말한다.

"형제여, 자이드는 당분간 나와 머물게 해주게. 그대가 지난 몇 달간 겪은 일을 이야기해 줄 여유가 없다면 자이드가 남아서 대신 해주면 되지 않겠나? 우리가 자네에게 무슨 일이 일어나든 상관 안 할 사람들로 보이나?"

10

다잘

1

메디나에서 가장 오래된 골목으로 들어선다. 양옆에 늘어선 건물의 돌담이 깊은 그늘을 드리운다. 건물 발코니와 유리창이 골목 쪽으로 튀어나와 있어 마치 협곡을 지나는 것 같다. 너무 좁아서 두 사람이 나란히 걷기도 버겁다. 나는 100년 전 투르크 학자가 지은 도서관 앞에 선다. 안쪽 마당에선 아무 소리도 들리지 않는다. 나무 한 그루가 홀로 서 있는 마당을 지나 도서관으로 들어간다. 천장은 돔 형태이고 유리 덮개가 달린 책장이 줄줄이 늘어서 있다. 책장 안에는 일일이 손으로 쓴 책이 수천 권 꽂혀 있다. 그중에는 이슬람 세계를 통틀어 가장 희귀하다는 필사본들도 있다. 이슬람 문화의 광영은 바로 이런 책에서 비롯된 것이다. 가죽 표지를 하나씩 살펴보자니, 무슬림의 어제와 오늘이 얼마나 다른지 확연히 느껴져 새삼 안타깝다.

"표정이 왜 그래? 힘든 일 있나?"

돌아보니 친구인 셰이크 압둘라 이븐 불라이히드가 카펫 위에 앉아 있다. 무릎에는 인쇄술이 막 태동했던 시기 유럽에서 만들어진 대형 책 한 권이 놓여 있다. 그는 날카로운 눈을 부드럽게 깜빡이며 내게 인사를 건넨다. 나는 그의 이마에 입을 맞추고 옆자리에 앉는다. 그는 나즈드에서 가장 훌륭한 울라마다. 와하비즘처럼 원리주의적인 면은 있지만 만난 중 가장 예리한 지식인이다. 그와의 친분 덕에 아라비아에 무난히 정착할 수 있었다. 이븐 사우드 왕국에서 그의 말은 왕의 말 다음으로 영향력이 크다. 그는 책을 덮고 나를 자기 쪽으로 끌어당겨 어서 대답하라는 듯 쳐다본다.

"우리 무슬림이 어쩌다가 저곳으로부터," 나는 책장의 책들을 가리킨다. "지금의 불행한 위치로 퇴보했는지 생각하고 있었습니다."

"이보게." 노학자가 답한다. "우리는 단지 뿌린 대로 거둘 뿐일세. 한때는 위대했지. 이슬람이 우리를 그렇게 만들어 줬어. 우린 메시지를 받았을 뿐이야. 그 메시지를 따르는 동안 우리는 영감이 샘솟았지. 하지만 왜 전능하신 신께서 우리를 선택했는지 망각하자마자 추락했어. 저곳에서 여기로." 그는 내 손짓을 반복했다. "1300년 전 예언자의 가르침에서 멀어졌기 때문이야."

"자네 공부는 요즘 어떤가?" 그가 묻는다. 초기 이슬람 역사 공부 진도가 잘 나가느냐는 질문이다.

"고백하자면 그리 잘되고 있지 않습니다. 마음이 편하지 않아요. 그래서 다시 사막을 돌아다니다 왔습니다."

이븐 불라이히드는 웃음기 어린 눈으로 나를 쳐다본다. 사물을 꿰뚫어 보는 듯한 현자의 눈이다. "몸이 마땅히 취해야 할 바를 취하지 못해서 그래…. 자네는 결혼을 해야 해."

나즈드에선 결혼을 만병통치약쯤으로 여긴다.

"저 2년 전에 재혼하지 않았습니까. 올해 아들이 태어났어요."

노학자는 어깨를 으쓱해 보인다. "남자가 아내를 통해 마음의 안정을 찾으려면 가능한 한 오래 집에 머물러야 하네. 그리고 두 번째 아내를 고려해 봐." (그는 칠순이 다 됐지만 아내가 셋이나 된다. 더욱이 몇 달 전 결혼한 세 번째 아내는 겨우 열여섯 살이다.)

"그럴 수도 있겠군요. 하지만 첫 번째 아내는요? 상처를 받으면 어떡하나요?"

"여자가 남편의 마음을 진작 사로잡았다면 애초에 또 결혼할 생각 따윈 하지 않았겠지. 남편의 마음을 온전히 얻지 못했다면, 반쪽짜리 남편에게서 아내가 어떤 행복을 얻을 수 있겠나?"

대꾸할 말이 없다. 이슬람은 분명히 일부일처를 권장한다. 하지만 남자는 예외적인 상황에서 아내를 넷까지 둘 수 있다. 왜 여자에겐 똑같은 선택권을 주지 않느냐고 하겠지만, 무슬림의 대답은 간단하다. 남녀 모두 재생산을 위해 성욕을 느끼게 되었다. 인류가 진화하며 '사랑'이라는 감정이 추가되긴 했어도 생물학적으로는 그렇다. 여성은 한 번에 한 남성의 아이만 잉태할 수 있다. 다시 임신하려면 9개월이 지나야 한다. 반면 남성은 성관계를 가질 때마다 여성을 임신시킬 수 있다. 따라서 일처다부제는 출산의 관점에서 매우 비효율적이다. 생물학적 관점에서 볼 때 일부다처제는 충분히 정당화될 수 있다는 주장이다. 인간 본성에 초점을 맞추는 이슬람 율법은 일부다처제를 통해 결혼의 사회생물학적 기능을 보호할 따름이다. 그에 따른 정서적 문제는 법제도 범위를 벗어나 있다. 따라서 결혼 당사자들의 재량에 맡긴다. 부부가 서로 충분히 사랑한다면 당연히 또 다른 결혼 얘기가 나오지 않을 것이다. 아내를 충분히 사랑하진 않지만 헤어질 생각도 없는 남편은 언제든 두 번째 아내를 얻을 수 있다. 물론 첫 번째 아내의 동의를 전제로 한다. 남편의 결혼에 동의하지 않는 아내는 얼마든지 이혼을 요구하고 자유롭게 재혼할 수 있다. 이슬람은 결혼을 성스러운 예식이라기보다 사회적 계약으로 간주하기 때문에 이혼의 문은 남녀 모두에게 열려 있다. 이혼녀, 이혼남을 백안시하는 풍토도 없다(인도 무슬림은 예외다. 이혼을 금지하는 힌두교의 영향 때문이다). 이 같은 결혼과 이혼의 자유를 감안하면 이슬람 율법이 왜 간통을 가장 악랄한 범죄로 규정하는지 명확해진다.

결혼과 이혼의 자유가 보장된 곳에서 감정이나 성욕 때문에 부부 관계를 파괴한다면 변명의 여지가 없다. 무슬림 쇠락기 수백 년간 여성들이 율법에 보장된 이혼의 권리를 제대로 누리지 못하기는 했다. 그러나 이는 종교가 아니라 관습의 문제였다. 여성을 사회로부터 고립시키는 행태도 마찬가지다. 무함마드의 가르침이나 코란을 아무리 살펴봐도 이를 권장하는 대목은 없다. 이는 예언자 사후에 비잔틴 세계로부터 유입된 인습이다.

....

이런 생각에 잠겨 있는데 셰이크 이븐 불라이히드가 끼어든다. 그는 다 안다는 표정으로 "결정을 서두를 필요는 없네. 때가 되면 자연히 알게 될 걸세."라고 말한다.

2

도서관은 조용하다. 늙은 셰이크와 나만 돔형 천장 아래 앉아 있다. 인근 사원에서 저녁 기도 시간을 알리는 소리가 들려온다. 잠시 후 무함마드 사원의 다섯 첨탑에서도 같은 소리가 울려 퍼진다. 그중 한 무아진이 선창한다. "알라후 아크바르…." 깊고 그윽한 목소리로 천천히 톤을 높였다가 내리기를 반복한다. "신은 가장 위대하다, 신은 가장 위대하다…." 그가 이 구절을 채 끝내기 전에 우리와 가장 가까운 첨탑의 무아진이 끼어든다. "…위대하다, 신은 가장 위대하다…." 첫 번째 무아진보다 조금 높은 톤이다. 이어 세 번째 무아진이 가세할 무렵 첫 번째 무아진은 이미 첫 구절을 끝내고 두 번째 구절로 접어든다. "나는 신 외엔 신이 없음을 증언하노라…." 네 번째와 다섯 번째 무아진이 그제야 첫 구절을 시작한다. "그리고 나는 무함마드가 신의 사자임을 증언하노라!" 무아진들은 각 구절을 돌아가며 두 번씩 반복한다. "와서 기도하라, 와서 기도하라. 영원한 행복을 위해 서두르라." 무아진들의 목소리가 교차하며 이어지다 마지막 구절에 도달한다. "신은 위대하다, 신은 위대하다! 신 외에 신은 없다!"

이렇게 합쳐졌다 떨어지기를 반복하는 낭랑한 목소리는 인간이 만들어낸 어떤 성가도 흉내 낼 수 없는 엄숙함을 품고 있다. 가슴이 뛰면서 이

도시와 이 소리에 대한 애정이 목젖을 타고 올라오고 있음을 느낀다. 그 동안의 여정이 결국 이 소리의 의미를 깨닫기 위함 아니었을까….

"자," 셰이크 이븐 불라이히드가 말한다. "사원으로 가세. 저녁 기도를 드려야지."

....

메디나의 성스런 사원 하람은 지난 세기 중반에 현재의 모습을 갖췄다. 하지만 그보다 훨씬 오래전(이집트 맘루크 왕조나 그 이전)으로 거슬러 올라가는 부분도 있다. 예언자의 묘가 있는 중앙 홀은 7세기에 3대 오스만 칼리프가 이 건물을 처음 지었을 때부터 그 자리에 있었다. 천장은 둥근 녹색 지붕으로 덮여 있고 지붕 안쪽은 여러 가지 색깔의 페인트로 화려하게 치장돼 있다. 육중한 대리석 기둥 여러 개가 지붕을 받치며 실내 공간을 조화롭게 나눈다. 대리석 바닥에는 고급 양탄자가 깔려 있다. 미흐라브(이슬람 사원에서 메카 방향을 가리키는 벽면의 오목한 곳-옮긴이) 세 곳은 각각 청동 촛대, 파랗고 하얀 파양스(프랑스의 채색 도자기-옮긴이) 타일로 장식돼 있다. 세 미흐라브 중 한 곳은 언제나 기도를 이끄는 이맘의 자리다. 긴 황동 사슬에 유리와 크리스탈 구球형 장신구 수백 개가 매달려 있다. 밤이면 이 장신구 안에 들어 있는 작은 올리브 오일 램프를 켠다.

무함마드의 묘는 15세기 이집트 맘루크 왕조 술탄 카잇베이 시대에 만들어진 청동 그릴에 둘러싸여 있어 보이지는 않는다. 사실상 진짜 묘의 구조를 갖추고 있지는 않다. 무함마드는 기거하던 집 흙바닥에 묻혔기 때문이다. 이 집마저 훗날 문도 없는 벽을 빙 둘러 세워 바깥세상과 완전히 차단시켰다. 무함마드의 생전에는 사원이 그의 집 바로 옆에 있었지만, 수백 년 세월이 흐르면서 그의 묘 위까지 확장된 것이다.

모스크 안 중정에는 긴 양탄자가 줄줄이 깔려 있고, 그 위에 남자들이 쭈그리고 앉아 코란을 읽거나 담소를 나누거나 저녁 기도를 드릴 때까지 빈둥빈둥 시간을 때우고 있다. 이븐 불라이히드는 벌써 기도에 빠져든 듯했다.

멀리서 코란 구절을 낭송하는 소리가 들려온다. 무함마드가 메카 인근 히라의 동굴에서 신으로부터 맨 처음 받은 계시인 96번째 수라다.

무함마드가 동굴에서 홀로 빛과 진리를 갈구하며 기도를 드리고 있을 때 천사가 나타나 "읽으라."고 명령했다. 무함마드는 당시 대부분의 사람들이 그랬듯 글을 읽고 쓰는 법을 배우지 못했기 때문에 "나는 글을 읽을 수 없다."고 답했다. 그러자 천사가 그를 잡아당겨 자신의 몸에 밀착시켰다. 온몸의 힘이 빠져나가는 느낌이 들었다. 천사는 그를 풀어 주고 다시 "읽으라."고 명했다. 무함마드가 다시 "나는 글을 읽을 수 없다."고 답하자 천사가 또 한 번 그를 잡아당겨 몸에 밀착시켰다. 이번에는 사지가 축 늘어지며 죽을 것만 같았다. 천사가 예의 그 천둥치는 듯한 목소리로 명했다. "읽으라!" 무함마드가 기어들어가는 목소리로 "나는 글을…."이라 답하기 시작하자 천사가 다음과 같이 말했다.

> 그대의 생명을 지속시켜 주시는 분,
> 한날 세포에서 인간을 창조하신 분의 이름으로 읽으라.
> 그대의 생명을 지속시켜 주시는 분은 가장 아름다운 존재다.
> 그분께서 글을 사용하는 법을 가르치셨고,
> 무지했던 인간들에게 지식을 알려 주셨다.

그리하여 인간의 의식, 지성, 지식에 대한 내용으로 마침내 코란이 시작되었으며, 예언자가 63세를 일기로 메디나에서 세상을 뜰 때까지 23년간 계시가 계속 이어졌다.

이 동굴에서의 일화는 창세기에 등장하는 야곱과 천사의 씨름을 연상시킨다. 그러나 끝까지 저항했던 야곱과 달리 무함마드는 기꺼이 몸에 남은 '힘이 모두 빠져나가' 없어질 때까지 천사의 품에 안겨, 급기야 천사로부터 나오는지 내면에서 울려 나오는지 명확히 구분이 가지 않는 목소리에 귀를 기울이고 있었다. 그 순간부터 자신이 남들과 같은 욕구를 지닌 인간이자 신의 말씀을 전하는 도구로서 충만함과 허무함을 동시에 느끼며 살게 되리라는 사실을 당시에는 몰랐을 것이다. 지각 가능한 모든 물질과 사건에 의미를 부여하는 '영원한 진리'가 그 앞에 펼쳐지고, 그 진리를 소리 내어 '읽으라'는 명이 떨어진다. 그래야만 다른 인간들이 아직 알지 못했던 것, 스스로는 깨칠 수 없었던 것을 이해할 수 있게 되기 때문이다.

무함마드 역시 모세가 그랬듯 스스로 예언자의 역할을 제대로 수행할 자격이 없다고 생각했으며, 신의 선택을 받았음에 두려움을 느꼈다. 그리하여 집으로 돌아가 아내 카디자를 큰 소리로 부르며 '담요로 몸을 감싸 달라'고 했다고 한다. 아내는 사시나무 떨듯 몸을 떠는 남편에게 담요를 덮어 주었고, 남편은 아내에게 조금 전 겪은 일을 말해 주며 '무섭다'고 말했다. 아내는 남편이 예언자라는 중책에 압도당했음을 알아보고 이렇게 답했다. "신께서는 절대 감당하지 못할 임무를 떠안기고 굴욕을 주지 않으십니다. 보세요, 당신은 선한 사람이에요. 가족을 성실히 돌보고, 약자를 돕고, 가난한 자에게 손을 내미는 사람이에요." 아내는 그를 자신의 사촌 와라카에게 데려갔다. 전해지는 바에 따르면 학식이 깊은 기독교도로, 히브리어 성경을 읽을 수 있었다고 한다. 당시 그는 장님이었는데, 무함마드가 동굴에서 벌어진 일을 말해 주자 양팔을 높이 치켜들더니 이렇게 말했다. "신께서 오래전 예언자들에게 보내셨던 계시의 천사를 만났군. 내가 조금만 더 젊었어도! 그대의 사람들이 그대를 박해할 때 힘이 되어 줄 수 있으련만!"

무함마드가 어리둥절하여 물었다. "제 사람들이 왜 저를 박해합니까?" 와라카가 답했다. "그렇게 될 걸세. 자네 같은 인물은 늘 박해를 당하게 마련이니까."

이후 무함마드는 13년간 박해를 견디다가 결국 메카를 저버리고 메디나로 가게 되었다. 메카 사람들은 무함마드에게 무척이나 무자비했다.

영적 성장 따위에는 관심도 없고 오로지 물질적 풍요와 안위만을 추구했던 당시 메카 사람들이 무함마드가 전파하는 도덕관념에 온전히 순응했을 리 없다('이슬람'을 문자 그대로 해석하면 '신에 대한 순응'이다). 게다가 무함마드의 가르침은 메카 사람들이 오랜 세월 옹호해 온 사회 체제, 부족 전통에 정면으로 위배됐다. 신은 오로지 한 분뿐이며, 미신 숭배는 죄악이라는 무함마드의 가르침은 전통적인 믿음에 대한 도전일 뿐만 아니라 사회를 전복시키려는 시도로 받아들여졌다. 특히 종교의 영역을 벗어난 '일상적인' 문제(경제, 평등, 사회적 행동 등)에 지나치게 개입한다며 못마땅해 했다. 이슬람의 잣대가 도덕과는 거리가 먼 그들의 생활방식을 허용하지 않았기 때문이다. 메카 사람들에게 있어 종교는 철저히 개인적인 문제였다.

한데 앞서 말했듯 무함마드가 전파하는 종교는 이와 정면으로 대치되었다. 그의 관점에서는 사회적 관행 및 제도까지 모두 종교의 영역이었다. 그랬기 때문에 이단인 메카 사람들의 거부감을 불러일으켰던 것이다. 무함마드가 사회적 문제에 개입하지만 않았어도 반감이 그토록 크지는 않았을 것이다. 물론 자신들의 종교관과 어긋나는 이슬람 교리에 불만은 표했겠으나, 만일 무함마드가 기독교 사제들처럼 개인적 구원을 위해 신을 믿으라고 설파했다면, 기독교를 용인했듯 결국 이슬람도 용인했을 것임이 틀림없다. 그러나 무함마드는 종교적 의식과 개인적 구원에만 초점을 맞췄던 기독교 사제들과 다른 길을 택했다. '내세의 선뿐만 아니라 현세의 선을 누릴 수 있게 하소서'라고 기도하라는 신의 명을 받들기 위함이었다.

코란에서 '현세의 선'은 '내세의 선'에 우선한다. 현재가 미래에 앞서기 때문이고, 인간은 본래 세속적인 육신의 필요가 충족되어야 비로소 영혼의 부름과 내세의 선을 인지할 수 있는 존재이기 때문이다. 무함마드는 영혼이 세속의 삶과 분리 혹은 대립된다고 보지 않았다. 그에 따르면 영혼과 육신은 하나의 현실, 즉 인생이 지닌 양면이었다. 그랬기에 그저 개인의 도덕적 관념을 보살피고 다듬는 데 멈추지 않고 이를 공동체 구성원 전체의 정신적 · 물리적 안녕을 보장할 수 있는 제도로 승화시키는 데 목표를 두었던 것이다.

무함마드는 '행동은 종교의 일부다'라는 메시지를 가장 먼저 역설했다. 개인의 믿음도 중요하지만 어떻게 처신하느냐 역시 중요하다는 뜻이다. 특히 자신의 처신이 타인에게 영향을 줄 수 있는 경우 더욱 그렇다. 또한 무함마드는 강자가 약자를 탄압해서는 안 되며, 신 앞에 남녀가 평등하다는 당시 아무도 들어 보지 못한 주장을 펼쳤다. 여기에 더해 여성은 어머니, 아내, 딸이기 이전에 한 인간이며, 따라서 재산을 소유할 수 있고 사업을 할 수 있고 자유 의지에 따라 결혼할 수 있다는, 메카 사람들로서는 도저히 용납할 수 없는 발언까지 일삼았다. 무함마드는 '아무리 큰 악이라 해도 이점이 아주 없지는 않다, 그러나 악이 그 이점을 가리고 만다'는 코란 구절에 따라 도박과 중독성 있는 물질(술, 담배 등)을 금지했다. 사람이 사람을 착취해서는 안 되며, 돈을 빌려 줄 때 이자를 취해서는 안 되고, 사적 독점이나 투기를 해서는 안 된다고 가르쳤다. 또한 출신 부족이나 혈통에 따라 편을 가르고 이해관계를 따져서는 안 되며, 인생관, 윤리적 가치관에 따라 사람들이 자유로운 선택을 할 수 있어야 한다고 했다.

사실상 무함마드는 그때까지 절대불변으로 여겨지던 각종 사회적 관념을 뿌리부터 뒤흔들었다. 당시로서는 그야말로 획기적인 혁신이었던 터라 혹자는 그가 '종교를 정치와 접목시켰다'고 평가하기도 한다.

메카의 지도층은 대부분의 사람들과 마찬가지로 예전부터 전해 내려오는 관습과 사고방식이 무조건 옳다고 여기고 있었다. 당연히 그들은 정치에 교리를 적용하려는 예언자의 시도(즉, 신의 존재에 대한 인식을 모든 사회적 변혁의 출발점으로 삼으려는 시도)를 못마땅해 하며 부도덕하고 선동적이라고 비난했다. 무함마드가 단순한 몽상가가 아니라 사람들에게 영감을 불어넣어 생각을 실천으로 옮길 수 있도록 이끄는 행동가임이 명확해지자 무함마드와 그 추종자들에 대한 박해가 이어졌다.

어느 시대에나 예언자들은 기득권을 지키려는 자들과 상충했다. 즉, 박해에 시달리고 조롱거리로 전락할 수밖에 없었다는 뜻이다. 이런 맥락에서 보면 그중 가장 나중 등장한 무함마드가 아직도 서구에서 조롱을 당하고 있다는 사실이 그리 놀랍지 않다.

3

저녁 기도가 끝나자마자 셰이크 불라이히드는 그의 가르침과 지혜를 나누어 받으려는 나즈드 베두인들과 마을사람들에 둘러싸였다. 그 역시 사람들의 경험과 여행담에 늘 목말라 있었다. 유목민인 나즈드인들은 장기간 이곳저곳을 돌아다니게 마련이었다. 대부분 침대보다 낙타 안장이 더 익숙하여 스스로를 '알 아시 시다드', 즉 '낙타 안장 부족'이라 부르기도 했다. 최근 이라크에 다녀왔다는 한 하르브족 젊은이가 파랑기(유럽인, 백인-옮긴이)를 처음 봤다며 이렇게 물었다.

"셰이크, 그 사람들은 왜 항상 모자를 씁니까? 그러면 눈을 가려서 하늘을 볼 수가 없잖아요?"

셰이크가 반짝이는 눈으로 나를 흘끗 쳐다보면서 이렇게 답했다. "그들은 차마 하늘을 볼 수가 없는 거라네. 하늘을 보면 신이 생각나는데, 평일에는 신에 대해 생각하고 싶지 않은 거지."

모두 웃음을 터뜨렸지만 젊은이는 궁금증을 꼭 풀어야겠다는 듯 다시 물었다. "그렇지만 신은 신심이 깊은 자들에게는 허락하지 않으시는 부를 그런 사람들에게 내려 주셨잖아요?"

"간단하네. 파랑기는 황금을 숭상해. 그래서 주머니 속에 신을 넣고 다니지. 여기 있는 이 친구는 한때 그들 사이에 살았으니 나보다 더 잘 알

걸세. 신께서 이 친구를 암흑으로부터 이슬람의 빛 속으로 걸어 들어오도록 인도하셨다네."

"정말입니까?" 젊은 베두인이 흥분하여 물었다. "정말 파랑기였어요?" 내가 그렇다고 고개를 끄덕이자 그는 재차 질문했다. "왜 파랑기는 신에 대해 무관심하지요?"

"한마디로 설명하기 어렵습니다. 지금으로서는 파랑기의 세계가 다잘(휘황찬란한 것)의 세계, 미혹의 세계가 되었다는 말씀밖에 드릴 수가 없습니다. 후대에 가면 사람들이 대부분 다잘을 신으로 알고 따르게 될 것이라던 예언자의 말씀을 기억하십니까?"

나는 셰이크 불라이히드가 대견하다는 듯 쳐다보는 가운데 종말론적 존재인 다잘에 관한 예언자의 말씀을 설명하기 시작했다. 다잘은 한쪽 눈이 멀었지만 대신 신으로부터 초능력을 부여받아 세상 끝에서 하는 말도 들을 수 있게 되었다. 또한 남은 한 눈으로는 아무리 먼 곳에서 일어나는 일이라도 볼 수 있었다. 하늘을 날아다니고, 지하에서 금과 은이 솟아나게 하고, 말 한마디로 비가 내리게 하거나 식물이 자라게 할 수도 있었다. 신심이 얕은 자들은 다잘이 신이라 믿고 그 앞에 엎드렸다. 그러나 신심이 강한 자들은 그의 이마에 불길의 글자로 쓰인 단어, '신의 부정자'를 알아보았고, 그가 인간을 시험에 들게 하는 존재임을 간파했다.

베두인 젊은이가 놀라 눈이 휘둥그레져서 "내가 쉴 곳은 오직 신이요."라고 중얼거리는 동안 나는 셰이크를 향해 이렇게 말했다. "현대 기술 문명에 딱 맞는 이야기 아닙니까? 영적 측면은 인지하지 못하고 오직 물질적 진보밖에 보지 못하니 애꾸눈이 맞지요. 또한 그 경이로운 기술로 인간이 본래 능력보다 더 멀리 보고 더 잘 듣고, 훨씬 빠르게 이동할 수 있도록 해주지 않습니까? 과학 지식을 바탕으로 비가 내리게 하거나 식물이

자라도록 할 수 있게 되었고, 땅에서 보물을 캐내기도 합니다. 사경을 헤매던 사람을 살려 놓기도 하고, 전쟁을 통해 죽이기도 합니다. 신심이 약한 자들은 휘황찬란한 물질적 진보에 눈이 멀어 이를 신격화합니다. 그러나 조물주를 잊지 않는 자들은 다잘을 숭상하기 시작하는 순간 신을 부정하게 됨을 정확히 인지하고 있습니다."

"자네 말이 모두 맞네, 무함마드." 셰이크 불라이히드가 내 무릎을 두드리며 말했다. "다잘을 그런 시각에서 볼 수도 있다는 생각을 나는 미처 하지 못했네. 과학기술의 발전이 신께서 주신 선물임을 깨닫지 못하고 그 자체로 숭배의 대상이라 착각하는 사람들이 점점 많아지고 있어."

....

그렇다, 서구인들은 이미 오래전부터 다잘을 숭상하게 되었다. 순수함, 자연과의 교감 따위는 잃은 지 오래다. 삶은 풀 수 없는 수수께끼처럼 복잡해지고, 사람들은 점점 냉소적으로 변하면서 스스로를 고립시키기에 이르렀다. 그리고 외로움에 짓눌려 소멸되지 않기 위해 외부에서 돌파구를 찾기 시작했다. 살아 있다는 사실 하나만으로는 더 이상 안정을 느낄 수 없게 되었다. 매 순간 고통스럽게 살아 있음을 확인해야 직성이 풀린다. 형이상학적 방향성은 송두리째 잃었기에 기계, 기술에 기댈 수밖에 없다. 매일 새로운 기계를 발명하고, 그 기계를 통해 실존을 증명하려 든다. 기계는 새로운 필요, 새로운 욕망, 새로운 두려움을 양산해낸다. 또 다른 기계에 대한 채워지지 않는 갈증이 샘솟는다. 맞물려 돌아가는 기계 톱니바퀴 사이로 영혼은 사라져 가고, 애초 기계를 발명한 목적(인간의 삶을 보호하고 풍요롭게 만든다는 목적)도 잊혀 버린다. 끝 간 데를 모르는 인간의 욕망이 기계를 탐욕스런 신으로 탈바꿈시킨다. 차가운 쇳덩어리 신을 섬기는 사제들과 신도들은 과학기술의 발달이 지식의 팽창뿐만 아니라 영적 절망감에서 기인함을 잘 알고 있다. 서구인들이 그토록 자연을 제압하려 애쓰면서 화려한 겉모습에만 치중하는 이유는 미지의 존재에 대한 두려움 때문이다.

서구 문명은 인간의 육신과 사회적 필요, 그리고 영적 욕구 사이 조화를 실현하는 데 실패했다. 또한 이전의 종교적 윤리는 폐기되고, 이를 대체할 만한 도덕 체계가 새로이 형성되지도 않았다. 교육 수준은 계속 높아지는데, 사람들은 여전히 선동가들이 던지는 선전문구 하나에 부화뇌동한다. 과학자들이 마구잡이로 만들어낸 개발품들은 이제 통제가 불가능한 지경에 이르렀고, 세계를 혼돈에 빠뜨렸다. 종교적 방향성을 잃은 서구인들에게 과학의 진보와 그로 인해 확장된 지식은 도덕적으로 오히려 해가 됐다. 코란의 다음 구절이 떠오른다.

> 사람들은 불을 발견했다. 그러나 불이 환히 주변을 밝히자 신께서 불을 앗아가시고 사람들은 암흑 속에 남아 볼 수도, 들을 수도, 말할 수도 없게 됐다. 그런데도 사람들은 이를 되돌리려 하지 않는다.

오만한 서구인들은 자신들의 문명이 세상에 행복과 빛을 가져다줄 것이라 믿어 의심치 않는다. 18~19세기에는 기독교를 전 세계로 전파하겠다며 온갖 방법을 다 동원했으나, 그 열정이 식어 버린 지금은 종교를 그저 치유와 위안의 수단으로 생각할 뿐이다. 이제는 종교 대신 공장, 실험실 등에서 인간 문제의 해결책을 제시할 수 있다고 믿는 '서구식 라이프스타일'을 전파하기 시작했다. 그렇게 서구인들은 다잘을 받아들였다.

4

한동안 침묵이 이어지다 셰이크가 입을 연다. "다잘의 의미를 깨닫고 난 뒤 이슬람을 받아들인 것인가?"

"그럴 수도 있겠지요. 그렇지만 마지막 단계에서 그랬던 것 같습니다."

"마지막 단계라… 정확히 언제, 어떻게 이슬람이 자네의 운명임을 알게 됐나?"

"글쎄요. 어느 겨울날이었던 것 같네요. 아프가니스탄에서 말을 타고 가다 말발굽이 빠지는 바람에 경로를 이탈해서 작은 마을에 들렀지요. 거기서 만난 한 남자가 제게 무슬림임이 분명하다며, 저 자신만 모르고 있을 뿐이라는 말을 했습니다. 이슬람으로 개종하기 8개월 전 일입니다. 헤라트에서 카불로 가던 길이었어요…."

당시 나는 이브라힘과 한 아프가니스탄 병사를 대동하고 눈 덮인 힌두쿠시를 넘어 헤라트에서 카불로 가고 있었다. 날은 춥고, 사방은 온통 햇빛을 받아 반짝이는 눈밭이었다.

그날, 슬프면서도 행복했던 기억이 난다. 지난 두세 달간 함께 지냈던 사람들이 이슬람의 빛과 힘으로부터 괴리된 삶을 살고 있는 듯하여 슬펐고, 동시에 이슬람의 빛과 힘이 마치 손에 잡힐 듯 가까이에 있음을 확인할 수 있어 행복했다.

그때 짤그랑하는 소리가 나면서 내 말이 절뚝거리기 시작했다. 말발굽이 벗겨져 발톱에 걸려 있었다. 나는 아프가니스탄 병사에게 "이 근처에 대장장이가 있나?"라고 물었다. "가까이에 데잔지라는 마을이 있는데 대장장이도 있고, 하자라자트의 하킴(지역 태수-옮긴이)의 성도 있습니다." 그리하여 우리는 조심조심 말을 몰아 데잔지로 향했다.

하킴은 몸집이 땅딸막하고 호쾌한 젊은이였다. 시골마을 성에서 적적하게 지내다 손님을 맞게 되니 무척 좋아하는 눈치였다. 아마눌라 왕의 친척이었지만 아프가니스탄에서 알게 된 사람 중 가장 겸손하고 허식이 없었다. 그의 강요로 성에서 이틀을 묵게 됐다.

둘째 날 저녁은 첫째 날과 마찬가지로 화려한 만찬이 펼쳐졌고, 마을에서 불러온 남자가 세 줄 류트를 연주하며 민요를 불렀다. 노래 가사가 파슈토어(아프가니스탄 공식 언어-옮긴이)라 내용을 전부 이해할 수는 없었지만, 간혹 등장하는 페르시아어 단어는 생생하게 귀에 들어왔다. 다윗과 골리앗의 싸움을 묘사한 노래 같았다. 처음에는 조용히 시작했다가 마지막 승리를 알리는 부분에서는 열정적인 외침으로 바뀌었다.

노래가 끝나자 하킴이 말했다. "다윗은 작았지만 신앙심은 위대했지요."

내가 참지 못하고 덧붙였다. "이곳은 사람은 많은데 신앙심은 미미하네요."

하킴은 적잖이 놀란 데다 무안해진 눈치였다. 내가 서둘러 말의 진의를 설명하기 시작했다.

"한때 믿음이 확고했던 무슬림들이 어쩌다 불과 한 세기만에 자신감을 상실하고 그처럼 쉽게 서구의 이념과 관습에 물들어 버렸는지 이해할 수 없어 드리는 말씀입니다. 유럽이 야만과 무지에서 벗어나지 못하고 있을 때 과학과 예술을 꽃피웠던 선조들을 본받아 그 진보적이고 찬란한 종교를 다시 부활시킬 수는 없겠는지요? 어쩌다 이슬람의 가치관을 모두 부정하는 아타튀르크 같은 가짜 무슬림이 무슬림 중흥의 상징이 돼 버렸는지요?"

하킴은 한동안 말을 잇지 못했다. 밖에는 눈이 내리고 있었다. 슬픔과 행복감이 뒤섞인 묘한 감정이 다시 솟아올랐다. 한때는 위대했던 문명의 후예들이 당혹감에 휩싸여 있음을 알 수 있었다.

"말씀해 주십시오. 명확하고 단순했던 예언자의 가르침이 어쩌다 억측과 말장난에 가려지게 되었는지요? 어쩌다 관료들과 지주들은 사치를 일삼고 나머지 무슬림 형제들은 빈곤에 찌들어 살게 되었는지요? 예언자께서 '이웃이 굶고 있을 때 혼자 배불리 먹는 자는 믿는 자라 할 수 없다'고 하셨는데도 말입니다. 예언자와 그 동료들은 여성을 존중했는데, 왜 지금 이슬람은 여성을 무시하는지 이유를 말씀해 주실 수 있습니까? 예언자께서 '지식의 추구는 무슬림 남녀 모두에게 있어 가장 신성한 행동이다', '신심만 깊은 자가 보통 별과 같다면 학식까지 깊은 자는 그 어떤 별보다 빛나는 보름달과 같다'라고 말씀하셨는데, 왜 지금 무슬림들은 대부분 무지하고 문맹인지 말씀해 주실 수 있습니까?"

하킴은 여전히 입을 열지 않았다. 내가 그에게 큰 굴욕을 안긴 것이 아닐까 하는 생각이 들기 시작했다. 그러다 하킴은 한기가 드는지 양가죽 외투를 몸에 단단히 감으면서 이렇게 속삭였다. "당신도 무슬림 아닙니까?"

나는 웃으면서 대답했다. "저는 무슬림은 아닙니다. 하지만 이슬람의 아름다움을 숱하게 확인한 바 있고, 그 아름다움을 무슬림들이 그저 손가락 사이로 흘려보내는 것 같아 안타까워 그럽니다. 제 말이 너무 심했다면 용서해 주십시오. 나쁜 뜻은 아니었습니다."

하킴은 고개를 저었다. "당신은 무슬림이 맞습니다. 아직 그 사실을 깨닫지 못했을 뿐이지요. 그냥 이 자리에서 '신 외에 신은 없으며 무함마드는 그의 전령이다'라고 선언하시지요. 당장 결심하세요. 그러면 제가 내일 카불에 있는 아미르에게 데려다 드리겠습니다. 당신을 두 팔 벌려 환영하고 너른 정원이 딸린 집과 소 떼를 내려 주실 겁니다."

"집이나 가축 때문이 아니라 제 마음이 진정으로 움직였을 때 개종하고 싶습니다."

"그렇지만 우리보다 이슬람에 대해 더 많이 알고 계시지 않습니까? 이해가 가지 않는 부분이 있나요?"

"이해의 문제가 아니라 납득의 문제지요. 코란이 위대한 현자의 작품이 아니라 진정 신의 말씀임이 납득이 가야지요."

그러나 아프가니스탄에서 만난 하킴의 말이 몇 달 동안 뇌리에서 사라지지 않았다. 나는 카불을 출발해서 이후 몇 주에 걸쳐 아프가니스탄 남부를 통과하여 고대도시 가즈니에 도착했다. 천 년 전 마흐무드가 인도 정복 대원정을 떠났던 곳이다. 가즈니에서 칸다하르(이곳 부족들은 모두 무자비한 전사로 소문나 있다)를 지나 아프가니스탄 남서부 사막지대를 거쳐서 아프가니스탄 여행의 기점이었던 헤라트로 돌아왔다.

1926년 초, 겨울이 끝나갈 무렵 나는 헤라트를 떠나 귀향길에 올랐다. 일단 기차로 아프가니스탄 국경을 넘어서 러시아령 투르케스탄의 마르브로 갔다가 사마르칸트, 부하라, 타슈켄트를 차례로 거쳐서 투르크멘 스텝지대를 통과했고, 우랄 산맥을 넘어 모스크바로 갔다.

나는 지금도 소비에트 러시아라고 하면 마르브 기차역에서 본 포스터가 떠오른다. 데님 오버롤을 입은 프롤레타리아 청년이 펄럭이는 긴 겉옷

차림에 흰 턱수염을 기른 노신사를 발로 차는 그림이었다. 포스터 아래에는 '그리하여 소비에트연방의 프롤레타리아가 신을 몰아냈다. -소비에트 사회주의공화국 연방 무신론자협회'라는 글귀가 붙어 있었다. 어디를 가나 반종교적 선전 · 선동이 난무했다. 투르크메니스탄에서는 특히 모스크가 타깃이었다. 기도 회합을 드러내 놓고 금지시키지는 않았지만 당국에서는 어떻게든 제지하고자 갖은 수단을 다 동원했다. 특히 부하라와 타슈켄트에 갔을 때는 사복 경찰이 모스크를 드나드는 사람들의 이름을 적고, 코란을 불태운다는 이야기가 나돌았다. 무신론자들은 시시때때로 모스크에 돼지머리를 투척했다(이슬람은 돼지고기를 금기시 한다-옮긴이).

러시아 땅을 벗어나 폴란드로 들어가자 마음이 좀 놓였다. 폴란드에서 곧장 프랑크푸르트로 가서 〈프랑크푸르터 자이퉁〉 본사에 들렀다. 그사이 나는 중부 유럽에서 가장 뛰어난 해외특파원으로 명성이 자자해져 있었다. 내가 쓴 기사(특히 이란인들의 복잡 미묘한 종교 심리를 다룬 기사)가 저명한 동양학자들의 관심을 끌기도 했다. 그 덕분에 베를린 지정학대학에서 나에게 강의를 맡기게 됐다. 아직 채 스물여섯도 되지 않은 새파란 젊은이에게 그런 기회가 주어진 적은 한 번도 없었다고 했다. 〈프랑크푸르터 자이퉁〉의 승인하에 여러 나라 신문에서 내 기사를 받아 실었고, 어떤 기사는 거의 30차례나 재인쇄되기도 했다. 이란에서 정처 없이 떠돌던 시간이 이렇게나 큰 결실로 돌아올 줄은 몰랐다.

....

이 무렵 엘사와 결혼했다. 2년간 유럽을 떠나 있었지만 우리의 사랑은 변함없었다. 나이 차이 따위는 나에게 문제되지 않았다. 엘사는 걱정스러운 듯했다. "당신은 고작 스물여섯이고 나는 마흔이 넘었어. 당신이 서른이면 나는 마흔다섯이야. 당신이 마흔일 때 나는 노파가 되어 있을 거고."

나는 웃음을 터뜨렸다. "상관없어. 당신 없는 미래는 상상조차 할 수 없으니까."

결국 그녀가 승복했다.

그녀가 없는 미래는 상상조차 할 수 없다는 말은 과장이 아니었다. 그녀의 아름다움에 취해 다른 여자는 눈에 들어오지도 않았고, 그녀와 함께 있으면 인생에 대한 희망과 열정이 솟아올랐다.

결혼식을 올린 지 일주일쯤 되었을 때 엘사가 말했다. "다른 사람도 아니고 당신이 종교의 신비주의적 요소를 평가절하하다니 참 이상해. 당신은 다른 사람들이 대수롭지 않게 넘기는 일상사에서도 신비주의적인 요소를 발견해내는 사람이잖아. 그런데 종교만 연관이 되면 갑자기 이성적으로 변해 버리는 것 같아. 보통은 그 반대인데 말이야…."

그러나 엘사가 정말 궁금해서 그런 말을 하는 것은 아니었다. 내가 이슬람을 통해 무엇을 찾으려 하는지 이미 잘 알고 있었고, 그 탐구의 여정에 기꺼이 동참하고 있었다.

우리 부부는 종종 같이 코란을 읽고 토론하기를 즐겼다. 엘사도 나처럼 코란에 담긴 윤리관과 실질적 가르침 사이 흐트러짐 없는 일관성에 경탄을 금치 못했다. 코란에 따르면 신은 인간으로부터 맹목적인 복종을 원하지 않으며, 이성에 호소한다고 했다. 또한 신은 인간의 운명과 분리되어 있지 않고, '목에 난 핏줄보다 더 가까이에' 있었다. 신앙과 사회적 행동 사이 구분을 짓지도 않았고, 무엇보다 삶이 물질과 영혼의 대립으로 인한 고난의 연속이며 빛에 도달하기 위해 영혼이 육신이라는 족쇄에서 풀려나야 한다고 주장하지 않았다. 예언자도 이슬람은 고행이나 금욕을 요구하지 않는다는 말을 했다. 이슬람은 살고자 하는 인간의 의지를 긍정적이고 생산적인 본능으로 평가했으며, '삶을 최대한 누리는 것이 인간의 의무'라 가르쳤다.

이제 뭔가 하나로 통합된 이슬람의 이미지가 머릿속에 확고히 떠올랐다. 마치 정신적인 삼투현상이 일어나고 있는 것 같았다. 굳이 내가 애쓰지 않아도 여기저기 흩어진 지식의 편린들이 저절로 한데 연결되어 완벽한 조합을 이루게 되었다.

1300년 전 한 인간이 떨쳐 일어나 이렇게 선언했다. "나는 보잘것없는 사람에 불과하지만 우주를 창조하신 조물주께서 나를 통해 말씀을 전달하고자 하신다. 세상 사람들이 조물주의 계획에 따라 조화롭게 살아갈 수 있도록 당신의 존재, 전지전능함을 알리라 하셨고, 지침을 내리셨다. 이를 받아들인다면, 나를 따르라." 이것이 무함마드가 맡았던 사명의 정수다.

그가 전파했던 사회체계는, 인간이 생물학적 필요를 지닌 존재이며, 육체적 · 정신적 · 지적 욕구를 충족하기 위해 집단을 이루고 살아야 하는 운명이라는 전제를 바탕으로 한다. 즉, 인간은 혼자서는 살 수 없다. 개개인이 영적 성장을 이루기 위해서는 주변 사람들과 서로 돕고 독려하고 지지해야 한다. 이런 상호의존성 때문에 이슬람이 경제 · 사회로부터 분리될 수 없었다. 자아발전을 독려하고 걸림돌을 최소화할 수 있는 인간관계 형성, 이것이 이슬람 관점에서 본 진정한 사회의 순기능이다. 따라서 무함마드가 주창한 이슬람 체계가 종교뿐만 아니라 개인적 · 사회적 활동의 틀까지 아우른 것은 당연한 결과였다. 각자 정의를 지켜 나가는 것도 중요하지만 그 정의를 통해 공정한 사회를 이룩하는 것 역시 중요했다. 이슬람식 정치 공동체, 개인의 권리 및 의무와 관련한 제도의 윤곽이 이러한 개념을 기반으로 완성되었다(윤곽 안에 담기는 세부사항은 시대에 따라 달라진다). 이슬람 경전은 육체와 영혼, 개인과 집단 등 인생의 모든 측면을 다룬다. 상업, 상속, 부동산 등 '시시콜콜한' 문제들도 인생의 일부이기에 이슬람에서는 결코 사소하다 치부하지 않는다. 또한 이슬람 율법은 출신 성분, 인종, 성별 등을 이유로 공동체 구성원을 차별하지 않았으며, 사회적 계급이란 개념이 아예 존재하지 않았다. 이슬람을 믿는 사람이라면 누구나 같은 권리, 같은 의무, 같은 기회가 부여되었다. 사제가 신도와 신 사이를 중재할 필요도 없었다. 신은 '인간이 드러내 보이는 것 외에 등 뒤에 숨기고 있는 것까지 모두 알고 계시기 때문'이었다. 신과 예언자에 대한 충성은 부모나 국가에 대한 충성에 우선했다. 또한 이슬람 공동체의 궁극적 목표는 이 땅에 신의 왕국을 건설하는 것이었다. 예언자는 이 원칙을 강조하며 다음과 같은 말을 여러 차례 반복했다. "부족의 명분을 내세우는 자는 무슬림이 아니다, 부족의 명분을 위해 싸우는 자는 무슬림이 아니다, 부족의 명분을 위해 목숨을 내놓는 자는 무슬림이 아니다."

이슬람이 생겨나기 전까지 정치 조직은 모두 부족의 이해관계에 따라 움직였다. 그래서 고대 이집트 신왕들은 나일 계곡 너머로 시선을 돌리지 못했고, 초기 히브리 국가에서는 신이 유대인이라고 믿었던 것이다. 그러나 이슬람은 혈통이나 부족에 따른 구분을 두지 않는다. 부족과 인종을 초월하여 공통의 이상향을 지닌 사람들로 구성된 공동체 건설을 목표로 했다는 점에서 이슬람은 기독교와 비슷하다. 그러나 기독교가 스스로를 영적 영역에 국한시킨 반면 이슬람은 지리적 · 인종적으로 제약을 두는 폐쇄적 사회 대신 이념을 바탕으로 한 최초의 개방적 사회를 제시함으로써 인류사의 새 장을 열었다.

이슬람에는 국수주의, 기득권, 계급, 교회와 사제, 세속 등의 개념이 끼어들 자리가 없다. 오직 신만을 섬기며 모든 인간이 평등한 세상을 만들기 위해 노력한다. 이슬람 문명은 구성원들의 자발적 동의와 참여에 의해 형성되었다는 점에서 여타 문명과 뚜렷이 구분된다. 문명은 보통 서로 이해관계가 다른 세력들이 갈등과 대립을 이어가며 진화를 하게 되는데, 이슬람 문명은 독특하게도 애초의 사회계약을 축으로 형성되었다(후대 실권자들이 자신들의 특권을 정당화하기 위해 갖다 붙인 비유가 아니라 실제 역사적으로 그러했다). 코란에는 '보라, 신께서 믿는 자들의 몸과 마음을 가져가시고 그 대가로 천국을 약속하셨도다. 이는 최고의 승리이니, 기뻐할지어다'라는 구절이 나온다.

그 '최고의 승리'는 오래가지 않았다. 예언자가 죽고 채 한 세기도 지나지 않았을 무렵 이슬람의 정치가 부패하기 시작했고, 이후 수백 년에 걸쳐 본래의 이슬람 정신은 서서히 잊혀졌다. 부족 간 권력 다툼이 일면서 인간의 자유라는 덕목은 뒷전으로 밀려났다. 이슬람 정신에 정면으로 위배되는 왕권 세습이 버젓이 이루어지게 되었고, 그 와중에 음모와 대립, 부족 간 탄압이 이어지며 종교는 정치권의 기득권 유지 수단으로 전락하게 되었다. 초기 이슬람 사상가들은 이슬람의 정수를 보존하려 각고의 노력을 기울였지만, 후대의 역량이 그에 미치지 못하면서 이후 200~300년 동안 이슬람은 지적 정체기에 빠졌다. 그리하여 스스로 생각하기를 멈추고 이미 수명이 다한 선조들의 발견을 앵무새처럼 되풀이하기만 했다. 초기 과학, 문학, 예술의 신기원을 열며 이슬람의 황금기를 불러왔던 추동력이 잦아들면서 이슬람 문명은 창의력을 상실하고 말았다.

··

나는 이슬람에 대해 그 어떤 환상도 가지고 있지 않았다. 4년간 수많은 나라를 돌아다니며 확인한 바로는, 이슬람의 생명력이 아직 강하기는 하지만 무슬림들은 마치 마비라도 된 듯 종교적 믿음을 행동으로 옮기지는 못하고 있었다. 스스로에게 질문을 던져 보기도 했다. 무슬림들이 애초의 가르침에서 벗어나 나태와 무지에 빠졌다 한들 무슨 상관인가? 또한 그들이 1300년 전 예언자가 설파한 이상향을 좇지 않는다 한들 무슨 상관인가? 예언자의 메시지에 귀 기울이는 자들 앞에 여전히 그 이상향이 펼쳐져 있으면 충분하지 않은가?

예언자의 메시지를 절실히 필요로 하는 사람들은 무함마드 시대보다 지금 훨씬 더 많다. 무함마드 시대는 훨씬 단순했기에 해결책을 찾기도 더 쉬웠다. 내가 살던 세상은 선악에 대한 사회적 합의 자체가 상실되어 뿌리부터 흔들리고 있었다. 나는 개개인이 아니라 현대 사회 전체가 '구원'을 필요로 하고 있다고 생각했다. 새로운 사회계약을 창조하기 위한 이념적 기반, 물질적 진보에 대한 집착이 허망할 뿐임을 일깨워 주는 믿음이 갖춰져야만 우리 앞에 도사리고 있는 재앙을 피할 수 있을 것이었다.

이 시절 내 머릿속은 온통 이슬람에 관한 생각으로 복잡해서 다른 생각이 비집고 들어올 틈이 없었다. 낯설고 생소한 이념과 문화에 대한 지적 호기심이 진리를 향한 탐구로 타올랐다. 〈프랑크푸르터 자이퉁〉과 계약한 새 책을 집필할 겨를은 당연히 없었다.

편집국장 시몬 박사는 내가 장기 여행에서 막 돌아온 데다 결혼까지 했으니 어느 정도 휴식이 필요할 것이라 이해해 주다가, 그 휴식이 도저히 용납할 수 없는 지경으로 길어지자 이제 그만 현실로 돌아오라고 충고했다.

이제 와 돌이켜보니 그는 나를 무척 배려해 주었는데, 당시에는 그런 사실이 잘 보이지 않았다. 책 진도는 얼마나 나갔냐고 물을 때마다 그가 너무 집요하다는 생각이 들어 짜증이 났고, 조금 지나자 아예 책을 떠올리고 싶지도 않았다. 이슬람에 대해 아직 너무 모른다는 강박관념에 사로잡혀 그때까지 발견한 결과물을 정리할 심리적 여유가 없었다.

마침내 시몬 박사가 기다리다 지쳐 이렇게 말했다. "이 책은 세상 빛을 볼 수 없을 것 같네. 지금 자네는 이 책에 대한 공포감에 시달리고 있어."

그의 말에 내가 쏘아붙였다. "아무래도 제 증세는 그보다 심각한 것 같습니다. 책이 아니라 글쓰기 자체에 공포감이 생겼는지도 모르지요."

박사도 발끈하여 맞받아쳤다. "글쓰기에 공포감이 생겼다면 〈프랑크푸르터 자이퉁〉이 자네에게 적합한 일터라고는 할 수 없겠군."

그렇게 시작된 말다툼이 큰 싸움으로 번졌고, 나는 그날로 사직했다. 그리고 일주일 뒤 엘사와 베를린으로 떠났다.

물론 기자 생활을 그만둘 생각은 아니었다. 글쓰기는 밥벌이이자 즐거움인 동시에 이슬람 세계로 귀환할 수 있는 유일한 수단이었기 때문이다. 지난 4년간 쌓은 명성 덕택에 글을 기고할 신문을 다시 찾기는 그리 어렵지 않았다. 〈프랑크푸르터 자이퉁〉과 결별한 직후 취리히의 〈노이에 취리히 자이퉁〉, 암스테르담의 〈텔레그라프〉, 쾰른의 〈쾰르니시 자이퉁〉 등 세 개 신문사와 매우 유리한 조건으로 계약을 맺게 됐다. 〈프랑크푸르터 자이퉁〉만은 못해도 유럽에서 꽤 인지도 높은 일간지들로, 중동에 관한 기사를 동시에 실어 주기로 했다.

나는 엘사와 함께 조금 더 베를린에 머물며 강의를 마무리하고 이슬람 관련 연구도 더 하기로 했다. 옛 친구들을 다시 만나니 반가웠지만 내가 중동으로 떠난 뒤에도 베를린에 그대로 남아 있었던 그들과 예전 관계를 회복하기는 어려웠다. 서로 돌이킬 수 없을 정도로 시각이 달라진 데다 특히 이슬람에 내가 왜 그토록 몰두하는지 이해하는 친구는 한 명도 없었다. 간혹 이슬람 원칙에 공감을 표하기도 했지만, 대부분은 이슬람과 같은 오랜 종교를 과거의 유물로 취급하면서 새로운 '인본주의적' 접근 방식이 필요하다고 주장했다. 종교의 타당성을 전면 부정하지는 않는 이들도 이슬람이 너무 세속적인 문제에 함몰되어 있어 종교가 응당 갖추어야 할

'신비스러움'이 결여되어 있다는 서구적 편견을 버리려 하지 않았다.

내가 애초 매력을 느꼈던 이슬람만의 특징(물리적 세계와 영적 세계를 나누지 않으며, 이성이 믿음에 다다르는 길임을 강조하는 것 등)이 지성인임을 자부하는 이들에게는 거부감을 불러일으킨다는 사실이 흥미로웠다. 이들은 종교에 관한 한 '합리적이고' '현실적인' 관점을 적용하지 않았다.

얼마간 시간이 흐른 뒤 나는 그들이 왜 이슬람에 거부감을 나타낼 수밖에 없었는지 깨닫게 됐다. 기독교적 사고방식(즉, 종교적 체험에는 초자연성이 내재되어 있어야 한다는 생각)에 갇혀 자란 이들은 이성적 접근이 종교의 영적 가치를 손상시킨다고 믿었다. 이런 시각은 비단 기독교도에만 국한되지 않았다. 유럽 전역이 워낙 오랜 세월 기독교의 영향을 받았던 탓에 비기독교인들조차 기독교의 틀 안에서 종교적 체험을 규정하려 한다. 그리하여 합리적으로 이해할 수 있는 영역에서 벗어난 종교, 신비스러움을 통해 경외를 불러일으키는 종교가 진정한 종교라고 생각하게 되었다. 이슬람은 이러한 기준을 충족시키지 못했다. 이슬람은 일상 속에서 물리적 세계와 영적 세계의 조화와 균형을 강조한다. 이슬람의 세계관은 기독교적 세계관과 판이하게 다르다. 한데 유럽의 윤리관은 기독교적 세계관을 바탕으로 형성되었다. 이슬람이 타당하다고 인정하면 기독교를 부정하는 셈이 되어 버리고 만다.

나는 이슬람에 강하게 끌리고 있음을 알고 있었지만 마지막 한 발을 마저 내딛기 전 망설임을 떨칠 수가 없었다. 마치 기독교와 이슬람 사이에 놓인 다리를 건너는 듯한 기분이었다. 너무 길어서 귀환 불능 지점을 통과하지 않고서는 목적지가 시야에 들어오지 않는 그런 다리…. 무슬림이 되면 내가 나고 자란 세계와는 결별해야 한다. 중간 지점은 없다. 무함마드의 부름을 따라가면서 그와 상반되는 원칙을 따르는 사회의 일원으로

엘사와 그녀의 아들

머물 수는 없다. 한데, 이슬람은 진정 신이 보낸 메시지일까? 아니면 위대하기는 하되 완벽할 수는 없는 한 현자의 지혜의 산물일까?

1926년 9월 어느 날, 엘사와 나는 베를린 전철을 타게 되었다. 부유층이 이용하는 특별칸에 올랐는데, 맞은편에 앉은 남자가 눈에 들어왔다. 고급 서류가방에 큰 다이아몬드 반지로 미루어 돈 많은 사업가인 듯했다. 수년간 지속된 인플레이션이 마침내 종말을 고하고 경제 번영의 물결이 빠르게 퍼져나가고 있던 당시 중부 유럽 어디에서나 쉽게 볼 수 있는 부유층의 전형이었다. 사람들은 대부분 잘 먹고 잘 입게 됐다. 맞은편에 앉은 남자도 마찬가지였다. 그러나 그의 얼굴은 행복해 보이지 않았다. 멍하니 허공을 응시하는 눈과 처진 입꼬리는 근심에 차 있을 뿐만 아니라 불행해 보였다. 옆에 앉은 여자도 다르지 않았다. 뭔가 고통에 시달리는 듯한 표정이 불행해 보였는데, 입가에는 굳은 미소를 띠고 있었다. 아마도 습관인 듯했다. 나는 곧 그 칸에 탄 승객들의 얼굴을 하나하나 둘러보기 시작했다. 모두 잘 차려입었지만 겉으로 드러나지 않는 괴로움에 시달리는 표정이었다.

참으로 낯설었다. 모여 있는 사람들이 그토록 한결같이 불행해 보이다니… 혹은 지금까지 내가 미처 눈치채지 못했던 것일까? 내 얘기를 듣더니 아내도 화가 특유의 날카로운 시선으로 전철 안을 찬찬히 둘러보았다. 그리고 놀란 어조로 이렇게 말했다. "당신 말이 맞네. 지옥 같은 고통을 감내하는 사람들 같아. 정작 저 사람들은 그 사실을 알고 있을까?"

모르고 있음이 분명했다. 안다면 지금처럼 오로지 물질과 권력을 더 많이 확보하는 데 집착하며, 그래야만 잘살게 된다고 믿으면서 인생을 허비하고 있지 않을 것이다.

집에 돌아오니 읽다가 책상 위에 그대로 펼쳐둔 코란이 눈에 띄었다. 치우려다가 문득 펼쳐진 페이지에 시선이 닿았다.

> 무덤에 들어가는 순간까지 탐욕은 계속 커진다.
> 아니다, 그대는 결국 깨닫게 될 것이다.
> 아니다, 그대는 결국 깨닫게 될 것이다.
> 아니다, 깨달음에 다다르기만 한다면
> 곧 스스로 어떤 지옥에 갇혀 있는지 보일 것이다.
> 곧 확실히 눈으로 확인할 수 있게 될 것이다.
> 그날이 오면, 귀중한 인생을 무엇에 썼느냐는 질문을 받게 될 것이다.

한동안 아무 생각도 떠오르지 않았다. 책을 든 손이 덜덜 떨렸던 것 같다. 나는 엘사에게 책을 건네면서 "읽어 봐. 지하철에서 맞닥뜨린 의문에 대한 답 아닐까?"라고 말했다.

과연 내가 찾아 헤매던 답이었다. 갑자기 모든 의심이 사라졌다. 1300년 전 쓰인 이 책이 내가 살고 있는 이 복잡하고 기계화된 시대의 세태를 정확히 예측하고 있었다.

어느 시대에나 탐욕은 존재했다. 그러나 지금처럼 탐욕이 그저 물질을 획득하려는 열망을 넘어 시야를 가리는 집착으로 심화된 적은 없었다. 악마가 인간의 뒷덜미를 타고 앉아 앞만 보고 달려 나가도록 채찍질을 하고 있는 것 같다. 저 멀리 번쩍번쩍 빛나던 목표물은 막상 가까이 가보면 텅 빈 공동일 뿐이다. 그리고 지평선에는 아까보다 더 화려하게 빛나는 무언가가 오라고 손짓하고 있다. 절대 채워지지 않는 새로운 목표물에 대한 갈망이 사람의 영혼을 좀먹는다.

이는 인간의 지력으로 만들어낼 수 있는 내용이 아니다. 아무리 뛰어난 현자라 해도 1300년 뒤에 등장할 병폐를 그토록 정확히 짚어낼 수는 없다. 코란에서는 무함마드의 목소리보다 더 위대한 목소리가 울려 나왔다.

5

예언자의 모스크 중정 위로 어둠이 덮이고, 회랑 기둥 사이마다 길게 늘어뜨린 석유램프가 빛을 드리운다. 셰이크 불라이히드가 고개를 떨구고 눈을 감은 채 앉아 있다. 모르는 사람은 그가 졸고 있다고 생각할 것이다. 그러나 나는 그가 내 이야기에 깊이 몰입해 있음을 안다. 한참 뒤 그가 고개를 들고 묻는다. "그래서? 그 다음엔 어떻게 됐나?"

"당연히 무슬림 친구를 찾아갔지요. 베를린의 작은 무슬림 공동체 지도자인 인도인 친구였는데, 가서 무슬림이 되고 싶다고 했습니다. 그 친구가 오른손을 내밀어 제 오른손을 잡더니 증인 둘이 보는 앞에서 '신 외에 신은 없으며 무함마드가 그의 전령임을 증언한다'고 선언했습니다.* 몇 주 뒤에 제 아내도 개종했습니다."

"자네의 사람들이 뭐라고 하던가?"

"반기지는 않더군요. 아버지께 무슬림이 되었다고 편지로 알려드렸는데 답장도 하지 않으셨습니다. 몇 달 뒤에 여동생의 편지를 받아 보니, 아버지께서는 저를 죽은 셈 치겠다고 하셨답니다. 그래서 무슬림으로 개종

*무슬림이 되기 위해 거쳐야 하는 유일한 예식이다. 이슬람권에서는 무함마드, 예수, 모세, 아브라함과 같은 위대한 선지자들을 가리킬 때 '예언자'와 '전령'을 섞어서 쓴다.

은 했어도 아버지에 대한 사랑은 변함이 없다고 다시 편지를 썼습니다. 오히려 이슬람에서는 부모를 지극정성으로 섬기고 모셔야 한다고 가르치고 있음을 알려드렸지요. 역시 답장은 없었습니다."

"독실한 기독교도이셨던 모양이군."

"전혀 아닙니다. 그래서 더 이상해요. 그저 제가 당신이 속한 문화와 공동체를 배신한 변절자라고 생각하시는 것 같아요."

"그 이후에 아버지를 뵌 적이 없는가?"

"한 번도요. 우리 부부는 개종하자마자 유럽을 떠났고, 이후 다시 돌아가지 않았습니다."*

*아버지께서는 결국 내가 개종한 이유를 납득하게 되셨고, 1935년 나에게 다시 소식을 전하기 시작하셨다. 서로 얼굴을 맞댄 적은 없지만 1942년 돌아가실 때까지 계속 편지를 주고받았다. 아버지와 여동생은 나치가 빈을 점령한 뒤 유대인 강제수용소로 끌려가 그곳에서 생을 마감했다.

11

지하드

1

예언자의 모스크를 나서는데 누군가 나를 잡는다. 사누시파(유럽 열강에 맞서 북아프리카 리비아에서 창시된 이슬람 일파로 전투적 성향을 띤다-옮긴이)인 시디(아라비아 서부에서 주로 쓰는 남성 존칭. 영어의 '미스터'와 비슷하다-옮긴이) 무함마드 아즈주와이다.

"오랜만일세. 신께서 그대에게 은총을 내리시기를…."

우리는 손을 잡은 채로 모스크에서 바자르로 향하는 길을 나란히 걷는다. 수년째 메디나에 살고 있는 시디 무함마드는 흰 부르누스를 걸친 모습이 여느 메디나 시민과 다를 바 없다. 지나가는 사람들이 너도나도 그에게 경의를 표한다. 70세 노인이라 그렇기도 하고, 무엇보다 리비아의 독립을 위해 싸웠던 영웅이기 때문이다.

"사이드(예언자의 후예로 인정받는 남성에게 붙는 존칭-옮긴이) 아흐마드 역시 메디나에 있다네. 건강이 좋지 않은데, 자네 얼굴을 보면 좋아할 거야. 여기는 얼마나 머물 예정인가?"

내가 답한다. "내일모레 떠납니다. 그래도 사이드 아흐마드는 가서 뵈어야죠. 지금 갈까요?"

사이드 아흐마드는 이상향을 이루기 위해 자신을 송두리째 희생한 위인으로, 전 아라비아 반도를 통틀어 내가 가장 존경하는 인물이다. 무슬림 사회의 중흥과 정치적 독립 쟁취에 평생을 바친 학자이자 전사다. 몇 년 전 메카에서 그를 처음 만났을 때가 생생히 떠오른다.

메카 북쪽에는 수많은 전설을 품고 있는 아부 쿠바이스 산이 높이 솟아 있다. 산 정상에 나지막한 미나렛 두 개가 달린 작은 모스크가 하나 있는데 이곳에 서면 메카 계곡의 카바 모스크와 뱀처럼 휘감아 도는 경계면을 따라 알록달록 늘어선 집들이 보인다. 아부 쿠바이스 정상에서 조금 내려오면 독수리 둥지처럼 절벽 모서리에 아슬아슬하게 매달린 석조 건물이 있다. 사누시파의 메카 본부다. 거기서 고향 키레나이카(리비아 동부지방-옮긴이)로부터 추방당했다는 한 노인을 만났다. 30년간 독립 투쟁을 벌이고 7년간 흑해와 예멘 산간지대 사이를 오가며 망명생활을 했다는 노인, 그가 바로 사이드 아흐마드, 대大사누시였다. 북아프리카 식민지 통치자 여럿을 불안에 떨게 한 인물이다. 19세기 알제리의 압둘 카디르(프랑스에 저항했던 알제리 독립투사-옮긴이), 모로코의 압둘 카림(역시 프랑스 식민지 시절 모로코 저항군을 이끌었던 독립투사-옮긴이)을 능가했다. 압둘 카디르와 압둘 카림 등의 활동이 정치적 영역에 국한되어 있었다면, 사이드 아흐마드가 이끄는 조직은 수년간 종교적 영향력을 아울러 행사했다.

나는 메카로 순례를 온 하지 아고스 살림이라는 인도네시아 민족해방운동 지도자를 통해 그를 알게 됐다. 그는 내가 최근 이슬람으로 개종했다는 말을 듣더니 손을 내밀며 이렇게 말했다. "환영하네, 어린 형제여."

짙은 눈썹에는 평생 신앙과 자유를 위해 싸웠던 노전사의 번뇌가 새겨져 있었다. 짧은 턱수염은 허옇게 셌고, 주름이 자글자글한 얇은 입술은 지쳐 보였다. 눈꺼풀이 무겁게 내려 덮이고 목소리에는 비애가 묻어났다. 그러나 간혹 예전의 열정이 솟아오를 때는 형형한 눈빛이 되살아나면서 팔을 독수리 날개처럼 힘차게 휘젓기도 했다.

그의 투쟁과 시도가 성공했다면 이슬람은 부흥의 계기를 마련할 수도 있었을 것이다. 늙고 병들었지만 노전사는 아직 과거의 광채를 잃지 않았다. 그는 진정한 이슬람 정신을 바탕으로 한 정치적 · 종교적 부흥이 세상 모든 무슬림의 바람임을 알고 있었다.

....

사누시파를 결성하겠다는 생각은 사이드 아흐마드의 조부이자 알제리에서 명망 높은 학자였던 무함마드 이븐 알리 아스사누시(사누시라는 성은 그의 부족명 바누 사누스에서 따왔다)로부터 나왔다. 그는 수년간 아랍 땅 이곳저곳을 누비다 아부 쿠바이스에 최초의 사누시파 자위야(오두막이란 뜻으로 모스크, 종파를 가리키는 말로도 쓰인다-옮긴이)를 설립하고 히자즈 베두인 추종자들을 빠르게 늘려 나갔다. 이후 북아프리카로 돌아와서 키레나이카와 이집트 사이에 있는 자그부브라는 곳에 정착했으며, 리비아와 그 너머 지역까지 사누시 교리를 확산시켰다. 1859년(무함마드 이븐 알리가 세상을 떠난 해다)에 이르자 지중해 연안부터 적도 아프리카와 알제리 사하라 사막 투아레그족(베르베르어를 쓰는 이슬람 유목민족-옮긴이) 거주지까지 광범위한 영토가 사누시파의 영향력 아래 놓였다. '대사누시'에게 나라를 세워 직접 통치하거나 세습할 의도는 전혀 없었으니 '영토'라는 표현은 적절치 않을 수도 있다. 그는 그저 이슬람의 윤리적 · 사회적 · 정치적 부흥을 위한 기반을 닦고자 했다. 이에 따라 각 부족 고유의 종교적 체계를 뒤엎거나 터키 술탄이 리비아에 대해 주장하는 명목상 주권에 도전하는 행위는 하지 않았다(터키 술탄은 이슬람 칼리프로 인정했다). 대신 유목민들에게 애초의 이슬람 교리를 제대로 가르치고, 오랜 세월 부족 간 불화로 인해 잊혔던 무슬림의 형제애를 다시 불러일으키는 데 초점을 맞췄다. 북아프리카 곳곳에 생겨난 사누시파 자위야를 거점으로 오지에 머무는 유목민들에게도 가르침이 전달됐고, 불과 20~30년 만에 기적과 같은 변화가 일어났다. 다툼과 그로 인한 무질서가 잦아들고 제멋대로였던 전사들이 협동정신을 기르게 됐다. 아이들은 자위야에서 이슬람 교리 외에도 수공예 등 실용적인 기술을 배웠다. 수 세기 동안 황무지로 버려졌던 땅에 우물을 팔 줄도 알게 됐고, 사누시의 지도에 따라 농장도 하나둘 들어서기 시작했다. 무역이 장려되고 평화가 찾아오면서 이전에는 카라반도 다니지 못할 정도로 위험했던 지역까지 여행이 가능해졌다. 사누시파 덕분에 문명과 진보가 이루어지고, 엄격한 교리를 바탕으로 높은 수준의 윤리 규범이 적용되는 공동체가 형성됐다. 부족 및 족장들이 기꺼이 대사누시를 영적 지도자로 받아들였고, 터키 당국도 사누시파의 영향으로 인해 리비아 연안 지역 유목민들을 다루기가 훨씬 쉬워졌음을 인정할 수밖에 없었다.

그리하여 사누시파는 유목민 부족들의 진보와 갱생을 위해 노력을 기울이는 와중에 실질적으로 정부와 같은 힘을 발휘하게 됐다. 사누시파는 무의미한 형식에 얽매여 있던 베두인과 북아프리카 투아레그족을 계몽하여 진정한 이슬람 정신에 따라 삶을 영위하고 자유, 인간의 존엄성, 형제애를 추구하도록 바꾸어 놓았다. 예언자 이후 무슬림들의 삶의 방식에 가장 대대적인 변혁이 일어났다 해도 과언이 아니다.

그러다 19세기 말 프랑스가 알제리에서 적도 아프리카로 남하하며 사누시파의 영향력 아래 있던 지역을 차례로 점령하면서 평화가 깨졌다. 사누시의 후예인 무함마드 알마흐디는 자유를 수호하기 위해 칼을 집어 들었고, 오래도록 내려놓지 못했다. 이것이 진정한 이슬람의 지하드, 즉 코란에서 말하는 자기방어를 위한 전쟁이었다. '싸움을 거는 자들에게 대항하여 신의 방식으로 싸우라. 그러나 먼저 공격하지는 말라. 신은 침략자를

사랑하지 않으신다. 탄압이 사라질 때까지 싸우라. 적들이 포기하면 모든 적대행위는 중단되어야 한다.'

그러나 프랑스는 포기하지 않고, 무슬림들의 땅 깊숙이 침투를 계속했다.

1902년 무함마드 알마흐디가 죽고 조카인 사이드 아흐마드가 지도자 자리를 물려받았다. 그는 19세 되던 해부터 삼촌을 보필하여 무자헤딘(사누시파는 저항군을 스스로 이렇게 불렀다)을 이끌었다. 1911년 이탈리아가 트리폴리타니아(리비아 지역-옮긴이)와 키레나이카를 침략했을 때도 최전방 두 곳에서 적군을 상대했다. 처음에는 터키군의 지원을 받았지만, 터키군이 리비아에서 철수한 뒤에는 무자헤딘 홀로 이탈리아와 맞섰다. 머릿수나 무기에 있어 훨씬 우세했던 이탈리아는 계속 밀리다 해안 마을 몇 군데만 남기고 거점을 모두 잃게 됐다.

당시 이집트에 단단히 자리 잡고 있었던 영국은 이탈리아 세력을 약화시키는 사누시파를 막을 이유가 없었다. 무자헤딘은 군수품을 모두 이집트에서 들여오고 있었던 터라 영국의 중립적 태도가 큰 도움이 됐다. 그 덕분에 키레나이카에서 이탈리아군을 완전히 추방할 수 있었다. 그러나 1915년 터키가 독일 편에 서서 1차 세계대전에 뛰어들면서 이슬람의 칼리프인 터키 술탄이 대사누시에게 이집트 내 영국군을 공격하라는 명을 내렸다. 이집트 땅을 빼앗길 수 없었던 영국은 사이드 아흐마드에게 중립을 지키라고 촉구하면서, 그 대가로 사누시파를 정치적으로 인정하고 이집트 서부 사막 오아시스 몇 곳을 양도하겠다는 제안을 했다.

어차피 터키는 수년 전 리비아를 이탈리아에 넘기고 나 몰라라 했으니 사이드 아흐마드가 굳이 터키의 요구에 따를 의무는 없었다. 게다가 영국은 중립적 태도를 취함으로써 무자헤딘의 투쟁을 도와준 나라가 아닌가? 터키 술탄은 비이슬람 국가와 손잡고 먼저 전쟁을 일으킴으로써 코란의 가르침을 어기고 있기도 했다. 어느 모로 보나 끼어들 필요가 없는 전쟁이었다. 내 친구 시디 무함마드를 비롯한 사누시 지도부가 모두 나서서 중립을 지켜야 한다고 주장했다. 그런데 이슬람 칼리프에 대한 사이드 아흐마드의 비이성적 의리와 충성심이 그로 하여금 잘못된 선택을 하도록 만들었다. 그는 터키 편에 서겠다고 선포하고 서부 사막에서 영국군을 공격했다.

잘못된 선택을 한 결과는 참혹했다. 3대에 걸쳐 쌓아 올린 업적이 회복 불가능한 수준으로 파괴되고 만 것이다. 사이드 아흐마드를 겪어 본 나는 그에게 사심이 눈곱만큼도 없었음을 짐작하고도 남음이 있다. 그는 오로지 이슬람 세계의 통합을 바라는 마음에서 그러한 선택을 감행했을 것이다. 그러나 정치적 관점으로 봤을 때는 그야말로 최악의 결정이었다. 영국군에게 총구를 돌린 바로 그 순간, 사누시파의 미래는 와르르 무너졌다.

그때부터 사이드 아흐마드는 세 군데 전선을 담당해야 했다. 북쪽에서는 이탈리아와, 남서쪽에서는 프랑스와, 동쪽에서는 영국과 전쟁을 벌였다. 초기에는 그럭저럭 버텨냈다. 영국군은 수에즈 운하를 향해 거세게 밀어붙이는 독일-터키군에 서부 사막 오아시스를 내주었고, 사이드 아흐마드가 이를 점령했다. 그 여세를 몰아 내 친구 시디 무함마드가 이끄는 사누시 낙타 부대가 카이로 인근까지 진격했으나 운은 거기서 다했다. 독일-터키군은 시나이 반도에서 기세가 꺾여 후퇴하기 시작했다. 그 직후 영국군이 사누시 무자헤딘에 반격을 가하여 빼앗겼던 서부 사막 오아시스와 우물 몇 곳을 탈환했고, 그로써 무자헤딘의 유일한 물자 공급로가 막혀 버리고 말았다. 독일과 터키 잠수함이 가뭄에 콩 나듯 싣고 오는 군수품은 지원이라 할 수도 없었다.

1917년 사이드 아흐마드는 터키 고문관들의 의견을 받아들여 잠수함을 이용해 이스탄불로 탈출한 뒤 그곳에서 돌파구를 찾기로 했다. 떠나기 전 그는 사촌 사이드 무함마드 알 이드리스*를 키레나이카 사누시파의 지도자로 지목했다. 온건파였던 사이드 이드리스는 지휘권을 이양 받자마자 영국군 및 이탈리아군에 휴전을 제안했다. 애초부터 사누시파와의 전쟁에 부담을 느꼈던 영국군은 이에 동의하고 이탈리아에도 압력을 가해 화해를 이끌어냈다. 이탈리아 정부는 사이드 이드리스를 '사누시 아미르'로 공표하였다. 그렇게 1922년까지 사누시파는 키레나이카에서 위태로운 독립을 유지했다. 그러나 이탈리아가 협정을 준수할 의도가 없으며 키레나이카 점령 야욕을 품고 있음이 드러나자 사이드 이드리스는 1923년 초 이집트로 가서 사누시 지도자 자리를 우마르 알무크타르에게 넘겼다. 얼마 지나지 않아 키레나이카에서 이탈리아와의 전쟁이 재개됐다.

한편 터키로 간 사이드 아흐마드를 기다리고 있는 것은 절망뿐이었다. 목적했던 바를 어서 달성한 뒤 한시바삐 키레나이카로 돌아가려 했으나 도무지 해결책은 보이지 않고 귀환 날짜도 한 달 두 달 속절없이 미뤄졌다. 술탄과 그 주변 인물들이 일부러 훼방을 놓는 듯 보였다. 실상 터키는 그가 언젠가 이슬람 세계 전체의 지도자로 부상하게 될까 두려워하고 있었다. 터키에서도 거의 전설과 같은 존재가 된 대사누시는 칼리프에게 위협적인 상대였다. 그에게 아무리 사심이 없다고 해도 의심은 잦아들지 않았고, 그랬기에 사이드 아흐마드를 거의 억류해 두다시피 하고 있었던 것이다. 그러다 1918년 오스만 제국이 무너지고 연합군이 이스탄불을 점령하면서 키레나이카로 돌아갈 통로가 모두 막히고 말았다.

그렇다고 속수무책 가만히 있을 그가 아니었다. 연합군이 이스탄불에

---

*1952년 리비아의 국왕이 되었다.

상륙할 즈음 그는 소아시아로 가서 아타튀르크와 합류했다. 당시 무스타파 케말로 불리고 있었던 아타튀르크(아타튀르크는 '터키의 아버지'란 뜻이다-옮긴이)는 아나톨리아 내 저항세력을 막 규합하기 시작한 참이었다. 그때만 해도 순수한 이슬람 정신과 종교적 열정으로 무장한 채 연합군을 등에 업은 그리스에 대항하고 있었다. 사이드 아흐마드는 터키의 대의명분에 동참하기로 결정하고 아나톨리아를 지칠 줄 모르고 누비며 '가지(신앙의 옹호자)' 무스타파 케말에 대한 지지를 호소했다. 대사누시의 명성과 이름이 단순한 빈농들을 움직여 무스타파 케말의 성공을 이끌었다. 민족주의 슬로건에는 아무런 반응을 보이지 않던 지방 빈농들은 이슬람을 위해 한목숨 바칠 준비는 되어 있었던 것이다.

그러나 대사누시는 무스타파 케말의 진의를 꿰뚫어 보지 못하는 오류를 범했다. 무스타파 케말은 승리를 거머쥐자마자 그를 지지했던 이들의 기대에서 벗어나는 행보를 보였다. 사회 혁명을 통해 본래 이슬람 정신의 부흥을 꾀하는 대신 이슬람의 가치관을 전면 부정하는 개혁을 실시했다. 무척 어리석은 선택이었다. 이슬람의 우수한 전통을 굳이 끊어내지 않고 민중의 종교적 열정을 적절히 활용했다면 훨씬 손쉽게 목표했던 바를 이룰 수 있었을 텐데 말이다.

아타튀르크의 반이슬람적 개혁에 깊은 배신감을 느낀 사이드 아흐마드는 터키에서의 활동을 모두 접고 1923년 다마스쿠스로 갔다. 아타튀르크의 정책에는 찬동하지 않았지만 그래도 무슬림의 결속과 화합을 위해 시리아인들에게 터키와 통합할 것을 호소했다. 당연히 프랑스 식민 정부에 눈엣가시가 된 그는 1924년 말 친구들의 도움으로 기습 체포를 간발의 차로 피해 나즈드 사막으로 탈출했고, 그곳에서 메카로 건너갔다. 이븐 사우드 국왕은 그를 두 팔 벌려 환영해 주었다.

2

"무자헤딘 활동은 요새 어떻습니까?" 내가 시디 무함마드에게 묻는다. 키레나이카 소식을 접하지 못한 지 어언 1년이 넘은 탓이다.

시디 무함마드의 얼굴이 어두워진다. "좋지 않네. 전투는 몇 달 전 끝났어. 무자헤딘은 소탕됐지. 압제자들의 복수가 이어질까 걱정이네."

"사이드 이드리스는요?"

한숨과 함께 답이 돌아온다. "사이드 이드리스는 이집트에 머물고 있는데 아무 힘도 없어. 선한 사람이지만 전사는 아니야. 칼보다 책이 어울리지."

"우마르 알무크타르는요? 그도 이집트로 탈출했나요?"

시디 무함마드가 놀라서 나를 쳐다본다. "자네 정말 그 소식도 못 들었나?"

"무슨 소식이요?"

"우마르는 죽었어. 이제 1년이 되어 간다네."

칠순이 넘은 나이에도 나라의 해방을 위해 전선을 떠나지 않았던 키레나이카의 사자가 죽었다니….

근 10년간 그는 저항군의 수장으로서, 열 배가 넘는 이탈리아군에 용맹히 맞서 싸웠다. 게다가 최신 무기로 무장한 이탈리아군과 달리 우마르의 무자헤딘은 소총에 말 몇 마리가 전부였다. 게릴라전은 실패로 돌아갔고, 나라 전체가 거대한 포로수용소가 되어 버렸다.

말을 이어가면서도 도저히 믿어지지가 않았다. "1년 반 전에 키레나이카를 떠난 이래로 우마르의 무자헤딘에 승산이 없음은 알고 있었습니다. 제발 이집트로 후퇴하라고, 그래서 훗날을 기약하라고 그렇게 청했건만… 키레나이카에 머무는 한 죽음을 피할 수 없다는 사실을 알면서도 제 말을 못 들은 척하셨죠. 결국 그렇게 됐군요. 전사하셨나요?"

시디 무함마드가 고개를 가로저었다. 좁은 바자르 골목에서 알마나카 광장으로 나왔을 때 그가 다시 입을 열었다. "부상을 입고 생포됐지. 이탈리아 놈들이 그분을 마치 좀도둑처럼 저잣거리에서 교수형에 처했다네."

"그라치아니(리비아 이탈리아 총사령관, 이탈리아령 소말리아 총독 등을 지낸 군인으로 무솔리니 밑에서 국방부 장관을 역임한 파시스트-옮긴이)도 그런 파렴치한 짓은 안 했겠네요!"

"그라치아니가 지시해서 그렇게 됐어. 시디 우마르가 무자헤딘 20여 명과 함께 예언자의 동료였던 시디 라피의 무덤에 참배하려 잠시 멈춘 사이 계곡 양쪽을 막아서 궁지에 몰아넣었지. 거의 전멸하고 우마르를 포함해 겨우 셋만 남은 상황에서 말까지 총을 맞아 쓰러졌는데도 적군을 향해 총을 계속 쏘아댔다고 하네. 적의 총알에 한 손이 날아가자 남은 한 손으로 탄약이 떨어질 때까지 저항하다 잡혔지. 그리고 술루크(리비아 북동부 키레나이카의 벵가지 구역에 있는 마을-옮긴이)의 그라치아니 앞으로 끌려갔다네. 이탈리아 정부가 자비를 베풀어 목숨을 살려 주면 여생을 조용히 살겠냐는 질문에 '네놈들이 우리나라를 떠나지 않는 한 투쟁을 계속하겠다. 지금 손만 묶여 있지 않았어도 네놈을 가만두지 않았을 것이다'라고 답했다는군. 그랬더니 그라치아니가 웃으면서 술루크 시장통에서 교수형에 처하라고 명했다네. 게다가 수용소에 있던 무슬림 수천 명을 동원해서 그 장면을 억지로 지켜보게 했지."*

*1931년 9월 16일 벌어졌던 사건이다.

3

시디 무함마드와 나는 손을 잡은 채 사누시 자위야 쪽으로 향한다. 광장은 어둠에 덮여 있다. 바자르의 소음도 어느새 멀어진 상태다. 신발 아래 모래가 사각사각 밟힌다. 구름 낀 밤하늘을 배경으로 광장 저쪽에 줄줄이 늘어선 인가가 희미하게 보인다. 우마르를 처음 만났던 키레나이카 고원의 향나무 숲을 연상시킨다. 타오르는 모닥불을 바라보며 어두운 얼굴로 우마르가 했던 말이 기억난다. "침략자들이 이 땅을 떠날 때까지 아니면 우리 목숨이 다할 때까지 신앙과 자유를 위해 싸워야 하네. 우리에겐 선택의 여지가 없어."

나는 1931년 1월 말 실로 기묘한 임무를 맡아서 키레나이카로 갔다. 그보다 몇 달 전인 1930년 가을에 대사누시가 메디나로 왔다. 나는 대사누시, 시디 무함마드 등을 만나서 키레나이카에서 힘겹게 투쟁을 이어가는 무자헤딘에 관해 이야기를 나누었다. 당장 외부 지원이 이루어지지 않을 경우 그들이 오래 버텨낼 재간은 없었다.

당시 이탈리아는 연안 지방 마을 다수와 자발 아크다르(키레나이카 중부의 '푸른 산맥') 북부 여러 곳을 거점 삼아서 수시로 육해공군을 동원해 정찰을 돌았다. 이탈리아 정찰기가 베두인 진지를 파악하여 무전으로 가장 가까운 군 주둔지에 알리고 기관총을 쏘아 베두인들이 흩어지지 못하도록 막고 있으면 어느새 장갑차가 와서 낙타며 사람을 있는 대로 사살했다. 살아남은 사람과 동물은 철조망으로 둘러싸인 바닷가 수용소로 보내졌다. 1930년 말경 수용소에 갇힌 베두인 숫자가 약 8만 명, 낙타는 수십만 두에 이르렀다. 그 열악한 환경에서 당연히 사망률은 치솟을 수밖에 없었다. 게다가 이탈리아는 이집트 국경지대를 따라 자그부브 쪽으로 철조망을 쳐서 게릴라들의 군수물자 공급로를 차단해 버렸다. 우마르의 오른팔 알아타이위시가 족장인 마그하리바 부족은 여전히 키레나이카 서쪽 해안에서 저항을 이어갔으나 나머지 부족 대부분은 이탈리아의 위세에 눌려 힘도 쓰지 못했다. 남쪽에서는 90세의 아부 카라임이 이끄는 주와이야 부족이 오랜 거주지인 잘루 오아시스를 빼앗겼음에도 불구하고 투쟁을 멈추지 않았다. 그러나 기아와 질병이 창궐하면서 베두인 전력은 심각한 손실을 입고 있었다.

우마르가 한 번에 동원할 수 있는 병력이라고 해봤자 기껏 1천 명 남짓이었다. 또한 우마르는 적은 수의 대원들을 신속하게 투입해서 재빠르게 적을 치고 무기를 빼앗은 뒤 악명 높은 키레나이카 고원의 향나무 숲이나 와디로 흔적도 없이 사라지는 게릴라전을 선호했다. 아무리 대원들이 용맹하다 해도 간헐적인 소규모 공격으로는 병력과 물자가 무한히 공급되는 이탈리아에 치명상을 입히기란 불가능했다. 따라서 무자헤딘의 전력을 상승시켜 이탈리아의 거점을 하나씩 함락시키고 이를 지켜낼 방법을 찾아야 했다.

최우선 과제는, 대전차포며 기관총 등 이탈리아 전투기와 장갑차에 대항할 수 있는 무기와 식량을 이집트로부터 안정적으로 공급받고, 그러한 무기 사용법을 알려 줄 전문가를 확보하는 것이었다. 또한 키레나이카 각

곳에 흩어져 있는 무자헤딘 집단과 이집트 내 비밀 무기고 사이 무전 통신이 원활해야 했다.

나는 약 일주일간 대사누시, 시디 무함마드 등을 저녁마다 만나 향후 대책을 논의했다. 시디 무함마드는 어쩌다 한 번씩 병력을 충원하는 것만으로는 근본적인 문제가 해결되지 않는다고 지적했다. 리비아 사막 남쪽 깊숙이 자리한 쿠프라 오아시스(사이드 아흐마드 시절 사누시의 본진이었다)를 다시 거점으로 삼아야 한다는 주장이었다. 쿠프라는 아직 이탈리아 손에 넘어가지 않은 상태였다. 게다가 이집트의 바흐리야 및 파라프라 오아시스와 연결되는 카라반 이동 경로에 위치해 있어 물자 공급이 비교적 쉽게 이루어질 수 있다는 장점이 있었다. 이집트 내 수용소에 갇혀 있는 베두인 수천 명을 이곳에 결집시켜 게릴라전 병력으로 활용할 수도 있었다. 무기와 방어시설만 제대로 갖추어지면 저공비행하는 전투기를 효과적으로 물리칠 수 있음은 물론이요, 워낙 거주지가 너른 지역에 점점이 흩어져 있어 높은 곳에서 퍼붓는 폭격이 별다른 효력을 거두지 못할 것이었다.

대사누시는 그렇게만 된다면 자신도 쿠프라로 돌아가 그곳에서 향후 투쟁을 이끌겠다고 말했다. 나는 그 계획이 성공하려면 사이드 아흐마드가 먼저 영국과 예전처럼 우호적인 관계를 유지해야 한다고 덧붙였다. 무솔리니가 로마제국을 재건하겠다며 이제 이집트 땅까지 넘보고 있는 마당에 영국이 굳이 사누시의 화해의 손길을 뿌리칠 것 같지는 않았다.

내가 사누시에 대해 그처럼 깊은 관심을 갖게 된 데는 대의명분을 위해 몸을 사리지 않는 그들의 영웅적 행위도 한몫했지만 그보다 사누시의 승리가 아랍 세계 전체에 가져올 영향이 더 큰 역할을 했다. 나도 대부분의 무슬림들처럼 이븐 사우드 국왕이 이슬람 부흥을 이끌 지도자가 분명하리라 믿고 살다가 그 믿음이 산산이 깨지고 난 지금, 진정한 이슬람 사회의 이상향을 이룩하기 위해 고군분투하는 사누시만이 유일한 희망이라 생각하게 됐다.

사이드 아흐마드는 사누시에 내가 얼마나 공감하는가를 잘 알기에 지금 나에게 도움을 요청하는 것이었다. "무함마드여, 우리 대신 키레나이카로 가서 무자헤딘에 대한 지원 방안을 찾아 주지 않겠나? 그대가 우리보다 오히려 명료하게 사태를 꿰뚫어 볼 수 있을 것 같네."

나는 아무 말 없이 고개만 끄덕였다. 나에 대한 그의 신뢰는 진작부터 알고 있었지만 그래도 가슴이 벅차올랐다. 그런 중책을 맡아 모험을 떠나게 됐다는 사실뿐만 아니라, 그처럼 많은 사람들이 기꺼이 목숨을 바친 대의에 나도 일조를 하게 됐다는 사실이 나를 흥분시켰다.

사이드 아흐마드는 머리맡의 책장으로 손을 뻗더니 비단으로 감싼 코란 한 권을 꺼내어 무릎에 올려놓았다. 그리고 내 오른손을 양손으로 감싸 쥐고 코란 위에 얹었다.

"무함마드여, 무자헤딘에 대한 믿음을 잃지 않겠다고 신께 서약하게."

그때처럼 서약에 스스로 강한 확신을 느꼈던 적은 없었다.

....

임무는 철저히 비밀리에 수행해야 했다. 나와 대사누시의 친밀한 관계는 이미 알려질 대로 알려져 있던 터라 무턱대고 이집트로 갔다가는 당장 추적당하기 십상이었다. 최근 파이잘 아드 다위시의 모반 뒤에 숨겨진 음모를 파헤친 전력도 영국 식민지 정부 눈에 곱게 보였을 리 없었다. 영국 역시 내가 이집트에 발을 들여놓는 순간부터 눈에 불을 켜고 감시할 것이 분명했다. 그래서 이집트로의 이동 자체를 기밀에 붙이기로 했다. 아랍 범선을 타고 홍해를 건너서 상이집트 외딴 해안에 비자나 여권 없이 몰래 상륙한다는 계획을 세웠다. 이집트 내에서는 헤자즈(메카와 메디나가 있는 홍해 연안 지방-옮긴이) 사람으로 변장하면 될 것이었다. 무역이나 순례자 모집을 목적으로 이집트 곳곳을 드나드는 메카 및 메디나 사람들이 얼마든지 있었기 때문이다. 게다가 나는 헤자즈 방언을 완벽하게 구사할 수 있었다.

이후 수 주 동안 키레나이카의 우마르, 이집트 내 사누시 접선망과 비밀 서신을 주고받으며 계획을 다듬고 또 다듬은 끝에 마침내 나는 1931년 1월 첫 주에 자이드를 데리고 얀부라는 항구 마을을 떠나 길을 나서게 되었다. 달도 없는 캄캄한 밤에 샌들을 신고 울퉁불퉁한 길을 걸어가려니 조마조마했다. 발을 헛디뎌 비틀거렸을 때 허리춤에 찬 권총 개머리판이 갈비뼈를 짓눌렀다. 내 앞에 어떤 위험이 도사리고 있는지 실감이 났다.

혹시나 잡힐 경우를 대비해 내 정체를 드러낼 만한 서류는 한 장도 품고 있지 않으니, 내가 누군지 증명하기도 쉽지 않을 것이다. 그러나 이집트에서 며칠 감옥살이를 한다 한들, 그 이후에 닥칠 일에 비하면 아무것도 아닐 것이었다. 이집트를 빠져나오게 되면, 이탈리아 정찰기와 무장한 순찰차를 피해 서부 사막을 가로질러서 오직 무기로만 의사소통을 하는 나라로 들어가야 했다. 대체 내가 왜 이런 일에 휘말리게 됐을까? 다시 자문해 보았다. 내가 이렇게 개입한다고 과연 무자헤딘에 도움이 될까? 물론 그렇게 믿고 싶었지만 마음 깊숙한 곳에서는 내가 돈키호테와 같이 무모한 도전을 하고 있음을 알고 있었다. 그렇다면 나는 왜 희망이 거의 보이지 않는 임무에 목숨을 걸었을까?

사실 질문이 떠오르기도 전에 해답은 나와 있었다.

이슬람을 삶의 일부로 받아들이던 바로 그 순간 질문을 던지고 그 답을 찾아 헤매는 과정은 끝났다고 생각했다. 한데 조금씩 그것이 끝이 아니었음을 깨닫게 됐다. 적어도 내게 있어 종교를 삶의 일부로 받아들인다는 것은, 같은 신념을 품은 사람들과 이슬람이라는 여로를 함께 걸으면서 내가 선택한 공동체의 발전을 위해 협력한다는 뜻이었다. 이슬람은 살아가는 방식이지 끝이 아니었다. 그리고 우마르의 게릴라 전사들은 1300년 전 예언자의 동료들이 그랬듯 이슬람이라는 종교를 자유롭게 추구하고자 땅에 피를 흩뿌리며 항쟁하고 있었다. 악전고투하는 그들을 돕는 것은 내게 기도를 올리는 것과 마찬가지였다.

어느덧 해안에 다다랐다. 저 멀리 어둠 속에 닻을 내리고 있는 선박까지 우리를 데려다 줄 작은 보트가 파도에 넘실거리고 있었다. 노 젓는 이가 우리를 보고 일어섰을 때 내가 자이드를 돌아보며 말했다. "자이드, 우리의 앞길에 크나큰 위험이 도사리고 있음을 알고 있나? 평화로운 메디나와 친구들의 품으로 지금이라도 돌아가고픈 생각은 없나?"

자이드가 답했다. "내가 갈 길은 이 길일세. 고인 물은 썩는다고 말해준 사람이 자네 아니던가? 어서 움직여서 물이 고이지 않도록 해야지."

배는 아랍 해안에서 흔히 볼 수 있는 대형 삼각돛을 단 다우였다. 말린 생선과 해초 냄새를 풍기는 목선으로, 선미루가 높고 라틴 돛을 단 돛대 두 개 사이 천장 낮은 선실이 있었다. 선장은 마스카트(오만의 수도-옮긴이) 출신의 주름이 자글자글한 노인이었다. 오랜 세월 산전수전 다 겪은 사람 특유의 형형한 눈빛으로 나를 꿰뚫어 보는 듯했다. 은 칼집에 넣어 허리춤에 찬 언월도는 결코 장식품이 아니었다.

"마르하바(환영인사-옮긴이), 친구. 배를 띄우기에 좋은 시간이오." 그가 우리를 향해 외쳤다.

메카와 메디나로 밀입국하려는 순례자들을 이집트에서 태워 헤자즈에 내려 주며 그 인사말을 얼마나 여러 차례 반복했을까?(사우디아라비아 정부가 순례자들에게 부과하는 무거운 세금을 피하고자 배로 몰래 국경을 넘는 경우가 많았다.) 또한 이슬람 율법을 어기고 이디오피아인들을 잡아다 예멘 노예 시장에 내다 파는 노예상인들에게도 그 같은 인사를 건넸을 것이다. 불법을 자행하기는 했으되 그런 그의 경험과 연륜이 우리를 홍해 너머로 안전하게 데려다 줄 것이 분명했다.

다우에 오른 지 정확히 나흘 밤이 지난 뒤 우리는 다시 작은 보트에 옮겨 타고 상이집트 해안 항구 마을 쿠사이르에 내렸다. 놀랍게도 선장은 뱃삯을 마다했다. "내 주인들께서 이미 지불해 주셨다오. 신의 은총이 함께하기를."

내 예상대로 쿠사이르는 헤자즈 복색을 한 사람들이 넘쳐나서 안심하고 돌아다닐 수 있었다. 도착한 바로 다음 날 아침 나일 강 연안 아스시유트로 가는 (금방이라도 주저앉을 듯한) 버스를 예약했다. 뚱뚱한 아낙네(무릎에 푸드덕거리는 닭이 가득 담긴 바구니를 올려놓았다)와 노인(우리 차림새를 보더니 당장 10년 전 떠났던 순례를 회상하기 시작했다) 사이에 껴 앉은 채로 자이드와 나는 아프리카를 향해 달려 나가기 시작했다.

비밀 임무를 수행하는 공작원은 누구를 만나든 의심부터 들고 혹여 정체가 드러나지 않을까 노심초사하게 될 줄 알았다. 그런데 이상하게도 내 마음은 편안했다. 지난 몇 년간 아랍에 머물며 완벽히 융화된 덕에 아무런 이질감이 느껴지지 않아 그런 것 같았다. 게다가 순례자 역할에 몰입한 나머지 버스에서 승객들과 메카 순례에 관해 매우 '전문적인' 토의를 벌이기도 했다. 자이드도 기꺼이 거들었다. 그리하여 우리의 비밀 임무는 낯선 이들과의 활기 찬 대화로 시작되었다.

우리는 아스시유트에서 기차를 갈아타고 바니수에프라는 작은 마을에 도착하여 사누시 연락책인 이스마일 아드디비의 집으로 향했다. 의류상인 이스마일은 상이집트 특유의 낭랑한 아랍어를 구사하는 땅딸막한 남자였다. 사누시파에 대한 충성심을 여러 차례 증명한 바 있었고, 특히 사이드 아흐마드에 대한 헌신이 남달랐다. 늦은 시간이었음에도 불구하고 그는 하인들을 깨워 우리를 위한 식사를 준비시키고, 식사가 나올 때까지 진척 상황을 설명해 주었다.

먼저 사이드 아흐마드의 지침이 내려오자마자 수년간 사누시파를 지원했던 이집트 왕족과 접촉했다고 했다. 이 왕족은 내가 임무를 수행하는 데 필요한 자금 전액과 키레나이카 국경까지 나를 안내해 줄 안내원 두 명, 낙타를 제공해 주기로 했다. 안내원들은 현재 바니수에프 외곽에서 내가 오기를 기다리고 있었다.

자이드와 나는 면바지와 북아프리카식 튜닉, 양모 부르누스로 갈아입었다. 헤자즈식 옷차림은 서부 사막에서 쓸데없는 의혹만 불러일으킬 것이었다. 이스마일은 지하실에서 이탈리아식 카빈총 두 자루를 꺼내왔다. 무자헤딘에 합류했을 때 탄약 보충하기가 쉬울 것이라고 했다.

다음 날 밤 우리는 이스마일의 안내로 마을을 빠져나와 안내원들과 접선했다. 대표적인 사누시 지지세력인 아울라드 알리라는 이집트 부족 베두인들이었다. 압둘라는 1년 전 키레나이카에서 벌어진 전투에 참전한 바 있는 청년으로, 우리에게 여러 가지 유용한 정보를 제공해 주었다. 이름이 생각나지 않는 나머지 안내원은 비쩍 마르고 말수가 적었지만 압둘라만큼 믿을 만해 보였다. 이들이 데려온 낙타 네 마리는 모두 튼튼하고 빠르기로 유명한 비스하린 종이었다. 먼 길을 최대한 빨리 이동해야 하니 중간에 멈춰서 음식을 조리한다는 건 엄두조차 낼 수 없었다. 그래서 대추야자가 가득 담긴 큰 주머니 하나와 통밀 비스킷이 담긴 작은 주머니를 저마다 하나씩 꿰차고, 낙타 세 마리에 물 부대를 매달았다.

자정 직후 이스마일은 우리를 껴안고 축복을 빌어 준 뒤 집으로 돌아갔다. 우리 일행은 밝은 달빛 아래 압둘라를 필두로 북서쪽을 향해 빠르게 이동하기 시작했다.

이집트 국경 관리 당국과 마주치지 않기 위해서 우리 일행은 카라반 경로로부터 최대한 멀리 떨어져 이동했다.

출발 이후 밤새도록 거의 50킬로미터를 달린 뒤 낮 동안은 능수버들 수풀에 몸을 숨겼다. 이틀째와 사흘째 밤에는 속도를 더 높인 덕에 나흘째 새벽 무렵 바흐리야 오아시스가 있는 분지에 다다를 수 있었다. 바흐리야 오아시스 근처에는 정착촌이 여럿 형성되어 있었는데, 그중 바위티란 마을이 가장 규모가 컸다.

근처 큰 바위 밑에 보이지 않게 여장을 풀고 나서, 압둘라가 가파른 암벽을 타고 내려가 바위티에 있는 연락책과 접선하기로 했다. 어차피 해가 지기 전에는 돌아오기 힘들 것이었으므로 남은 일행은 바위 밑에 나란히 누워 휴식을 취했다. 그러나 나는 꼬리에 꼬리를 물고 이어지는 복잡한 생각들로 쉬이 잠들 수가 없었다.

일단 바니수에프와 바흐리야 사이 상시 연락망을 구축하기는 그리 어렵지 않을 듯했다. 조금만 신중을 기하면 대규모 카라반도 눈에 띄지 않게 오갈 수 있는 경로였기 때문이다. 바위티에 국경 관리 당국이 있기는 했지만(오아시스 위 은신처에서 그들의 본부가 있는 흰 건물이 내려다보였다), 바흐리야 남쪽 외딴 마을에 무선 송신기를 몰래 설치할 수도 있을 것 같았다. 몇 시간 뒤 압둘라와 사누시 연락책인 한 베르베르족 남자가 돌아와서 이러한 가능성을 확인시켜 주었다. 오아시스 전역이 매우 허술하게 관리되고 있는 데다 거주민 대부분이 사누시 지지세력이었다.

다시 닷새 밤을 연이어 내달렸다. 첫날은 자갈길, 이후로는 부드러운 모래밭이 이어졌다. 사람이 살지 않는 염수호 시트라 오아시스를 지나 백악으로 덮인 아르즈 분지를 통과해서 닷새째 밤 드디어 시와 오아시스가 보이기 시작했다. 한때 아문(고대 이집트 태양신-옮긴이) 신전이 있었던 이 오지에 얼마나 와보고 싶었던가? 몇 년이 지나도록 그 꿈을 이루지 못했는데, 지금 시와 오아시스가 내 눈앞에 펼쳐져 있다. 밝아 오는 여명에 광활한 야자수 숲과 그 사이사이 동굴처럼 박혀 있는 집, 원뿔 모양으로 높이 솟은 미나렛을 품은 언덕이 한눈에 들어왔다. 그대로 언덕을 올라 파라오 시절부터 존재했던 오솔길을 걸어서, 크로이소스(6세기 리디아 최후의 왕-옮긴이)의 파멸과 알렉산드로스 대왕의 대제국 건설에 관한 신탁이 내려졌던 신전 터를 눈으로 확인하고 싶은 열망에 사로잡혔다.

그러나 열망은 이번에도 접어 두어야 했다. 외부와 거의 단절된 그런 고립된 마을에 나그네들이 들어갔다가는 당장 소문이 들불처럼 번질 것이었다. 시와는 리비아 국경지대에 인접해 있어 당국의 감시가 심한데다 이탈리아에 매수된 끄나풀도 많았다.

우리는 마을을 빙 돌아 남쪽으로 내려가서 야자수 숲속에 텐트를 쳤다. 국경지대에 오래 머물 이유가 없었던 터라 압둘라가 즉시 이웃마을로 낙타를 몰고 가서 사이드 아흐마드가 사전에 지침을 전해 둔 연락책을 찾았다. 몇 시간 뒤 압둘라가 자발 아크다르의 바라사족 베두인 둘과 새 낙타 네 마리를 데리고 나타났다. 베두인들은 우마르 알무크타르가 우리를 리비아 국경 너머 키레나이카 고원까지 무사히 안내하라고 보낸 사람들이었다. 압둘라와 그의 동료는 우리에게 안녕을 고하고 이집트로 돌아갔다. 우리는 칼릴과 압다르 라흐만 등 두 무자헤딘 베두인들이 이끄는 대로 말라붙은 사막 스텝 지대를 지나 자발 아크다르를 오르기 시작했다. 내가 겪어 본 중 가장 고된 사막 여행이었다. 낮에는 몸을 숨기고 밤에만 이동하니 이탈리아 정찰기에 발각될 염려는 없었지만, 서로 멀찍이 떨어진 우물을 일일이 피해 다니려니 행군이 끝없이 계속됐다. 딱 한 번 와디 알므라에서 낙타들에게 물을 먹이고 물 부대를 채웠는데, 이것이 우리의 패착으로 이어질 뻔했다.

와디 알므라에 도착한 때는 예상보다 늦은 새벽녘이었다. 물 긷기를 마치니 이미 해가 지평선 위로 높이 뜬 뒤였다. 칼릴이 말했듯이 적어도 두 시간은 더 가야 낮 동안 몸을 숨길 분지에 다다를 수 있었다. 그런데 우리 일행이 막 우물가를 떠났을 즈음 불길한 비행기 엔진 소리가 사막의 정적을 깨뜨렸다. 몇 분 뒤 단엽기 한 대가 머리 위로 날아오더니 낮게 회전하기 시작했다. 우리는 낙타에서 뛰어내려 사방으로 흩어졌다. 곧이어 기관총이 불을 뿜었다. 내가 소리쳤다. "엎드려! 움직이지 말고 죽은 척해!"

그러나 무자헤딘에서 오랜 세월 전투 경험을 쌓은 칼릴은 죽은 척하는 대신 똑바로 눕더니 한쪽 무릎을 세우고 라이플총을 고정시키고는 비행기를 향해 총탄을 발사했다. 마구잡이가 아니라 한 발 한 발 신중을 기해 쏘았다. 비행기가 정확히 그를 향해 저공비행하면서 기관총을 소나기처럼 쏘아대고 있었기에 아주 위험한 행동이었다. 한데 칼릴의 총탄 중 하나가 비행기에 명중했는지 비행기가 급작스레 고도를 높였다. 아무래도 네명을 한꺼번에 상대하기는 안전하지 않다고 생각한 듯했다. 비행기는 우리 머리 위를 한두 바퀴 더 돌더니 자그부브 쪽으로 사라졌다.

"이탈리아 놈들은 겁쟁이야." 칼릴이 말했다. "사람 죽이기를 좋아하지만 절대 위험을 무릅쓰진 않아."

부상당한 사람은 없었지만 압다르 라흐만의 낙타가 죽었다. 안장주머니는 자이드의 낙타에 매달고 그는 자이드 뒷자리에 올라탔다.

사흘 밤이 지난 뒤 우리는 자발 아크다르의 향나무 숲으로 들어섰다. 그곳에서 무자헤딘 집단이 장악하고 있는 외딴 지점으로 가 지친 낙타를 말로 바꿨다. 사막은 끝나고, 강물이 모두 말라붙어 그대로 드러난 강바닥이 이리저리 얽히고설킨 바위투성이 고원이 시작됐다. 이탈리아 점령지 한가운데, 길도 없는 이 험악한 지대가 무자헤딘의 근거지였다.

나흘 밤이 더 지나고 우리는 와디 아트타반('지친 자의 계곡')에 도착했다. 이곳에 우마르 알무크타르가 있다. 말들은 바람을 피해 바위 뒤에 묶어두고 우리는 나무가 우거진 도랑 안에 몸을 숨긴 채 자발 아크다르의 사자가 나타나기를 기다렸다. 밤하늘에는 별 하나 보이지 않고 나뭇잎을 훑는 스산한 바람 소리만 들렸다.

우마르가 오려면 아직도 몇 시간은 더 기다려야 했고, 주변도 칠흑같이 캄캄했던 터라 베두인들은 동쪽으로 몇 킬로미터 떨어진 부스파이야 우물에 물을 길으러 가도 되겠다고 말했다. 물론 부스파이야 우물에서 불과 1킬로미터밖에 떨어지지 않은 곳에 이탈리아군 요새가 있기는 했다. 그러나 칼릴에 따르면 '그 겁쟁이들은 어두운 밤에 절대 요새 벽 밖으로 나가지 않을 것'이었다. 그리하여 칼릴과 자이드는 말발굽에 헝겊을 둘둘 말고 빈 물 부대를 채우러 떠났다. 나와 압다르 라흐만은 대낮의 온기가 아직 남아 있는 바위에 몸을 밀착시켰다. 불을 피우는 짓 따위는 할 수 없었다.

한 시간이 좀 지났을까, 수풀에서 나뭇가지 밟는 소리가 났다. 압다르 라흐만은 손에 라이플총을 쥔 채 벌떡 일어서서 어둠 속을 주시했다. 자칼의 울음소리 같은 신호가 들려오자 라흐만도 입에 손을 대고 비슷한 신호를 보냈다. 곧이어 라이플총으로 무장한 남자 둘이 모습을 드러냈다. 그중 하나가 "신은,"이라 입을 떼자 라흐만이 "이 세상 그 무엇보다 전지전능하다."고 답했다. 일종의 암호인 듯했다.

두 남자 모두 리비아 베두인들이 두르는 자르드 차림이었는데, 한 사람이 다가와 라흐만의 손을 부여잡으며 다정하게 인사를 건넸다. 나를 소개하자 두 무자헤딘 전사는 번갈아 손을 굳게 잡으며 인사하더니 "시디 우마르가 오고 있다."고 말했다.

10분쯤 더 지나자 다시 나뭇가지 밟는 소리가 나면서 각각 다른 방향으로부터 세 남자가 나타났다. 역시 장전한 라이플총을 들고 있었다. 이들은 우리의 신원을 재차 확인하고 나서야 수풀에서 완전히 걸어 나왔다. 그 뒤로 조랑말을 탄 시디 우마르가 등장했다(역시 소리가 나지 않도록 말발굽에 헝겊을 감아 놓았다). 양옆에 전사가 하나씩 따라붙었고, 뒤에도 여럿이 따르고 있었다. 이어 말에서 내릴 때는 옆에 있던 전사의 부축을 받았다. 거동이 불편한 듯했다(그로부터 열흘쯤 전 벌어진 전투에서 부상을 당했음을 이후 알게 되었다). 그때 구름이 걷히고 달빛이 비쳐 그의 모습이 확연히 눈에 들어왔다. 크지도 작지도 않은 체구에 주름이 깊게 파인 얼굴, 짧게 다듬은 흰 턱수염이 인상적이었다. 움푹 들어간 눈은 한때 웃기도 했을 것이나 지금은 비장함만 가득했다. 나는 앞으로 나가 그가 내민 손을 잡았다.

"환영하네." 그가 날카로운 눈빛으로 살피듯이 쳐다보며 말했다.

부하 중 하나가 그를 위해 땅바닥에 담요를 깔자 그가 힘겹게 그 위에 앉았다. 라흐만이 몸을 숙여 그의 손에 입을 맞춘 뒤 허락을 구하고 바위 돌출부 밑에 불을 피웠다. 시디 우마르는 그 불빛으로 내가 가져온 사이드 아흐마드의 편지를 읽고 나서 곱게 접어 머리 위에 잠시 들고 있었다. 아라비아에서는 볼 수 없는, 북아프리카 지방 특유의 존경의 표시다.

그러고는 나를 향해 미소 지으며 이렇게 말했다. "사이드 아흐마드가 자네 칭찬을 많이 해 놓았군. 도와주겠다는 마음은 고맙지만 이제 우리 운명은 신의 손에 달렸네. 거의 막바지에 다다랐어."

"하지만 사이드 아흐마드의 계획이 새로운 출발점이 될 수도 있지 않을까요? 물자만 안정적으로 공급되고, 쿠프라를 거점으로 만들 수만 있다면요."

그때 모든 희망의 끈을 놓아 버린 씁쓸한 미소가 그의 얼굴에 떠올랐다. "쿠프라? 쿠프라는 보름쯤 전에 이탈리아 손에 넘어갔네."

지난 몇 달 동안 사이드 아흐마드와 내가 머리를 맞대고 짜낸 계획이 물거품이 되는 순간이었다. 쿠프라를 빼앗겼다면 이제 사누시파에는 험준한 자발 아크다르 고원밖에 남지 않았다는 말이 된다. 이탈리아는 조금씩 숨통을 조여 올 것이다. "쿠프라는 어떻게 함락됐나요?"

시디 우마르는 피곤한 듯 한 손을 들어 부하를 불렀다. "이 사람이 얘기해 줄 걸세. 쿠프라에서 겨우 탈출해 어제 이곳으로 왔어."

쿠프라에서 왔다는 이는 누더기 같은 부르누스를 몸에 단단히 감더니 아무런 감정이 느껴지지 않는 건조한 목소리로 이야기를 시작했다. 그러나 얼굴에는 쿠프라에서 맞닥뜨렸던 공포가 그대로 떠올랐다.

"적들은 세 부대로 나뉘어서 세 방향에서 우리를 공격했습니다. 장갑차와 대포가 어마어마하게 동원되고, 전투기도 저공비행하며 집, 모스크를 무차별 폭격했어요. 우리 쪽은 무장 전사가 고작 200~300명밖에 되지 않았습니다. 나머지는 다 여자와 아이, 노인이었습니다. 우리가 가진 라이플총은 적들의 장갑차를 당해낼 수가 없었어요. 결국 마을을 모두 빼앗기고 말았죠. 살아서 도망친 사람은 몇 되지 않아요. 저는 야자수 수풀에 숨어 있다가 이탈리아군 전선을 뚫고 도망쳤어요. 밤새도록 이탈리아 군인들에게 강간당하는 여자들의 비명이 울려 퍼졌죠. 다음 날 아침 제 은신처로 물과 빵을 가져다 준 노파로부터 자세한 이야기를 들었죠. 이탈리아 장군이 살아남은 사람들을 무함마드 알마흐디의 무덤 앞에 한 줄로 세우고는 눈앞에서 코란을 갈가리 찢고 '너희의 유목민 예언자에게 도와달라고 애원해 보라'고 소리쳤다고 해요. 그런 뒤 오아시스 주변 야자수를 모두 베고, 우물을 파괴하고, 사이드 아흐마드의 서재에 있던 책을 모두 불태웠대요. 그 다음 날에는 노인들을 비행기에 태워서 하늘 높이 올라가더니 모두 밀어 떨어뜨려서 죽였어요. 둘째 날 밤에도 여자들의 비명 소리와 군인들의 잔인한 웃음소리가 이어졌어요. 저는 어둠을 틈타서 겨우 사막으로 빠져나가 길 잃은 낙타를 잡아타고 여기까지 왔습니다."

이야기가 끝나자 시디 우마르가 말했다. "이제 우리가 막바지에 다다랐다는 걸 알겠나? 신앙과 자유를 지키기 위해서 적들이 물러나거나 우리가 죽을 때까지 싸워야 했기에 이제껏 싸웠네. 우리에겐 선택의 여지가 없었어. 우리는 신의 소유물이고 신께 돌아가야 할 운명을 지니고 있으니까. 여자와 아이들은 이미 이집트로 보냈으니 우리가 전멸해도 안전할 것이네."

그때 밤하늘로부터 희미한 소음이 들려왔다. 시디 우마르의 부하들이 즉각 모래를 뿌려 불을 껐다. 달빛에 겨우 형체만 구분이 가는 비행기가 우리 머리 위를 지나 동쪽으로 날아갔다.

내가 다시 입을 열었다. "그렇다면 시디 우마르, 지금 무자헤딘 모두 이집트로 후퇴해서 훗날을 도모하는 편이 낫지 않겠습니까? 키레나이카에서 망명한 사람들을 규합해서 더 효과적으로 투쟁할 수도 있을 것 같은데요. 영국은 어차피 이탈리아를 견제하는 입장이니 눈감아 줄 겁니다."

"아닐세, 너무 늦었어. 15~16년 전, 사이드 아흐마드가 영국군을 공격하기 전이었다면 모를까, 이젠 너무 늦었네. 영국은 우리를 도와줄 생각이 전혀 없고, 이탈리아는 우리를 완전히 몰살시켜서 저항의 마지막 불씨까지 끄려 하고 있어. 지금 이집트로 후퇴하면 영영 돌아오지 못해. 우리가 어떻게 우리 사람들을 적들에게 넘기고 몸을 피할 수 있겠나?"

"사이드 이드리스도 동의하시나요?"

"사이드 이드리스는 좋은 사람이야. 하지만 신께서 그에게 전사의 피를 주지는 않으셨어."

시디 우마르의 목소리에서는 진한 절망감이 묻어났다. 그는 죽음이 머지않았음을 감지하고 있었고 이를 두려워하지 않았다. 자신이 어떻게 죽게 될지 미리 알았다 해도 결코 피하지 않았을 것이다.

그때 덤불 속에서 부드러운 발자국 소리가 났다. 평소 같았으면 감지하지 못하고 넘어갔겠지만 지금은 평소와 달랐다. 분명 뭔가가 살금살금 움직이다 멈췄고, 몇 분 지나자 다시 움직이기 시작했다. 다음 순간 덤불을 가르며 자이드와 칼릴이 물을 가득 담은 부대를 매단 말을 데리고 나타났다. 시디 우마르를 보자 칼릴은 쏜살같이 튀어나와 손에 입을 맞췄고, 내가 자이드를 소개했다. 시디 우마르는 자이드의 어깨에 손을 얹고 이렇게 말했다.

"내 선조들의 나라에서 온 그대를 환영하네. 어느 아랍 부족인가?" 샤마르족이라는 답에 시디 우마르는 만족스러운 듯 고개를 끄덕였다. "그렇다면 하팀을 낳은 타이족의 후예로군."*

시디 우마르의 부하가 천에 싼 대추야자 몇 알을 우리 앞에 차려 놓았다. 대추야자를 다 같이 나눠 먹은 뒤 노전사가 천천히 몸을 일으켰다.

*하팀은 이슬람교 이전 시대 전사이자 시인이며, 관대한 성품으로 유명하다. 그의 이름은 아랍인들이 특히 중요하게 생각하는 덕목인 관대함과 동의어가 됐다. 자이드의 샤마르족은 하팀이 속했던 타이족으로부터 갈라져 나왔다.

"움직일 시간이네, 형제들이여. 여기는 이탈리아군 주둔지에서 너무 가까운 곳이니 날이 밝아오기 전에 길을 떠나야 하네."

그리하여 모두 시디 우마르의 뒤를 따라 이동하기 시작했다. 다시 보니 시디 우마르가 데려온 부하들이 꽤 많았다. 바위며 나무 그늘 속에 숨어 있던 부하들이 하나씩 대열에 합류하기도 했고, 계속 모습을 드러내지 않은 채 양편으로 넓게 퍼져 주변을 경계하기도 했다. 워낙 소리 없이 움직였기에 30명이나 되는 전사들이 우리를 에워싸고 있다고는 생각할 수 없었다.

새벽이 오기 전 우리는 깊은 협곡 안에 자리한 우마르 알무크타르의 게릴라 부대 본거지에 도착했다. 전체 인원은 200명이 조금 넘었다. 돌출된 바위 밑마다 작게 모닥불을 피워 놓고 저마다 무기를 닦거나 물을 긷거나 식사를 준비하거나 말을 돌보는 등 바쁘게 일하고 있었다. 모두 넝마가 다 된 자르드나 부르누스를 걸치고 있었고, 전투에서 입은 부상으로 붕대를 감고 있는 사람들도 많았다.

놀랍게도 그곳에는 여인이 두 명 있었다. 불가에 앉아 돗바늘로 찢어진 안장을 수선하고 있는 중이었다.

"이 자매들은 어디든 우리와 함께 간다네." 시디 우마르가 놀라움을 감추지 못하는 나를 향해 설명해 주었다. "이 둘은 이집트로 피난 가기를 거부하고 우리와 남았네. 모녀지간인데, 집안 남자들이 모두 전사했어."

이후 1박 2일에 걸쳐 시디 우마르와 나는 머리를 맞대고 군수물자를 보다 안정적으로 공급할 수 있는 방안을 고민했다(이때 무자헤딘 본거지도 고원 내 다른 지점으로 옮겼다). 현재 이집트로부터 찔끔찔끔 공급이 이루어지고 있기는 했다. 그러나 워낙 위험요소가 커서 자주 오갈 수는 없었고, 특히 이탈리아군이 이집트 국경지대를 따라 가시철사로 철조망을 설치하면서 더 어려워졌다. 시디 우마르는 내가 이동했던 경로를 따라 물자를 운송하면서 바흐리야, 파라프라, 시와 등의 오아시스 지역에 비밀 보관소를 마련하는 것이 유일한 대안이라는 나의 의견에 동조했다. 그러나 이탈리아군이 얼마나 오래 속아 줄지는 회의적이라고 했다(우마르의 우려는 현실로 나타났다. 2~3개월 뒤 내가 제안한 경로를 따라 한 카라반 무리가 물자를 싣고 왔으나 자그부브와 잘루 사이 '구멍'을 지나다 발각되고 말았다. 그 직후 자그부브 및 잘루 중간 지점에 위치한 비르 타르파위에 이탈리아 요새가 구축됐고, 공중 정찰도 더욱 강화됐다).

어느덧 귀환해야 할 시간이 가까워졌다. 왔던 길을 되돌아갈 엄두가 나지 않아 시디 우마르에게 더 짧은 경로가 없겠느냐고 물으니 있기는 하나 그만큼 더 위험하다는 답이 돌아왔다. 철조망을 관통해서 이집트 살룸으로 가면 된다고 했다. 마침 일단의 무자헤딘 전사들이 밀가루를 구하기 위해 살룸으로 가려던 참이었다. 나는 그들과 함께 떠나기로 결정했다.

그때 시디 우마르에게 고한 이별이 마지막 인사가 될 줄은 몰랐다. 내가 떠나고 채 8개월이 지나지 않아 시디 우마르는 이탈리아군에 생포되어 처형당했다.

....

일주일에 걸쳐 밤에만 행군을 하며 자발 아크다르 동부 향나무 숲을 가로지른 끝에 약 20명 정도 되는 우리 일행은 이집트와 키레나이카가 맞닿아 있는 국경선에 다다랐다. 이곳에서 철조망을 통과해야 했다. 마구잡이로 선정한 지점은 아니었다. 국경지대 전역에 걸쳐 철조망이 겹겹이 설치되기는 했지만 이곳은 아직 완성이 덜 된 상태였던 것이다. 다만 이탈리아군 요새와 불과 1킬로미터밖에 떨어져 있지 않은 탓에 장갑차가 쉴 새 없이 돌아다닌다는 단점이 있었다. 이탈리아군 정찰대에 발각될 위험을

지은이(1932년)

무릎쓰거나, 아니면 두 겹, 세 겹 두텁게 쳐 놓은 철조망을 뚫고 지나가거나 둘 중 하나였다. 일단 철조망 너머 이집트 영토로 들어가면 대기하고 있던 사누시파 지지자들이 낙타나 말을 내주기로 계획이 짜여 있었다. 그리하여 타고 왔던 말은 인편에 무자헤딘 본거지로 돌려보내고 우리 일행은 자정 무렵 걸어서 철조망에 다가갔다. 이탈리아군이 나무며 덤불을 모두 제거했기 때문에 몸을 숨길 곳 하나 없이 그저 어둠에 의존해 나아가는 수밖에 없었다. 이탈리아군으로부터 빼앗은 가죽장갑을 끼고 가시철사를 끊을 와이어커터를 든 6인이 맨 앞에서 천천히 기어 전진했고, 나머지는 라이플총을 들고 그들을 엄호하며 뒤따랐다. 그야말로 온몸의 신경이 날카롭게 곤두서 있는 가운데 끼이이익 하며 철사를 끊는 소리가 들리기 시작했다. 내 귀에는 폭탄이 터지는 소리처럼 크게 들렸다. 딱, 딱, 딱, 스타카토처럼 짧고 날카롭게 울리는 철사 끊는 소리가 이어졌다.

그때 밤공기를 가르며 새 울음소리가 솟아올랐다. 북쪽에서 망을 보던 우리 편 보초병이 위험을 감지하고 알리는 신호였다. 다음 순간 우리를 향해 다가오는 장갑차 엔진 소리가 들리면서 탐조등이 환하게 밝혀졌다. 엄호하던 사람들은 약속이나 한 듯이 일제히 바닥에 납작 엎드렸고, 앞쪽에서 철사를 끊던 사람들은 이제 소음이 나건 말건 상관없이 필사적으로 손을 놀리면서 총 개머리판으로 마구 내리쳐 구멍을 넓혔다. 몇 초 뒤 북쪽 우리 편 보초병이 있는 지점으로 탐조등이 휙 옮겨 가더니 장갑차 기관총이 불을 뿜는 소리가 들렸다. 곧이어 시꺼먼 장갑차 그림자가 우리를 집어삼킬 듯 가까이 다가왔다. 장갑차에서 비추는 라이트가 바닥에 엎드린 우리 일행 위로 속절없이 내리꽂혔다. 기관총이 다시 불을 뿜었지만 너무 높이 조준한 모양이었다. 총탄이 공기를 가르며 우리 머리 위로 지나갔다. 우리는 배를 깔고 엎드린 채로 라이플총을 쏘아 대응했다.

누군가가 "탐조등을 조준해!"라고 소리치자 탐조등이 총에 맞아 깨졌다. 장갑차가 급정지했으나 기관총은 계속해서 무차별 공격을 이어갔다. 그때 앞쪽에서 돌파구를 뚫었다는 외침이 들렸다. 우리는 좁은 구멍을 통해 하나씩 빠져나갔다. 가시철사에 옷과 살이 찢겼다. 이탈리아군은 장갑차에서 나와 육탄전을 벌일 생각은 없어 보였다.

다음 순간 우리는 모두 이집트 땅에 서 있었다. 물론 서 있었다는 표현은 어폐가 있다. 국경 너머로 쉴 새 없이 날아오는 총탄을 피해 바위며 모래언덕 뒤로 몸을 숨기면서 숨이 턱에 닿도록 도망을 쳤으니 말이다.

새벽녘에는 이집트 영토 깊숙한 곳까지 들어가는 데 성공했다. 이제 안전했다. 20여 명 중 다섯 명이 행방불명됐고(아마도 전사했을 것으로 추정된다), 네 명이 가벼운 부상을 입었다.

부상당한 무자헤딘 하나가 "철조망을 넘다 반수 이상이 목숨을 잃기도 하는데 이 정도면 신께서 은총을 베푸신 것"이라면서, "물론 죽음도 모두 신의 뜻이다, 코란에도 '신의 뜻을 위해 싸우다 목숨을 잃은 자들은 모두 살아 있으니 죽었다 하지 말라'는 구절이 나온다."고 말했다.

2주 뒤 자이드와 나는 마르사 마트루흐와 알렉산드리아를 거쳐 상이집트로 갔다가 그곳에서 다우를 타고 얀부에 내려 메디나로 돌아갔다. 두 달을 떠나 있었지만 우리의 부재를 눈치챈 사람은 아무도 없었다.

....

시디 무함마드와 함께 메디나의 초라한 사누시 자위야 문지방을 넘으니 죽음과 절망의 메아리가 귓가에 울리면서 향나무 내음이 코끝을 간지럽히는 것 같다. 머리 위로 날아가는 총탄 소리에 심장이 오그라든다. 그러다 키레나이카에서 겪었던 모험의 기억은 천천히 사라지고 고통만 남는다.

4

다시 한 번 나는 노전사 앞에 서서 그의 지친 얼굴을 마주 본다. 그리고 너무 오랜 세월 검을 손에서 놓지 않았던 탓에 더는 검을 잡을 힘이 없어진 그의 손에 입을 맞춘다.

사이드 아흐마드가 입을 연다. "신께서 그대에게 축복을 내리시고 앞길을 굽어살펴 주시기를. 우리가 마지막으로 만난 때가 벌써 1년 전이군. 그 1년 동안 모든 희망이 사라졌지만 신께서 뜻하신 바가 있을 테지."

사이드 아흐마드에게는 더없이 비통한 한 해였을 것이다. 얼굴의 주름은 더 깊어지고, 목소리는 낮게 가라앉아 있다. 날개 꺾인 늙은 독수리는 멍한 눈으로 허공을 응시한다.

"우마르 알무크타르만 구했더라도…." 그가 속삭인다. "이집트로 탈출하라고 설득할 수만 있었더라도…."

내가 그를 위로한다. "아무도 시디 우마르를 구할 수 없었습니다. 누가 구해 주기를 바라지도 않으셨어요. 승리할 수 없다면 죽음을 택하겠다고 하셨던 분입니다."

"나도 알고 있었네. 너무 늦게 알게 됐지만…. 17년 전 이스탄불의 요청을 거절했어야 하지 않았나 하는 생각도 들어. 바로 그때 우마르뿐만 아니라 사누시파 전체의 운명이 나락으로 떨어지게 되지 않았는가?"

이 말에는 뭐라 대꾸를 할 수가 없다. 나 역시 그가 영국을 상대로 쓸데없는 전쟁을 벌였던 탓에 일이 이 지경이 됐다고 생각했기 때문이다.

"그렇지만," 사이드 아흐마드가 말을 잇는다. "이슬람의 칼리프가 도움을 청하는데 어쩌겠나? 내가 옳았을 수도 있고 어리석었을 수도 있지만, 양심을 따르는 자에 대한 평가는 오직 신만이 내릴 수 있지 않겠나?"

맞는 말이다.

고통스런 기억을 곱씹는 대사누시의 머리가 천천히 좌우로 흔들리고 눈꺼풀이 무겁게 내려앉는다. 그의 두 눈에 다시는 희망의 불꽃이 타오르지 않을 것임을 나는 알 수 있다.*

*사이드 아흐마드는 다음 해인 1933년 메디나에서 세상을 떠났다.

12

길의 끝

1

우리는 밤늦게 메디나를 출발하여 동쪽 경로를 따라 달린다. 예언자 무함마드가 죽기 몇 달 전 마지막 메카 순례를 떠났던 바로 그 길이다.

새벽이 밝아 올 때까지 밤새 낙타를 몰고, 이튿날에도 아침 기도를 위해 잠시 멈췄다가 계속 전진한다. 오전에 비가 내리기 시작한다. 속옷까지 흠뻑 젖고 나서야 왼편으로 멀리 베두인족의 야영지가 보인다. 베두인족의 검은 텐트 중 한 곳에서 잠시 비를 피하기로 결정한다.

하르브족은 시끌벅적하게 "신께서 장수를 허락하시기를, 낯선 이들이여, 환영합니다."라는 인사말을 건넨다. 셰이크의 텐트 안 양털 깔개 위에 가져온 담요를 편다. 셰이크의 아내(이 지역의 베두인 여성들이 다 그렇듯 베일을 쓰지 않고 있다)도 같은 인사말로 우리를 맞아 준다. 지난 밤 눈을 붙이지 못했던 터라 머리 위로 떨어지는 빗소리를 들으며 금세 잠에 빠져든다.

몇 시간 뒤 눈을 뜨니 캄캄하다. 아직 밤은 오지 않았고, 텐트의 검은 천장 때문에 그렇게 보였을 뿐이다. 기지개를 켜는데 바닥에 놓아둔 낙타 안장에 손이 부딪힌다. 잠시 부드러운 나무와 딱딱한 낙타 가죽을 쓰다듬어 본다.

자리를 털고 일어나 나가 보니 여전히 비가 내리고 있다. 빗줄기가 떨어지자 모래땅에 한꺼번에 구멍이 파였다가 이내 새 구멍이 생기면서 감쪽같이 사라진다. 주변에 아무도 없다. 남자들은 낙타를 돌보기 위해 나가 있을 시간이다. 계곡 아래 아카시아 나무 근처 검은색 텐트들은 비오는 오후의 정적 속에 고요히 서 있다. 한 줄기 회색 연기가 솟아오른다. 저녁 식사 시간이 다가오고 있다는 신호다. 빗속에서 제 존재를 주장하기에는 너무 가늘고 초라한 연기는 바람에 흔들리는 여인의 머리카락처럼 속절없이 몸을 떨며 흩어진다. 대기는 빗줄기의 냄새와 아카시아 향기, 축축한 양털 냄새로 가득하다.

점차 비가 잦아든다. 나는 낮은 화강암 하나를 향해 걸어간다. 바위에 크게 함몰된 부분이 보인다. 축제 때 구운 양 한 마리와 쌀밥을 담아내는 대접만큼이나 크다. 지금은 빗물이 찰랑거린다. 팔을 넣어 보니 팔꿈치까지 닿는다. 미적지근한 물속에서 팔을 휘저으니 마치 피부로 물이 흡수되는 듯한 느낌이 든다. 텐트 중 하나에서 머리에 구리 물동이를 인 여인이 나타난다. 바위 물웅덩이에서 물을 길어 가려는 듯했다. 손으로 치마폭을 말아 쥐고 양팔을 날개처럼 활짝 펼치고는 바위 틈새로 흐르는 물처럼 낭창낭창 몸을 흔들며 걸어온다. 저 멀리 집으로 돌아오는 낙타 떼의 울음소리가 들리더니 곧 바위 뒤에서 모습을 드러낸다. 지평선을 따라 일렬로 다리를 끌면서 다가오는 광경이 장엄하다. 목동들이 짧고 날카롭게 고함을 치며 낙타들을 한가운데로 몰더니 '그르, 그르' 하는 소리로 주저앉힌다. 황혼이 짙어가는 가운데 목동들은 낙타의 앞다리를 묶은 뒤 각자 텐트로 들어간다.

어둡고 차가운 밤이다. 텐트마다 문 앞에 불을 피우고 저녁 준비를 한다. 냄비 절그렁거리는 소리, 여인들의 웃음소리가 간간이 들리는 남자들의 말소리와 뒤섞여 바람을 타고 날아온다. 낙타 떼에 이어 도착한 양 떼와 염소 떼 울음소리도 들린다. 베두인 야영지답게 개 짖는 소리도 섞여 있다.

자이드가 보이지 않는다. 텐트에서 자는 모양이다. 낙타들은 모래에 거대한 몸을 묻고 편안히 쉬고 있다. 옆을 지나가면서 장난스럽게 낙타 혹을 만지자 머리를 쳐들고 불평을 한다. 어미 옆구리에 몸을 밀착한 어린 새끼 한 마리는 내 손길에 놀라 펄쩍 일어난다. 나는 팔로 새끼의 목을 감고 따뜻한 등에 얼굴을 묻는다. 어린 동물의 온기가 얼굴과 가슴으로 전해진다. 손바닥 아래 목의 혈관을 따라 뛰는 맥박도 느껴진다. 새끼 낙타의 맥박과 내 맥박이 어느새 하나로 합쳐지면서 생명체가 옆에 있다는 안도감이 솟아오른다.

2

우리는 낙타를 타고 계속 나아간다. 단봉낙타가 걸음을 내딛을 때마다 길의 끝에 가까워진다. 며칠 동안 햇살이 내리쬐는 스텝 지대를 통과한다. 밤에는 별빛 아래 잠이 들고 새벽 한기에 깨는 날이 이어진다. 그렇게 천천히 길의 막바지에 다가간다.

내게 다른 길은 없다. 오랫동안 깨닫지 못했지만, 메카는 언제나 나의 목표였다. 메카는 내가 미처 깨닫기 전부터 나를 부르고 있었다. '나의 왕국은 내세뿐만 아니라 현세에도 존재한다. 나의 왕국은 영혼뿐만 아니라 육신도 기다린다. 나의 왕국은 인간이 생각하고 느끼는 모든 것, 기도만이 아니라 무역, 정치, 일상생활까지 포괄한다. 나의 왕국은 끝도 한계도 없다.' 그렇게 수년에 걸쳐 내가 어디에 속하는지 분명해졌다. 태어난 순간부터 이슬람이 나를 기다리고 있었다. 나는 이슬람을 받아들였다. 굳은 신념을 중심으로 뭉친 공동체, 형제애로 묶인 공동체의 일원이 되고 싶다는 젊은 날의 욕망이 마침내 실현됐다.

1927년 1월 초, 나는 다시 중동을 향해 떠났다. 이번에는 엘사와 그녀의 어린 아들이 동행했다. 다시 유럽으로 돌아오지 않게 될 것임을 본능적으로 느낄 수 있었다.

그렇게 유럽을 뒤로하고 며칠 동안 지중해를 항해했다. 나는 갑판에 있는 1등 선실에 머물고 있었는데 종종 침상이 빽빽하게 늘어선 퀴퀴한 3등 선실로 내려가 보곤 했다. 극동으로 향하는 선박이었던 만큼, 3등 선실에는 주로 유럽에서 힘들게 일하다 고국으로 돌아가는 중국인들, 기술자들, 장사꾼들이 머물고 있었다. 또 마르세유에서 승선한 예멘 출신 아랍인들도 있었다. 이들은 영국과 미국, 네덜란드 증기선에서 화부로 일하던 시절의 무용담을 늘어놓곤 했다. 뉴욕, 부에노스아이레스, 함부르크 등 안 다녀 본 곳이 없다면서, 이제 아덴(예멘 남부 항구도시-옮긴이)으로 돌아가 화부로 일할 것이라고 했다. 그러나 배가 아덴에 닿는 순간 그들의 모험은 과거로 묻히게 될 것이고, 그들은 서양 모자 대신 쿠피야와 터번을 써야 할 것이다. 과연 그들은 떠날 때와 별로 달라지지 않았을까, 아니면 전혀 다른 사람이 되어 있을까? 서구 문명은 그들의 영혼을 물들였을까, 아니면 살짝 비껴갔을까?

곰곰 생각해 보니 이슬람 세계와 서구 세계가 이렇게 가까웠던 적은 없었던 것 같다. 이런 긴밀함은 갈등과 충돌을 낳는다. 서구문화의 영향으로 수많은 이슬람교도들의 영혼은 천천히 시들어 가고 있다. 물질적 진보는 영적 깨달음에 다다르는 수단에 불과해야 함을 도외시하고 있다. 예전에 서구가 그랬듯, 무슬림들도 '진보'라는 우상숭배의 나락으로 빠져들고 있었다.

물론 무슬림들이 서구로부터 배운 바가 전혀 없다는 말은 아니다. 특히 과학기술 분야에서 많은 지식을 얻기도 했다. 그러나 과학적 개념과 방식은 '모방'을 통해 얻어지지 않는다. 과학적 발견은 인류 전체가 끝없는 지적 노력을 기울이는 가운데 부수적으로 탄생하는 연결고리에 불과하다. 어느 과학자든 전임자가 쌓은 토대 위에서 자신의 결과물을 만들어낸다. 이런 창조, 수정, 개선의 과정은 인간에서 인간으로, 세대에서 세대로, 문명에서 문명으로 쉬지 않고 이어진다. 따라서 특정 시대나 문명권에서 과학적 성취가 이루어졌다고 해서 그 시대나 문명권의 전유물로 보아서는 안 된다. 물론 때에 따라 인류의 보편적 지식을 풍요롭게 만드는 데 조금 더 많이 기여하는 국가도 있다. 하지만 장기적으로 그 과정은 결국 모든 인류에 의해 공유된다. 무슬림 문명도 유럽 문명보다 더 활기찼던 때가 있었다. 수많은 혁신적 발명품들을 유럽에 전파했을 뿐 아니라 근대과학과 근대 문명을 태동시킨 '과학적 방법'이라는 바로 그 원칙을 유럽에 전해 줬다. 하지만 자비르 이븐 하이얀(8세기 아라비아의 연금술사-옮긴이)이 화학의 토대가 된 발견을 했다고 해서 화학이 아랍의 과학이 되지는 않는다. 알 크와리즈미가 대수를, 알 바타니가 삼각법을 정립했다고 해서 대수와 삼각법이 '무슬림 과학'으로 불리지도 않는다. 영국 사람이 중력의 법칙을 발견했다 해서 이를 영국의 법칙이라 부르지 않는 것과 같은 이치다. 이처럼 과학기술 분야에서는 얼마든지 타인의 경험을 차용, 활용하여 진화를 이룰 수 있다. 그러나 서구식 예절, 관습, 생활방식의 무차별적인 수용은 남기는 바가 별로 없다. 서구의 문화가 무슬림 고유문화보다 우월하다고 할 수 없기 때문이다.

만약 무슬림들이 객관성을 잃지 않고 진보 자체를 목적이 아니라 수단으로 받아들일 수만 있다면, 내적 자유를 보전함은 물론, 서구인들에게 진정으로 인생을 즐기며 사는 법을 가르쳐 줄 수 있을지도 모른다.

....

예멘 승객들 중 키가 작고 마른 이가 한명 있었다. 매부리코에 이글이글 타오르는 듯한 표정과 대조적으로 말투와 행동은 조용했다. 내가 신출내기 무슬림이라고 하자 반가워하며 무척 자상하게 대해 주었다. 우리는 갑판에 앉아서 몇 시간씩 이야기를 나눴다. 그는 예멘의 산골마을 출신으로, 이름은 무함마드 살리흐라고 했다.

어느 날 저녁 3등실로 내려가 보니 그의 친구들 중 한 명이 고열에 시달리고 있었다. 의사는 3등실 같은 곳에 발도 들이지 않는다고 했다. 말라리아인 듯해서 그에게 키니네를 줬다. 내가 병자를 돌보느라 바쁜 사이 다른 예멘인들은 선실 구석에서 무함마드 살리흐를 둘러싼 채 나를 곁눈질하며 무언가를 논의하는 눈치였다. 잠시 후 한 사람이 다가와 구깃구깃한 프랑화 꾸러미를 내밀었다.

"우리끼리 돈을 좀 모았습니다. 많지는 않지만 부디 받아 주시기 바랍니다."

나는 놀라서 한 걸음 물러섰다. 그리고 돈은 필요 없다고 설명했다.

"압니다. 그래도 받아 주십시오. 대가가 아니라 선물입니다. 교우들이 주는 선물. 당신은 무슬림이고 우리의 형제입니다. 우리는 무슬림으로 태어났습니다. 아버지도 무슬림이었고 할아버지도 무슬림이었습니다. 그러나 당신은 이슬람교를 당신 가슴으로 받아들였으니 우리보다 훌륭합니다…. 형제여, 예언자를 위해서라도 이 돈을 받으십시오."

그러나 유럽식 사고방식에 얽매여 있었던 나는 계속해서 "아픈 친구에게 베푼 친절에 대한 대가로 돈을 받을 수는 없습니다. 게다가 그 돈은 당신들에게 더 요긴할 겁니다. 그래도 정 주셔야겠다면 차라리 사이드항(수에즈 운하의 지중해쪽 항구-옮긴이)의 걸인들에게 나눠 주십시오."라고 손사래를 쳤다.

"안 됩니다." 예멘인들이 되풀이했다. "만약 이 돈을 원하지 않으시면 일단 받았다가 당신의 이름으로 가난한 사람들에게 베푸십시오."

마치 돈이 아니라 마음을 거절당한 듯 침울해 하는 이들을 보면서 갑작스레 그들의 심정이 이해가 됐다. 내가 속했던 곳에서 사람들은 '나'와 '너' 사이에 장벽을 쌓아 올리곤 했다. 그러나 이곳은 벽이 없는 공동체였다.

"형제들이여, 돈을 주십시오. 받겠습니다. 감사합니다."

3

"인샬라, 내일 우리는 메카에 도착한다. 여행이 끝나 가고 있어."

"우리 앞에는 또 다른 여행이 기다리고 있을 거야."

"그럴지도 모르지. 하지만 어쩐지 이곳으로는 돌아오지 않을 것 같은 느낌이 들어. 아라비아에 너무 오래 머물렀어. 지금 떠나지 않으면 영영 떠날 수 없을 것 같은 무서운 생각이 든다. 자이드, 고인 물은 썩는다는 속담을 기억하나? 아직 힘이 있을 때 인도나 중국, 자바 섬을 돌며 다른 무슬림 형제들이 어떻게 살아가고 있는지 보고 싶네."

자이드가 실망한 기색이 역력한 목소리로 답했다. "그렇지만 아랍 땅에 대한 애정이 식지는 않았겠지?"

"절대 아닐세. 그 반대로 너무 사랑해서 미래에 어떤 일이 벌어질지 생각만 해도 마음이 아프다네. 왕(즉, 이븐 사우드-옮긴이)이 알 하사에서 석유를 시추하고 히야즈(사우디아라비아 서쪽 지역-옮긴이)에서는 금을 캐도록 허가할 계획이라는 말을 들었네. 그렇게 되면 베두인들이 어떻게 될지 오직 신만이 아시겠지."

사막에 내린 밤의 침묵 속에 낙타가 내달리는 소리가 규칙적으로 들린다. 그러다 누군가가 모닥불이 만들어 놓은 불빛 속으로 달려들어와 황급히 낙타를 멈춰 세운다. 그는 낙타가 무릎을 굽히기도 전에 안장에서 훌쩍 뛰어내린다. 그리고 안장을 벗겨 바닥에 던지고는 불가에 앉는다.

"신께서 그대에게 장수를 허락하시기를, 아부 사이드." 자이드는 낯선 이를 알고 있는 듯하다. 그는 입을 열지 않는다. 자이드가 나를 향해 말한다. "이븐 사우드의 수하예요."

피부 빛이 검고, 머리는 두 갈래로 땋아 늘였다. 아프리카 출신임이 분명하다. 차림새는 매우 호화롭다. 허리띠에 꽂은 황금 단검은 왕의 하사품인 듯하다. 타고 온 낙타도 다리가 늘씬하고 대가리가 좁은 뛰어난 북부 종이다.

"아부 사이드, 무슨 일이 있는가? 왜 아무 말이 없나?"

"누라 때문이야." 아부 사이드가 속삭인다. 얼마 뒤 뜨거운 커피에 굳은 혀가 풀리자 그는 누라에 대해 얘기하기 시작한다. 누라는 나즈드 소녀인데(누라의 아버지는 우연히도 내가 잘 아는 사람이었다), 다른 소녀들과 물 긷는 모습을 우연히 보게 됐다. "뜨거운 숯이 심장에 떨어진 것 같았어. 곧 사랑에 빠졌다네. 하지만 그녀의 아버지, 그 짐승 같은 인간은 그녀가 나를 두려워한다면서 허락하지 않았지. 엄청난 지참금과 내 땅의 일부를 제안했지만 계속 거절당했고, 그는 결국 딸을 사촌과 결혼시켜 버렸어. 신의 저주가 누라와 그녀의 아버지에게 내리기를!'

불빛이 괴로움에 일그러진 아부 사이드의 얼굴을 비춘다. 그는 안절부절못하다가 벌떡 일어나 안장을 챙기더니 다시 불가로 돌아온다. 이어서 다시 텅 빈 밤을 향해 달려 나간다. 그가 야영지 주변으로 크게 원을 그리며 내달리면서 고래고래 외친다. "누라의 불이 나를 태운다!" 이어서 울먹이며 소리친다. "누라! 누라!"

그가 미쳤다고는 생각하지 않는다. 다만 저 깊은 영혼의 심연으로부터 태고의 감정이 솟아오른 것이 아닐까? 아프리카 덤불을 헤매던 선조의 기억, 악마와 신비로운 전설 한복판에서 살았던 인간들의 기억. 신성한 자각의 불꽃이 인간을 여느 짐승으로부터 구분 짓던 순간에 근접하긴 했으나 통제되지 않은 충동을 고차원적인 감정으로 승화시킬 만큼 그 불꽃이 강렬하지는 못했다. 아부 사이드의 심장, 피가 뚝뚝 떨어지는 근육 덩어리가 정열의 불길에 휩싸여 연기를 내며 타는 장면을 본 듯하다. 그가 마치 미친 사람처럼 끔찍한 비명을 지르며 내달리는 광경이 이제는 자연스러워 보인다.

아부 사이드가 자리로 돌아와 땅에 몸을 던진다. 절제되지 않은 감정의 폭발을 목격한 자이드의 얼굴에 혐오감이 떠오른다. 품격 있는 진정한 아랍인은 절대 그런 식으로 자제력을 잃지 않기 때문이다. 하지만 선량한 자이드는 아부 사이드를 옆으로 끌어당겨 위로한다.

"아부 사이드, 어떻게 자신을 그렇게 놓아 버릴 수 있나? 자네는 전사잖아. 적을 무찌르기도 했고, 죽임을 당할 뻔한 적도 많았어. 한데 지금 여자 하나 때문에 무너지는 것인가? 누라 말고도 여자는 많아."

아부 사이드가 신음소리를 내뱉으며 손으로 얼굴을 감싸자 자이드가 말을 잇는다.

"진정하게. 고개를 들어 봐. 천국으로 이어지는 길이 저기 보이지 않나?"

아부 사이드가 놀라서 고개를 든다. 나 역시 나도 모르게 자이드의 손가락이 가리키는 곳을 따라 시선을 움직인다. 한쪽 지평선에서 다른 쪽 지평선으로 창백하고 울퉁불퉁한 길이 이어져 있다. 보통 은하수라고 부른다. 그러나 베두인들은, 아브라함이 절망 속에서 신의 뜻에 따라 장남을 제물로 바치기 위해 칼을 쳐들었을 때 하늘로부터 숫양이 내려왔던 흔적이라고 믿는다. 양의 흔적은 자비와 은총의 상징으로, 인간의 고통을 치유하기 위해 하늘이 내려 준 구원의 기념물로 영원의 시간 동안 하늘 위에 남아 있었다.

그렇게 자이드는 손을 들어 올려 하늘을 가리키며 단호한 어투로, 아랍인 특유의 신념에 차서 말을 이어간다. "신께서 아브라함이 장남을 죽이기 직전 자비의 상징으로 숫양을 내려 보내신 바로 그 길이다. 그런 신께서 자네를 잊으시겠나?"

자이드의 위로에 아부 사이드의 검은 얼굴은 경외심으로 가득 차고, 눈에 띄게 차분해진다. 그는 마치 선생님의 가르침을 받는 학생처럼, 자신의 절망에 대한 답변을 찾기 위해 열심히 하늘을 살핀다.

4

아브라함과 하늘이 보낸 숫양. 이곳에서는 쉽게 떠올리는 이미지다. 아랍인들은 고대 선조들의 기억을 경이로울 정도로 생생히 간직하고 있다. 구약성서 첫 번째 사건에 종교적 이미지의 기초를 두고 있는 서구의 기독교인들이나 심지어 구약성서를 인간에게 보내는 신의 말씀의 시작이자 끝이라고 여기는 유대인들과도 비교가 되지 않을 정도다. 이슬람 세계 전체, 특히 아라비아에서 아브라함(아랍식으로는 이브라힘)이란 이름의 종교적 존재감은 엄청나다. 아이들에게 아주 어릴 때부터 되풀이해 가르치기도 하거니와, 유일신의 존재를 최초로 전도한 그의 역할이 코란 및 일상 기도를 통해 끝없이 반추된다. 메카 순례가 무슬림들에게 그토록 중요한 이유도 메카라는 도시가 아브라함과 연관이 깊기 때문이다. 예언자 무함마드가 유대교의 전통을 '빌려온다면서' 아브라함이란 이름을 이슬람에 억지로 끼워 넣었다고 오해하는 서구인들이 많은데 이는 사실과 다르다. 아랍인들은 이슬람이 탄생하기 훨씬 전부터 아브라함에 대해 익히 알고 있었다. 코란 글귀를 살펴보면 무함마드 시대 이전부터 아랍인들의 정신 속에 그가 존재했음이 명확히 드러난다. 그의 이름이나 삶에 관해서는 아무런 부연 설명이 붙지 않는다. 다시 말해 코란을 가장 먼저 접한 이들에게도 그의 이름이 그만큼 완벽하게 친숙했다는 뜻이다. 실제로 이슬람 시대가 도래하기 훨씬 전부터 아브라함은 하가의 아들 이스마엘을 통해 아랍인들의 조상으로 숭상을 받고 있었다. 이스마엘이 속했던 '북부' 아랍 부족으로부터 오늘날 전체 아라비아 반도 국가의 절반 이상이 뻗어 나왔다. 무함마드의 부족인 쿠라이시족도 여기에 속한다.

구약성서에는 이스마엘 모자의 초기 이야기만 언급돼 있다. 이후 전개는 구약성서의 주 내용인 유대민족의 운명과 직접적으로 연관이 없기 때문이다. 그러나 이슬람 탄생 전 아랍 전설 중에는 이 모자에 관한 이야기가 많다. 전설에 따르면 아브라함은 오늘날 메카가 들어선 자리에 모자를 버렸다고 한다. 바위투성이 언덕 사이 협곡으로, 무자비한 아랍의 태양과 뜨거운 사막의 모래바람에 헐벗고 메말라 맹금류들조차 피하는 땅이었다.

그곳은 주인의 아들을 잉태하여 주인마님의 분노를 불러일으킨 이집트인 노예가 아들과 함께 버려지기에 적절한 장소였다. 아내의 화를 가라앉히기 위해 이곳에 모자를 내다 버릴 수밖에 없었던 아브라함은 비통했을 것이다. 한 가지 기억해야 할 점은, 신과 그토록 가까웠던 그가 신의 자비에 한계가 없다고 확신했다는 것이다. 창세기를 보면, 아이와 노예 때문에 슬퍼하지 말라, 아이는 너의 씨앗이니 그로부터 나라가 생겨나리라'라는 내용이 나온다. 그리하여 아브라함은 물이 담긴 가죽부대와 대추야자 주머니를 쥐어 주고 흐느끼는 여인과 아이를 남겨 둔 채 미디안을 거쳐 가나안으로 가 버렸다.

계곡에는 야생 살구나무 한 그루가 서 있었다. 하가는 아이를 무릎에 앉힌 채 그늘 아래 앉아 있었다. 이글거리는 열기와 모래, 바위투성이 비탈 외에는 아무것도 보이지 않았다. 나무 그늘이 있어 얼마나 다행인가.

그러나 생명체의 숨결이라곤 느낄 수 없는 침묵은 끔찍했다. 하루가 저물기 시작하자 하가는 생각했다. 새, 동물, 맹수라도 좋으니 생물이 곁에 와 주었으면 좋겠다. 밤이 찾아왔다. 차가운 밤공기와 부드럽게 반짝이는 별빛이 새로운 용기를 주었다. 그녀는 아이에게 대추야자 몇 개를 먹이고 함께 물을 마셨다. 날이 밝고, 다시 어둠이 내렸다. 셋째 날이 되자 갈증은 더 심해졌지만 물이 떨어졌다. 그녀는 절망에 사로잡혔다. 아이가 물을 달라며 보채자 하가는 울부짖으며 신을 찾았다. 하지만 신은 나타나지 않았다. 그녀는 자포자기하는 심정으로 이 언덕에서 저 언덕 사이를 미친 듯이 뛰어 오갔다. 지금도 메카 순례자들은 그녀를 기리는 뜻에서 두 개의 언덕 사이를 일곱 차례 뛰어 오가며 그때 그녀가 그랬듯 "전능하신 신이시여! 신께서 자비를 베풀지 않으시면 누가 자비를 베풀겠나이까!"라고 외친다.

그러자 답이 왔다. 물줄기가 솟구치더니 모래 위로 흐르기 시작했다. 하가는 기쁨의 환성을 내지르며 먼저 아이의 입에 물을 대주고 이어 함께 마시기 시작했다. 그때 그녀가 가쁜 숨을 몰아쉬며 땅속에서 물이 솟는 소리를 흉내 내어 "줌미, 줌미!"라고 외쳤다고 하며, 물이 땅속으로 다시 흘러들지 않도록 물이 솟는 곳에 모래로 작은 담을 쌓았다고 한다. 그렇게 탄생한 우물에는 '젬젬 우물'이란 이름이 붙었고, 지금껏 존재한다.

모자는 목을 축이고 대추야자를 먹으며 연명했다. 며칠 뒤 남아라비아의 고향땅을 떠나 낙타를 먹일 새로운 풀밭을 찾아가는 중이었던 베두인들이 골짜기 입구를 지나가게 됐다. 새 떼가 원을 그리며 날고 있음으로 미루어 분명 물이 있을 것이었다. 남자들 몇이 물을 구하러 골짜기 안까지 들어왔다 우물가에 앉아 있는 모자를 발견했다. 이들은 그녀의 골짜기에 정착해도 좋겠는지 물었다. 그녀는 젬젬 우물이 앞으로 영원히 이스마엘과 후손들의 재산으로 남는다는 조건으로 수락했다.

아브라함은 얼마 뒤 계곡으로 돌아와 신이 약속한 대로 하가와 아들이 무사함을 확인했다. 이후 그는 모자를 이따금씩 방문했고 이스마엘이 성인으로 자라나 한 남아라비아 부족 출신 소녀와 혼인하는 것을 지켜봤다. 수년 뒤 아브라함은 꿈에서 젬젬 우물 옆에 신전을 지으라는 계시를 받았다. 그는 아들의 도움을 받아 성소를 지었다. 이것이 바로 유일신을 위해 지어진 최초의 예배당, 카바다. 아브라함은 돌을 자르며 천국을 향해서 이렇게 부르짖었다고 한다. "라바이크, 알라후마, 라바이크." 즉, "당신을 위해 나는 준비가 됐습니다. 신이시여. 당신을 위해 나는 준비가 됐습니다." 라는 뜻이다. 지금도 무슬림 순례자들은 성도聖都 메카를 향해 한 발 한 발 내딛으면서 "라바이크, 알라후마, 라바이크!"라고 외친다.

5

"라바이크, 알라후마, 라바이크!"

메카로 순례를 다섯 차례 다녀오는 동안 이 외침을 얼마나 많이 들었던가. 자이드, 아부 사이드와 모닥불 옆에 누운 지금도 소리가 들리는 듯하다.

눈을 감자 달도 별도 사라진다. 팔로 얼굴을 가린다. 이제 모닥불 빛조차 눈꺼풀을 통과할 수 없다. 마음속에서 울리는 라바이크라는 외침, 귓속에서 쿵쿵거리는 맥박 소리밖에 들리지 않는다. 6년쯤 전 이집트에서 배를 타고 홍해를 건너 아라비아 반도로 첫 번째 순례길에 올랐을 때, 뱃전에 와서 부딪히던 파도 소리, 끝없이 돌아가던 엔진 소리가 떠오른다. 석유 냄새가 코를 찌르고 온 사방에서 수백 명이 '라바이크'를 외치고 있었다. 그 바다가 왜 홍해라고 불리는지 의아해졌다. 오른쪽은 아프리카 대륙의 산맥, 왼쪽은 시나이 반도 산맥이 이어지는 수에즈 운하를 다 통과할 때까지도 물은 회색이었기 때문이다. 오후 늦게 배가 홍해의 탁 트인 영역으로 미끄러져 들어간 순간, 바다는 애무하듯 부드러운 바람을 맞아 마치 지중해처럼 파랗게 빛났다.

배에는 오직 순례객들뿐이었다. 짧은 하지 시즌에 최대한 이윤을 뽑아내려는 선박 회사는 문자 그대로 배가 넘치도록 사람을 받았다. 승객들의 편의 따위는 애초부터 염두에 없었다. 갑판과 선실, 복도와 계단, 1등실과

2등실의 식당과 화물칸 등 서 있을 수 있는 공간은 모두 사람들로 가득 찼다. 대부분 이집트와 북아프리카에서 온 순례객들이었다. 메카로 간다는 단 한 가지 목적만 생각하며 굳이 겪지 않아도 될 고생을 무던히 참아내고 있었다. 그 많은 사람들이 기도 전 세정식을 위해 하루 다섯 차례씩 몇 개 되지 않는 수도꼭지 주변으로 모여들던 광경이 생각난다. 평소라면 짐짝으로 가득했을, 갑판에서 두 층이나 더 내려간 질식할 것 같은 화물칸에서 버텨야 하는 사람들도 많았다. 신앙의 힘은 그만큼 위대했다. 모두 메카에 닿을 날만을 학수고대하며 미래에 대한 기대를 감추지 못했다. 여자들은 메카에 대한 노래를 부르기도 했고, '라바이크, 알라후마, 라바이크'를 후렴구처럼 반복했다.

둘째 날 정오 무렵, 사이렌이 울렸다. 배가 제다 북쪽의 작은 항구 라비그 위도에 다다랐다는 신호였다. 이 지점에 이르면 전통에 따라 북쪽에서 온 남성 순례객들은 일상복을 벗고 순례자의 옷인 이흐람을 입어야 했다. 이흐람은 바느질하지 않은 흰 양모 혹은 면 두 장으로 구성된다. 한 장은 허리에 둘러 무릎 아래로 늘어뜨리고, 다른 한 장은 한쪽 어깨에 느슨하게 걸친다. 머리에는 아무것도 쓰지 않는다. 순례복으로 갈아입는 이유는 하지 기간 세계 곳곳에서 신의 집으로 모여든 신자들이 서로 생소함을 느껴서는 안 되기 때문이다. 인종과 국적이 다르다고 해서, 가난하거나 부유하다고 해서, 신분이 높거나 비천하다 해서 차이가 있어서는 안 된다. 그럼으로써 모두가 형제이며 신 앞에 평등함을 깨닫게 된다. 곧 남성 승객들 중 붉은 튀니지 페즈나 호사스러운 모로코 부르누스, 알록달록한 이집트 갈라비야를 걸친 사람을 볼 수 없게 되었다. 모두 아무런 장식이 없는 흰 이흐람으로 바꿔 입고 근엄하게 움직였다. 이흐람은 노출이 심하기 때문에 여성 순례객들은 평상복을 그대로 입고 있는다. 한데 배에 탄 여성들의 옷은 검은색과 흰색 일색이었다. 이집트인들의 검은 옷과 북아프리카 여성들의 흰옷 두 가지뿐이었다. 아무런 색깔도 보태지지 않았다.

사흘째 되는 날 새벽, 배는 아라비아 해안에 닻을 내렸다. 우리들은 난간에 기대어 아침 안개를 뚫고 서서히 모습을 드러내는 땅을 가만히 응시했다.

사방에서 순례객을 태운 배들이 윤곽을 드러냈다. 배와 육지 사이 바닷물이 옅은 노랑과 진녹색으로 물들었다. 배들 너머 동쪽으로 희미하게 낮은 언덕 같은 것이 보였다. 그러나 해가 높이 솟자 언덕이 아니라 해안가 마을임을 알 수 있었다. 항구도시 제다였다. 차츰 건물마다 난 조각 격자창과 발코니의 덧창이 눈에 들어왔다. 중앙에는 하얀 미나렛이 꼿꼿이 치켜든 손가락처럼 삐죽 솟아 있었다.

배 위 순례객들이 너도나도 '라바이크, 알라후마, 라바이크'를 탄성처럼 내뱉었다. 그들의 희망과 나의 희망이 파도를 타고 육지를 향해 날아갔다. 그때 본 해안의 광경은 수년간 이어졌던 내 탐색과 모험의 클라이맥스였다. 나는 아내 엘사를 바라봤다. 아내의 눈에서도 같은 감정을 읽을 수 있었다.

그때 흰 날개 한 무리가 육지로부터 우리를 향해 돌진했다. 우리를 해안으로 데려다 줄 보트였다. 수많은 보트가 물속 산호초를 솜씨 좋게 피해서 소리 없이 매끄럽게 다가오더니 배 옆으로 순식간에 모여들었다. 이어 먹이를 발견하고 하강하는 왜가리처럼 휙 하는 소리와 함께 돛을 접었다. 조금 아까까지 쥐 죽은 듯 조용하던 보트에서 고함이 터져 나왔다. 순례객들의 짐을 잡기 위해 이 보트 저 보트로 날듯이 옮겨 다니는 뱃사공들이었다. 순례자들은 마침내 목적지에 다다랐다는 사실에 감격한 나머지 뱃사공들이 끄는 대로 이리저리 밀려도 개의치 않는 모습이었다.

보트는 크고 무거워 보였다. 엉성한 선체는 높이 솟은 돛대, 날렵한 돛과 기묘한 대비를 이루었다. 용감한 뱃사람 신밧드가 모험을 떠나 고래의 등에 도달했을 때 탔던 배가 지금 이 보트와 비슷했을지도 모르겠다. 신밧드의 항해 훨씬 전에도 비슷한 배는 존재했다. 페니키아인들도 이런 보트를 타고 향신료, 향료, 보물을 찾아 홍해와 아라비아 해를 누볐던 것이다.

나 역시 기대로 잔뜩 부풀어 있었다. 그러니 아내의 손을 잡고 뱃머리에 앉아 있던 그 순간, 그다지도 완벽해 보였던 우리의 삶에 일순간 그림자가 드리울 것이라 어떻게 예견할 수 있었겠는가? 다시 나는 신밧드에 대해 떠올리지 않을 수 없었다. 고향 땅을 떠나던 무렵 그도 지금의 나처럼 어떤 미래가 기다리고 있는지 조금도 눈치채지 못했다. 앞으로 닥치게 될 기묘한 모험을 예측할 수도 없었고 바라지도 않았다. 그저 돈을 벌고자 떠났을 뿐이다. 나도 순례를 떠났을 뿐, 다른 사건이 발생하리라고 예상하지 못했다.

그럼에도 불구하고 나의 첫 메카 순례는 신밧드의 그 수많은 항해보다 더 깊은 상처를 남겼다. 엘사 앞에 죽음이 기다리고 있었던 것이다. 우리 둘 다 비극의 전조를 전혀 눈치채지 못했다. 무슬림들과 함께 살기 위해 서구를 떠난다고 생각했는데, 내 과거 전체를 묻게 될 줄은 몰랐다. 사전 경고 한 번 없이 서구에서의 나의 삶은 종말을 맞았고, 문은 소리 없이 내 뒤에서 닫혔다.

··

그즈음 나는 동방 국가 대부분을 돌아본 뒤였다. 이란과 이집트는 웬만한 유럽 국가보다 익숙했다. 카불, 다마스쿠스, 이스파한도 낯설지 않았다. 그랬기에 제다의 바자르 골목을 걸으면서 다른 지역 바자르보다 한참 허술하고 볼품없다는 생각이 들 수밖에 없었다. 제다 바자르는 습기와 열기를 막겠다며 판자와 천 조각으로 가려 놓았는데 구멍으로 뜨거운 햇빛이 스며들었다. 개방된 주방에서는 흑인 소년들이 꼬챙이에 고깃덩어리를 끼워 석탄불에 굽고 있었다. 그 옆 커피점은 광낸 놋쇠 그릇과 야자수 잎을 엮어 만든 의자를 늘어놓았다. 여기에 유럽과 동양의 잡동사니로 가득한 정체가 불분명한 상점이 수도 없이 이어졌다. 어디를 가나 무더위와 생선 비린내, 산호초 가루 냄새가 진동을 했다. 그리고 사람들이 넘쳐났다. 흰 이흐람 차림의 순례자들, 알록달록한 일상복을 입은 제다 주민들이 어디를 가나 바글바글했다. 국적과 인종도 다양했다. 아버지는 인도 출신인데 외조부는 말레이족과 아랍인 혼혈로, 우즈베크족과 소말리족 사이에서 태어난 여인과 결혼했을 수도 있다. 수 세기 동안 이어진 순례 문화, 피부색에 따른 차별이 없는 이슬람 환경의 살아 있는 흔적이다. 그뿐만 아니라 당시(1927년) 제다는 헤자즈 지역 유일의 비무슬림 거주 지역이었다. 이따금 유럽 언어로 된 상점 간판이나 흰 선드레스에 차양 모자를 쓴 여인, 외국 국기가 게양된 영사관이 눈에 띄었다. 마치 지중해 연안 어느 지역에 와 있는 듯한 착각을 불러일으켰다.

그러나 건축양식은 확연히 차이가 났다. 화려하게 조각한 외관, 역시 조각으로 장식한 목재 창문틀과 차양을 드리운 발코니, 핑크 빛 산호석 벽에 점점이 박혀 있는 빛바랜 회녹색 목재 덧창 등이 무척이나 운치 있었다. 지중해 연안도 아니지만 아라비아라고 하기도 어려웠다. 홍해 연안 특유의 스타일이었다.

⋯⋯⋯⋯⋯⋯⋯⋯⋯⋯⋯⋯⋯⋯⋯⋯

다음 날 오후 우리 카라반은 낙타며 나귀를 나눠 타고 메카를 향해 출발했다. 이따금 순례자들을 가득 태운 자동차가 시끄럽게 경적을 울리며 우리 옆을 지나갔다. 낙타들은 자동차를 경계하며 매번 담벼락 쪽으로 방향을 틀고 긴 목을 이리저리 뒤틀어댔다. 새로운 시대는 이 덩치 크고 참을성 많은 동물에게 위협으로 느껴지는 듯했다.

이윽고 우리는 흰색 도시 성벽을 뒤로 한 채 사막으로 들어섰다. 황량하고 드넓은 잿빛 평원에는 드문드문 돋아난 선인장과 시든 풀밖에 보이지 않았다. 낮은 모래언덕이 섬처럼 고개를 내민 채 동쪽 바위 산등성이를 휘감아 돌았다. 그 모래평원 위로 카라반의 낙타 수백, 수천 마리가 줄지어 걸어가며 길을 만들었고, 지난 수백, 수천 년간 다른 카라반들이 밟고 지났던 모랫길과 합쳐지기도 했다.

낙타 발자국 소리, 순례자들의 낮은 노랫소리에 깨지기는커녕 더욱 무거워지는 사막의 정적 속을 걷노라니 갑자기 뭔가 기이한 느낌이 들었다. 너무 생생해서 마치 계시 같았다. 보이지 않는 심연의 다리에 내가 서 있었다. 다리가 너무 길어서 출발점은 이미 뿌옇게 시야에서 사라졌는데 반대쪽 끝은 아직 보이지도 않았다. 출발점에서는 멀어졌고, 도착점은 아직 한참 남았다는 두려움에 마음이 졸아들었다. 그 순간 내 앞에서 낙타를 타고 가던 이집트인 여인이 '라바이크, 알라후마, 라바이크'를 외치는 바람에 꿈에서 깨어났다.

사방에서 온갖 언어로 중얼거리는 소리가 들렸다. 때로는 다 함께 '라바이크, 알라후마, 라바이크'를 외치기도 했다. 한 이집트 여인이 예언자를 찬양하는 노래를 부르자 그 옆에 있던 여인이 가트라파를 내지르기도 했다(아랍 여인들은 결혼, 아이의 탄생, 할례, 종교 의식 등 축하할 만한 일이 생길 때마다 기쁨의 표현으로 새된 소리를 내지르는데, 이를 가트라파라고 한다). 고대 아라비아에서는 전사들의 전의를 북돋우고자 족장의 딸들이 전쟁터에 함께 나갔는데(이 여인들이 적들의 손에 죽임을 당하거나 생포되도록 내버려 두면 큰 불명예였기 때문이다), 이때 전쟁터에 가트라파가 울려 퍼지곤 했다.

순례자들은 대부분 2인 1조를 이루어 낙타 한 마리를 나눠 타고 있었는데 낙타가 터덜터덜 걸음을 내딛을 때마다 쉬지 않고 흔들리니 그런 고역이 다시없었다. 피로에 지쳐 깜빡 잠이 들었다가도 갑자기 거칠게 덜컥거려 깨어나기를 반복해야 했다. 도보로 카라반을 따라오는 낙타 몰이꾼들이 간혹 낙타들을 다독이는 소리를 내기도 했다.

카라반은 아침에 바흐라에 도착해서 하루 동안 휴식을 취했다. 열기 때문에 밤에만 움직일 수 있었다. 오두막과 커피집 몇 개, 작은 모스크 하나가 전부인 이 마을은 제다와 메카 사이를 오가는 카라반들의 휴식처였다. 주변은 온통 사막이고 멀리 동쪽으로 푸른 산이 보이는 풍광은 우리가 해안을 떠난 뒤 줄곧 그대로였다. 순례자들은 밤샘 행군으로 녹초가 되어 있었지만 어떻게 해야 효율적으로 휴식을 취할 수 있는지 아는 사람이 거의 없었다. 대부분 여행이 익숙하지 않았고, 생애 최초로 집을 떠나본 사람도 많았다. 게다가 성스러운 도시로 가는 길이 아닌가? 사람들은 흥분감에 괜히 묶었던 가방을 풀었다 다시 묶는 등 잠시도 가만히 있지를 못했다. 움직임을 멈추는 순간 스스로 흔적도 없이 사라지게 될까 걱정하는 듯했다.

한데 벵갈에서 온 순례자 가족에게 드디어 일이 생겼다. 이들은 아무 말도 없이 책상다리를 하고 앉아서 메카가 있는 동쪽만 바라보았다. 얼굴은 이미 신전 앞에 가 있는 듯 평화로웠다. 머리와 턱수염을 길게 기른 남자들은 모두 대단한 미남들이었는데, 그중 한 남자는 아픈지 담요를 깔고 누워 있었다. 옆에는 젊은 여인 둘이 알록달록한 옷을 입고 앉아 그를 지켰다. 그중 더 어린 여자는 코에 금으로 된 고리를 걸고 있었다.

그러다 오후에 남자가 죽었다. 여자들은 동방에서 흔히 그러듯 소리 내어 애도하지 않았다. 순례길에 신성한 땅에서 숨을 거두었으니 축복을 받은 셈이었다. 사람들은 시신을 씻긴 뒤 마지막 옷인 순례복으로 감쌌다. 그런 뒤 한 사람이 텐트 앞에 서서 손을 입에 대고 큰 소리로 기도를 했다. "신 외에 신은 없으며, 무함마드는 신의 전령이니… 죽은 자를 위해 기도하라. 신의 자비가 함께하기를." 그리고 사방에서 이흐람을 입은 사람들이 모여들어 이맘 뒤에 병사들처럼 줄지어 섰다. 기도가 끝나자 그들은 무덤을 파고 코란 구절을 낭송한 뒤 망자 위에 모래를 덮었다. 시신은 메카 쪽을 향해 모로 눕혔다.

이틀째 아침 해 뜨기 전, 앞으로 갈수록 모래언덕 사이가 점점 좁아졌다. 좁은 틈으로 이리저리 지나자 희미한 새벽빛에 메카의 건물이 보이기 시작했다. 해가 떠오를 무렵 우리는 성도 안을 걷고 있었다.

이곳 집은 외관이 제다와 비슷했으나 재료로 사용한 돌은 제다의 산호석보다 더 무겁고 커 보였다. 아직 이른 시간이었으나 이미 무더위가 기승을 부리고 있었다. 이곳저곳 놓인 벤치에는 지친 순례자들이 곤히 잠들어 있었다. 시가지 중심으로 갈수록 비포장 거리가 점점 좁아졌다. 하지까지 며칠 남지 않아 거리는 인파로 가득했다. 이흐람이나 평상복 차림의 순례자들, 물이 든 가죽부대를 짊어진 물장수들, 나귀 몰이꾼들, 여기에 시끄럽게 울어대는 나귀와 낙타 떼로 난장판이었다.

제다에서 하산 아비드라는 유명한 무타위프, 즉 순례객 안내인의 집을 예약했으나 거리가 너무도 혼잡해 쉽게 찾을 수 있을 것 같지 않았다. 그때 어디선가 "하산 아비드! 하산 아비드를 찾는 순례객 없으시오?"라는 목소리가 들리더니 한 청년이 나타나서는 인사를 하고 자신을 따라오라고 했다. 하산 아비드가 보낸 심부름꾼이었다.

하산 아비드로부터 푸짐한 아침을 대접받은 뒤 나는 아까 그 청년을 따라 신전으로 향했다. 먼저 가죽 벗긴 양고기를 주렁주렁 매단 푸줏간 골목과 바닥에 돗자리를 깔고 푸성귀를 늘어놓은 채소가게 골목을 지났다. 파리 떼가 들끓고 먼지 냄새, 땀 냄새가 진동했다. 이어 좁은 포목상 골목으로 들어섰다. 무슬림 세계 곳곳에서 들여온 옷감으로 온통 알록달록했다. 서아시아 및 북아프리카의 여느 바자르와 마찬가지로 땅에서 약 1미터 높여 만든 점포 안에 주인이 책상다리를 하고 앉아 손님을 맞이했다.

거리에는 국적, 복색, 표정이 제각기 다른 사람들이 뒤섞여 있었다. 터번을 두른 사람, 맨머리를 드러낸 사람, 고개를 숙인 채 조용히 걷는 사람, 손에 묵주를 든 사람, 인파를 헤치고 바삐 걷는 사람, 토가를 두른 소말리인, 호리호리한 아랍인, 무더위에도 킬트 카프탄과 무릎까지 오는 장화를 신은 땅딸막한 우즈베크인, 사롱 차림의 자바 소녀, 흰 부르누스를 휘날리며 느릿느릿 걷는 모로코인, 유난히 작아 보이는 테두리 없는 흰 전통모를 쓴 메카인, 두툼한 흰 터번 밑으로 검은 눈을 빛내는 인도인, 전족을 한 발로 아장아장 걷는 몸집이 자그마한 중국인 여인 등 가지각색이었다. 그렇게 왁자지껄한 시장통을 한참 지나니 어느새 신성한 사원 하람 입구에 도착했다. 나란히 늘어선 세 개의 아치 밑으로 돌계단이 이어졌다. 드디어 사원 내부로 들어섰다. 사원 내부는 거리보다 높이가 낮아 마치 오목한 대접처럼 훤히 내려다보였다. 거대한 사각형 안뜰이 아치 형태 회랑으로 둘러싸여 있었고, 한가운데에 있는 정육면체 건물은 코란 구절을 금실로 수놓은 검은 천으로 덮여 있었다. 카바였다….

그토록 많은 사람들이 그토록 오랜 세월 눈에 담고 싶어 했던 바로 그 카바다. 오직 이 한 가지 목표를 위해 얼마나 많은 순례자들이 희생을 감내했던가? 고된 여정에 목숨을 잃기도 하고 빈곤에 시달리기도 했다. 이 작은 정방형 건물이 그들의 갈망의 정점이었으며, 여기에 도달해야만 그 갈망이 충족되었다.

검은 천으로 덮인 정육면체 건물('카바'는 아랍어로 정육면체란 뜻이다)은 드넓은 사원 한가운데 뜬 고요한 섬과 같았다. 카바를 처음 지은 이는(아브라함 시대 이후 카바는 똑같은 형태로 여러 차례 재건축되었다) 신 앞에 선 인간의 겸양을 표현하려 한 것 같다. 그는 어떤 건축적 리듬이나 선도 신 앞에 하잘것없음을 알았기에 자신이 상상할 수 있는 가장 단순한 삼차원 형태, 즉 정육면체 석조 건물을 만드는 데 그쳤다.

여러 이슬람 국가를 다니며 예술 작품처럼 빚어 놓은 모스크들을 많이 보았지만 건축가의 기교와 종교적 관념이 이렇게 완벽히 일치하는 모스크는 없었다. 선과 형태를 최소화한 정육면체의 극단적인 단순미는 이런 메시지를 전하는 듯하다. "인간이 어떤 미를 창조하더라도 신 앞에 내놓을 가치가 있다고 생각한다면 오만이다. 따라서 신의 광영을 표현하고자 한다면 가능한 한 모두 덜어내라."

이집트의 피라미드도 형태는 단순하지만 그 엄청난 규모에서 인간의 오만함이 드러난다. 카바는 규모조차 인간의 무욕과 신에 대한 복종을 나타낸다. 이 작은 건축물에서 풍기는 겸허함은 그야말로 독보적이다.

....

카바로 들어가는 입구는 하나뿐이다. 북동쪽의 은으로 도장한 문으로, 지상으로부터 약 2미터 높이에 있어 바퀴 달린 나무 계단을 올라야만 접근할 수 있다. 나무 계단은 1년 중 단 2~3일만 문 앞에 설치해 놓는다. 연중 출입이 허락되는 날이 거의 없는 신전 내부도 설계가 매우 단순하다(나도 이후 다시 방문하여 볼 수 있었다). 대리석 바닥에 양탄자가 깔려 있고 구리며 은 램프가 천장에 매달려 있다. 내부는 실상 그 자체만으로는 별로 큰 의미가 없다. 카바의 신성함은 건물 전체에서 비롯된다. 카바는 이슬람 세계의 키블라(기도의 방향)로서, 이곳을 향해 전 세계 수억에 달하는 무슬림들이 하루에 다섯 차례씩 기도를 한다.

건물의 동쪽 모서리에는 검은색 돌이 박혀 있었는데 돌 주변으로 은빛 표식을 해 놓았다. 수백 년 전부터 이곳을 찾는 순례자들마다 이 돌에 입맞춤을 한다. 이 때문에 무슬림이 아닌 이들로부터 많은 오해를 불러일으키기도 했다. 무함마드가 메카 이교도들의 요구에 못 이겨 타협의 의미로 설치한 숭배물이라는 설은 터무니없는 거짓이다. 그저 아브라함이 지었던 신전의 상징물로서 숭배가 아닌 공경의 대상일 뿐이며, 입맞춤 역시 무함마드가 최후의 순례 때 이 돌에 입을 맞추면서 시작된 전통일 뿐이다. 무함마드는 후대 순례자들이 이 상징적 의식을 따름으로써 시공을 초월하여 이슬람 공동체가 하나로 묶이기를 바랐던 것이다. 순례자들은 지금도 검은 돌에 입 맞추는 의식이 예언자뿐만 아니라 그때까지 그곳을 찾은 순례자들, 미래에 그곳을 찾게 될 순례자들과의 조우를 의미한다고 믿는다.

무슬림들은 카바가 무함마드 시절보다 훨씬 전 지어졌음을 추호도 의심치 않는다. 무함마드는 새로운 종교의 창시자임을 자처하지 않았다. 코란에 따르면 신을 향한 자기 항복은 태고부터 이어진 '인간의 본능'이다. 바로 이 점을 아브라함, 모세, 예수를 비롯한 수많은 예언자들이 전파했던 것이며, 코란은 그중 가장 늦게 전해진 계시였다. 무함마드는, 모세가 시나이에서 황금 송아지를 파괴했듯 카바를 채우고 있던 우상과 숭배물을 모두 없앴다. 사람들이 우상에 미혹되기 전에는 참된 신을 모시던 신전이었으니, 원래대로 돌려놓은 것뿐이었다.

나는 무아지경에 빠져 카바를 그저 바라보기만 했다. 내면에서 마치 노래처럼 느껴지는 희열이 서서히 샘솟았다. 카바 주변 바닥에는 눈부시게 햇빛을 반사하는 매끄러운 대리석 판이 깔려 있었다. 그리고 수많은 남녀가 그 위에 올라가 검은 천을 둘러친 신전을 중심으로 둥글게 돌고 있었다. 흐느끼는 이도 있고, 기도를 하며 신의 이름을 부르는 이도 있고, 말없이 고개를 푹 숙인 채 오로지 걷기만 하는 이도 있었다.

카바 주위를 일곱 바퀴 도는 행위는 하지의 의식 중 하나다. 이슬람 최고의 성지에 경의를 표하는 의미도 있고, 이슬람의 기본 정신을 되돌아본다는 의미도 있다. 카바는 유일신의 상징이며 그러한 카바 주위를 도는 순례자의 행위는, 인간의 행위가 모두 신을 중심으로 이루어진다는 믿음을 상징한다. 나도 천천히 앞으로 걸어가서 카바를 도는 행렬에 끼어들었다. 이따금 주변사람들이 시야에 들어와 뚝뚝 끊어지는 영상처럼 눈앞을 떠돌다 사라졌다. 손목 주변에 나무 묵주를 차고 흰 이흐람을 걸친 흑인이 보였다. 내 바로 옆에서는 말레이 노인이 바틱 사롱 차림으로 팔을 크게 흔들며 걷고 있었다. 검은 돌 앞 수많은 사람들 가운데 병색이 완연한 젊은 인도 여인도 보였다. 손바닥이 위로 향하도록 양손을 쳐들고 손가락을 가늘게 떨며 소리 없이 기도를 올리고 있었다. 나는 걷고 또 걸었다. 시간이 흐르면서 잡념이 사라지기 시작했다. 그렇게 신전을 도는 무리의 일원이 되었다. 아, 지금 이 행위의 목적은, 우리가 돌고 도는 궤도의 일부임을 깨닫는 것일까? 이렇게 하면 혼돈은 종지부를 찍게 될까? 이렇게 시간이 계속 흐르다 어느 순간 정지하면… 여기가 우주의 중심이 되는 것 아닐까?

엘사는 아흐레 뒤 죽었다.

갑작스레, 일주일도 채 앓지 않고 숨을 거뒀다. 처음에는 달라진 기후와 음식으로 인한 가벼운 질병이라고 생각했다. 하지만 곧 알 수 없는 열대병임이 드러났다. 메카 병원의 시리아인 의사는 손도 쓰지 못했다. 나는 암흑 속에 내던져진 기분이었다.

그녀는 메카의 모래땅에 묻혔다. 무덤에는 비석을 세웠다. 비문은 새기지 않았다. 비문을 새기는 순간 그녀 없는 미래가 시작될 것이기 때문이었다.

나는 이후로도 1년간 엘사의 어린 아들 아흐마드를 돌보며 아라비아 내륙 여행을 이어갔다. 열 살짜리 아흐마드는 든든한 동반자가 돼 주었다. 그러나 얼마 뒤 소년과도 작별을 고해야 했다. 엘사의 유족들이 소년을 유럽에서 교육시켜야 한다고 주장하여 결국 보낼 수밖에 없었다. 그러고 나자 그녀에 대한 기억과 메카 묘지의 비석 말고는 엘사와 관련된 그 무엇도 남지 않았다. 그녀의 죽음과 함께 시작된 암흑은 그 후로도 오랫동안 걷히지 않았다.

6

밤은 깊어 가고 우리는 여전히 가냘프게 타오르는 모닥불 주위에 앉아 있다. 아부 사이드는 열정의 격렬한 풍랑에서 깨어나는 중이다. 눈동자는 슬픔으로 가득 차 있고 어쩐지 지친 듯하다. 그의 말을 듣고 있으면 누라가 마치 오래전 죽은 연인인 것 같다.

"그 여자는 별로 예쁘지는 않았어요. 그래도 나는 그 여자를 사랑했어요…."

머리 위로 떠오른 달은 생명의 기운이 충만하다. 이슬람교 이전 아랍인들이 달을 '신의 딸', 즉 머리를 길게 늘어뜨린 다산의 여신 알라트로 여기며 숭배할 만했다는 생각이 든다. 알라트는 인간과 동물에게 신비한 출산의 능력을 나눠 주어 새 생명을 꽃피웠다. 고대 메카와 타이프(사우디아라비아 서부 도시-옮긴이)에서는 알라트를 기려 보름달이 뜨는 밤 남녀가 흥청망청 즐기고 사랑을 나누는 축제를 벌였다고 한다. 그때 콸콸 쏟아붓던 붉은 포도주를 시인들은 여인의 피에 비유했다. 젊은이들은 '빛나는 보름달처럼 사랑스럽고, 높이 나는 해오라기처럼 고고한' 알라트에게 열정을 바쳤다. 알라트의 지배력은 아라비아 전역뿐만 아니라 멀리 헬라스(그리스의 옛 이름-옮긴이)까지 미쳤다(그리스 신화에서 태양신 아폴론을 낳은 레토 여신이 알라트다).

그렇게 원시적인 다신교를 믿던 아랍인들이 숭고한 유일신을 받아들이게 되기까지 지난한 과정을 거쳐야 했다. 그러나 동서고금을 막론하고 인간은 늘 신앙의 여정에 기꺼이 도전하지 않았던가?

특히 아랍인들은 아주 먼 옛날, 즉 수많은 신과 악마를 믿던 시절부터, 그 모든 존재 위에 군림하는 절대자, 인간이 인지할 수 있는 영역 밖에 있는 전지전능한 신을 찾고자 애썼다. 알라트와 그녀의 자매인 마나트, 우차 등은 단순한 '신의 딸들'이 아니었다. 이들은 미지의 절대자와 현세를 이어주는 매개체였다. 그러니까 아랍인들은 무의식 속에 절대자에 대한 믿음을 품고 있었고, 이것이 언젠가 신앙으로 불타오를 수밖에 없었던 것이다.

다른 도리가 있었겠는가? 이렇게 척박하고 메마른 고독과 정적의 땅에서 살아남기 위해 애쓰던 사람들이 세상 모두를 정의와 관용, 엄격함과 지혜로움으로 아우르는 무소불능의 존재를 꿈꾼다는 것이 어찌 보면 당연하다.

모닥불이 꺼졌다. 자이드와 아부 사이드는 곤히 잠들었다. 낙타가 부드럽게 되새김질하는 소리가 들린다. 착한 동물이다. 특성이 명확하게 정의되는 말과는 달리 한마디로 표현하기가 어려운 동물이기도 하다. 실상 인간이 활용하는 그 어떤 동물이나 가축과도 다르다. 뭐라 말로 표현되지 않는 모순, 변덕과 겸허함을 동시에 지닌 사막의 스텝 지대를 지구상 어떤 풍광과도 비교할 수 없듯이 말이다.

잠이 오지 않는다. 일어나서 가까운 모래언덕을 오른다. 서쪽 지평선에 걸린 달빛을 받아 바위투성이 평원이 유령처럼 빛난다. 여기서 헤자즈의 연안 저지대까지 부드러운 경사가 이어진다. 마을도, 집도, 나무도 찾아볼 수 없는, 맨살을 그대로 드러낸 황무지다. 생명체라곤 존재하지 않는 이 모래 계곡과 메마른 언덕에서 인류 역사상 가장 긍정적인 종교가 탄생했다니….

후텁지근하고 조용한 밤이다. 황량한 계곡과 언덕이 이어지는 이 벌판 어딘가, 여기서 멀지 않은 곳에 아라파트 산이 있다. 메카 순례자들이 매년 모여 조물주로부터 마지막 심판을 받게 될 그날을 준비하며 하루 동안 머무는 곳이다. 나 역시 흰 이흐람만 걸친 채 다른 순례자들 틈에 섞여 자발 아르라흐마('자비의 산')를 바라보고 서 있었던 적이 몇 번이었는지 모른다. 그렇게 '모든 비밀이 적나라하게 드러나게 될' 그날을 마음속에 그리며 아침부터 오후까지 서 있었다.

능선에 서서 아라파트 산 쪽을 바라보고 있으려니 푸른 달빛이 비치며 조금 아까까지 죽어 있던 풍경이 생생히 살아난다. 지난 1300년 동안 이곳을 밟고 지났던 순례자들의 목소리와 발자국 소리가 귓가에 들리는 듯하다. 흰 이흐람 차림으로 낙타를 몰거나 걸어서 이동하는 사람들의 행렬이 눈앞에 펼쳐진다. 수백 년에 걸쳐 모래와 바위밖에 없는 이 땅에 따뜻한 숨결을 불어넣었던 신앙의 날개 소리도 들린다. 그 날개 소리에 내 과거도 현재에 겹쳐진다.

나는 다시 한 번 이 벌판을 지나고 있다. 이번에는 수천의 베두인들과 함께 아라파트에서 메카로 돌아오는 길이다. 낙타 수천 마리가 거대한 물결을 이루며 지축을 울리면서 달려 나간다. 장대에 매단 베두인들의 부족 깃발이 바람에 펄럭이고, 함성이 터져 나온다.

"야 라우가, 야 라우가!" 이렇게 아타이바 부족이 선조의 이름을 선창하면 하르브족이 "야 아우프, 야 아우프!"라 답하고, 가장 오른쪽에 있는 샤마르족이 "야 샤마르, 야 샤마르!"라 뒤이어 외친다. 우리는 벌판을 나는 듯이 달린다. 바람을 타고 움직이는 것 같은 착각이 들며 한도 끝도 없는 행복감이 느껴진다. 바람이 목청껏 부르는 승리의 찬가가 들린다. "너는 이제 결코 이방인이 아니야… 절대로, 다시는!"

내 좌우에서 달리는 형제들은 이전에 본 적은 없어도 낯설지 않다. 우리는 하나의 목표를 향해 나아가고 있다. 우리 앞에는 무한한 가능성이 펼쳐져 있고, 예언자의 동료들의 가슴속에 불타올랐던 바로 그 불길이 우리 가슴에서도 불타오르고 있다. 나와 함께 달리는 형제들은 자신들이 무슬림으로서의 소임을 다하지 못했으며 지난 수백 년 동안 이슬람의 정신이 조금씩 조금씩 쇠퇴했음을 인정한다. 그러나 옛 광영을 되찾겠다는 의지는 그들, 아니 우리 안에 살아 있다.

누군가가 구호를 바꾼다. "우리는 신께 자신을 고스란히 바쳤던 분의 형제들이다!" 그러자 다른 이들이 "알라후 아크바르!" 즉, '신은 가장 위대하다'는 말로 답한다.

이제는 모두가 한마음 한뜻으로, 수천 마리 낙타의 발굽 소리를 뚫고, 자랑스럽게 '알라후 아크바르'를 외친다. 세속의 욕망을 접고 신앙의 힘으로 하나가 되어 미지의 세계를 향해 나아간다.

낙타 떼가 뿜어내는 냄새와 헐떡이는 숨소리, 내달리는 발굽 소리, 사람들의 외침 소리, 라이플총이 안장 못에 부딪히는 소리, 먼지와 땀 냄새, 잔뜩 흥분한 사람들의 표정이 주마등처럼 스쳐 지난 뒤 급작스러운 정적이 찾아온다.

안장 위에서 고개를 돌려 뒤를 보자 순례자 수천 명이 흰옷을 휘날리며 물결처럼 밀려온다. 그들 사이로 내가 건넌 다리가 보인다. 다리는 아직 바로 뒤에 있는데 출발점은 벌써 너무 멀어져 시야에 들어오지 않는다.

아바야(abāya) 아랍인들이 가장 바깥에 걸치는 양모 소재 망토.
아가일(agayl) 중앙 아라비아에서 모집하여 이라크, 시리아, 요르단에 파견되는 비정규 자원군.
알(al-) 보통명사, 고유명사 앞에 붙는 정관사.
아미르(amīr) '권한이 있는 자'라는 뜻. 총독, 통치자, 지휘관 등을 가리킨다.
바다위(badawi, 복수는 바두badu) 베두인Bedouin족. 중동에서 유목 생활을 하는 아랍계 유목민.
비스밀라(bismillāh) '신의 이름으로'
부르누스(burnus) 북아프리카 아랍인들이나 베르베르족이 입는 모자 달린 망토.
다우(dhow) 아랍해, 페르시아 만, 홍해 등지에서 주로 사용되는 범선. 홍해 지역에서는 삼부크라 불리기도 한다.
파란지(faranji, 복수는 파랑기farangi) 유럽인.
펠라(fellāh, 복수는 펠라힌fellahīn) 소작농, 농민.
갈라비야(gallabiyya) 이집트 및 기타 아랍 국가에서 입는 셔츠+원피스 형태의 튜닉.
하지(hajj) 메카로 가는 성지 순례. 신체적 제약이 없는 무슬림은 누구나 하지를 완수할 의무가 있다.
하지(hājji) 하지를 이행하고 있거나 이행한 자.
하람(haram) 성지, 특히 메카, 메디나, 예루살렘의 성전(종교적 금기를 뜻하는 '하람harām'과 헷갈리지 말 것).
이븐(ibn) 아들. 성이나 왕조 이름 앞에 붙이면 '~의 아들'이란 의미가 된다(이븐 사우드, 이븐 라시드 등).
이갈(igāl) 밧줄처럼 꼰 머리 밴드. 머리를 덮는 천 위에 두른다. 보통 검은 양모로 만드는데, 간혹 은사를 섞을 때도 있다.
이흐람(ihrām) 메카 순례를 떠나는 무슬림 남성이 입는 흰옷.
이크완(ikhwan) 직역하면 '형제들'. 여기서는 이븐 사우드 왕에 의해 정주하게 된 베두인을 가리킨다.
이맘(imām) 직역하면 '지도자'. 기도 회합의 인도자를 뜻하기도 하지만 과거 명망 있는 학자나 공동체의 지도자를 가리킬 때도 쓴다.
인샬라(inshā-Allāh) '신의 뜻대로'
자르드(jard) 이집트 서부 및 리비아에서 사용하는 담요 모양 싸개.
지하드(jihād) 이슬람 및 무슬림의 자유를 방어하기 위한 성전聖戰.
주바(jubba) 이집트, 시리아, 히자즈, 이라크, 이란 등지의 도시 부유층이나 울라마가 주로 입었던 발목까지 내려오는 외투.
카프탄(kaftān) 주바나 아바야 밑에 입는 긴 옷.

칼리파(khalīfa) 직역하면 '계승자', '대관'. 무슬림 공동체의 수장.

칸(khān) 본래 몽골의 군주를 이르는 말이었으나, 지금은 이란, 아프가니스탄 등지에서 경칭으로 사용된다.

쿠피야(kufiyya) 아랍 남성들이 머리에 두르는 천.

마그리브(maghrib) 일몰.

마르하바(marhaba) 환영 인사.

무아진(mu'azzin) 기도 시간을 소리쳐 알리는 사람.

무자헤드(mujāhid, 복수는 무자헤딘mujāhidīn) 지하드 전사.

카디(qādi) 판관.

카와 (qahwa) 커피. 아랍에서는 찻집이나 응접실을 뜻하는 말로 쓰이기도 한다.

리얄(riyāl) 일부 아랍 국가에서 쓰이는 은화.

사이드(sayyid) 선지자 무함마드의 후예를 가리키는 말.

샤리프(sharīf) 사이드와 동일. 이 책에서는 1916년부터 1924년까지 히자즈를 다스렸던 후세인 왕과 그 후예, 이라크 및 요르단 통치자들을 가리키는 말로 쓰였다.

셰이크(shaykh) 직역하면 '노인'. 부족장이나 유명인사, 학자를 가리키는 경칭으로 널리 쓰인다.

시디(sīdi) 사이디sayyidi의 구어체로 '각하'를 뜻한다. 북아프리카에서 많이 쓰이는 경칭.

수라(sūra) 코란의 각 장을 뜻하는 말. 코란은 전체 114개 수라로 이루어져 있다.

타르부시(tarbūsh) 레반트 남성들이 쓰는 챙 없는 붉은 모자.

울라마(ulamā) 학자, 학식 있는 자. 주로 종교학자들을 가리키는 말이지만 기타 분야 학자에게도 적용된다.

와디(wādi) 하곡 혹은 말라붙은 강바닥.

야(yā) '오'를 뜻하는 감탄사('야 알라'는 '오 신이여'라는 뜻).

자위야(zāwiya) 종교 분파나 단체의 집회소.